权威读本

U0959355

中华人民共和国
核安全法
解读

主　编：陆　浩（全国人大环境与资源保护委员会主任委员）

副主编：刘　华（环境保护部副部长）

王毅韧（国家国防科技工业局副局长）

编　委：

翟　勇（全国人大环境与资源保护委员会法案室主任）

郭承站（环境保护部核设施安全监管司司长）

别　涛（环境保护部政策法规司司长）

姚　斌（国家国防科技工业局核应急与军工核安全监管司司长）

中国法制出版社

CHINA LEGAL PUBLISHING HOUSE

前　言

新中国成立以来，我国的核事业在党和国家领导人的亲切关怀和坚强领导下，取得了长足的发展，已经建立起较为完整的核工业体系，为国家的安全和发展提供了重要保障。近年来，鉴于核能在增加能源供给、保障能源安全、促进污染物减排等方面的明显优势，我国正努力发展核能产业，安全稳步发展核电。但随着核事故在一些国家的发生及其带来的后果，核安全问题也为社会公众所关注，并已经成为国际社会关注的重要安全问题之一。

发展核事业的首要条件是保障安全，核安全是核事业发展的前提、基础和生命线。2014 年 3 月 24 日，在荷兰海牙举行的第三届核安全峰会上。习近平总书记阐述了“坚持理性、协调、并进”的核安全观。2016 年 4 月，习近平总书记在美国举行的第四届核安全峰会上指出，“确保核安全是各国应尽之责，我们要结合国情，从国家层面部署实施核安全战略，制定中长期核安全发展规划，完善核安全立法和监督机制，并确保相关工作得到足够投入和支持。”党中央、全国人大常委会和国务院高度重视核安全工作，全国人大常委会将核安全法纳入十二届全国人大常委会立法规划，交由全国人大环境与资源保护委员会牵头起草并提请审议。制定核安全法的决策，再一次体现了党和政府对人民群众的关怀，同时，也进一步表明了中国对人类负责任的态度。

制定《中华人民共和国核安全法》(以下简称核安全法)是保障我国核事业发展的客观要求。核设施、核材料具有潜在的放射危害性，立法有利于防范危害，为核安全提供法律保障。我国核事业在民用领域的发展已经具有一定规模，目前是世界上核电在建规模最大的国家。根据规划，预计到2020年我国核电机组数量将跃居世界第二位。为进一步提高核安全保障措施，迫切需要制定核安全法予以规范。

立法有利于增进社会公众对核安全的了解和信心。发展核事业中的安全问题始终为社会公众所关注，人民群众对核安全问题高度重视。日本福岛核事故后，国际社会对核能发展安全性的质疑不断。核安全立法的一个重要因素就是为了维护人民群众的根本利益。制定核安全法一方面可以依法强化安全防范措施，为人民群众提供核安全保障；另一方面可以依法加大核安全科普宣传，增加公众对核安全知识的了解，引导公众正确、科学地认知我国核安全状况。

立法是完善核安全法律体系的需要。尽管我国已经制定了一定数量涉核领域的法规和规章，但涉及核安全的法律，仅有一部从放射性污染防治的角度加以规范的法律。有关核安全基本方针、原则，法律制度、措施的建立和实施，核安全责任、公众参与及监督管理体制等重大问题均未作出规定，不能适应核安全工作的实际需要，亟待完善有关核安全的法律规范体系，核安全立法即担负这样的使命。

立法有利于强化核安全监管工作。随着核事业的发展和国外曾经发生过的核事故警示，核安全监管对于保证核安全是至关重要的。我国政府也为此设立了国家核安全监管机构，担负着与核事业发展同样重要的核安全监管工作。通过制定核安全法，可以进一步理顺对行业管理与监督的职责，实现运营与监管的分工，提高核安全监管工作的相对独立性和有效性。

立法是促进我国核安全国际合作的需要。我国作为国际原子能机构的成员国和有关核国际公约的签约国，担负着核安全国际合作的使命。由于缺乏相关专项法律，国际上有关人士对我国核安全监管能力和履约能力有所疑虑。国际原子能机构组织评估团曾向我国提出加快核安全立法的建议。核安全立法有利于树立我国良好的国际形象，坚定国际社会对我国核安全的信心，也有利于我国“核电走出去”战略的实施。

为了配合对核安全法的学习和宣传，我们编写了这本《中华人民共和国核安全法解读》。本书由全国人大环境与资源保护委员会陆浩主任委员担任主编，环境保护部副部长刘华同志、国家国防科技工业局副局长王毅韧同志担任副主编，全国人大环境与资源保护委员会法案室主任翟勇同志、环境保护部核设施安全监管司司长郭承站同志、环境保护部政策法规司司长别涛同志、国家国防科技工业局核应急与军工核安全监管司司长姚斌同志为编委，全国人大环境与资源保护委员会法案室、环境保护部有关司局、国家国防科技工业局有关司局、环境保护部核与辐射安全中心及华东核与辐射安全监督站有关同志集体撰稿。本书力求准确、详尽、通俗地解释每一条内容，以帮助广大读者更好地学习和理解法律的规定。因时间和水平有限，书中如有不妥和疏漏之处，敬请批评指正。

目　录

第一章　总　　则 …………………………………………………… 1

第 一 条　【立法目的】 ……………………………………… 1

第 二 条　【适用范围】 ……………………………………… 8

第 三 条　【核安全观】 ……………………………………… 21

第 四 条　【核安全方针原则】 ……………………………… 24

第 五 条　【核安全责任】 …………………………………… 30

第 六 条　【核安全监督管理】 ……………………………… 33

第 七 条　【核安全规划】 …………………………………… 38

第 八 条　【核安全标准】 …………………………………… 40

第 九 条　【核安全文化】 …………………………………… 44

第 十 条　【核安全科学研究】 ……………………………… 50

第十一条　【公民保护核设施、核材料义务及获取核安全信息、获得核损害赔偿权利】 ……………… 54

第十二条　【核安全保卫】 …………………………………… 58

第十三条　【核安全国际交流与合作】 ……………………… 60

第二章　核设施安全 ……………………………………………… 73

第十四条　【核设施选址、建设与管理】 …………………… 73

第十五条　【核设施营运单位条件】 ………………………… 77

第十六条　【核设施纵深防御和安全评价】 ………………… 80

第十七条　【核安全质量保证体系】 ………………………… 84

第 十 八 条　【辐射照射控制】 …………………………………… 86
第 十 九 条　【放射性核素监测及报告】 ……………………… 89
第 二 十 条　【核设施从业人员培训考核及保障】 ………… 91
第二十一条　【重要核设施厂址保护及规划限制区管理】 … 93
第二十二条　【核设施安全许可制度】 ………………………… 97
第二十三条　【核设施选址管理】 ……………………………… 99
第二十四条　【核设施设计安全管理】 ………………………… 102
第二十五条　【核设施建造申请】 ……………………………… 104
第二十六条　【核设施建造及调试管理】 ……………………… 106
第二十七条　【核设施运行管理】 ……………………………… 108
第二十八条　【核设施延期管理】 ……………………………… 111
第二十九条　【核设施停闭管理】 ……………………………… 113
第 三 十 条　【核设施退役管理】 ……………………………… 115
第三十一条　【核设施进出口管理】 …………………………… 118
第三十二条　【核设施安全许可管理】 ………………………… 121
第三十三条　【核安全技术审查】 ……………………………… 123
第三十四条　【核安全专家委员会】 …………………………… 125
第三十五条　【核安全报告制度】 ……………………………… 126
第三十六条　【为核设施提供服务管理】 ……………………… 130
第三十七条　【核设施特种工艺人员管理】 …………………… 133
第三章　核材料和放射性废物安全 ……………………………… 137
第三十八条　【持有核材料许可及安全管理措施】 ………… 137
第三十九条　【乏燃料安全管理】 ……………………………… 140
第 四 十 条　【放射性废物分类处置管理】 ………………… 143
第四十一条　【放射性废物管理原则】 ………………………… 147
第四十二条　【放射性废物处置场所选址规划建设】 ……… 150

第四十三条 【放射性废物管理许可制度】 …………………… 153
第四十四条 【放射性废物标准化处置】 ………………………… 156
第四十五条 【放射性处置单位处置管理】 …………………… 157
第四十六条 【放射性废物处置设施关闭管理】 ……………… 159
第四十七条 【放射性废物处置设施关闭安全监护计划】 … 161
第四十八条 【处理处置、退役费用管理】 …………………… 163
第四十九条 【核材料和放射性废物运输管理制度】 ……… 166
第 五 十 条 【核材料、放射性废物运输管理】 …………… 169
第五十一条 【乏燃料、核材料、放射性废物运输管理职责分工】 ……………………………………………… 172
第五十二条 【托运人责任及废物承运人资质】 …………… 175
第五十三条 【核材料、放射性废物运输法律适用】 ……… 178
第四章 核事故应急 ………………………………………………… 181
第五十四条 【核事故应急协调委员会】 ……………………… 181
第五十五条 【核事故应急协调及应急预案管理机制】 …… 185
第五十六条 【应急演练及准备】 ………………………………… 190
第五十七条 【核应急准备金制度】 …………………………… 195
第五十八条 【核事故应急分级管理机制】 …………………… 197
第五十九条 【核事故应急救援】 ………………………………… 201
第 六 十 条 【核事故应急信息及国际通报、国际救援】 ………………………………………………… 204
第六十一条 【核事故恢复、损失评估即调查处理】 ……… 206
第六十二条 【核材料、放射性废物运输应急响应】 ……… 210
第五章 信息公开和公众参与 ………………………………… 212
第六十三条 【政府核安全相关信息公开及向人大报告制度】 ……………………………………………… 212

第六十四条 【核设施营运单位核安全信息公开】 ………… 218
第六十五条 【核安全信息公开方式和程序】 ………………… 221
第六十六条 【重大核安全事项公众反馈】 …………………… 225
第六十七条 【核安全宣传措施】 ……………………………… 231
第六十八条 【公民核安全举报权和禁止编造核安全虚假信息义务】 ……………………………… 235
第六十九条 【涉密信息的政府公开办法】 …………………… 239
第六章 监督检查 ……………………………………………… 243
第 七 十 条 【核安全监督检查制度】 ……………………… 243
第七十一条 【核安全监管能力建设】 ……………………… 247
第七十二条 【核安全监督检查措施即检查结果报告】 …… 252
第七十三条 【核安全监督检查对象的义务】 ……………… 255
第七十四条 【核安全监督检查人员行为准则】 …………… 259
第七章 法律责任 ……………………………………………… 263
第七十五条 【政府部门及其人员违法责任】 ……………… 263
第七十六条 【对违法行为的治安管理处罚】 ……………… 268
第七十七条 【对核设施营运单位及提供服务单位违法行为的处罚】 ……………………………… 270
第七十八条 【对规划限制区内违法行为的处罚】 ………… 274
第七十九条 【对核设施营运单位违反行政许可管理规定的处罚】 ……………………………… 277
第 八 十 条 【对核设施营运单位违反核设施安全管理规定的处罚】 ……………………………… 281
第八十一条 【对核设施营运单位违反放射性核素监测、报告规定的处罚】 ……………………………… 285
第八十二条 【对技术支持单位违反行为的处罚】 ………… 289

第八十三条 【对未经许可、注册为核设施提供服务的处罚】 …… 291
第八十四条 【对聘用无资格证书人员从事核安全技术的处罚】 …… 295
第八十五条 【对违法持有核材料的处罚】 …… 298
第八十六条 【对违反放射性废物处置规定的处罚】 …… 302
第八十七条 【对违反核事故应急预案和应急响应规定的处罚】 …… 309
第八十八条 【对核设施营运单位违反信息公开规定的处罚】 …… 311
第八十九条 【对拒绝、阻挠核安全监督检查的处罚】 …… 314
第 九 十 条 【核损害赔偿责任机制】 …… 317
第九十一条 【违反核安全的刑事责任】 …… 333
第八章 附 则 …… 340
第九十二条 【军工、军用核安全规定】 …… 340
第九十三条 【法律用语解释】 …… 341
第九十四条 【法律施行日期】 …… 346

附 录

一、法律原文
中华人民共和国核安全法 …… 349
（2017 年 9 月 1 日）
二、立法背景材料
关于制定核安全法的立项报告 …… 371
（2013 年 4 月 22 日）
全国人民代表大会环境与资源保护委员会关于提请审议《中华人民共和国核安全法（草案）》的议案 …… 382

中华人民共和国核安全法（草案） …………………………… 382
关于《中华人民共和国核安全法（草案)》的说明 ……………… 406
三、相关法律法规
中华人民共和国国家安全法 ………………………………… 412
（2015 年 7 月 1 日）
中华人民共和国安全生产法 ………………………………… 423
（2014 年 8 月 31 日）
中华人民共和国民用核设施安全监督管理条例 ……………… 447
（1986 年 10 月 29 日）
中华人民共和国核材料管理条例 …………………………… 453
（1987 年 6 月 15 日）
民用核安全设备监督管理条例 ……………………………… 458
（2016 年 2 月 6 日）
国家核应急预案 ……………………………………………… 471
（2013 年 6 月 30 日）
核安全公约 …………………………………………………… 484
法国核信息透明与核安全法 ………………………………… 496

第一章 总 则

第一条 为了保障核安全，预防与应对核事故，安全利用核能，保护公众和从业人员的安全与健康，保护生态环境，促进经济社会可持续发展，制定本法。

条文主旨

本条是关于立法目的的规定。

立法背景

核安全是国家安全的重要组成部分，是核事业发展的生命线。党中央高度重视核安全工作。2016 年 4 月，习近平总书记在美国举行的第四届核安全峰会上指出，“确保核安全是各国应尽之责，我们要结合国情，从国家层面部署实施核安全战略，制定中长期核安全发展规划，完善核安全立法和监督机制，并确保相关工作得到足够投入和支持。”全国人大常委会（以下简称常委会）认真贯彻党中央决策部署，将核安全法列入立法规划。

第一，制定核安全法是保障我国核事业发展的客观要求。核设施、核材料具有潜在的放射危害性，立法有利于防范危害，为核安全提供法律保障。我国核事业在民用领域的发展已经具有一定规模。根据规划，我国在建核电机组数量世界领先，预计到2020年我国核电机组数量将跃居世界第二位。为进一步提高核安全保障措施，迫切需要制定核安全法予以规范。第二，立法有利于增进社会公众对核安全的了解和发展核事业的信心。发展核事业中的安全问题始终为社会公众所关注，日本福岛核事故后，国际社会对核能发展安全性的质疑不断。核安全立法一方面可以依法强化安全防范措施；另一方面可以依法加大核安全科普宣传，增加公众对核安全知识的了解，引导公众正确、科学认知我国核安全状况。第三，立法是完善核安全法律体系的需要。尽管我国已经制定了一定数量涉核领域的法规和规章，但涉及核安全的法律，仅有一部从放射性污染防治的角度加以规范的法律。有关核安全基本方针、原则，法律制度、措施的建立和实施，核安全责任、公众参与及监督管理体制等重大问题均未作出规定，不能适应核安全工作的实际需要，亟待完善有关核安全的法律规范体系。第四，立法有利于强化核安全监管工作。随着核事业的发展和国外曾经发生过的核事故警示，核安全监管对于保证核安全是至关重要的。我国政府也为此设立了国家核安全监管机构，担负着与核事业发展同样重要的核安全监管工作。通过制定核安全法，可以进一步理顺对行业管理与监督的职责，实现运营与监管的分工，提高核安全监管工作的相对独立性和有效性。第五，立法是促进我国核安全国际合作的需要。我国作为国际原子能机构的成员国和有关核国际公约的签约国，担负着核安全国际合作的使命。由于缺乏相关专项法律，国际上有关人士对我国核安全监管能力和履约能力有所疑虑。国际原子能机构组织评估团曾向我国提出加快核安全立法的建议。核安全立法有利于树立我国良好的国际形象，坚定国际社会对我国核安全的信心，也有利于我国“核电走出去”战略的实施。

根据第十二届全国人大常委会立法规划，全国人大环境与资源保护委员会负责牵头起草核安全法草案，并负责向常委会提请审议。经过常委会三次审议、两次向社会公布征求意见，并委托专家对专业性较强的问题深入研究论证，在反复修改完善的基础上，提请第十二届全国人大常委会第二十九次会议表决通过。核安全法贯彻落实总体国家安全观，从高从严建立核安全标准体系，对核设施选址、设计、建造、运行、退役以及核材料和相关放射性废物实施全过程、全链条监管和风险防控，明确核安全信息公开责任与核损害赔偿责任，完善核安全工作协调机制与国际合作机制，为实现核能的持久安全和健康发展提供了坚实的法制保障。

在法律起草过程中，大家对立法目的中“保障核安全”“预防与应对核事故”“安全利用核能”“保护生态环境”“促进经济社会可持续发展”的内容，意见趋于一致。不同意见主要存在如下几个方面：一是关于生态文明建设的表述问题，有的意见要求在立法目的中明确推进生态文明建设的内容，认为生态文明建设是“十八大”以来，乃至中国未来发展的重点问题，具有时代特征，应当在立法目的中予以明确，有的则认为，环境保护法等多部法律的立法目的中均已规定了推进生态文明建设的内容，没有必要反复强调和重复。二是关于保护从业人员和保护公众的先后顺序问题，一审稿明确将保护从业人员放在前面，主要是根据行业和专家意见，认为从业人员对于核安全负有重要责任，而且保证从业人员安全是有效控制核事故的重要基础，只有保障从业人员的核安全，才更有利于保障公众安全，出现核事故首先就会影响到从业人员的安全，在国际有关规则的表述中，都将保护从业人员的安全和健康放到公众之前。在常委会审议和征求意见期间，有的常委委员提出，本法立法目的出发点和立足点是预防和应对由核设施、核材料导致的核事故造成的对人身和环境的危害，应当优先强调保护公众的安全与健康，建议将“保护从业人员和公众的安全与健康”修改为“保护公众和从业人员的安全与健康”。三是关于“保障国家安全”“和平利用核能”“保护现在和未来的人类健康及环境”“不给后代带来不恰当的负担”的规定等内容，在起草和审议中也有人提出，经研究和审议，未予采纳。

条文解读

一、关于保障核安全

核安全，是指对核设施、核材料采取必要和充分的监管、保护、预防和缓解等安全措施，保障核设施、核材料安全，防止由于任何技术原因、人为原因或者自然灾害造成的事故，并最大限度地减少事故情况下的放射性后果，从而保护公众、从业人员和环境免受核事故危害。发展核能必须要重视核安全。核安全是国家安全的重要组成部分，在总体国家安全体系中具有举足轻重的地位，事关环境安全，更事关公众利益。因此必须对核设施、核活动、核材料和放射性物质等采取必要和充分的监控、保护以及各种事故预防和缓解措施，防止造成事故，对公众和环境产生不可接受的放射性危害。

二、关于预防与应对核事故

核事故是指核设施、核材料、放射性物质等发生的一系列危害性事故。在核事故状态下，若有关的专设安全设施不能按设计要求发挥作用，则放射性物质的释放可能会达到不可接受的水平。国际核事故分级标准（INES）按照核事故的严重程度将核设施内发生的有安全意义的事件分为七个等级。在人类和平利用核能的60年间共发生了三起重大核事故，即1979年的美国三哩岛核事故、1986年的苏联切尔诺贝利核事故以及2011年的日本福岛核事故。核事故具有事故突发性、处理复杂性、后果严重性和公众敏感性的特点。核工业发展没有绝对安全，只有相对安全，但随着人类认识水平和企业技术不断提高、国家监管能力的不断提升，并从历次核事故和事件中吸取教训、总结经验、举一反三，进行安全改进，核安全才能得到有效保证。

三、关于安全利用核能

核能作为世界三大电力支柱之一，有着广阔的利用空间和发展前景。根据国际原子能机构（IAEA）的预测数据，2030年全球核电装机容量将达到727吉瓦，比目前增长一倍。新中国成立以来，我国的核事业在党和国家领导人的亲切关怀和坚强领导下，取得了长足的发展，已经建立起较为完整的核工业体系，为国家的安全和发展提供了重要保障。核技术在工业、农业、医疗卫生和科研等方面都得到了广泛应用。我国核电总规模位居世界第三，在建规模位居世界第一。

核能在增加能源供给、保障能源安全、促进污染物减排等方面具有明显优势。核能的开发利用能够有效缓解当前煤炭作为燃料产生的污染问题及水电开发造成的生态环境问题，未来核工业的发展具备广阔发展前景。因此，要安全利用核能，而不是禁止核能的开发利用，通过降低核能开发利用活动中的风险，预防和应对由核事故造成的对人身和环境的危害，增进核能开发利用活动产生的收益，从而造福人类。

四、关于保护公众和从业人员的安全与健康

核能与核技术利用具有自身的特殊性。核能产业活动具有潜在的放射危害性，一旦发生核事故，其社会影响广泛而深远，特别是对公众和从业人员的健康损害巨大。苏联切尔诺贝利核事故前三个月有 31 人死亡，并导致大量的人员受到不同剂量的放射线照射，健康受到严重损害。因此，核安全应当将保障人体健康作为重要目标。核行业从业人员工作在核行业的一线。出现核事故，首先就是影响从业人员的安全。所以在立法目的中明确提出了除保护公众安全与健康外，还需要保护从业人员的安全与健康。

五、关于保护生态环境

我国一次能源以煤炭为主，长期以来，煤电发电量占总发电量的 80% 以上。大量发展燃煤电厂给煤炭生产、交通运输和环境保护带来巨大压力。随着经济发展对电力需求的不断增长，大量燃煤发电对环境的影响也越来越大，全国的大气状况不容乐观。电力工业减排污染物，改善环境质量的任务十分艰巨。核电是一种技术成熟的清洁能源。与火电相比，核电不排放二氧化硫、烟尘、氮氧化物和二氧化碳。以核电替代部分煤电，不但可以减少煤炭的开采、运输和燃烧总量，而且是电力工业减排污染物的有效途径，也是减缓地球温室效应的重要措施。

而发生核事故会造成严重的生态环境影响。苏联切尔诺贝利事故造成大范围的环境污染，方圆 30 公里地区的 11.5 万多民众被迫疏散。

在立法目的中提出保护生态环境，既是为了防止核事故对生态环境造成的损害，也是通过合理开发利用核能减少碳排放和其他污染物的产生，有利于生态环境的保护。

六、关于促进经济社会可持续发展

可持续发展，是指既满足当代人需求又不危及后代人满足其需求的能力的发展，强调环境与经济的协调，追求人与自然的和谐，其实质就是经济的发展应当建立在生态持续能力的基础之上。

1987 年，联合国世界环境与发展委员会出版了关于环境与发展问题的报告即《我们共同的未来》，首次提出了“可持续发展”的概念。该报告对可持续发展的定义是“既满足当代人的需要，又不对后代人满足其需要的能力构成危害的发展”。该报告还提出，当代存在的发展危机、能源危机、环境危机都不是孤立发生的，而是传统发展战略造成的。要解决人类面临的各种危机，只有改变传统的发展方式，实施可持续发展战略。

我国作为一个发展中的大国，近年来经济高速发展，但资源消耗和环境污染也较为严重。在这种经济、资源与环境状况下，我国在解决环境问题上的回旋余地不大，无法沿用发达国家传统的“先污染、后治理”发展模式，只能寻求一种可持续发展的模式，走可持续发展之路。党的十八大以来，以习近平同志为核心的党中央，深刻总结人类文明发展规律，将生态文明建设纳入中国特色社会主义“五位一体”总体布局和“四个全面”战略布局。习近平总书记关于生态文明建设的系列重要思想，是把环境问题和可持续发展问题进一步完善、提升和具体化、理论化。实现经济社会全面协调可持续发展的一个重要途径，就是在生态文明建设思想的指引下，转变传统的经济增长模式，建立健全核安全的各项制度，依法安全利用核能，必将有利于促进经济社会全面协调可持续发展战略的全面实施。

第二条 在中华人民共和国领域及管辖的其他海域内，对核设施、核材料及相关放射性废物采取充分的预防、保护、缓解和监管等安全措施，防止由于技术原因、人为原因或者自然灾害造成核事故，最大限度减轻核事故情况下的放射性后果的活动，适用本法。

核设施，是指：

（一）核电厂、核热电厂、核供汽供热厂等核动力厂及装置；

（二）核动力厂以外的研究堆、实验堆、临界装置等其他反应堆；

（三）核燃料生产、加工、贮存和后处理设施等核燃料循环设施；

（四）放射性废物的处理、贮存、处置设施。

核材料，是指：

（一）铀-235 材料及其制品；

（二）铀-233 材料及其制品；

（三）钚-239 材料及其制品；

（四）法律、行政法规规定的其他需要管制的核材料。

放射性废物，是指核设施运行、退役产生的，含有放射性核素或者被放射性核素污染，其浓度或者比活度大于国家确定的清洁解控水平，预期不再使用的废弃物。

条文主旨

本条是关于核安全法适用范围和核设施、核材料、放射性废物定义的规定。

立法背景

对于如何确立这部法律的适用范围是这次起草工作的一个重点问题，也是核心问题。这个问题从开始起草到最后通过均是争论的焦点，这一争论直到现在社会上和学术上仍在继续。在本法起草过程中，有关适用范围问题进行过反复讨论，在有关地域效力问题上，各方均无明确争议。争议的重点在两个方面：一是在总体行为效力范围上；二是在对核材料的管制范围上。行业内对这两个问题提出了不同主张，甚至有过激烈的争论。

首先，在总体行为效力范围方面。第一种观点认为，核安全法的适用范围应当涵盖所有的核活动，包括放射性矿勘查采冶，核材料的持有、使用、生产、储存、运输和处置，核设施的选址、设计、建造、运行和退役，核安全设备的设计、制造和安装，放射性废物管理，放射性物质运输，核事故应急准备和响应等与核安全、辐射安全和核安保有关的全部核活动。概括起来这种观点认为这部法律的适用范围应当包括如下七个方面：一是从放射性矿的勘探、开发、冶炼开始，即从核原料开始关注核安全问题；二是对核材料的持有、使用、生产、储存、运输和处置（这里的“处置”应当是“处理”）；三是针对核设施，包括核设施的选址、设计、建造、运行和退役全生命周期；四是核安全设备的设计、制造和安装；五是放射性废物管理；六是放射性物质运输；七是核事故应急准备和响应，这个问题实际上在各项核活动的设计中都应当始终考虑，这种观点是把这个问题作为重点予以突出；八是核安保。第二种观点认为，本法的适用范围应当有选择地包括重点和主要的核活动，即包括核设施的选址、设计、建造、装料、运行和退役（关闭），核安全设备的设计、制造、安装和无损检验，放射性废物处理、处置，放射性物品运输，核材料的持有、使用、生产、储存、运输和处置，核事故应急准备和响应等与核安全有关的活动以及核安全监督管理。概括起来这种观点主张的行为效力应当包括七个方面：一是针对核设施的行为，包括选址、设计、建造、装料、运行和退役（关闭）；二是针对核安全设备的行为，包括设计、制造、安装和无损检验；三是对放射性废物的行为，包括处理、处置；四是针对放射性物品运输行为；五是针对核材料的行为，包括持有、使用、生产、储存、运输和处置（这里也应当是“处理”，即对乏燃料的后处理）；六是针对核事故应急准备和响应行为；七是针对核安全监督管理行为；此外，这种观点还提出了一个兜底行为，即“等与核安全有关的活动”。第三种观点认为，核安全法的效力范围应当主要限定在三个方面：一是针对核设施的行为，包括核设施选址、设计、建造、调试、运行、退役等；二是仅仅针对核材料持有行为；三是针对前两项行为的安全监督管理行为。就前两种观点的差异看，主要在三个方面：一是关于源头采矿、原料问题是否规范；二是关于核安保问题是否规范；三是关于核安全监督管理活动。前一种观点主张包括源头采矿、原料问题和核安保问题，对核安全监督管理行为未予涉及；后一种观点则不赞同规范源头采矿、原料问题和核安保问题，强调应当规范核安全监管行为。第三种观点与第二种观点相近，范围更小，即有限的核材料管理，和以规范核设施有关的行为为重点，并认为核安全监管行为是本法所应规范的主要行为和核心问题，甚至主张把这部法律确定为核安全监管法。负责法律牵头起草和向全国人大常委会提请审议的部门经认真研究和广泛听取意见，吸收了关于源头采矿、原料问题和核安保问题应当在原子能法中予以规范的主张。理由是原子能法正在起草过程中，这部作为核领域具有基础性、综合性性质的法律，其规范的范围应当更为广泛、全面，源头采矿和原料问题属于核事业发展问题，应当由原子能法予以规范；核安保问题属于核设施以外的国际反恐怖活动，也应当在原子能法中予以规范。核安全法重点规范核设施全生命周期的自身安全问题，对核材料的有限管控和为核设施、核材料提供设备、工程以及服务等的行为，以及针对前三项行为的管理与监督行为。因此，在向全国人大常委会提请第一次审议的草案稿中，仅将上述四方面内容作为核安全法规范的内容。关于放射性废物管理问题，考虑到放射性污染防治法已经做出了规范。为了做好两部法律的衔接，对放射性废物的行为规范未完整纳入一审稿（“草案”）适用范围，未来可以通过修改放射性污染防治法或者制定专门的放射性废物管理法予以强化。

其次，关于核材料的定义。在对核材料的管制范围上，在起草过程中产生过热烈的讨论，甚至有激烈的争论。一种观点认为，本法应当以管制核裂变材料为主，放宽对氘、氚、锂-6等核聚变材料的管制，理由是国际原子能机构的《核材料实物保护公约》并没有包含核聚变材料。另一种观点认为，核聚变材料的危害性远远大于核裂变材料，氢弹即为核聚变材料。随着未来科学技术的不断发展，核聚变材料将更多应用于高端和关键领域，因此，更应当强化对核聚变材料的管制。

最后，关于核设施的定义。在起草过程中，如何定义核设施各方面产生过热烈的争论，法律起草部门认真参考了《核安全公约》《国际原子能机构安全术语》等国际法律文件中对核设施的定义，同时也征求了国内专家的意见，并重点考虑了中国的实际情况。

条文解读

一、关于本条第1款明确的本法适用范围

法律的适用范围，是指法律的效力范围，即法律对人、行为在时空上的约束范围。按照本条规定，核安全法适用于中华人民共和国领域及管辖的其他海域内从事的下列活动：对核设施、核材料及相关放射性废物采取充分的预防、保护、缓解和监管等安全措施，防止由于技术原因、人为原因或者自然灾害造成核事故，最大限度减轻核事故情况下的放射性后果的活动。

（一）关于中华人民共和国领域

中华人民共和国领域，是指我国行使主权和排他性管辖权的空间（即我国的领土范围）。包括国家疆界以内的陆地、水域及其上空，即由领陆、领水、领空所组成：领陆，是指国家国界范围内的陆地及其底土，包括所属岛屿。领陆是国家领土组成的基础部分，是确定领水、领空和底土的根基。领水，是指位于国家陆地疆界以内以及与陆地疆界相邻接的一定宽度的水域。领水又分为内水和领海。内水是指疆界之内的河流、湖泊及领海基线向陆地一侧的所有水域及水道，其中领海基线向陆地一侧至大陆之间的水域又称为内海，如：渤海湾和琼州海峡等。领海是指邻接国家陆地领土和内水的一带海域，我国领海的宽度从领海基线量起为十二海里。领陆及领水的底土，是指领陆以下的底土和领水的底床（包括海床）和底土。领空，是指领陆和领水的上空。领空的上限一般至空气空间的最高

层，不包括外层空间。此外，“领域”的含义具有主权意义在其中。因此，除了前述的领陆，还包括我国的驻外使领馆的馆舍和我国在国外的航行器和飞行器等。国际法承认国家在其领域内行使主权权力和排他的管辖权，任何国家不得破坏别国领土完整和在其领域内行使主权权力。国家领域不仅是国家行使主权的空间，同时也是国家及其人民生存和发展的物质基础所存在的空间。国家对领域的主权是国家主权的重要内容和表现。

（二）关于中华人民共和国管辖的其他海域

国家管辖的其他海域，是指沿海国在其领海以外设立的邻接领海并属于沿海国专属管辖的一定宽度的海域范围，即毗连区、专属经济区和大陆架。毗连区，是指毗连沿海国领海，宽度从测算领海宽度的基线量起不超过 24 海里的区域。根据《联合国海洋法公约》的规定，沿海国有权在毗连区内为防止和惩处在其领陆和领水内违反其海关、财政、移民和卫生方面的法律规章的行为，行使管制权。专属经济区，是指领海以外并邻接领海，宽度从测算领海宽度的基线量起不超过 200 海里的区域。专属经济区既不同于领海又不同于公海，它是 1982 年《联合国海洋法公约》新设立的一项特定的法律制度。在此区域内，沿海国为勘探、开发、养护、管理海床和底土及其上覆水域的自然资源的目的，拥有主权权利；在海洋科学研究和海洋环境保护等方面，拥有专属管辖权；其他国家在专属经济区内仍享有航行和飞越自由，铺设海底电缆和管道等自由，但应遵守一般国际法和沿海国依照《联合国海洋法公约》制定的法律和规章。大陆架，是指沿海国在其领海以外依其陆地领土的全部自然延伸，扩展到大陆边外缘的海底区域的海床和底土，如果从测算领海宽度的基线量起到大陆边缘外的距离不到200海里，则扩展到200海里的距离。如果从测算领海宽度的基线量起到大陆边缘外的距离超过200海里的，则可根据《联合国海洋法公约》第76条等规定，向联合国大陆架界限委员会提出拥有200海里之外大陆架的主张。沿海国对大陆架自然资源的勘探和开发行使主权权利，未经沿海国同意，任何人无权勘探和开发这些资源。同时，由于"管辖的其他海域"面积较大，意味着沿海国管辖和防卫空间的巨大拓展，因此，"管辖的其他海域"无论对于沿海国还是对于其他国家来说，都蕴藏着巨大的经济利益和潜在的战略意义。目前，关于沿海国对"管辖的其他海域"所拥有的权利的性质和范围的争论和斗争仍在继续。

按照本条第1款的规定，在上述区域内即我国的领陆、领水、领空、驻外使领馆、我国在国外的航行器、飞行器以及毗连区、专属经济区和大陆架等区域和范围的与核安全相关的行为，均适用本法。

（三）关于对核设施、核材料及相关放射性废物采取充分的预防、保护、缓解和监管等安全措施

这一规定明确了本法规范的具体核安全行为，即对核设施、核材料及相关放射性废物采取充分的预防、保护、缓解和监管等安全措施。这里需要说明如下几点：

1. 关于行为的种类。按照这一款的规定，本法规范的核安

全行为包括这样几类：一是预防类行为；二是保护类行为；三是缓解类行为；四是监管类行为，总计为四类。

（1）关于预防行为。这里所称的预防行为，是指本法规定的防止核事故发生和其他与核安全预防相关的一切行为，包括本法中设置的涉及与预防有关的所有制度和措施要求的行为；各项与核安全预防有关的义务性、权利性、限制性、禁止性行为；所有与上述相关的作为和不作为。具体的预防行为在各有关章节中予以规范。

（2）关于保护行为。这类行为是指本法规定的与保护相关的所有行为，具体是指对核设施、核材料和放射性废物的安全保护，避免由核设施、核材料和放射性废物引发核事故的一切行为。这些行为体现在本法设置的各项与保护相关的制度和措施中；体现在各项与保护相关的限制性、禁止性、义务性和权利性规定中，包括与之相关的所有作为和不作为。

（3）关于缓解行为。本条所规定的缓解，是指对发生的核事故进行有效应急，按照一定的标准有效控制和减轻核事故危害后果的行为。缓解行为需要按照一定的规程实施，包括在各项与应急、控制核事故、减轻核事故危害后果相关的所有制度、措施中，也包括在所有与应急、控制和减轻相关的条款内容中。

（4）关于监管行为。本条所规定的监管行为，是指对与核设施、核材料、放射性废物安全相关的所有活动的管理与监督行为。这种管理与监督行为应当按照国务院的有关分工和本法的相关规定予以实施。

2. 关于采取充分的预防、保护、缓解和监管等安全措施。这里关于采取充分的安全措施的规定，是对核安全的高标准要求，因此在法律中予以特别强调。但对于不采取充分措施的上述四类行为也同样适用于本法，而不仅仅是采取充分措施的行为才适用本法，这一款的表述主要是明确各类、各种情形下的预防、保护、缓解和监管行为均适用本法。

3. 关于防止由于技术原因、人为原因或者自然灾害造成核事故，最大限度减轻核事故情况下的放射性后果的活动。这一规定是对前述本法规范和调整的四类行为的进一步补充说明，即提出了依法从事上述四类行为的目标指向，包括防止由于技术原因、人为原因或者自然灾害造成核事故和最大限度减轻核事故情况下的放射性后果两方面内容。前一方面内容是对预防、保护和监管行为提出的目标要求，即需要针对技术原因、人为原因和自然灾害造成或者可能造成的核安全隐患和核事故实施预防、保护和监管行为；后一方面内容是对缓解和监管行为提出的目标要求，即针对发生核事故后应当实施的缓解和监管行为，要求最大限度地减轻核事故情况下的放射性后果。具体要求，在本法其他相关规定的解读中予以进一步说明。

二、关于本条明确的核设施、核材料和放射性废物的定义。

本条第 2 款、第 3 款、第 4 款的规定是对本法行为所指向的客体对象的定义。明确这些对象有利于保证准确把握本法规定的核安全行为的范围和认定行为的基础和依据。本法规定的核安全行为，必须通过发生在这些行为指向的客体对象上，才能认定为本法规范的核安全行为，不是发生在这些客体对象上的行为就不应当是本法规范和调整的行为。因此，准确定义行为指向的这些客体对象，对于准确把握本法规范和调整的各类核安全行为是十分重要的。是认定责任与非责任，守法与违法，甚至罪与非罪的基础。

（一）关于核设施

本条第2款规定的核设施，是指本法规范的核安全行为涉及的核设施范围，主要包括四大类：（1）核电厂、核热电厂、核供汽供热厂等核动力厂及装置；（2）核动力厂以外的研究堆、实验堆、临界装置等其他反应堆；（3）核燃料生产、加工、贮存和后处理设施等核燃料循环设施；（4）放射性废物的处理、贮存、处置设施。与这四类核设施相关的核安全行为，适用本法的规定。

（二）关于核材料

本条第3款的规定是本法管制的核材料的范围。从科学的含义讲，核材料应当包括铀、钚、氚、锂四大类。但从法律规范的角度出发，这一款的规定表明本法所管制的核材料主要包括四种情况：一是铀-235材料及其制品；二是铀-233材料及其制品；三是钚-239材料及其制品；四是法律、行政法规规定的其他需要管制的核材料。这一款的规定包含两层含义：一是明确列出的核材料；二是虽然没有明确列出，但根据相关法律、行政法规的规定，需要对其他一些核材料予以管制。第一种情况，主要是前三项列明的，属于明确列出的核材料，主要是核裂变材料，由此可见，本法以管制裂变核材料为主。最后一项表明，虽然未在本法中明确列出但根据有关法律、行政法规的规定，还包括其他一些需要管制的核材料，其中可能是指一部分核聚变材料，也可能包括其他核裂变材料。具体是哪些，要由法律和行政法规规定。这里需要明确的是，对这类核材料的管制，需要根据有关法律和行政法规的规定确定，这是一种排他性规定，即非法律、行政法规，诸如部门规章、地方性法规、司法解释等不能对管制这类核材料予以规定。还需要说明一点，这里的“法律、行政法规规定的其他需要管制的核材料”，并不排除未明确列出的核材料，如氘、氚、锂－6等核材料，即核聚变材料等。这里未予明确列出，主要是考虑对这类核材料的管制与明确列出的核材料的管制方式有所不同，需要在一些特定的情况下，进行特定的管制。因此需要法律、行政法规做出特别规定，而不是完全不予管制。关于对这类核聚变材料的是否管制，如前所述在起草和审议过程中始终存在争议。目前法律的有关规定，主要是考虑促进核材料的和平利用，避免过于严格的管制制约和平利用核材料事业的发展。

（三）关于放射性废物

根据本条第4款的规定，放射性废物，是指核设施运行、退役产生的，含有放射性核素或者被放射性核素污染，其浓度或者比活度大于国家确定的清洁解控水平，预期不再使用的废弃物。这一款的规定明确了这样几层含义：

1. 关于本法适用的放射性废物的种类和范围，包括带有放射性核素和被放射性核素污染的废弃的物质。

2. 关于放射性废物的来源，这些废物的来源主要是由核设施运行、退役产生的，也就是本法规范和调整的放射性废物仅限于核设施运行和退役产生的放射性废物。

3. 关于放射性废物的标准，这些废物的标准主要体现在两个方面：一是其浓度或者比活度大于国家确定的清洁解控水平的；二是预期不再使用的。

三、关于本法适用范围的补充说明

从客观上来说，核安全行为不仅限于本法规定的这些方面，诸如铀矿、伴生放射性矿的开采、冶炼加工，核技术应用，核安保等诸多与核安全相关的行为均属于本法应当规范的行为。本法对这些行为未纳入适用范围的原因是考虑到与其他法律的衔接，如关于铀矿开采、冶炼加工和核安保等问题将在制定中的原子能法中予以规范；有关核技术应用、伴生放射性矿开采等的核安全问题已经在放射性污染防治法中做出了规定，未来放射性污染防治法还将做进一步的修改完善，以协调核安全法的有关规定。因此，本法仅就核设施、核材料和放射性废物的核安全问题做出重点规范，既做到了与其他法律的有效衔接；也突出了对核安全核心和重点问题的规范。

相关规定

《联合国海洋法公约》；《核安全公约》；《国际原子能机构安全术语》；《核材料实物保护公约》。

第三条 国家坚持理性、协调、并进的核安全观，加强核安全能力建设，保障核事业健康发展。

条文主旨

本条是关于核安全观的规定。

立法背景

2014年3月24日，世界第三届核安全峰会在荷兰海牙举行。习近平总书记出席并发表重要讲话，介绍中国核安全措施和成就，阐述中国核安全观，呼吁国际社会携手合作，实现核能持久安全和发展。

习近平总书记指出，人类要更好利用核能、实现更大发展，必须应对好各种核安全挑战，维护好核材料和核设施安全。加强核安全是一个持续过程。要坚持理性、协调、并进的核安全观，把核安全进程纳入健康持续发展轨道。这是中国首次公开提出“核安全观”，也是世界各国中第一个提出“核安全观”。习近平总书记的倡议对推进国际核能安全、发展具有重要历史指导意义，得到了国际社会的广泛认同。在全国人大常委会审议过程中，根据有关委员和部门的建议，将习近平总书记上述有关核安全观的讲话，经过法律语言加工，吸收在法律文本中，予以明确，即依法确立了我国的核安全观。

中国的“核安全观”为国际社会提供了一种基本的价值观参照，积极影响了世界核安全秩序、体系与机制的塑造。

条文解读

一、关于核安全观的内涵

“理性”旨在突出核能事业安全与发展之间的辩证关系。目前，我国能源结构正处于转型期，核能利用比重逐渐上升，经济发展对核能源需求迫切，我国核电在建规模占世界核电在建规模的40%左右，切实保护好核能安全是我国责无旁贷的发展重任和历史使命。但是要以确保安全为前提发展核能事业。为发展求安全、以安全促发展。任何以牺牲安全为代价的核能发展，都难以持续，都不是真正的发展。

“协调”旨在阐明核安全领域国家自主与国际合作的关系。核安全首要责任应该由各国政府承担，各国政府要强化核安全意识，加强机制建设，提升技术水平，根据本国国情采取最适合的核安全政策和举措，履行有关国际义务。核安全也是全球性课题，要吸引更多国家加入国际核安全进程，加强交流、互鉴、共享，有关多边机制和倡议要统筹协调、协同努力。以尊重各国权益为基础推进国际核安全进程，以互利共赢为途径寻求普遍核安全。

“并进”旨在阐明四个方面的并重：发展与安全并重、权利与义务并重、自主与协作并重，以及治标与治本并重。目前国际社会在核安全领域所作努力，包括自身能力建设和开展国际合作，以及制定和落实国际规范等，更多的是一种应对性层面的努力，但是应当关注产生这些问题的根本性因素及其解决之道，完善核安全政策举措，坚持核材料供需平衡，深化打击核恐怖主义国际合作，营造和平稳定的国际环境，从根源上消除或者尽量减少来自核安全领域的威胁与挑战，实现核能持久安全和发展。

二、关于加强核安全能力建设、保障核事业健康发展

为了保障核事业健康发展，需要加强核安全能力建设，首要的就是要完善与核安全有关的法律法规及相关的核安全标准体系建设。我国自核安全监督管理部门成立以来，已经逐步形成了由法律、行政法规、国务院部门规章以及核安全标准、技术性文件、地方和安全立法文件构成的核安全法律规范体系。

加强核安全能力建设，还要加强核安全监管能力。我国核安全监管实行许可证管理。依据许可方可进行各项涉及安全相关活动。监管贯穿核电厂的全寿期，它从选址开始，贯穿选址、设计、建造、调试、运行、退役和废物处理等核电厂全寿期的各环节，原则上每一个环节都要单独报批。未来我国核安全监管还将在独立性、权威性和有效性等方面继续进一步增强。

加强核安全能力建设，还要针对核设施、核材料、放射源安全及核材料出口管制、打击非法贩运等领域，加大核设施安全建设的投入，加强基础设施和硬件设备建设，提高执法人员水平，提升从业人员核安全意识，建设核安全监管技术研发基地，加强核安全监管技术能力。

第四条 从事核事业必须遵循确保安全的方针。

核安全工作必须坚持安全第一、预防为主、责任明确、严格管理、纵深防御、独立监管、全面保障的原则。

条文主旨

本条是关于核安全方针和原则的规定。

立法背景

在党和国家的高度重视下，在全体核事业从业人员的共同努力下，我国核安全一直保持良好的安全业绩。我国核电厂从未发生过国际核事件分级二级及以上的核事件或事故，周围的环境辐射始终保持在本底涨落水平，放射源年事故发生率也从20世纪的每万枚2.5起下降至1起以内，日本福岛核事故后，我国核设施充分吸取经验教训，开展了一系列安全改进，应对极端自然灾害破坏的能力有了根本改善，核安全水平大幅度提高，核安全保障能力建设也不断推进。

同时我们也认识到，风险是人类社会面临的永恒问题，隐患不断消除也不断产生。随着国际核安全形势的不断变化和我国核能与核技术利用规模的不断扩大，我国面临的核安全问题也呈现出复杂化的趋势，核安全挑战依然严峻。核安全首先是核行业主管部门和核设施营运单位的责任，各有关部门和单位要认真贯彻落实核安全法要求，确保核设施设计、建造、调试、运行全过程的安全和质量得到保证。为了推进核安全工作的法制化，加强核安全监管，本法明确了核安全的方针和原则。

确保安全的核能发展才是可持续的。国际原子能机构编写的《核安全公约》第10条规定，“每一缔约方应采取适当步骤确保从事与核设施直接有关活动的一切组织为核安全制定应有的优先政策”。各国法律和我国现有的有关核安全的法律法规都强调安全是核能、核技术开发利用的最重要的条件。实践中，无论是核安全监督管理部门，还是从事核安全相关的单位都将安全作为开展核能开发利用活动的前提，“确保安全”已经成为我国核安全监管和核能开发利用活动实践中坚持的方针。

根据行业界和有关管理部门的要求，本法明确了“安全第一、预防为主、责任明确、严格管理、纵深防御、独立监管、全面保障”的核安全行为原则。“安全第一”是根据一些院士的强烈要求最终增加的内容，但如何从行为上考量“安全第一”，还需要有关部门和专家在现实中找到量化的结果。“预防为主”是强调对核污染的预防作为核安全的主要工作。“责任明确”是要求在核安全行为规范中明确各方责任。“严格管理”是对核安全管理提出的基本要求。关于“纵深防御”，这一提法是核领域的传统提法，最早来自军事术语，应当是从“战略纵深”的表述中演变而来，纵深防御就是要对核事故的预防加大纵深，多层次的安全保障，最初行业界提出这一概念时法律界从法律用语的角度出发予以否定，认为含义不够清楚，而行业界却又一时拿不出明确的文字表述，处于一种可意会不可言传的状态，后来经过法律工作者与行业界人士的共同协商讨论，拿出了一个较为贴近法律规范语言的表述，经过立法机关的再加工，表述在草案的附则中，即“是指通过设定一系列递进并且独立的防护、缓解措施或者实物屏障，防止核事故发生，减轻核事故后果”的行为。“独立监管”是根据国际原子能机构的要求和国际通用做法确定的一项核安全行为原则。独立监管实际上是针对核行业管理不受任何限制的独立监督活动，这是确保核安全的管理要求，是总结各国核安全管理经验得出的。全面保障的原则是从保障核安全工作的完整性、全局性出发提出的要求。

条文解读

一、关于从事核事业以“确保安全”为方针

安全是核事业的生命线，核安全关乎核能与核技术利用事业的发展，关乎从业人员、公众健康与安全，关乎环境安全和社会稳定。只有实现安全保障，核能才能保持可持续发展。以“确保安全”为方针，强调发展核能与核技术利用必须以确保安全为前提，将安全置于至高无上的首要位置。任何人或任何组织均不得以牺牲安全为代价来发展核能与核技术利用事业，以获取利益。

“确保安全”这一方针所强调的是在发展核能和核技术应用中，必须保障核安全。这一方针的确定是根据习近平总书记在第四次国际核安全峰会上的讲话内容：“中国始终在确保安全的前提下，致力于开发利用核能”所确定的。对此，在起草过程中存在不同意见，其主张将核行业中长期形成的“安全第一，质量第一”作为核安全基本方针。对此，我们认为，“安全第一”的说法仅仅是一种意念，属于一种思想要求，而如何实现“安全第一”、如何衡量“安全第一”难以在法律中量

化，而对行为的量化又是法律思维的基本要素。关键的问题不在于抽象地把安全放在第几位，而是要具体地实现安全的事实和结果。在头脑中的“安全第一”和行动中的“确保安全”是有所区别的，在某种意义上讲又是区别巨大的。所以，作为对思想要求的“安全第一”和对行为要求的“确保安全”是两类不同性质的思维方式，法律作为行为规范，更注重对行为及其结果的追求。所以，在经过争议之后，根据行业界要求在法律草案中必须明确基本方针的坚定意志，草案最终把“确保安全”作为核安全的基本方针。关于“质量第一”是保障核安全的一个基础性问题，只要核行业的各项产品的质量得到保障，核安全就有了良好的基础，但如何判定质量第一，在什么样的意义上去认定质量第一，这同样是一种“可以意会而不可以言传”的意念，作为法律规范是不易量化清楚的，法律规范所应追求的是符合产品质量标准的安全保障，而不仅仅是抽象的“排位”。另鉴于有关核产品质量问题属于原子能法应当规范的内容，如果确实需要明确“质量第一”，那也应该在原子能法中予以明确。

二、关于核安全工作必须坚持的具体原则

（一）关于安全第一

安全第一，是指始终作出保守决策，确保安全性不受任何经济性、进度要求等其他因素的干扰和影响。从事核安全相关的活动的主体，包括开展核能与核技术利用相关活动的单位、核安全设备制造单位、从事核安全设备无损检验的单位及其各级管理人员和技术人员、操作人员，也包括核工业行业主管部门、能源主管部门和核安全监管部门，在进行决策、规划、管理、生产、制造、研发、检查、检验、运输、操作等活动中，均应当将安全摆在首要位置，确保核安全不受到多种利益权衡的影响，确保活动符合核安全的要求。

（二）关于预防为主

预防为主，是指把预防核事故的发生放在核安全工作的首位，防患于未然。苏联切尔诺贝利核事故和日本福岛核事故等前车之鉴充分说明一旦发生核事故，尤其是大规模放射性物质释放的事故，造成的损害和放射性污染非常严重而且不可逆，治理成本高和治理效果不可预期，核事故造成的破坏很难通过事后的措施进行补救。相对于“事中”的抢救和“事后”的治理而言，“事前”的预防成本最低，效果最好。预防为主也意味着一旦发生事故，要开展应急响应措施，以减轻其后果。

我国放射性污染防治法、安全生产法、环境保护法等法律也确立了预防为主的原则。核安全法规定的核安全许可制度是预防为主原则的重要制度安排。

（三）关于责任明确

责任明确，是指各类责任主体所承担的各类责任内容具体，边界明确。核安全法所规定的不同责任主体承担着不同的安全责任：核设施营运单位、核材料的持有单位以及放射性物品运输的承运人是核安全全面责任的主体；各相关政府部门在其职责范围内承担“三定方案”所规定的安全管理责任，其中，核安全法尤其强调了核工业主管部门、能源主管部门“管行业必须管安全”的责任；承包商和供货商在其职责范围内承担与其权利义务相配套的“相应”责任。

（四）关于严格管理

严格管理，是指各级管理者始终坚持严格的标准和要求，确保各项活动的质量。一方面要求营运单位、核材料持有单位和运输活动托运人在从事核安全相关活动时严格遵守法律、法规规定的义务，执行相关的核安全标准和单位内部的管理制度；另一方面要求政府有关部门，严格依照相关法律、法规，严格开展审评、许可、监督和执法，严厉查处违法违规行为。核安全监管部门的严格监管也是严格管理的具体体现，体现为在相关活动（例如核安全设备的制造、安装、无损检验，核设施的选址、设计、建造、运行、退役等过程）的全过程中，始终严格遵守现行法律法规规定的各项核安全要求开展监督和检查。

（五）关于纵深防御

纵深防御，是指通过设定一系列递进并且独立的防护、缓解措施或者实物屏障，防止核事故发生，减轻核事故后果。纵深防御概念贯彻于安全有关的全部活动，包括与组织、人员行为和技术、管理方面，以保证这些活动均置于多重措施的防御之下，即使有一种故障发生，它将由适当的措施探测、补偿或纠正。

（六）关于独立监管

独立监管，是指核安全监督管理部门对核安全实施独立监管，不受其他任何主体的干扰和影响，决策独立，履行职责独立，确保我国核安全监管的独立性、权威性和有效性。独立监管是国际通行做法，相关国际公约和各国法律都有规定。但同时需要注意的是，核安全工作涉及多个部门，各部门之间要各司其职，也要相互配合。管行业必须管安全，管发展必须管安全，独立监管原则并不能排除行业主管部门对核电企业的监管。

（七）关于全面保障

全面保障，是指形成系统全面的核安全支撑体系，对确保核安全构建有效的支撑。一是国家构建核安全战略规划体系，从较长的时间维度策划确保核安全的任务，并推动落实；二是明确核安全文化建设的法律要求，从人员的潜意识层面提升核安全水平；三是加强核安全科技研发力度，推动核安全手段和方法的创新；四是加强核安全国际合作，充分借鉴世界各国在核能与核技术利用生产实践中所形成的良好做法，提高自身安全水平，同时，推广中国核安全监管体系。

相关规定

国际原子能机构出版的《核法律手册》。

第五条　核设施营运单位对核安全负全面责任。

为核设施营运单位提供设备、工程以及服务等的单位，应当负相应责任。

条文主旨

本条是关于核安全责任的规定。

立法背景

核能开发利用涉及各方主体，如研发组织、核材料加工者、核设备或电离辐射源制造者、建造公司、核设施运营商、融资机构和管理部门等。这其中，最主要的主体可以分为两类：一是核设施营运单位；二是为核设施营运单位提供设备、工程以及服务等的单位。从国际公约的规定和外国立法实践来看，核安全责任通常被归于获得授权从事活动的营运者或者许可证持有者。

例如，《核安全公约》第 9 条规定，每一缔约方应确保核设施安全的首要责任由有关许可证的持有者承担，并应采取适当步骤确保此种许可证的每一持有者履行其责任；《乏燃料管理安全联合公约》第 21 条第 1 款规定，每一缔约方应确保乏燃料或放射性废物管理安全的首要责任（prime）由有关许可证的持有者承担，并应采取适当步骤确保此种许可证的每一持有者履行其责任。国际原子能机构《基本安全原则》原则 1 要求，许可证持有者对设施和活动整个寿期内的安全负首要（prime）责任，而且这种责任不能转托他人。其他团体如设计者、制造商和建造商、雇主、承包商以及托运方和承运方也对安全负有法律、专业或职能上的责任；法国《核领域透明与安全法》第 28 条规定，陆上固定式核设施的许可证持有者应对其设施的安全负责。正如国际原子能机构的《核法律手册》第 11 章所述，"这种法律安排的逻辑起点就是营运者或许可证持有者应当承担确保其活动符合可行的安全、安保和环境保护要求"。

条文解读

一、关于核设施营运单位负全面核安全责任

全面责任是指核设施营运单位对核设施和核活动整个寿期内的核安全——包括其本身所从事活动的核安全以及其委托其

他主体从事的核安全相关活动——负有首要责任，该责任不得转托他人。一旦发生有损核安全的后果，核设施营运单位而非其他主体应当承担相应的行政责任、民事责任和刑事责任。

设置全面责任的出发点是出于促使核设施营运单位营运者承担确保其活动符合核安全要求。从国际层面看，核设施营运单位对核安全承担全面责任已经成为核安全领域的普遍认识和基本做法。《核安全公约》第9条规定，每一缔约方应确保核设施安全的首要责任由有关许可证的持有者承担，并应采取适当步骤确保此种许可证的每一持有者履行其责任；《乏燃料管理安全联合公约》第21条第1款规定，每一缔约方应确保乏燃料或放射性废物管理安全的首要责任由有关许可证的持有者承担，并应采取适当步骤确保此种许可证的每一持有者履行其责任。我国在1986年出台的民用核设施安全监督管理条例也规定核设施营运单位对所营运的核设施的安全、核材料的安全、工作人员和群众以及环境的安全承担全面责任。

二、关于为核设施营运单位提供设备、工程以及服务等的单位负相应责任

本条第2款规定了核设施的供货商能够和承包商，包括核安全设备制造、安装和无损检验等单位以及提供其他服务的单位，所承担的安全责任。这些单位所提供的产品或者服务质量会影响核安全水平，他们应当依照有关合同约定，遵守核安全法和其他有关法律、法规，加强核安全管理，建立、健全责任制度，保障其从事活动的质量符合规定的要求，对核安全负有其他法律所规定的责任，或合同上双方约定的责任。

核设施营运单位所承担的全面的核安全责任，与其供货商和承包商所承担的相应责任，共同构成了核工业全产业链条活动主体参与者的责任体系。其责任体系的实质在于，前者的全面核安全责任不因后者的参与而在任何情况下有所减轻，后者的相应责任也不为前者的全面责任所替代；在发生核事故时，后者不承担核损害赔偿的责任，但若合同中有所约定，应按照合同执行。

本条所规定的核设施营运单位的全面安全责任和为核设施营运单位提供设备、工程以及服务等单位的相应安全责任，是核安全法“责任明确”原则的具体体现。

相关规定

《乏燃料管理安全联合公约》；国际原子能机构《基本安全原则》；《中华人民共和国安全生产法》。

第六条 **国务院核安全监督管理部门负责核安全的监督管理。**

国务院核工业主管部门、能源主管部门和其他有关部门在各自职责范围内负责有关的核安全管理工作。

国家建立核安全工作协调机制，统筹协调有关部门推进相关工作。

条文主旨

本条是关于国家核安全监管体制和管理体制的规定。

立法背景

核安全监督管理体制主要是指对核安全监督管理的职责分配。核安全领域的国际法都强调独立监管，我国加入的《核安全公约》《乏燃料管理安全和放射性废物管理安全联合公约》以及国际原子能机构《基本安全原则》均强调国家核安全监管体系是国家核能与核技术利用事业发展的制度框架的基石。比如:《核安全公约》第 8 条规定，（1）每一缔约方应建立或指定一个监管机构，委托其实施第 7 条中所述的立法和监督管理框架，并给予履行其规定责任所需的适当的权力、职能和财政与人力资源。（2）每一缔约方应采取适当步骤确保将监管机构的职能与参与促进或利用核能的任何其他机构或组织的职能有效地分开。《乏燃料管理安全和放射性废物管理安全联合公约》第 20 条也明确规定，每一缔约方应建立或指定一个监管机构，委托其执行第 19 条提到的立法和监管框架，并授予履行其规定责任所需的足够的权力、职能和财力与人力。

我国的核安全体制经历多次改革，形成了目前的格局。像所有国家的核安全管理一样，我国的核安全管理也是军民分开的，同时我国的核安全管理体制又具有独自的特点，是多年来经验积累的结果，随着民用核事业的快速发展，军民融合性不断增强，因此在管理上的交叉问题也不断出现。根据长期以来行之有效的国务院部门职责分工，法律予以确认，即明确国务院核安全监督管理部门负责核安全的监督管理，这个部门按照军民分开的管理模式实际为两个，一个负责民用核安全管理，一个负责军工核安全管理。核安全法（草案）主要针对民用核安全管理的规范，但鉴于军民融合的问题，也一定程度地涉及有关军民融合核安全的管理问题。国务院其他有关部门在各自职责范围内负责有关的核安全管理工作。

核安全有关活动不仅涉及国家核安全监督管理部门，还涉及公安、交通、安全生产等其他有关部门，这些部门分别在安全保卫、运输、安全生产等方面对核能开发利用活动行使相关的管理职能。

此外，地方人民政府也有义务采取一定的措施对确保其管辖区域内的核安全。

条文解读

一、关于国务院核安全监督管理部门负责核安全的监督管理

国务院核安全监管部门负责核安全的监督管理，依法对核设施、核活动实施全寿期、全过程监管。对核设施而言，国家核安全局分别对其选址、设计、建造、运行、退役等不同阶段进行审评，并相应颁发许可证件。核与辐射安全监督实现全过程全方位控制，国家核安全局六个地区监督站对辖区内核设施的建造质量、设备制造质量、人员资质、运行安全等进行日常、例行和非例行核与辐射安全监督，保证对核设施实施有效的监督。

国家核安全局通过对核设施的放射性排放和周围环境的监督性监测，监督核设施运行对环境的影响。一旦发生事故，国家核安全局还通过督促核设施、核活动的主体责任单位（营运

单位和承运人）有效启动应急机制，控制和缓解相应后果，以达到保护环境和公众健康的目的。

国家核安全局对核设施、核活动安全开展全方位安全监管，并不排斥国务院其他有关部门按照各自职责开展监督执法工作。国务院公安部门、卫生主管部门、环境保护主管部门、交通主管部门、安全生产主管部门等其他有关部门，这些部门在各自的职责范围内分别对与核设施、核材料和放射性废物有关活动的在环境保护、工业安全、职业健康、道路运输安全、消防管理、特种设备安全等事项实施监督管理。

二、关于国务院核工业主管部门、能源主管部门和其他有关部门在各自职责范围内负责有关的核安全管理工作

从核能开发利用的主管部门来看，主要有国务院有关核工业、能源主管部门，还有其他有关部门。核电发展规划、准入条件、技术标准、核电布局、重大项目审批、科研以及对核行业的管理等都可能对核安全产生一定的影响。如过快的发展速度可能会对核安全监管的能力形成一定的压力，不利于核电站的安全；核电站引进技术的安全性也直接影响到了该（批）核电站的安全水平；核电厂的布局与环境、人口分布、能源需求等有关，特别是核电厂布局中的选址，涉及核事故应急等诸多安全问题；对于核能开发利用的有关科研工作，也会对我国的核安全水平产生影响。

根据目前的部门职责分工，国防科工局在核能开发利用监管方面的主要职责包括拟定核工业生产和技术的政策、发展规划，实施核行业的管理，审查、颁发核材料许可证等。国家能源局的主要有关职责包括：负责核电管理，拟订核电发展规划、准入条件、技术标准并组织实施，提出核电布局和重大项目审核意见，组织协调和指导核电科研工作，组织核电厂的核事故应急管理工作。此外，还有公安部门在核设施、核材料、核技术利用的安全保卫、核事故应急、放射性物品运输安全等方面具有相关管理职责。交通运输部门在放射性物品运输安全方面具有相关的管理职责。安全生产部门则依照安全生产法的规定，对核能开发利用中的一般工业安全具有监督管理职责，如对核电厂中的特种设备的安全进行监管。

按照“管行业必须管安全”的原则，上述政府部门在制定产业政策、产业发展规划、工业生产计划、项目立项、进度控制和成果验收等活动中，必须将核安全作为首要目标，并为其所管辖单位的核安全负有管理责任。

三、关于国家建立核安全工作协调机制，统筹协调有关部门推进相关工作

国务院核安全监督管理部门、国务院核工业主管部门、能源主管部门和其他有关部门应当加强信息沟通和协调联动，共同提高我国核安全保障能力。加强国家核安全工作的统筹协调，健全体制机制，实行联防联控，科学统筹核设施安全、辐射监测、朝核应急、反核恐等各项工作。

国家安全法第 45 条规定，国家建立国家安全重点领域工作协调机制，统筹协调中央有关职能部门推进相关工作。核安全是国家安全的重要组成部分，核安全管理工作涉及国务院核安全监督管理部门、核工业主管部门、能源主管部门和公安部门、卫生主管部门、交通主管部门等其他有关部门等多个部门职能，有必要建立国家核安全协调机制，统筹相关工作，形成合力，保障核安全。这也是落实核安全法第 3 条规定的理性、协调、并进的核安全观的重要机制安排。

相关规定

《中华人民共和国民用核设施安全监督管理条例》；《中华人民共和国核材料管制条例》；《核电厂核事故应急管理条例》。

第七条　国务院核安全监督管理部门会同国务院有关部门编制国家核安全规划，报国务院批准后组织实施。

条文主旨

本条是关于核安全规划编制和批准的规定。

立法背景

发展核能对优化能源结构、保障能源安全、促进污染减排和应对气候变化具有重要作用，核安全是我国核能与核技术利用事业发展的生命线。党中央、国务院高度重视核安全与放射性污染防治工作，党的十八大以来，以习近平同志为核心的党中央提出理性、协调、并进的中国核安全观，并将核安全纳入国家总体安全体系，写入《国家安全法》，进一步明确了核安全与放射性污染防治工作的战略定位和重大任务。“十二五”

期间，我国核安全与放射性污染防治工作取得明显进展，核能与核技术利用事业保持良好的安全业绩。“十三五”时期我国核电仍将进一步发展，放射源和射线装置数量将进一步增加，核安全保障任务更加繁重。为落实国家安全战略，全面统筹“十三五”时期核安全与放射性污染防治工作，制定国家核安全规划十分必要而紧迫。

条文解读

一、关于国务院核安全监督管理部门会同国务院有关部门编制国家核安全规划

按照本条的规定，国家核安全规划的编制主体为国务院核安全监督管理部门和国务院有关部门，即由国务院核安全监督管理部门牵头，会同国务院有关部门共同编制国家核安全规划。按照目前的国务院职责分工，国务院核安全监督管理部门包括民用核安全监督管理部门和军工核安全监督管理部门，分别为国家核安全局和国家国防科技工业局。其他有关部门还包括国家能源局、环境保护部、国家发展改革委、财政部等相关部门。

根据2017年2月28日国务院批复的《核安全与放射性污染防治“十三五”规划及2025年远景目标》，规划包含6项目标、10项重点任务、6项重点工程和8项保障措施。6项规划目标主要是提高6方面安全水平，即：核设施安全水平、核技术利用装置安全水平、放射性污染防治水平、核安保水平、核与辐射应急水平以及核与辐射安全监管水平。规划明确了保持核电厂高安全水平、降低研究堆及核燃料循环设施风险、加快早期核设施退役及放射性废物处理处置等10项重点任务，以及核安全改进工程、核设施退役及放射性废物治理工程等6项重点工程。

二、报国务院批准后组织实施

按照本条的规定，国家核安全规划的批准主体为国务院。国家核安全规划由国务院核安全监督管理部门会同国务院有关部门编制完成后，不能直接发布实施，需要报经国务院批准后，方能由国务院核安全监督管理部门组织实施。

相关规定

《核安全与放射性污染防治“十三五”规划及2025年远景目标》。

第八条 **国家坚持从高从严建立核安全标准体系。**

国务院有关部门按照职责分工制定核安全标准。核安全标准是强制执行的标准。

核安全标准应当根据经济社会发展和科技进步适时修改。

条文主旨

本条是关于核安全标准体系的规定。

立法背景

核安全标准，是指为了保障核安全，预防与应对核事故，安全利用核能，保护公众和从业人员的安全与健康，保护生态环境，按照法律规定的程序，在科学、技术和实践经验基础上制定的技术准则。核安全标准是核安全法规标准体系的重要组成部分，是法律规范的配套和完善，是国务院核安全监督管理部门实施核安全监管的重要基础和支撑，也是规范核能、核技术利用生产经营，促进核行业健康发展的技术保障。

目前我国缺乏一套统一的核安全标准体系，有关标准内容散见于法律、行政法规、部门规章、标准和导则中。由于经验、技术能力、资源等各方面原因，我国核安全的国家标准体系尚不完善，不能满足核安全工作的需要，也不利于核安全监督执法工作的有效开展。我国有关主管机关制定和发布的核安全标准不多，国际原子能机构的安全标准引入我国后大多转化成了我国的核安全法规、规章和导则。在很多领域我国的核安全标准还是空白。这在一定程度上影响了国务院核安全监督管理部门的核安全监管的权威性和有效性。由于核安全标准是国务院核安全监督管理部门进行监督执法的重要依据和手段，因此有必要在法律中明确规定核安全标准的制定，明确核安全标准是强制执行的标准。

《核安全与放射性污染防治“十三五”规划及2025年远景目标》提出“推进核安全标准系统化。加强核安全标准顶层设计与管理，建立核与辐射安全标准体系，加快制修订一批核安全标准，强化核安全标准立项审查，提高标准与法规的衔接性”。为此，有必要尽快建立健全专门的核安全标准体系，并且明确核安全标准的法律属性。

核安全标准是防控核能利用风险、衡量核安全水平的重要手段和标尺。高标准才能严要求，核安全法明确规定建立核安全标准体系应当坚持从高从严的原则。值得一提的是，在法律起草和征求意见的过程中，有意见对“从高从严”提出了不同看法，认为在制定核安全标准时，应当综合平衡安全性与经济性的关系，不宜一味强调“严”而牺牲效益。法律最终保留了“从高从严”的表述，旨在表达一种核安全无止境的价值取向，即核安全标准没有最高只有更高。

条文解读

一、关于国家坚持从高从严建立核安全标准体系

本条第1款明确规定国家坚持从高从严建立核安全标准体系。

核安全标准是核安全有关各项活动中有关方面共同遵守的准则和依据。制定和实施核安全标准，是保障安全生产和提高工程质量的重要手段，是实现科学管理的重要技术基础，也是进行国际核安全交流的共同语言要求。从高从严建立核安全标准体系，要求在制定核安全标准时，时刻把安全工作放在核事业的首要位置，建立最严格的标准体系，把对核安全的最高、最严的要求落到标准上，确保万无一失，为维护国家安全、保护人民群众健康和生态环境、推动我国核事业健康发展提供最严格的保障。

二、关于国务院有关部门按照职责分工制定核安全标准

制定核安全标准是核安全监管部门实施核安全监管的重要手段。根据我国标准化法的规定，国务院标准化行政主管部门统一管理全国标准化工作，国务院有关行政主管部门分工管理本部门、本行业的标准化工作。本条规定“国务院有关部门按照职责分工制定核安全标准”有两层含义：第一，制定核安全

标准需要有关部门根据各自职责分工完成。第二，核安全标准不是一项具体标准，而是一个标准体系。结合我国核安全工作的实践，该标准体系应当包括通用系列、核动力厂系列、研究堆系列、非堆核燃料循环设施系列、核材料管制系列、民用核安全设备监督管理系列、放射性物品运输管理系列、放射性同位素和射线装置监督管理系列和辐射环境系列等内容。

三、关于核安全标准是强制执行的标准

我国标准化法第 10 条规定，对保障人身健康和生命财产安全、国家安全、生态环境安全以及满足经济社会管理基本需要的技术要求，应当制定强制性国家标准。本条明确规定核安全标准是强制执行的标准，旨在明确核安全标准的法律效力。这要求国务院核安全监管部门在实施核安全监管的过程中必须严格以核安全标准为判断基准和依据来做出决定，国务院核工业主管部门等有关部门制定的工业标准不得和核安全标准相冲突，核设施营运单位和为核设施营运单位提供设备、工程以及服务等的单位必须确保其活动、相关的设备和服务满足核安全标准的要求，未达到核安全标准的即为不符合核安全要求。

四、关于核安全标准应当根据经济社会发展和科技进步适时修改

核安全标准是国务院核安全监督管理部门根据特定阶段国家经济、技术条件制定的，标准的内容与制定标准时国家的核安全要求、科学认知水平和技术可行性等因素有关。随着经济社会不断发展、核科学技术的不断进步和公众对核安全意识的变化，可能会出现先前制定的核安全标准不再满足核安全工作需求的情形，应当对旧的核安全标准进行修订。因此本条明确要求核安全标准应当根据经济社会发展和科技进步适时修改，这也是从高从严原则所蕴含的追求更高核安全水平的要求。

相关规定

《中华人民共和国民用核设施安全监督管理条例》;《放射性物品运输安全管理条例》;《民用核安全设备监督管理条例》。

第九条 **国家制定核安全政策，加强核安全文化建设。**

国务院核安全监督管理部门、核工业主管部门和能源主管部门应当建立培育核安全文化的机制。

核设施营运单位和为其提供设备、工程以及服务等的单位应当积极培育和建设核安全文化，将核安全文化融入生产、经营、科研和管理的各个环节。

条文主旨

本条是关于核安全文化培育和建设的规定。

立法背景

人类和平利用核能历史上发生的三起严重核事故（美国三哩岛核事故、苏联切尔诺贝利核事故和日本福岛核事故）均暴露出各种在核安全文化方面的突出问题。另据统计资料显示，人因造成的核事件约占事件总数的60%～70%。因此，从国家层面促进核安全文化建设有利于减少人因失误和核事件的发生。

"核安全文化"最早由国际原子能机构提出。切尔诺贝利核事故之后，国际原子能机构1986年出版的《关于切尔诺贝利事故后审议会议总结报告》（INSAG-1）首次提出安全文化（Safety Culture）；1988年，国际原子能机构《核电厂基本安全原则》（INSAG-3）中对安全文化做了进一步阐述，并将其强调为核安全基本的管理原则；1991年，国际原子能机构《安全文化》（INSAG-4），论述了安全文化的定义、特征和本质，阐述了安全文化对决策层、管理层和个人三层次的要求，并提出一系列问题和定性的"指标"用以衡量所达到的不同层次的安全文化水平。2003年，美国核动力运行研究所（INPO）提出了《强有力的核安全文化原则》。美国小业主联盟（United Station Alliance，简称USA）基于该原则推出核安全文化评估准则，在得到INPO和美国核能研究所（NEI）认可后，目前正在对全美所有核电站实施。2006年，世界核电运营者协会（WANO）将INPO《强有力的核安全文化准则》以其名义发布（WANOGL2006-02）。

2012年5月，国务院公布的《核安全与放射性污染防治"十二五"规划及2020年远景目标》明确要求"建立核安全文化评价体系，开展核安全文化评价活动；强化核能与和技术利用相关企事业单位的安全主体责任；大力培育核安全文化，提高全员责任意识，使各部门和单位的决策层、管理层、执行层都能将确保核安全作为自觉的行动。所有核活动相关单位要建立并有效实施战略保证体系，按照核安全重要性对物项、服务或工艺进行分级管理，使所有影响战略和安全的活动得到有效控制。”

随着经济社会的发展，公众的环境意识与安全意识显著提高。特别是日本福岛核事故后，公众对核安全问题更加敏感。各级人民政府、有关部门、从事核安全有关活动的单位有义务开展关于核安全法律、行政法规和核安全知识的宣传教育和知识普及。

条文解读

本条共3款，分别从国家，政府机关和企事业单位三个层面规定核安全文化培育和建设的要求。

一、关于国家制定核安全政策，加强核安全文化建设

核安全文化是核能与核技术利用实践先进经验的总结，是核安全大厦的基石，是社会先进文化的组成部分，必将随着核事业与核安全事业的不断发展进一步得到弘扬、创新和发展，为确保核安全，保障公众健康和环境安全发挥作用。由于核安全的特殊性和重要性，国家应当重视培育核安全文化，建立安全高于一切的价值观、态度和行为方式，使得任何与安全有关的决策和活动，根据其重要性得到相应的关注。

由国家制定核安全政策并将加强核安全文化建设和培育的要求纳入到核安全政策中。从国家层面培育和促进核安全文化以提升核安全水平，既是贯彻国家安全战略，落实“理性、协调、并进”的中国核安全观的需要，也是履行国家核安全责任和国际核安全义务的需要。

二、关于国务院核安全监督管理部门、核工业主管部门和能源主管部门建立培育核安全文化的机制

国务院核安全监督管理部门、核工业主管部门和能源主管

部门应当根据上述国家核安全文化建设要求，在各自的职责范围内通过制定部门规章或其他规范性文件的方式建立核安全文化的培育机制。该培育机制包括建立核安全文化宣传、贯彻和培训要求，完善核安全文化检查机制，将核安全文化融入日常核安全监督检查，制定核安全文化评估标准和程序，建立核安全文化评估体系，推动核安全文化评估活动等。同时，核安全监管部门和政府相关部门要加强政策引导、制定鼓励核安全文化培育的相关政策，加大贯彻实施力度；继续秉持“独立、公开、法治、理性、有效”的监管理念和严慎细实的工作作风；坚持科学立法、依法行政，确保政府监管的独立、权威和有效。

2014 年 12 月 23 日，国家核安全局、能源局、国家国防科技工业局联合印发了《核安全文化政策声明》，明确要“大力培育和发展核安全文化以提升核安全水平，保障核能与核技术利用事业安全、健康、可持续发展”，再次重申“发展和安全并重、权利和义务并重、自主和协作并重、治标和治本并重”是现阶段中国倡导的核安全文化的核心价值观，并明确“（中国）坚持以现行的国家核安全法规和最新核安全标准，以及国际最高安全要求对核能与核技术活动实施监管。”

三、关于核设施营运单位和为其提供设备、工程以及服务等的单位积极培育和建设核安全文化，将核安全文化融入生产、经营、科研和管理的各个环节

核安全文化的培育是一个长期渐进的过程，应持续不断推进。核设施营运单位和为其提供设备、工程以及服务等的单位应当根据监管和主管机关的要求，将核安全文化的理念和要求融入到生产、经营、科研和管理的各个环节，并以单位规章制度的形式来保障核安全文化体系的建设和培育得到落实。通过在企业内推广质疑的工作态度，营造良好的工作习惯，不断树立知责任、负责任的责任意识，持续提升个人的核安全文化素养。通过开展同行评估，倡导核安全文化的良好实践，开展核安全文化经验交流，及时识别弱项和问题，积极纠正和改进。通过信息公开、公众参与、科普宣传等公众沟通形式，不断提高公众对核电的接受度和对核安全的信心，构建全社会的核安全文化氛围。

核安全文化以维护公众健康和环境安全为最终目标，是达成共识并付诸实践的价值观、行为准则和特性的总和。核安全文化的培育和建设包括以下内容：（1）决策层的安全观和承诺。决策层要树立正确的核安全观念。在确立发展目标、制定发展规划、构建管理体系、建立监管机制、落实安全责任等决策过程中始终坚持“安全第一”的根本方针，并就确保安全目标做出承诺。（2）管理层的态度和表率。管理层要以身作则，充分发挥表率和示范作用，提升管理层自身安全文化素养，建立并严格执行安全管理制度，落实安全责任，授予安全岗位足够的权力，给予安全措施充分的资源保障，以审慎保守的态度处理安全相关问题。（3）全员的参与和责任意识。全员正确理解和认识各自的核安全责任，做出安全承诺，严格执行各项安全规定，形成人人都是安全的创造者和维护者的工作氛围。（4）培育学习型组织。各组织要制定系统的学习计划，积极开展培训、评估和改进行动，激励学习、提升员工综合技能，形成继承发扬、持续完善、戒骄戒躁、不断创新、追求卓越、自我超越的学习气氛。(5) 构建全面有效的管理体系。政府应建立健全科学合理的管理体制和严格的监管机制；营运单位应建立科学合理的管理制度。确保在制定政策、设置机构、分配资源、制订计划、安排进度、控制成本等方面的任何考虑不能凌驾于安全之上。(6) 营造适宜的工作环境。设置适当的工作时间和劳动强度，提供便利的基础设施和硬件条件，建立公开公正的激励和员工晋升机制；加强沟通交流，客观公正地解决冲突矛盾，营造相互尊重、高度信任、团结协作的工作氛围。(7) 建立对安全问题的质疑、报告和经验反馈机制。倡导对安全问题严谨质疑的态度；建立机制鼓励全体员工自由报告安全相关问题并且保证不会受到歧视和报复；管理者应及时回应并合理解决员工报告的潜在问题和安全隐患；建立有效的经验反馈体系，结合案例教育，预防人因失误。(8) 创建和谐的公共关系。通过信息公开、公众参与、科普宣传等公众沟通形式，确保公众的知情权、参与权和监督权；决策层和管理层应以开放的心态多渠道倾听各种不同意见，并妥善对待和处理利益相关者的各项诉求。

相关规定

国际原子能机构《基本安全原则》；国际原子能机构《一般安全原则》；《促进安全的政府、法律和监管框架》；《中华人民共和国民用核设施安全监督管理条例》。

第十条 国家鼓励和支持核安全相关科学技术的研究、开发和利用，加强知识产权保护，注重核安全人才的培养。

国务院有关部门应当在相关科研规划中安排与核设施、核材料安全和辐射环境监测、评估相关的关键技术研究专项，推广先进、可靠的核安全技术。

核设施营运单位和为其提供设备、工程以及服务等的单位、与核安全有关的科研机构等单位，应当持续开发先进、可靠的核安全技术，充分利用先进的科学技术成果，提高核安全水平。

国务院和省、自治区、直辖市人民政府及其有关部门对在科技创新中做出重要贡献的单位和个人，按照有关规定予以表彰和奖励。

条文主旨

本条是关于核安全科研开发的规定。

立法背景

党的十八大报告指出，科技创新是提高社会生产力和综合国力的战略支撑，必须摆在国家发展全局的核心位置，要大力发展国家安全和公共安全科学技术。十九大报告进一步指出，要瞄准世界科技前沿，强化基础研究，实现前瞻性基础研究、引领性原创成果重大突破。近些年来，在法律层面来看，我国制定了促进科技成果转化法、科学技术普及法、专利法等十几部与科技相关的法律。同时，各类专业领域的法律如环境保护法、安全生产法、道路安全法、特种设备安全法等法律都对相关领域的科技进步做出了规定。这些法律对保障国家科技政策的实施起到了重要作用。

核安全工作具有高度的专业技术特征，历史上发生的严重核事故在一定程度上都与核安全技术的缺陷或不足有关。因此，先进和可靠的核安全技术是维持和提高核安全水平的重要保障，科技创新在确保核安全方面起到支撑和引领作用。核安全属于国家安全的重要组成部分，核安全科学技术是国家要大力发展的科技创新领域。国家应积极鼓励和支持核安全相关科学技术的研究、开发和利用，增加相关科研经费，注重相关技术的推广和科技成果的转化，奖励在核安全科技创新中作出重要贡献的单位和个人，而通过立法规定核安全科技研发的国家政策有利于建立促进核安全科技研发的长效机制。

条文解读

本条共分为四款：

一、关于国家鼓励和支持核安全相关科学技术的研究、开发和利用，加强知识产权保护，注重核安全人才的培养

我国正处在社会主义现代化建设承前启后、继往开来的关键时期。国际形势风云变幻，经济竞争日趋激烈，新科技革命迅猛发展。我们的国家和民族面临着难得的机遇和严峻的挑战。依靠科技进步，振兴国民经济，是实现我国现代化建设第二步、第三步目标的重大战略，关系着社会主义祖国的命运和前途。

这一款表明国家对核安全相关科学技术的研究、开发和利用持鼓励和支持的态度。国家要进一步加大核安全科研经费投入力度，促进科研工作的开展，促进核安全技术升级换代。同时，国家推广成熟的核安全技术的应用，充分利用先进的科学技术成果。

二、关于国务院有关部门应当在相关科研规划中安排与核设施、核材料安全和辐射环境监测、评估相关的关键技术研究专项，推广先进、可靠的核安全技术

我国科学技术进步法第 12 条明确规定，国家建立科学技术进步工作协调机制，研究科学技术进步工作中的重大问题，协调国家科学技术基金和国家科学技术计划项目的设立及相互衔接，协调军用与民用科学技术资源配置、科学技术研究开发机构的整合以及科学技术研究开发与高等教育、产业发展相结合等重大事项。并明确要求国务院领导全国科学技术进步工作，制定科学技术发展规划，确定国家科学技术重大项目、与科学技术密切相关的重大项目，保障科学技术进步与经济建设和社会发展相协调。地方各级人民政府应当采取有效措施，推进科学技术进步。国务院科学技术行政部门负责全国科学技术进步工作的宏观管理和统筹协调；国务院其他有关部门在各自的职责范围内，负责有关的科学技术进步工作。县级以上地方人民政府科学技术行政部门负责本行政区域的科学技术进步工作；县级以上地方人民政府其他有关部门在各自的职责范围内，负责有关的科学技术进步工作。

本条规定的国务院有关主管部门是指国家科技部门、产业发展部门、核安全监督管理部门等，这些部门应重视核安全技术的研发，通过设立专项、经费支持、政策规划、支持奖励等手段，推动包括企业、科研院所和高校等单位开展提高核能、核技术利用安全水平的研究、开发活动。

三、关于核设施营运单位和为其提供设备、工程以及服务等的单位、与核安全有关的科研机构等单位，应当持续开发先进、可靠的核安全技术，充分利用先进的科学技术成果，提高核安全水平

为了提高企业科技投入积极性，使企业真正成为技术创新的主体，需要进一步发挥科技人员的自主性、积极性、创造性，更大程度将科技成果转化为现实生产力，使产学研结合更加紧密。要从制度上解决科技进步中存在的问题，需要从法律上进一步明确核设施营运单位和为其提供设备、工程以及服务等的单位、与核安全有关的科研机构等单位有关科技发展战略和政策。

核安全科技创新的主要目的是为了提高核能开发利用活动的安全水平。具体到实践中，核设施营运单位和为其提供设备、工程以及服务等的单位、与核安全有关的科研机构等单位是从事核能开发利用的主体，他们能否持续开发先进、可靠的核安全技术，充分利用先进的科学技术成果，对提高核安全水平至关重要。

四、关于国务院和省、自治区、直辖市人民政府及其有关部门对在科技创新中做出重要贡献的单位和个人，按照有关规定予以表彰和奖励

对于在核安全相关的科技创新中作出重要贡献的单位和个

人，国家将给予一定的奖励。在核安全科技创新的实践中，各个单位都涌现出一大批爱岗敬业、勇于创新、品格高尚、业绩突出的先进模范人物，他们是我国工人阶级和广大劳动群众的优秀代表，是坚持中国道路、弘扬中国精神、凝聚中国力量的时代楷模。表彰他们的突出贡献，弘扬伟大的时代精神、创业精神、奉献精神，对于进一步激励全国各族人民积极推进“四个全面”战略布局，促进经济平稳健康发展和社会和谐稳定，营造劳动光荣、知识崇高、人才宝贵、创造伟大的社会氛围，具有重要意义。

相关规定

《核安全与放射性污染防治“十二五”规划及2020年远景目标》。

第十一条　任何单位和个人不得危害核设施、核材料安全。

公民、法人和其他组织依法享有获取核安全信息的权利，受到核损害的，有依法获得赔偿的权利。

条文主旨

本条是关于单位和个人在核安全方面基本权利和义务的规定。

立法背景

目前，我国是世界上在建核设施项目最多的国家，也是未来第二大核电国家。我国正在开展的核电建设和核能运营，不仅是建设核能大国、强国的重要基础，也将深刻影响世界核电的历史进程，成为世界核电共同的宝贵财富。在这个重大历史时刻，落实好国家的核电发展战略，既需要紧紧抓住“安全”这个核电发展的基础、前提和生命线，也需要未雨绸缪，研究核事故发生后的损害赔偿。

条文解读

本条分为两款：第1款规定了单位和个人在核安全方面的基本义务，第2款规定了公民、法人和其他组织依法享有的核安全方面的基本权利。

一、关于任何单位和个人不得危害核设施、核材料安全

一方面赋予了任何单位和个人不得危害核设施、核材料安全的义务，同时也赋予了公民、法人和其他组织依法享有获取核安全信息的权利，受到核损害的，有依法获得赔偿的权利。从权利和义务两个方面对核安全做出规范，在增进单位和个人核安全意识，促进核安全方面有着积极意义。

第1款规定了单位和个人在核安全方面的基本义务，主要是不得危害核设施、核材料安全。这里的“核设施”根据本法第2条是指：（1）核电厂、核热电厂、核供汽供热厂等核动力厂及装置；（2）核动力厂以外的研究堆、实验堆、临界装置等其他反应堆；（3）核燃料生产、加工、贮存和后处理设施等核燃料循环设施；（4）放射性废物的处理、贮存、处置设施。这里的“核材料”是指：（1）铀－235材料及其制品；（2）铀－233材料及其制品；（3）钚－239材料及其制品；（4）法律、行政法规规定的其他需要管制的核材料。同时，本法还对

危害核设施、核材料安全的行为设置了法律责任。

二、关于公民、法人和其他组织依法享有获取核安全信息的权利，受到核损害的，有依法获得赔偿的权利

第 2 款规定了公民、法人和其他组织依法享有的核安全方面的基本权利，包括两个权利：一是获取核安全信息的权利，二是受到核损害时依法获得赔偿的权利：

（一）公众获取核安全信息的权利即公众的知情权

公众获取相关信息，根据自身情况自定规划是一种社会调节的表现，只有享有知情权才能进一步行使参与权，从而对现行制度和政府行为进行监督和提出意见，参与行政管理，从而促进政府民主制度和行为的改进。公众知情权和参与权是公众参与原则的具体体现。它的贯彻和实施情况将直接影响着公众基本权的保障以及核电事业的可持续发展。2013 年广东江门鹤山核燃料项目被取消一事就证明了这一点。江门核燃料项目被取消暴露了两大问题：第一，当地群众对这一项目有何风险和危害并不了解；第二，当地群众对项目的审批流程不知悉，进而导致该项目尚未进入立项阶段就遭到当地群众的抗议。这一事件突出反映了公众参与原则的重要性，也说明我国实践中在公众知情权和参与方面存在很多不足。2013 年中国核能行业协会首次公开了《内陆核电厂环境影响的评估》的研究成果，其中一个结论就认为，当前我国社会公众对内陆核电厂的建设有很多阻力。内陆核电厂的环境影响是可以说清楚的，关键是要让公众知晓情况。并提出建议提高信息公开的透明度和增强公众参与广泛性的建议。公众知情权的贯彻落实，需要从政府和营运企业两个角度来考虑。在本条对此作了原则性规定之后，本法第五章具体规定了公众核安全信息获取的途径和内容，包括来自于政府信息公开和核设施营运单位的信息公开。同时，对政府和核设施营运单位的信息公开内容、方式作出了具体规定。

（二）受到核损害时依法获得赔偿的权利

核损害发生的概率极低，但一旦发生，则具有影响范围大、人群广、持续时间长的特点，核损害赔偿的实质是在不能保障核安全时，即发生核事故时，责任人应承担法定赔偿责任，受害人能够依法获得赔偿。它是核安全中“责任原则”的最直接体现，也是“安全原则”的重要补充，调节着营运者、政府、公众三者在发生核损害时的关系。核损害赔偿与核安全管理中的其他环节相配合，共同构成了一个涵盖事前、事中、事后的全过程核安全管理。它筑牢核安全的最后一道防线，有利于我国核电产业的发展和核电走出去的发展战略。但本法由于各种原因并没有进一步详细规定核损害赔偿的主体、原则、限额等问题。该问题将由将来的原子能法或者专门的核损害赔偿法来进一步明确规范。

相关规定

《中华人民共和国核安全法》第 2 条、第 63 条、第 64 条、第 65 条、第 66 条、第 76 条。

第十二条 国家加强对核设施、核材料的安全保卫工作。

核设施营运单位应当建立和完善安全保卫制度，采取安全保卫措施，防范对核设施、核材料的破坏、损害和盗窃。

条文主旨

本条是关于核安保的规定。

立法背景

国际上比较通行的对“核安全”概念的界定，目前主要是基于核安全的“3S”协同体系。3S 分别代表了核安全（Nuclear Safety）、核安保（Nuclear Security）、核保障（Nuclear Safeguard）。根据国际原子能机构（IAEA）文件的释义，核安全是指“实现正常的运行工况，防止事故或减轻事故后果，从而保护工作人员、公众和环境免受不当的辐射危害”；核安保是指“防止、侦查和应对涉及核材料和其他放射性物质或相关设施的偷盗、破坏、未经许可接触、非法转移或者其他恶意行为”；核保障是指“国际原子能机构与一个或多个成员国缔结的载有该国或多个成员国承诺不利用某些物项推进任何军事目的和授权原子能机构监督履行这种承诺的协定”。从以上定义可以看出，核安全涵盖了部分核安保的内容，而核安保的内容又与核保障存在着部分交叉。核安全与核安保在很多领域存在协同关系，根据本法第 2 条的规定的核安全定义实际上涵盖了核安全与核安保两个方面。

条文解读

本条分为两款：第 1 款规定了核安保的一般性要求，第 2 款规定了核设施营运单位的安全保卫制度。

一、关于国家加强对核设施、核材料的安全保卫工作

第 1 款规定了核安保的一般性要求。国家加强对核设施、核材料的安全保卫工作。主要是指国家涉及安全保卫有关的部门应在各自职责范围内加强安全保卫工作。这里的有关部门主要是指国家安全部门和公安部门。其中，国家安全部门的相关职责是侦查一些与核安全相关的，危害国家安全的案件，例如与核安全相关的泄密、叛逃、间谍等违法犯罪活动，收集相关情报资料，为从事核安全有关活动单位的安全保卫提供支持。公安部门的相关职责是参与安全保卫设计基准威胁的制定，监督指导安全保卫制度和措施的建立，并在发生突发处置事件或恐怖活动的情况下协助从事核安全有关活动单位完成安全保卫工作。

二、关于核设施营运单位应当建立和完善安全保卫制度，采取安全保卫措施，防范对核设施、核材料的破坏、损害和盗窃

第 2 款规定了核设施营运单位的安全保卫制度。根据《中华人民共和国核材料管制条例》《放射性废物安全管理条例》《放射性物品运输安全管理条例》等法规的规定，安全保卫制度具体内容包括制定安全保卫大纲、出入口控制程序、入侵报警系统运行管理程序、视频监控系统运行管理程序、通讯和照明相关制度等，以及采用预防、探测、延迟和响应等技术手段，避免核材料的偷盗、破坏、未经许可接触、非法转移或者其他恶意行为，防止核设施遭到破坏后可能产生的放射性释放对公众和环境的危害。

相关规定

《中华人民共和国核材料管制条例》第 12 条、第 13 条；《放射性废物安全管理条例》第 30 条；《放射性物品运输安全管理条例》第 29 条；《放射性同位素与射线装置安全和防护条例》第 35 条。

第十三条　国家组织开展与核安全有关的国际交流与合作，完善核安全国际合作机制，防范和应对核恐怖主义威胁，履行中华人民共和国缔结或者参加的国际公约所规定的义务。

条文主旨

本条是关于核安全国际交流合作、防范和应对核恐怖主义威胁及履行国际公约义务的规定。

立法背景

核能具有鲜明的国际性。首先，核工业的跨国特性显著，核能开发和利用领域的国际合作日益密切。这种合作不仅仅停留在技术层面，也包括实物方面的跨界合作，核材料和核设备经常跨越国家边境运输，这相当于移动的危险源，由此会产生跨界安保风险，需要运输路径上的所有国家通力合作，确保核材料和核设备的运输安全。其次，在核能的开发利用中还伴随着潜在的安全风险，而这种风险极易造成跨界损害。在核能利用过程中一旦发生核泄漏事故，对人身、财产和环境会造成巨大的威胁，尤其在环境方面可能产生持久性、严重性的损害，而受辐射的环境要素会随着自然的循环系统进入到其他国家，产生跨国界的环境影响，对别国以及国家管辖范围外的环境造成不利的环境损害，而且这种自然循环是很难受人类干涉和控制的。1996 年切尔诺贝利事故就是先例，证实了核事故的有害影响不局限于一国境内，而可能远远超出事故国和领土范围，蔓延到其他地区。一个国家领土的使用不得给另一个国家造成损害，是国际法的原则之一，为保证本国公民和领土不受他国核损害，同时也为了不给其他国家造成核损害，有必要加强国际合作，协调各国政府政策，制定合作计划，以减少对本国公民和领土、他国公民和领土、全球人类乃至整个地球损害的风险。另外，核材料的非法贩卖也时有发生，造成很大的安全隐患，为防止核爆炸物扩散，遏制核材料非法贩卖也需要各国政府采取高级别的国际合作。

在核安全加强国际合作是各国的基本共识，开展与核安全有关的国际合作对各国国家安全以及世界局势的和平稳定具有重大意义。

一是广泛开展核安全相关的技术交流与经验反馈有利于世界范围内整体核安全水平的提高。核能的开发利用技术近年来飞速发展，但其风险尚未完全在人们的掌控之中，广泛的交流合作有利于共享各个国家在安全提高领域获得的经验教训，其他国家可以充分借鉴以改善本国的核活动和核设施安全，进而促进世界整体核安全水平的提升。我国核能水平飞速发展的进程中，与国际原子能机构、欧盟、美国、法国、巴基斯坦、日本等众多国家开展了广泛的双边或多边经验交流，这种有益的经验交流有效地提高了各参与国核能领域的法规建设、队伍建设、安全评审、安全监督、应急反应能力和水平。我国核能事业起步高、发展快、整体核安全水平高，这些与我国重视核领域的国际合作有着很大的关系。

二是国际范围内关于核事故的反思提升了各国核安保能力。世界范围内三次重大的核事故，即美国三英里岛核事故、苏联切尔诺贝利核事故和日本福岛核事故，这三次核事故即给人们带来了惨痛的教训，也促使世界各国对核能风险性和核安全保障进行了深刻的反思。例如，切尔诺贝利核事故发生后，加深了各国对核电厂系统自身的复杂性和潜在风险的认识，一度使各国核电进程放缓，把关注焦点从核能利用转移到核安全管理上来。1991 年，国际原子能机构的国际核安全咨询组更是据此发表《安全文化》报告，正式提出安全文化概念，目前核安全文化这一概念已经被世界各国广泛接受。福岛核事故之后，国际原子能机构派出专家团对福岛核事故现场进行了实况调查，并在报告中总结出福岛核事故的 16 个经验教训，为各国提升核安保能力，提升应急防范机制提供了宝贵经验。同时，三次核事故也推动了各国核与辐射事故应急体系等各项制度的建设和日益完善。

三是加强国际合作有利于共同应对核材料非法贩卖及核恐怖主义等威胁。随着国际恐怖主义势力的产生及不断蔓延，恐怖组织一直在寻找能够造成重大人员伤亡和巨大物质损失的恐怖手段，核恐怖主义被认为是一种“新恐怖主义”，因其后果往往比较严重，也被认为是一种“超级恐怖主义”。核恐怖主义的威胁具有跨国性的特点，因而受到世界各国的广泛关注。在草案二审中，有的常委委员、部门提出，核安全是国家安全的重要组成部分，应进一步贯彻体现总体国家安全观要求，把我国的核安全观表述出来，深化打击核恐怖主义的国际合作，明确核安全工作协调机制。

国际合作也是各国核法律的基本原则之一，我国政府已经加入了《核安全公约》《乏燃料管理安全和放射性废物管理安全联合公约》等多项核安全相关的国际公约，积极履行公约的相关规定是每个成员国应尽的义务。我国作为国际原子能机构的成员国，负担着核安全国际合作的使命。在法律中明确国际交流合作和履行国际条约义务，有利于树立我国负责任的大国形象，坚定其他国家社会对我国核安全的信心。

条文解读

一、关于国家组织开展与核安全有关的国际交流与合作

2014 年 3 月 24 日，习近平主席在荷兰海牙核安全峰会上提出“中国将坚定不移参与构建国际核安全体系，同各国一道推动建立公平、合作、共赢的国际核安全体系，促进各国共享和平利用核能事业的成果。”2016 年 4 月 1 日，在华盛顿核安全峰会上习总书记重申了这一主张，并做了具体阐述，

"以公平原则固本强基，以合作手段驱动发展，以共赢前景坚定信心，为核能安全造福人类提供强有力、可持续的制度保障。"

（一）以公平原则固本强基

充分尊重各国权益是推进国际核安全进程的基础，而根据核安全国际法律文书规定各国平等地享有权利、履行义务则是推动核安全国际合作的重要保障。国家在组织开展与核安全有关的国际交流与合作时，要坚持公平原则，各参与国都要平等地、切实地履行相关国际义务，同时兼顾本国核能发展情况，本着务实的精神，制定最符合本国国情的政策。核安全是关乎国家安全的重要组成部分，核事业的布局和发展是国家重要的战略规划，不仅仅是能源战略布局，还有可能涉及军事和军工，因而，开展核安全领域的国际交流与合作时，要注意保护国家秘密，并且尊重各国保护核安全敏感信息的权利。

（二）以合作手段驱动发展

习近平主席在海牙核安全峰会上指出，"中国将坚定不移支持核安全国际合作，愿意为此分享技术和经验，贡献资源和平台，促进地区和国际核安全合作。"所有国家都应该参与到核安全共同治理体系中来，以密切的交流和合作，提高各国防范核风险的能力，从而保障国际核安全。

在过去的30多年，中国与多个国家以及包括国际原子能机构、经济合作与发展组织核能署等在内的国家政府、非政府核国际组织、企业开展了双边、多边、区域层面的国际交流与合作，未来也将继续在这些基础上开展包括但不限于信息交流、技术合作、项目合作、国际会议、人员培训、国际同行评议等多种形式的国际合作。实施“请进来、走出去”战略，学习国际先进理念和先进技术，汲取国际经验和教训，加强核安全技术引进与合作开发，同时分享我国良好实践，推动建设核与辐射安全国际合作交流平台，帮助有需要的国家提升监管能力，让中国技术、中国方案“走出去”，共享先进安全监管理念、方法、技术和经验，推动全球和安全水平提升。目前，中国同美国合建的核安全示范中心已经竣工并且投入运营，同俄罗斯和哈萨克斯坦等国开展了一系列打击核材料非法贩运的合作项目，协助加纳改造高浓铀微堆也在顺利进行中，并且通过向国际原子能机构核安全基金捐款，举办人才交流培训班等活动，切实地推动核安全领域的国际交流与合作。

（三）以共赢前景坚定信心

核安全既包括一国内的核设施的日常安全监管问题，也包括核风险的跨界影响问题以及国际社会所共同应对和防范的核恐怖主义等威胁。核安全是国家课题，也是全球性课题，从本质上来讲，世界各国在核安全领域是安全共同体。为防范和应对国际风险，首先，在本国的监管上，各国政府要明确责任，强化核安全意识，提升本国核安全经济水平，加强监管，培育良好的核安全文化氛围，因为任何一国在核安全领域的风险都可能造成跨界影响。其次，要构建以合作共赢为核心的新型国际关系，营造和平稳定的国际环境，这样才能从根本上杜绝核恐怖主义的蔓延。

二、关于完善核安全国际合作机制

中国已与多个国家及国际组织开展了广泛的国际交流与合作，构建了包括双边、多边、区域多层面的，涵盖人才交流、技术合作、应急响应等多领域的国际合作机制。未来，一方面我们要充分依托现有的合作机制，更加广泛地与世界各国和国际组织开展核安全领域的国际合作，深化在核安全方面的合作，并且充分参与到核安全国际治理体系中去，加强同各国在核安全领域的对话交流。另一方面要更广泛地团结世界各国，开展更广泛的合作交流，拓展国家合作的领域和深度，完善我国核安全国际合作机制的各项内容。

习总书记在第四届核安全峰会上指出，“我们要以国际原子能机构为核心，协调、整合全球核安全资源，并利用其专业特长服务各国。联合国作为最具普遍性的国际组织，可继续发挥重要作用。其他组织和机制也可以提供有益补充，促进执法等领域务实合作。”

（一）充分利用国际原子能机构这一合作机制

国际原子能机构作为一个全球性的、政府间的国际组织，对核能利用进行国际法律控制和监管，特别是在促进民用核能安全利用方面，发挥着极为重要的作用。这个组织制定安全条例并向世界各国推广，对有需要的国家提供技术援助，建立人才培训和信息交流机制，下设紧急情况反应中心，当国际社会出现核放射性事件甚至核事故时，可以快速作出反应，成为系统协调核事故和放射性紧急情况对付措施的中心点，联系和促进有关缔约方以及国际社会，及时有效地采取救援措施。尽管由于其国际组织的性质，在监管和执行方面的职能会受到一定限制，但仍然不可否认其在协调、整合全球资源方面持续作出的贡献。

我国自1984年正式成为国际原子能机构成员国以来，一直支持并积极参与 国际原子能机构 组织的各类国际交流活动。积极参与公约的制定，严格按照《国际原子能机构规约》及我国加入的国际公约履行核安全国际义务，全面参与国际原子能机构安全标准委员会及各分委会的工作，为安全标准的制修订提供中国的实践与经验反馈。按时参加国际原子能机构定期组织召开的“技术和科学支持机构在加强核安全和核安保方面面临的挑战国际会议”，进行广泛的技术交流，参与并接受同行评议，接受国际原子能机构核与辐射安全监管综合跟踪评估，建立与国际原子能机构安全标准全面接轨的核安全法规标准体系，不断提高我国保障核安全的技术水平和能力，从接受国际原子能机构的技术援助到协助 国际原子能机构 承办核安全与核安保技术支持机构大会等大型国际会议，积极承办并参与国际原子能机构各类研讨班、培训班及技术合作项目的申报和实施工作，与各国技术专家分享中国技术、中国经验，实现核安全的“走出去”。

（二）充分发挥核安全峰会的作用开展国际合作

核安全峰会是旨在倡导核安全和打击防范核恐怖主义的全球性峰会，目前已经召开了四次，分别是2010年在美国华盛顿主题为“通过加强国际合作来应对核恐怖主义威胁”、2012年在韩国首尔主题为“加强核材料和核设施安全”、2014年在荷兰海牙主题为“加强核安全、防范核恐怖主义”、2016 年在美国华盛顿主题为“加强国际核安全体系”的峰会。核安全峰会的召开，反映了国际社会对核恐怖主义现实威胁的共识。核安全峰会是国际社会通过多边合作寻求共同安全的重要尝试。

我国一直积极参与核安全峰会，并且鼓励和倡导更多国家参加核安全峰会，努力促进全球核安全治理机制的形成，为提升全球核安全水平做出了重要贡献，有力地推动了世界范围内核安全秩序的演进，在历届核安全峰会上发表重要讲话，表达了我国致力于通过减少核恐怖主义威胁并加强核安全以营造和平稳定国际环境的一贯立场，和加强国家、区域和全球核安全的决心。

在第三次核安全峰会上，习总书记提出理性、协调、并进的核安全观，主张构建一个公平、合作、共赢的国际核安全体系。在第四次核安全峰会上，针对这一目标，提出要“强化政治投入，把握标本兼治方向。强化国家责任，构筑严密持久防线。强化国际合作，推动协调并进势头。强化核安全文化，营造共建共享氛围。”并承诺继续加强本国核安全建设，同时积极推进核安全国际合作，向世界各国分享技术和经验，贡献资源和平台。几次有力的发言，不仅为核安全全球治理提出方式方法，更体现了大国担当。

三、关于防范和应对核恐怖主义威胁

（一）关于防范核恐怖主义威胁

根据《制止核恐怖主义公约》的定义，核恐怖主义主要是指以造成人身伤亡、财产损害或环境损害为目的，威胁实施或实施非法持有、利用放射性材料，非法制造、持有、利用核装置，以致使放射性材料外泄或有外泄危险的方式利用或破坏核设施等行为，或者威胁实施以上行为索要放射性材料、装置或核设施，或胁迫自然人、法人、国际组织或国家为或不为某行为的行为。

防范核恐怖主义要求对核材料、放射性材料和核设施进行管理和保护，做好防范核恐怖主义的源头管控。本法第 12 条规定了国家和核设施运营单位对核设施、核材料的安全保卫义务，本法第 2 章及第 3 章对核设施及核材料和放射性废物安全做了系统规定，设置许可制度防范核材料、放射性废物、核材料的非法持有及滥用，并对核材料、放射性废物的合法持有、使用者，核设施运营单位等相关主体需采取的安全保卫措施做了具体规定，以防范对核材料、放射性材料和核设施的破坏、损害和盗窃。《民用核安全设备监督管理条例》《中华人民共和国核出口管制条例》《核材料国际运输实物保护规定》等相关法规、规章、文件分别对核设施、核材料、放射性材料的管理、使用、运输及进出口等方面作出了更为详细的规定，其中不与本法冲突的部分可以适用。

核恐怖主义是全人类的公敌，核安全事件的影响超越国界。没有哪个国家能置身事外。核恐怖主义行为对国际和平与安全构成威胁，防范和应对核恐怖主义威胁是世界各国的共同责任，仅依靠各国自身力量或者多边法律规定不足以处理这些袭击，迫切需要在各国之间加强国际合作，制定和采取切实有效的措施，以从根本上杜绝核恐怖主义。

（二）关于应对核恐怖主义行为

核恐怖主义威胁具有很强的不确定性和非对称性，日常防范和危机应对要双管齐下。一方面，要做好日常监管和安全保卫工作，从源头杜绝恐怖分子利用或威胁核材料、放射性材料、核设施兴风作浪。另一方面，要制定全方位、分阶段的危机应对预案，做到有备无患，及时准确评估风险，积极应对处置，及时掌控局势。

防范和应对恐怖主义要切实加强国际合作，各国要及时交换准确和经核实关于核恐怖主义的情报，并协调酌情采取相关措施，侦查、防止、制止和调查核恐怖主义行为。一旦发现有人实施核恐怖主义行为或相关准备活动，应根据《制止核恐怖主义行为国际公约》的规定及时将上述情况通知有管辖权的其他国家，并斟酌情况通知国际组织。收到情报的有关国家应立即根据其国内法酌情采取必要措施，调查情报所述事实，并对经由上述规定因参与为执行公约活动得到的秘密情报进行保密，国际组织也有义务采取相应措施确保保护此种情报的机密性。

四、关于履行中华人民共和国缔结或者参加的国际公约所规定的义务

（一）我国缔结和参加的国际公约

我国自1984年正式成为国际原子能机构的成员以来，积极参与并加入了一系列核安全领域的国际条约，包括《〈中亚无核武器区条约〉议定书》《制止核恐怖主义行为国际公约》《核材料实物保护公约》《联合国实施国际热核聚变实验堆计划建立国际聚变能组织的协定》《联合实施国际热核聚变实验堆计划国际聚变能组织特权和豁免协定》《〈非洲无核武器条约〉第一号议定书、第二号议定书》《核安全公约》《不扩散核武器条约》《南太平洋无核区条约》《乏燃料管理安全和放射性废物管理安全联合公约》等。其中《核安全公约》和《乏燃料管理安全和放射性废物管理安全联合公约》是核安全领域的两项比较具代表性的公约。

（二）关于履行国际公约规定的义务

忠诚履行国际义务是国际公法的基本原则之一，在国际上对核安全的法律和监管框架的评定中，其中很重要的一项就是现行体系是否完全符合国家承担的国际法义务。履行中华人民共和国缔结或者参加的国际公约所规定的义务，是本法规定的一项法律义务，也是我国在核能发展领域的一贯遵循。

中国坚持言出必行的原则，忠实履行国际义务和政治承诺。国际公约规定的具体义务基本已通过本次立法内化为我国国内法。我国坚持在批准核安全领域国际法律文书的基础上，认真履行本国缔结或参与的各项国际法律责任和义务。我国一贯严格执行安理会相关决议，积极支持和参与核安全国际倡议，在历次国际原子能机构审议大会期间，我国均根据规约要求，认真编写并提交国家报告，积极参与大会讨论。

相关规定

《制止核恐怖主义行为国际公约》；《核安全公约》；《乏燃料管理安全和放射性废物管理安全联合公约》；《国际原子能机构规约》；《〈中亚无核武器区条约〉议定书》；《核材料实物保

护公约》;《联合国实施国际热核聚变实验堆计划建立国际聚变能组织的协定》;《联合实施国际热核聚变实验堆计划国际聚变能组织特权和豁免协定》;《〈非洲无核武器条约〉第一号议定书、第二号议定书》;《不扩散核武器条约》;《南太平洋无核区条约》。

第二章　核设施安全

第十四条　国家对核设施的选址、建设进行统筹规划，科学论证，合理布局。

国家根据核设施的性质和风险程度等因素，对核设施实行分类管理。

条文主旨

本条是关于核设施的选址、建设规划和分类管理的规定。

立法背景

核工业是国家战略行业，国家依据国防建设、国民经济和社会发展、优化能源结构等需求进行总体部署，统筹制定发展规划，作为指导各级政府有关部门和核能行业开展相关工作的重要依据，既要根据地区能源需求在空间上布局核电厂等重要核设施建设，又要考虑发展的需要在时间上安排后端放射性废物处理处置等设施建设。统筹规划是为了处理好核安全与发展的关系：有利于科学制定和有效实施核工业发展战略规划，依法开发、保护和利用核设施厂址资源，规范核能投资建设运营活动，保障核燃料供应安全，促进核能技术自主创新、技术进步和人才配备，规范核电行业管理和市场主体行为，建立健全我国核电法律法规体系。

我国实行核行业安全管理与核安全独立监管的管理体制，对于核设施的建设，核安全监管部门负责开展严格的审评许可，并经行业主管部门报经国务院批准方可付诸实施。各有关职能部门分工制定核工业发展、能源发展、核事故应急等规划，并与核安全规划相互衔接，使核工业的发展与当前安全技术水平、监管能力、人力资源和财务水平的相适应，并综合考虑经济、社会、环境和生态等因素，确保满足安全要求。

我国核设施的运行指标大部分处于国际先进值之上，在建核电机组质量受控。这说明我国核设施安全和质量总体是可靠的，核安全监管是有效的。但在目前多堆型、多技术、多国引进的情况下，核设施建造、运行和核安全设备制造、安装中重大不符合项时有发生，安全形势严峻。中国核安全观和国家安全战略的新要求、人民群众的更加关注、核电“走出去”战略的实施更是对核安全提出了新要求。经过 30 余年的监管实践，我国已经形成“三司、六站、两中心”的中央本级核安全监管组织体系，但编制人数仅千余人，平均每座反应堆监管人员远低于国际水平。新技术、新堆型、新设施、新装备使得审评、监督、监测和应急任务日益繁重，核安全监管面临发展快、任务重，要求高的挑战。

核设施包括核电厂、研究堆、核燃料循环设施、后处理设施等多种类型，各种设施在规模、技术复杂性、放射性总量等体量方面的潜在风险水平不同，需要秉承“风险防控”的基本思路，以问题和目标为导向，在有限的监管资源前提下，着眼于核安全治理体系和治理能力的现代化建设，强调治标与治本并重，注重解决历史遗留问题，抓住主要矛盾，采取分类管理策略，对不同核设施采取差异化的监管方式、方法、程序、标准，合理分配监管资源，最优化安全投入与效益的平衡，提高监管效率，能着力提升核设施安全水平。

条文解读

一、关于国家对核设施的选址、建设进行统筹规划，科学论证，合理布局

一般来说，核设施选址条件苛刻，技术复杂，安全要求高，公众高度关注，社会敏感性强。同时核设施往往投资大、建设周期长，其经济可行性有赖于政策稳定性。核能与核技术利用事业安全健康可持续发展，也需要一定的保障条件，例如人力资源和制造能力等。另外，中国核设施规模较大，核设施投资以国有资本为主、国产化要求高。因此，对核设施的选址、建设进行统筹规划，科学论证，合理布局，是非常必要的。

以核电厂为例，其选址和建设既要考虑地区经济发展和能源需求，即电力发展需要；也要考虑场址安全、环境容量和事故应急等方面的适宜性，即安全需要；同时还对铀资源和核燃料供应、放射性废物处理处置能力以及工业水平、人力资源、制造装备能力提出客观要求，即保障条件的需要。

二、关于国家根据核设施的性质和风险程度等因素，对核设施实行分类管理

核设施种类较多，不同种类的核设施具有不同的工作原理、工艺过程和应用目的；同一种类的核设施还有规模（如功

率水平、生产能力）的不同。不同核设施具有不同的技术复杂性和潜在危害水平。若采用完全同种监管模式，则可能对某些核设施提出不合理的要求，增加不必要的成本，同时造成监管资源的浪费。根据核设施的性质和风险程度，对核设施进行分类管理是必要的，可以促进营运单位和核安全监管部门合理配置资源，提高安全管理和监管效率。

核设施分类监管具体是指在确保安全的前提下，对核设施或核活动的技术和管理等方面的监管要求与其潜在危害程度相匹配。这要求监管机构和监管对象建立并采用一套系统而又灵活的制度来监管和运行核设施，履行相应的职责。在安全监管中运用分类或分级的方法是为了确定符合某种安全要求所采用的适当方式（或措施），而不是被用来提供免于此要求的证明。原则上，分级的方法可以适用于核设施全寿期各阶段（厂址选择、设计、运行和退役）的监督管理。与一般的通用方法相比，分类管理主要体现在广度、深度和频度三个维度上的差别，具体而言，就是结合特定核设施在安全方面的特性，监管的广度（如覆盖或适用的范围）可以有所不同，监管的深度（如分析、验证和审查要求的详尽程度、对特定领域的监督深度）可以有所区别，监管的频度（如核安全检查的频次和报告的时限等）可以有所差异。

相关规定

《核电发展中长期规划》；《“十三五”核工业发展规划》；《研究堆安全分类》；《民用核燃料循环设施分类原则与基本安全要求》等。

第十五条 核设施营运单位应当具备保障核设施安全运行的能力，并符合下列条件：

（一）有满足核安全要求的组织管理体系和质量保证、安全管理、岗位责任等制度；

（二）有规定数量、合格的专业技术人员和管理人员；

（三）具备与核设施安全相适应的安全评价、资源配置和财务能力；

（四）具备必要的核安全技术支撑和持续改进能力；

（五）具备应急响应能力和核损害赔偿财务保障能力；

（六）法律、行政法规规定的其他条件。

条文主旨

本条是关于核设施营运单位应当具备的条件的规定。

立法背景

确保安全是营运核设施的最基本要求。核设施营运单位首先具有保障核设施安全运行的能力，贯彻“安全第一、预防为主”的方针，预防核事故和有害影响的发生。习近平总书记指出，要把安全责任落实到岗位、落实到人头，坚持管行业必须管安全、管业务必须管安全。核设施营运单位作为核设施的安全许可证持有者和实际控制者，对核设施的安全承担全面的责任，因此必须具备履行其义务、承担其责任所必需的能力和条件，从而保证核安全责任的有效落实。

在当前我国核能行业管理体制下，核设施控股股东或者实际控制人是其所控股项目的核安全管理责任主体，应当具备必要的条件，以确保能够全面承担核安全责任。目前我国核电建设和运营活动的参与方主要由中国核工业集团公司，中国广核集团公司，国家电力投资公司，中国华能集团公司等组成，部分集团公司的核电业务为了上市募集资金的需要，打包形成了核电股份公司。这些集团公司或股份公司具有较强的技术能力、管理能力和财务能力，基本具备核电厂营运单位所需要的条件。

条文解读

一、关于有满足核安全要求的组织管理体系和质量保证、安全管理、岗位责任等制度

体系制度是安全管理的组织基础。核设施营运单位应当具有满足核安全要求的组织管理体系和质量保证、安全管理、岗位责任制度，合理配置资源，层层落实责任，做到凡事有章可循、凡事有据可查、凡事有人负责、凡事有人监督，最终实现对核安全活动的有效管理，保障核设施的安全。

二、关于有规定数量、合格的专业技术人员和管理人员

人员是安全管理的主体。核安全技术复杂，管理严格，因此核设施营运单位应当具有规定数量、合格的专业技术人员和管理人员，并对相关人员进行系统性培训和再培训，具备安全运行、执行应急计划等方面能力，从而保证核安全活动均由符合一定资格条件或经确定程序授权的人员进行执行或管理。

三、关于具备与核设施安全相适应的安全评价、资源配置和财务能力

安全评价和财务能力是安全管理的必备条件。美国核管会在审查许可申请者的能力时也将技术能力和财务能力作为两个至关重要的条件。而资源配置则要更为广泛，尤其是独立确定管理目标，合理分配财力、物力和人力，面对突发事件或棘手问题时能够及时决策、有效应对，并始终把核安全作为优先考虑的目标，确保核安全。

四、关于具备必要的核安全技术支撑和持续改进能力

持续改进是核安全管理的基本要素。除了足够的技术能力，营运单位还要具备必要的核安全技术支撑能力，以便获取有益经验和良好实践，充分利用成熟先进的科技成果和外部智力资源，持续提升核安全水平。这也是核安全文化的重要体现。

五、关于具备应急响应能力和核损害赔偿财务保障能力

核应急响应是核安全的必要保障。核设施一旦发生紧急情况乃至核事故，营运单位应该有能力开展有效的应急响应能力，必要时，按照国家有关规定开展核损害赔偿。这就要求营运单位具备按照核设施的规模和性质组织开展厂内应急抢险和场外应急行动的能力。严重核事故往往造成大规模经济损失，营运单位必须具备开展核损害赔偿的财务能力，可以通过自有资金、购置第三者责任险、参加互助机制能形式作出财务保障安排。

六、关于法律、行政法规规定的其他条件

上述要求是核设施营运单位所应具备的基本条件。此外，对于其他法律、行政法规中为保障核设施安全运行而进一步提出的要求，核设施营运单位也应当一体遵循。

相关规定

《中华人民共和国放射性污染防治法》；《中华人民共和国民用核设施安全监督管理条例》。

第十六条　核设施营运单位应当依照法律、行政法规和标准的要求，设置核设施纵深防御体系，有效防范技术原因、人为原因和自然灾害造成的威胁，确保核设施安全。

核设施营运单位应当对核设施进行定期安全评价，并接受国务院核安全监督管理部门的审查。

条文主旨

本条是关于核设施纵深防御和定期安全评价的规定。

立法背景

建立纵深防御体系和定期安全评价是维持核设施处于持续安全状态的重要制度，被国际核安全管理实践证明行之有效，为国际原子能机构所倡导，是我国长期核安全工作中所接受和采取的措施。

纵深防御是指通过设定一系列递进并且独立的防护、缓解措施或者实物屏障，防止核事故发生，减轻核事故后果。纵深防御是核安全基本原则的重要组成部分，此理念贯穿于核设施选址、设计、建造、运行、退役各阶段以及相关的技术和管理措施之中，覆盖安全有关的全部活动，通过设置多重措施，从而有效防范技术原因、人为原因和自然灾害造成的威胁，确保核设施安全。核设施核安全功能的独立性、多重性和多样性原则就是纵深防御的一个具体体现。

定期安全评价是指核设施营运单位按照核安全监管部门的要求，在规定的时间间隔按照现行安全标准和实践对核设施设计和运行进行评价比较，实现对核设施安全的系统性再评价，以确定核设施在老化、修改、运行经验、技术更新和其他方面的积累效应，目的是确保核设施在整个使用寿期内具有高度的安全水平。法国等一些欧洲国家通过定期安全评价作为运行许可的基础，即运行许可的有效期就是定期安全评价的周期。我国国家核安全局对核动力厂定期安全审查确定了 5 个方面共 14 个评价要素，具体指导营运单位开展定期安全评价活动。本法在立法过程中，为与一般意义上的“审查”即“行政机关相对于许可申请者的行为”相区别，采用了“定期安全评价”这一术语。

条文解读

一、关于核设施营运单位设置核设施纵深防御体系，有效防范技术原因、人为原因和自然灾害造成的威胁

纵深防御是核设施安全的基本理念。核设施营运单位应当贯彻纵深防御理念，为核设施提供多层次防护，保持各种防御措施的有效性。确保即使有一种故障发生，也可以有适当的措施探测、补偿或纠正。

技术原因包括设计、系统、设备、程序等方面的问题。人为原因则包括人因失误和人为恶意破坏两种情形。自然原因主要指气候、水文、地质地震等自然事件。应对上述原因造成的威胁离不开保守的设计、可靠的系统设备、高质量的建造和运行、有效的组织管理和人员培训、卓越的安全文化等，这些措施本身构成了纵深防御体系。

纵深防御理念的应用非常广泛，比较典型的包括核动力厂安全设计的五个防御层次、核动力厂放射性包容核放射性废物处置的多重实体屏障等。以核动力厂安全设计的五个防御层次为例：一是防止偏离正常运行及防止安全重要物项的故障；二是检测和控制偏离正常运行状态，以防止预计运行事件升级为事故工况；三是防止造成反应堆堆芯损伤或需要采取场外干预措施的放射性释放，并能使核动力厂回到安全状态；四是减轻第三层次纵深防御失效所导致的事故后果；五是减轻可能由事故工况引起的潜在放射性释放造成的放射性后果。

核动力厂设置一系列的实体屏障已包容规定区域的放射性物质。所必需的实体屏障的数目取决于可能的内部及外部灾害和故障的可能后果。就典型的水冷反应堆而言，这些屏障通常包括燃料基体、燃料包壳、反应堆冷却剂系统压力边界和安全壳。

二、关于核设施营运单位应当对核设施进行定期安全评价，并接受国务院核安全监督管理部门的审查

定期安全评价是确保核设施安全水平持续改进的有效手段。在一定周期内，预计核设施安全标准、技术以及作为基础的科学知识和分析方法可能会显著改变；修改核老化的积累效应需要系统评价；核动力厂营运单位人员配备、管理架构可能有显著变化。因此需要合理确定定期安全评价的周期，如果周期过长，营运单位和核安全监管部门中许多有经验的人员可能离去，因而导致丧失过去审查中得到的直接知识和经验，并失去连续性；如果周期过短，可能会给营运单位和核安全监管部门增加不必要的负担。对于核动力厂，定期安全评价的周期一般为十年。

营运单位应确定定期安全评价的目标和计划，制订相应的工作大纲，并从管理上和资源上做好充分准备。定期安全评价需具有或通过另外的独立计划得到相应的设计基准文件和概率安全分析，并利用相关的研究成果以及常规安全审查、专项安全审查的结果，以便最大限度地减少重复性工作。对于每项安全要素和发现的问题要按照现行的安全标准和实践进行评价，并确定合理可行的纠正行动和安全改进及其实施计划，并考虑其相互影响；全面评价未能得到合理可行解决的弱项及其关联风险，并确定是否影响继续运行。

相关规定

《核动力厂设计安全规定》；《核动力厂定期安全审查》；《核安全公约》；《乏燃料管理安全和放射性废物管理安全联合公约》。

第十七条 核设施营运单位和为其提供设备、工程以及服务等的单位应当建立并实施质量保证体系，有效保证设备、工程和服务等的质量，确保设备的性能满足核安全标准的要求，工程和服务等满足核安全相关要求。

条文主旨

本条是关于质量保证体系的规定。

立法背景

质量保证体系指为使物项或服务与规定的质量要求相符合并提供足够的置信度所必需的一系列有计划的系统化的活动。通过有效管理达到质量要求，其途径包括对要完成的任务做透彻的分析，确定所要求的技能，选择和培训合适的人员，使用适当的设备和程序，创造良好的开展工作的环境，明确承担任务者的个人责任等。核设施质量保证应用于选址、设计、建造、制造、调试、运行、退役等各个阶段。

质量保证起源于第二次世界大战期间美国的军工部门，它是早期质量控制理论和实践的进一步发展。美国联邦法规《核电厂和核燃料后处理厂质量保证准则》是民用核设施质量保证的第一个国家级法规。国际原子能机构和国际标准化组织也制定了相关的文件，并不断发展，提出了质量管理、管理系统等概念。

条文解读

一、关于核设施营运单位和为其提供设备、工程以及服务等的单位应当建立并实施质量保证体系

质量保证体系的实施主体是核设施营运单位和为其提供设备、工程以及服务等的单位。其要建立并实施有效的质量保证体系，采取适当的措施以确保设备、工程和服务能够安全、可靠，满足核安全管理的要求，以期使所有影响安全重要物项和服务质量的活动得到有效控制。

二、关于有效保证设备、工程和服务等的质量，确保设备的性能满足核安全标准的要求，工程和服务等满足核安全相关要求

质量保证适用于所有对核安全有重要意义的环节和活动。具体包括组织机构、文件控制、设计控制、采购控制、物项控制、工艺控制、检查和试验控制、不符合项控制、纠正措施、监察、评价、检验、试验、记录等。

我国核安全法规对质量保证的具体范围有明确规定。例如，针对核电厂的厂址选择、设计、制造、建造、调试、运行和退役期间的质量保证大纲的制定和实施所提出的原则和目标适用于对安全重要物项和服务的质量具有影响的各种工作，例如设计、采购、加工、制造、装卸、运输、贮存、清洗、土建施工、安装、试验、调试、运行、检查、维护、修理、换料、改进和退役。这些原则和目标适用于所有对核电厂负有责任的人员、核电厂设计人员、设备供应厂商、工程公司、建造人员、运行人员以及参与影响质量活动的其他组织。

质量保证大纲是指为确保物项或服务的质量而制定的关于管理、技术和行政性控制等方面的综合制度，它是质量保证活动的可靠依据。它对所有影响质量的活动提出要求及措施，包括验证需要验证的每一种活动是否已正确地进行，是否采取了必要的纠正措施。质量保证大纲还规定产生可证明已达到质量要求的文件证据。

营运单位必须制定和有效实施一项覆盖核设施所有安全活动的全面的质量保证大纲，营运单位及其他有关组织和人员必须遵守质量保证大纲规定的要求。《民用核安全设备监督管理条例》要求，民用核安全设备设计、制造、安装和无损检验单位，应当根据其质量保证大纲和民用核设施营运单位的要求，在民用核安全设备设计、制造、安装和无损检验活动开始前编制项目质量保证分大纲，并经民用核设施营运单位审查同意。

相关规定

《核电厂质量保证安全规定》；《研究堆运行安全规定》；《民用核燃料循环设施安全规定》；《民用核安全设备监督管理条例》；《民用核安全设备设计制造安装和无损检验监督管理规定》。

第十八条 核设施营运单位应当严格控制辐射照射，确保有关人员免受超过国家规定剂量限值的辐射照射，确保辐射照射保持在合理、可行和尽可能低的水平。

条文主旨

本条是关于辐射照射控制的规定。

立法背景

所有的核能开发利用活动都存在对从业人员、公众和环境释放放射性物质的可能性。如果超过一定的照射剂量则会对人类和环境造成危害。对此，采取辐射防护措施尤为重要。辐射防护是指保护人员免受电离辐射或放射性物质的照射所采取的一系列规则、程序、监测及评价等手段。

辐射防护与核安全密切相关，两者相互支持，互相补充。核安全的着重点在维持核设施的正常运行，预防事故发生和在事故下减轻其后果，从而保护从业人员、公众和环境不至于受到辐射带来的伤害。辐射防护的着重点则是在通过辐射水平的监测、辐射效应的评价、辐射防护措施和事故应急，使辐射剂量不超过规定的限值并实现辐射防护最优化。

辐射防护制度是核安全管理制度的重要组成，其通过采取严格的防范措施，预防可能发生的安全和健康危害，确保从业人员和公众所受辐射照射剂量在限值以下，并将辐射照射保持在合理、可行和尽可能低的水平，从而保证人员健康和安全。这也是贯彻落实“确保安全”的重要体现。

条文解读

一、关于核设施营运单位应当严格控制辐射照射，确保有关人员免受超过国家规定剂量限值的辐射照射

为实现确保从业人员、公众和环境免受核设施及核活动所产生超剂量辐射照射的目的，辐射防护采用的具体措施包括辐射水平测量、辐射效应评价、辐射防护管理和事故应急等。

辐射防护须坚持三个基本原则，即实践的正当性、辐射防护的最优化和剂量限值。实践的正当性是指从事核能开发利用活动所获得的利益应大于其所带来的风险；辐射防护的最优化是指在考虑了社会和经济因素之后个人受照剂量的大小、受照射人数以及受照射的可能性均保持在可合理达到的低水平；剂量限值包括国家标准规定的剂量限值和剂量约束值，事故工况下的剂量控制值等。其中正当性针对某一实践，最优化针对实践中所涉及的全体人员，因此正当性和最优化都不是针对个体的，其结果就有可能造成个体之间的不公平，甚至使个别人的辐射危害大到不可接受的程度。因此剂量限值作为剂量限制体系的最后一道防线，以保护每个个体，避免过度的不公平在某个个体身上发生。

二、关于使辐射照射保持在合理、可行和尽可能低的水平

使辐射照射保持在合理、可行和尽可能低的水平，即指国际通行的 ALARA 原则，往往也会被翻译为“合理可行尽量低”、“可合理达到的低水平”或“可合理达到的尽量低”。尽管翻译有所不同，但是对其本意的理解比较一致。美国核管会还曾结合经济社会技术等因素，提出了用于指导辐射防护最优化而开展的代价利益分析所适用的定量分析方法和判断准则。

相关规定

《放射卫生防护基本标准》；《辐射防护规定》；《核热电厂辐射防护规定》；《电离辐射防护与辐射源安全基本标准》；《核动力厂环境辐射防护规定》等。

第十九条 核设施营运单位应当对核设施周围环境中所含的放射性核素的种类、浓度以及核设施流出物中的放射性核素总量实施监测，并定期向国务院环境保护主管部门和所在地省、自治区、直辖市人民政府环境保护主管部门报告监测结果。

条文主旨

本条是关于辐射环境和流出物监测及其定期报告的规定。

立法背景

核设施虽然在选址、设计、建造和运行的各个阶段都受到非常严格的控制，但在正常运行期间其液态和气态流出物中仍会有很少量的放射性核素。因此核设施营运单位有必要对核设施周围环境以及流出物进行监测，以确认其流出物排放符合国家标准以及监管机构批准的限值，并客观评价其对环境和人员的影响。

条文解读

一、关于核设施营运单位应当对核设施周围环境中所含的放射性核素的种类、浓度以及核设施流出物中的放射性核素总量实施监测

为监督和验证核设施对环境的影响，核设施营运单位必须根据经审批的流出物和环境监测大纲对该设施放射性流出物和环境介质中的放射性核素进行监测。监测的具体核素和范围可根据核设施的类型和规模的不同而不同。

核设施安全监管是中央事权。但按照规定，省级环保部门有义务公开辐射环境监测信息。同时，省级政府还是核设施核事故场外应急的主体。因此，核设施营运单位应将监测结果定期向国家和省两级环境保护部门报告，以确认核设施的放射性释放被控制在国家规定的限值之内。

二、关于定期向国务院环境保护主管部门和所在地省、自治区、直辖市人民政府环境保护主管部门报告监测结果

根据我国现行相关法律法规的要求，我国实行国家监督性监测和核设施营运单位自行监测相结合的监测制度，开展辐射监测和定期评价，确认放射性废物处理设施以及环保措施的正常运行。核设施营运单位应当制定监测计划和方案，配备适当的监测和监视设备并配备从业人员，如实记录监测数据。一旦发现安全隐患或者周围环境中放射性核素超过国家规定的标准的，应当立即查找原因，采取相应的防范措施，并向所在地省、自治区、直辖市人民政府环境保护主管部门报告，为应急做准备。此外，设施周围的地下水、地表水、土壤和空气等也应当进行放射性监测。

相关规定

《中华人民共和国放射性污染防治法》；《核电厂营运单位报告制度》；《研究堆营运单位报告制度》；《核燃料循环设施的报告制度》；《企业事业单位环境信息公开办法》。

第二十条 核设施营运单位应当按照国家有关规定，制定培训计划，对从业人员进行核安全教育和技能培训并进行考核。

核设施营运单位应当为从业人员提供相应的劳动防护和职业健康检查，保障从业人员的安全和健康。

条文主旨

本条是关于从业人员培训、劳动保护和职业健康的规定。

立法背景

核设施安全运行管理是专业性很强的一项工作，必须确保核设施营运单位有足够数量的和合格的执行能影响安全任务的人员。为确保从业人员具备相应的专业知识和操作技能，核设施营运单位应当对其进行定期培训和考核。

在本法制定过程中，有常委委员提出，应当建立从业人员定期体检制度，确保从业人员的安全与健康。法律委员会经研究，增加第二款规定，进一步加强了对从业人员的保护，体现出“以人为本”的理念。

条文解读

一、关于核设施营运单位应当按照国家有关规定，制定培训计划，对从业人员进行核安全教育和技能培训并进行考核

核设施营运单位应根据相关法规、导则和标准的要求，结合具体的岗位划分和任务分析，确定各岗位的资格要求，制定并实施各类人员的培训、再培训大纲和程序，通过定期的培训和评定来保持人员的胜任力。培训内容应包括核与核安全专业知识以及操作技术。营运单位还应确保从业人员有充分的培训时间。从业人员只有经过适当的培训、考核合格，并取得上岗工作资格或授权后才能进行相关工作。随着核能技术的发展和管理水平的提升，一些新设计、新方法还将不断出现。为了保证从业人员能适应新技术发展的需要，必须持续学习，不断更新专业知识，定期接受专业知识的培训和考核。因此资格和授权实行有效期管理，超期需要通过再培训和再授权，确保人员能持续满足所在岗位的需要。

放射性污染防治法规定，核设施营运单位应当对其从业人员进行放射性安全教育、培训，采取有效的防护安全措施。《核动力厂运行安全规定》（HAF103—2004）则对核电厂营运人员资格和培训提出了具体要求。核电厂运行人员的培训和授权可按照核安全导则《核电厂人员的配备、招聘、培训和授权》具体开展。

二、关于核设施营运单位应当为从业人员提供相应的劳动防护和职业健康检查，保障从业人员的安全和健康

相对于其他行业，核设施从业人员的劳动保护和职业健康除了考虑工业安全外，还要关注职业辐射照射。职业照射是指除了国家有关法规和标准所排除的照射，以及根据国家有关法规和标准予以豁免的实践或源所产生的照射以外，从业人员在工作过程中所受的所有照射。控制职业照射的措施包括工作场所的分区、工作场所的分级、个人防护用具的配备和应用、职业照射的监测和评价等。

职业照射记录也是职业照射控制和管理的重要的不可缺少的一部分。除正常运行情况下的辐射照射记录，还应包括应急干预或事故期间的照射，这些记录应附有有关的调查报告，并应与正常工作期间所受的剂量和摄入量分开。

核设施营运单位还应该为从业人员提供职业健康检查和监护，并遵从国际职业卫生委员会提出的职业医学一般原则，其目的定期开展职业健康检查，评价从业人员的健康，决定从业人员在特定情况下承担预定任务的适任性，提供事故照射的职业病等有用信息。

相关规定

《核动力厂运行安全规定》；《核电厂人员的配备、招聘、培训和授权》；《注册核安全工程师执业资格制度暂行规定》。

第二十一条 省、自治区、直辖市人民政府应当对国家规划确定的核动力厂等重要核设施的厂址予以保护，在规划期内不得变更厂址用途。

省、自治区、直辖市人民政府应当在核动力厂等重要核设施周围划定规划限制区，经国务院核安全监督管理部门同意后实施。

禁止在规划限制区内建设可能威胁核设施安全的易燃、易爆、腐蚀性物品的生产、贮存设施以及人口密集场所。

条文主旨

本条是关于重要核设施厂址保护和规划限制区的规定。

立法背景

满足核设施建设的厂址资源非常宝贵，不但要考虑核安全、环境影响等方面的适宜性，还要考虑应急计划的可实施性，因此有必要对规划确定的核动力厂等重要核设施的厂址予以保护，避免厂址周围环境发生大的变化，影响未来厂址可接受性的评价工作，确保将来核动力厂安全以及厂址周围公众安全。中国政府重视对核动力厂厂址资源的保护，采用“分级”加“分类”的两级技术框架对我国所有潜在的核电厂址进行了评价。国家核安全局对所选厂址从核安全、环境保护、区域规划和环境区划四个方面进行综合评价，将影响核电厂址的因素划分为四个等级，在综合考量各因素分级评级结果的基础上，将核电厂址划分为四个类别，进行分类管理。

对于可能具有严重场外影响的重要核设施而言，在其周围一定范围内设定规划限制区，主要考虑两方面的因素：一是应急的需要，充分考虑人口分布以保证应急计划的可行性和有效性，实现对人员的有效防护；二是安全的需要，避免新建设施或场所威胁到核动力厂安全。我国对核设施设立了规划限制区制度，放射性污染防治法明确要求制定规划限制区划定和管理办法，有核电厂的省份，如浙江、广东、江苏、福建、山东、四川等，已制定了相关地方行政法规和管理办法。根据国家标准，规划限制区半径不得小于5km，规划限制区范围内不应有

1 万人以上的乡镇；对于多堆厂址，还要综合考虑各反应堆的特点确定规划限制区边界；此外核事故情况下规划限制区边界公众照射剂量也有限制要求。

国外也采取了类似规划限制区的制度。在国外一般采取“三区法”即：在核动力厂址周围划出一个无常住居民的隔离区为第一区；第二区为低人口密度区，对该区人口总数和工业增长等加以规划、限制或明确地予以控制，在确定居民总数和人口密度时，应考虑到核动力厂发生严重事故时，可采取有效的措施对该区居民的利益进行保护；此外，还规定距核动力厂更远的一定距离内不允许大规模的人口中心，此为第三区。在美国“反应堆厂址选择法规”中明确提出实行“三区法”，并在其后发布的导则中有各区域边界对反应堆的最小距离。日本原子力委员会 1964 年颁布的“原子炉立地审查指针”中规定实施“三区法”。

条文解读

一、关于省、自治区、直辖市人民政府应当对国家规划确定的核动力厂等重要核设施的厂址予以保护，在规划期内不得变更厂址用途

核设施场址经过厂址普选、初步可行性研究、可行性研究等论证层层筛选后确定，并可以按照一定程序列入国家规划。

省、自治区、直辖市人民政府采取恰当措施对重要核设施场址进行有效保护，保护厂址不被破坏，使建厂适宜性相关的技术、安全和环境等要素得以全面保护保障，列入规划项目的厂址在规划期内不变更厂址用途等，保持厂址的可用性和规划的延续性。

二、关于省、自治区、直辖市人民政府应当在核动力厂等重要核设施周围划定规划限制区

考虑到公众受潜在辐射的后果和执行应急预案的能力，以及可能影响核安全或妨碍执行应急预案的任何外部事件的影响，根据本条规定，省、自治区、直辖市人民政府应在重要核设施厂址的周围划定规划限制区。

三、关于禁止在规划限制区内建设可能威胁核设施安全的易燃、易爆、腐蚀性物品的生产、贮存设施以及人口密集场所

规划限制区的管理涉及影响重要核设施安全的外部人为事件的确定和应急预案的实施，省、自治区、直辖市人民政府应对规划限制区进行有效管理，如限制人口的机械增长，对该区域内新建和扩建项目加以引导和限制，以考虑事故应急状态下采取适当防护措施的可能性。

为了保证规划限制区的划定切实有利于保障核设施安全，规划限制区的划定必须经国务院安全监督管理部门同意。

相关规定

《核电厂厂址选择安全规定》；《核动力厂辐射环境防护规定》；《关于依法办理核电厂厂址选择审批手续的通知》；《国家环境保护总局关于进一步加强核电建设项目前期工作管理的通知》；《关于进一步规范核电建设项目前期工作的通知》；《环境保护部关于加强核电厂址保护和规范前期施工准备工作的通知》。

第二十二条 国家建立核设施安全许可制度。

核设施营运单位进行核设施选址、建造、运行、退役等活动，应当向国务院核安全监督管理部门申请许可。

核设施营运单位要求变更许可文件规定条件的，应当报国务院核安全监督管理部门批准。

条文主旨

本条是关于核设施安全许可制度及其具体形式的一般规定。

立法背景

安全是和平利用核能的前提。核安全直接关系到国家安全、环境安全和公众健康。必须采用全过程、全方位的严格许可制度，加强管控。许可管理是我国核安全监管的支柱之一。我国对核设施的核安全监管采用安全许可制度。对于可能对人员和环境安全存在潜在危害的活动，核设施营运单位必须事先向国务院核安全监督管理部门申请许可。

世界各国在核能利用相关立法中也普遍将核设施安全许可制度作为实现安全目标的首要立法目标和法律原则，即全面建立以一般禁止为基础的许可制度，明确任何未经许可的核能利用活动均为非法。这种监管制度是国际上各有核国家核安全监管的通行做法。《核安全公约》也要求缔约方的立法和监管框架应包括“对核设施实行许可制度和禁止无许可的核设施运行的制度”。

条文解读

一、关于国家建立核设施安全许可制度

由于核设施通常具有投资高、技术复杂、设计和建设周期长、事故危害大等特点，我国参照国际较为普遍的实践，对核设施选址、建造、运行和退役等阶段分别颁发安全许可。核设施各阶段的工作内容差别较大，核安全监管的关注点也有所不同。选址许可的目的是保证所选场址与核设施相互之间的适宜性，进而保护公众和环境免受核设施正常运行和事故状态下放射性物质释放所导致辐射的影响；建造许可的目的是确认核设施的设计符合相关法规的要求，安全重要构筑物、系统和设备，以及安全重要规程的设计能够保证核设施核安全；运行许可的目的是确认核设施已按照认可的设计和质保要求建造完成，并在运行阶段各类活动中严格执行核安全法规和许可文件的相应要求；退役许可的目的是确认核设施的退役安排和退役过程中的实际状态满足退役有关的核安全要求。

二、关于核设施营运单位进行核设施选址、建造、运行、退役等活动，应当向国务院核安全监督管理部门申请许可

核设施安全许可由营运单位提出申请，由国务院核安全监督管理部门审批。未经许可，从事核安全相关活动属于违法行为。其目的在于可以对核设施生命周期的重要环节直接进行控制，及时发现核设施相关活动与核安全法规标准的偏差，以便尽早采取工程和管理措施予以纠正，确保核设施在各个阶段的质量和安全处于可控状态，达到控制风险、明确安全责任、强化活动管理、保证核设施安全的目的。

三、关于核设施营运单位要求变更许可文件规定条件的，应当报国务院核安全监督管理部门批准

核设施选址、建造、运行和退役过程中，由于科技进步、产品升级、环境变化、现场问题、经验反馈、组织调整等原因，可能出现需要对许可条件进行变更的情况。所有涉及核设施安全的许可文件规定条件的变更，都应由核设施营运单位提出申请，经国务院核安全监督管理部门审批后方可实施变更活动。国务院核安全监督管理部门将以相关法律法规和标准为依据，组织开展技术审查，最终确定该变更是否可以批准实施。

相关规定

《中华人民共和国行政许可法》；《中华人民共和国放射性污染防治法》；《中华人民共和国民用核设施安全监督管理条例》；《民用核安全设备监督管理条例》；《放射性废物安全管理条例》；《放射性物品运输安全管理条例》；《核材料管理条例》。

第二十三条　核设施营运单位应当对地质、地震、气象、水文、环境和人口分布等因素进行科学评估，在满足核安全技术评价要求的前提下，向国务院核安全监督管理部门提交核设施选址安全分析报告，经审查符合核安全要求后，取得核设施场址选择审查意见书。

条文主旨

本条是关于核设施选址阶段安全许可的规定。

立法背景

核设施的一些基本设计参数，包括一些安全设计基准取决于场址特征。在事故情况下，场址特征也将直接影响放射性物质的迁移和应急计划的实施。因此，对核设施选址设置安全许可是必要的。

核设施选址安全许可是核设施分阶段安全许可的第一步，目的是确认所选场址与拟建核设施之间的适宜性，避免那些难以通过工程和管理措施解决的场址不利条件，包括场址条件对核设施安全的影响和核设施对场址周围人口和环境的影响，从而保障核设施安全，保护公众和环境免受过量辐射照射。

条文解读

一、关于核设施营运单位应当对地质、地震、气象、水文、环境和人口分布等因素进行科学评估

选址安全许可由核设施营运单位提出申请，依据相关法规标准，从安全和环境两个角度对核设施场址适宜性进行分析评价，并向国务院核安全监督管理部门提交核设施选址安全分析报告。经审查符合核安全要求的，国务院核安全监督管理部门向核设施营运单位颁发核设施场址选择审查意见书。

在评价一个厂址是否适于建造核设施时，必须科学考虑

“地质、地震、气象、水文和人口分布”等因素，并依据相关法规标准在以下方面开展分析：

1. 评价厂址所在区域内所发生外部事件（包括外部自然事件和外部人为事件）对核设施的影响，目的是评价和确定核设施厂址的适宜性及其设计基准，使核设施的工程设计能够抵御。

2. 评价可能影响释放出的放射性物质向人体和环境转移的厂址特征及其环境特征，目的是考虑核电厂在运行和事故状态下可能产生的放射性物质释放，从放射性物质释放对环境影响的角度来评价厂址的适宜性。

3. 评价与实施应急措施的能力及个人和群体风险评价必要性有关的外围地带的人口密度、人口分布及其他特征，目的是考虑需要采取应急措施的事故状态下，所选厂址的环境，特别是人口因素，要能保障实施应急措施的可能性，并且评价的个人和群体风险要满足辐射安全要求。

如果上述厂址评价中有结论表明厂址不可接受，并且这些引起不可接受的因素无法通过核设施设计、厂址保护措施或管理程序来进行补偿，则认为该厂址不适宜建设核设施。

二、关于取得核设施场址选择审查意见书

需要说明的是，在我国现行核动力厂有关安全规定和导则以及核动力厂选址工作中，常使用“厂址”这一术语。考虑到核安全法所涉及核设施范围更为广泛，因此本法采用了“场址”这一术语。就核动力厂而言，从词义上看，“厂址”指核动力厂厂区范围，“场址”指核动力厂相关工作涉及的场地范围，与场内应急预案相对应。在实际选址工作中，评价范围更加广泛。因此虽然所采用的术语不同，其内涵是一致的。

相关规定

《中华人民共和国放射性污染防治法》；《中华人民共和国民用核设施安全监督管理条例》；《核电厂厂址选择安全规定》；《核电厂安全许可证件的申请和颁发》；《电离辐射防护与辐射源安全基本标准》。

第二十四条　核设施设计应当符合核安全标准，采用科学合理的构筑物、系统和设备参数与技术要求，提供多样保护和多重屏障，确保核设施运行可靠、稳定和便于操作，满足核安全要求。

条文主旨

本条是关于核设施设计安全要求的规定。

立法背景

为了保证核设施能够实现基本安全目标，建立并保持对放射性危害的有效防御，保护人员与环境免受放射性危害，必须对核设施的设计提出严格的安全要求。

核设施设计安全水平是核安全监管的重要对象。只有核设施设计符合相关核安全法规标准所确定的基本原则并满足相应的准则，该核设施才能视为在安全上是可以接受的，才可能被许可建设和运行。

条文解读

本条对核设施设计的安全要求进行了原则性规定，给出了核设施设计的安全目标，以及实现该目标的具体方法。

一、关于核设施设计安全目标

“核安全要求”即建立并保持对辐射危害的有效防御，防止或减轻可能危及安全的事件后果，保护厂区人员、公众和环境。

具体而言，辐射防护设计目标为：必须保证在所有运行状态下核设施内的辐射照射或由于该核设施任何计划排放放射性物质引起的辐射照射低于规定限值，且可合理达到的低水平。同时，还应采取措施减轻任何事故的放射性后果。安全设计目标为：必须防止由于放射性物质失控所引起有害后果的事故，并在一旦发生事故时减轻其后果；保证在设计中考虑的所有事故的放射性后果都低于相关限值，并保持在可合理达到的尽量低的水平；保证有严重放射性后果的事故发生的可能性极低，并尽最大可能减轻这种事故的放射性后果。

二、关于实现设计安全目标的基本条件

本条规定了实现核电厂设计安全目标的三个基本条件，即“采用科学合理的构筑物、系统和设备参数与技术要求”、“提供多样保护和多重屏障”和“使设施运行可靠、稳定和便于操作”，分别从科学性、独立性、多样性和多重性、人机界面友好性（便捷性）等角度对核设施设计提出了原则要求。例如，在第三代及以上的新型反应堆中，利用设计上的固有安全性，通过使核设施在失去电力的情况下靠重力实现安全停堆或利用负反馈原理限制反应性（功率）的增加，确保核设施能够在不靠人为的操作和外部动力等外界干预的情况下可自行回到安全状态。其具体内涵则由相应的核安全法规标准予以规定。

相关规定

《核动力厂设计安全规定》；《研究堆设计安全规定》；《核电厂设计总的安全原则》；《核电厂堆芯的安全设计》；《核电厂反应堆安全壳系统的设计》。

第二十五条 核设施建造前，核设施营运单位应当向国务院核安全监督管理部门提出建造申请，并提交下列材料：

（一）核设施建造申请书；

（二）初步安全分析报告；

（三）环境影响评价文件；

（四）质量保证文件；

（五）法律、行政法规规定的其他材料。

条文主旨

本条是关于核设施营运单位提交建造申请的规定。

立法背景

我国采取分阶段许可的核安全许可制度。营运单位在获得核设施场址许可之后，还需获得建造许可方可正式开工建造核设施。对核设施建造许可申请进行审评的主要目的，是确认核设施的设计符合相关法规的要求，安全重要构筑物、系统和设备的设计以及安全重要规程能够保证核设施核安全。

条文解读

根据本条的规定，核设施营运单位必须在核设施建造前申请建造许可；未取得许可的，不得开展核设施建造活动。核设施营运单位申请核设施建造许可时，应当提交的材料包括：核设施建造申请书、初步安全分析报告、环境影响评价文件、质量保证文件以及法律、行政法规规定的其他材料。

初步安全分析报告是核设施营运单位完成核设施初步设计的基础上，对于其拟建造的核设施能否符合核安全法规标准的全面评价，是国务院核安全监督管理部门颁发建造许可的重要依据。

环境影响评价文件是对核设施建造和运行所产生的环境影响进行评价的文件。核设施建造阶段环评的主要目的是论证工程设计能否满足环境保护的要求，从设计上保证环境保护设施得到落实。质量保证文件是指《核设施质量保证大纲（设计和建造阶段)》。国家核安全局发布已制定相应文件可以用于具体指导核设施质量保证文件的编写，并对其内容和要求进行规范。

核设施营运单位还应提交法律、行政法规规定的其他材料。

相关规定

《核电厂质量保证安全规定》；《核电厂质量保证大纲的制定》；《环境影响评价技术导则——核电厂环境影响报告书的格式和内容》。

第二十六条 核设施营运单位取得核设施建造许可证后，应当确保核设施整体性能满足核安全标准的要求。

核设施建造许可证的有效期不得超过十年。有效期届满，需要延期建造的，应当报国务院核安全监督管理部门审查批准。但是，有下列情形之一且经评估不存在安全风险的除外：

（一）国家政策或者行为导致核设施延期建造；

（二）用于科学研究的核设施；

（三）用于工程示范的核设施；

（四）用于乏燃料后处理的核设施。

核设施建造完成后应当进行调试，验证其是否满足设计的核安全要求。

条文主旨

本条是关于核设施建造许可有效期和核设施调试的规定。

立法背景

核设施营运单位在取得核设施建造许可后，应按照许可条件的规定按计划建设核设施，保证核设施的整体性能满足核安全要求。

根据国际实践经验，由于核设施投资成本高、建设周期长、政策敏感性强等特点，在建造阶段可能会由于各种原因导致拖期、暂停甚至终止建设。若核设施建设周期过长，核设施建造许可基准、核安全法规标准以及核设施外部环境条件可能已发生较大变化，因此有必要针对核设施建造许可的有效期限予以规定。

条文解读

一、关于对核设施营运单位取得核设施建造许可证后的从事核设施建造活动的一般性要求

这是确保核设施整体性能满足核安全标准的要求。

二、关于核设施建造许可年限的规定

核设施建造许可一般有时限性，以确保核设施整体性能满足最新核安全标准的要求。根据本款规定，核设施建造许可证的有效期不得超过十年。建造许可有效期届满，尚未建造完成的，原则上需要办理延期手续，报国务院核安全监督管理部门审查批准。但是，对于一些特殊情形，在通过安全评估的前提下，可以做出例外安排：一是由于国家政策或者行为导致核设施延期建造属于营运单位无法控制的因素，在核设施建造许可届满后可以无需履行延期审批手续需要继续建造；二是用于科学研究和工程示范的核设施规模相对较小，带有一定研究论证性质，主要用于实验活动，可以不受一般商用核设施建造许可期限的限制；三是用于乏燃料后处理的核设施，通常需要大量调试工作，导致建造周期较长，在当前技术条件下，需要放宽建造许可年限。

三、关于核设施调试的规定

核设施的调试过程通常在核设施建造和运行阶段实施，其目的是验证核设施是否满足设计的核安全要求。根据本款规定，核设施建造完成后必须实施完成必要的调试，才能进行首次装投料；核设施首次装投料后，也应按计划完成相应的调试。

相关规定

《中华人民共和国民用核设施安全监督管理条例》；《核电厂建造期间的质量保证》；《核电厂调试程序》。

第二十七条　核设施首次装投料前，核设施营运单位应当向国务院核安全监督管理部门提出运行申请，并提交下列材料：

（一）核设施运行申请书；

（二）最终安全分析报告；

（三）质量保证文件；

（四）应急预案；

（五）法律、行政法规规定的其他材料。

核设施营运单位取得核设施运行许可证后，应当按照许可证的规定运行。

核设施运行许可证的有效期为设计寿期。在有效期

内，国务院核安全监督管理部门可以根据法律、行政法规和新的核安全标准的要求，对许可证规定的事项作出合理调整。

核设施营运单位调整下列事项的，应当报国务院核安全监督管理部门批准：

（一）作为颁发运行许可证依据的重要构筑物、系统和设备；

（二）运行限值和条件；

（三）国务院核安全监督管理部门批准的与核安全有关的程序和其他文件。

条文主旨

本条是关于核设施运行许可及其有效期的规定。

立法背景

核设施运行许可的目的是确认核设施已按照认可的设计和质保要求建造完成、调试结果满足设计要求、相应的运行规程能够满足安全管理的要求，确定其在首次装投料（运行）后应该遵循的许可条件等。

在我国以往的核安全监管法规体系中，将核设施首次装投料作为一项单独的许可，与核设施选址、运行、退役并列。核安全法将核设施首次装投料许可和运行许可合并为运行许可，规定核设施营运单位在首次装投料前应当申请核设施运行许可。由于核设施装料后就产生了现实核风险，因此从核安全角度看，国际上普遍认为核设施首次装投料即是运行的开始。因此，为确保核设施运行安全，核设施首次装投料及调试运行就应当遵循运行安全要求。同时，也可以简化许可，提高效率，减少不必要的监管负担。

条文解读

本条主要包括三部分内容，一是对核设施营运单位提交核设施运行许可申请的要求；二是对核设施营运单位取得运行许可后的要求；三是对运行许可证有效期的要求和对许可证条件调整的规定。

一、关于核设施运行许可申请

本条第1款对核设施运行许可申请的时间和申请材料提出了要求。核设施营运单位应在核设施首次装料前申请核设施运行许可，并提交如下材料：核设施运行申请书、最终安全分析报告、质量保证文件、应急预案以及法律、行政法规规定的其他材料。其中，应急预案是指营运单位负责制定的场内应急预案，该预案经国务院核安全监督管理部门审查批准后，按照核安全法第55条第2款规定，报国务院核工业主管部门、能源主管部门和省、自治区、直辖市人民政府指定的部门备案。

二、关于核设施营运单位取得运行许可后的要求

本条第2款指出，核设施营运单位在取得核设施运行许可证后，应严格遵守许可条件，对核设施运行进行有效管理，切实保障核安全。

三、关于运行许可证有效期和许可证条件调整

本条第3款分为两个部分。第一部分对核设施运行许可证的有效期限作出了规定，明确为核设施的设计寿期。第二部分是授权国务院核安全监督管理部门可以根据法律、行政法规和新的核安全标准的要求合理调整运行许可证规定的事项。这一特别授权考虑了核安全的极端重要性。

四、关于由核设施营运单位提出的，需要报国务院核安全监督管理部门审批的运行许可证调整事项

具体有三类事项，包括：作为颁发运行许可证依据的重要构筑物、系统和设备；运行限值和条件；国务院核安全监督管理部门批准的与核安全有关的程序和其他文件。上述调整均属于涉及核设施运行许可基础或者规定事项的调整，因此需经国务院核安全监督管理部门审批后方可实施。

相关规定

《中华人民共和国放射性污染防治法》；《建设项目竣工环境保护验收管理办法》。

第二十八条 **核设施运行许可证有效期届满需要继续运行的，核设施营运单位应当于有效期届满前五年，向国务院核安全监督管理部门提出延期申请，并对其是否符合核安全标准进行论证、验证，经审查批准后，方可继续运行。**

条文主旨

本条是核设施申请延长运行许可证有效期的规定。

立法背景

本法第 27 条规定，核设施运行许可证的有效期为设计寿期。核设施设计寿期的确定主要来源于对设施中不可更换设备的使用寿命评价，该评价基于设计中对核设施运行可能遇到各种工况的保守假设。而从运行实践来看，核设施实际经历的各种瞬态工况远少于设计时所使用的假设，因而核设施不可更换部件的实际寿期尚有较大裕量。通过对核设施不可更换设备的实际运行寿命评估和老化管理，以及可更换设备的必要维修或更换，核设施的实际寿期可以超过原先预计的设计寿期，即运行许可证有效期。

世界上很多核能国家均有相关实践，但是表现形式有所差异。如：美国实现运行许可证更新制度，核设施营运单位向美国核管会提交申请，经审批通过后更新核设施运行许可证，更新次数不限，截至2017 年10 月美国共有89 台核电机组获得运行许可证更新，运行期限由40 年延长至60 年。法国核电厂运行许可为10 年，此后每10 年开展一次定期安全评价，经审批后可以继续运行。我国的秦山核电厂 300MWe 机组于 1991 年投入运行，设计寿期为30 年；大亚湾核电厂1994 年投入运行，设计寿期为40 年。这些核电厂营运单位均已考虑运行许可证有效期延续问题，秦山核电厂营运单位已经提出书面申请。

条文解读

本条规定，核设施运行许可证的有效期届满前，营运单位可以根据对实际寿期的评价情况，申请适当延长其有效期限。

申请延长许可证有效期限的前提是核设施营运单位在核设施运行许可证规定的有效期届满后，仍旧从事该核设施营运活动，且活动的种类、范围和规模等许可条件不改变。营运单位应在许可证有效期届满前5年向国务院核安全监督管理部门提出延期申请，这一规定考虑了国务院核安全监督管理部门开展技术审查和核设施营运单位开展安全改造所需要的时间。

延期申请的内容应主要包括对该核设施是否符合核安全标准的论证情况以及相关验证情况。国务院核安全监督管理部门收到延期申请后，应当委托与许可申请单位没有利益关系的技术支持单位进行技术审查，并结合受委托技术单位的结论，最终做出是否予以批准延期申请的决定。延期申请得到批准后，该核设施可在原运行许可证有效期限届满后继续运行。

相关规定

《核动力厂老化管理》；《核电厂运行许可证有效期限延续的技术政策（试行）》。

第二十九条　核设施终止运行后，核设施营运单位应当采取安全的方式进行停闭管理，保证停闭期间的安全，确保退役所需的基本功能、技术人员和文件。

条文主旨

本条是关于核设施停闭管理的规定。

立法背景

在核设施运行许可后、退役许可前，可能出现核设施终止运行，并且不再启动的情况，即停闭状态。核设施可能预期或非预期进入停闭状态，原因包括但不限于以下方面：一是核设施运行许可证届满，已制定退役计划，但尚未开始实施退役活动；二是核设施在运行阶段遇到不可抗力导致无法再度投入运行；三是核设施营运单位出于经济因素考虑决定提前终止核设施运行。

核设施终止运行只是过渡状态，最终还要进入退役阶段，核设施营运单位仍需承担全面责任，做好保障安全的各项工作。由于核设施终止运行到确定并实施退役计划可能时间间隔较长，且其状态和正常运行时存在较大差异，因此管理措施和相关要求也有不同。

条文解读

在核设施停闭后，为使其达到安全稳定状态和便于退役，核设施营运单位应当采取一系列行政性和技术性的行动，这是是运行许可证持有者在运行阶段的最后一项任务。

按照本法要求，核设施营运单位在核设施终止运行状态下仍需保障核设施停闭期间的安全，并做好核设施退役准备工作。

核设施营运单位在核设施进入终止运行状态后，应当做好两方面工作，一是采取安全的方式进行核设施停闭管理，其目的是保证核设施停闭期间的安全；二是为后续核设施退役储备相应的资源，包括退役所需的核设施各项基本功能应可用，核设施退役所需各项程序、记录等文件应齐备，并维持足够数量的、具备相应知识和技能的技术人员等。

相关规定

《核安全公约》。

第三十条 核设施退役前，核设施营运单位应当向国务院核安全监督管理部门提出退役申请，并提交下列材料：

（一）核设施退役申请书；

（二）安全分析报告；

（三）环境影响评价文件；

（四）质量保证文件；

（五）法律、行政法规规定的其他材料。

核设施退役时，核设施营运单位应当按照合理、可行和尽可能低的原则处理、处置核设施场址的放射性物质，将构筑物、系统和设备的放射性水平降低至满足标准的要求。

核设施退役后，核设施所在地省、自治区、直辖市人民政府环境保护主管部门应当对核设施场址及其周围环境中所含的放射性核素的种类和浓度组织监测。

条文主旨

本条是关于核设施退役的规定。

立法背景

核设施退役是核设施达到或超过设计寿期或者因为其他原因终止运行后所应采取的行动，通过退役可将残留的放射性物质和其他有害物质的危害作用减少到可以接受的水平，实现场址有限制使用或无限制开放和使用。核设施退役许可的目的是确认核设施的退役安排和退役过程中的实际状态满足退役有关的核安全和环境要求。

以核电厂为例，核电厂退役可以采取三种形式：一是停止运行后立即拆除，并清除反应堆的放射性物质；二是将反应堆封存几十年，待其放射性自然衰减后再拆除；三是在反应堆外建造一个混凝土外壳，将反应堆长期罩起来。从世界范围内看来，目前已有 110 多个商业动力反应堆，近 50 个实验或原型反应堆，超过 250 个研究堆和多个燃料循环设施实施了退役，其中一些已经完全拆除。

核设施退役是一个相对较长的过程，退役所需要的费用也不低。为做好核设施退役工作，核设施营运单位应从选址、建造阶段就要及早研究退役计划，并根据运行和实际情况不断完善，直至退役活动完成。

条文解读

本条主要包括三部分内容，一是对核设施营运单位提交核设施退役许可申请的要求；二是对核设施营运单位实施退役活动的要求；三是对退役核设施场址及其周围环境放射性核素的监测要求。

一、关于核设施退役申请

本条第 1 款规定了核设施营运单位提出退役申请及其相关材料的要求。在开展核设施退役活动前，营运单位应向国务院核安全监督管理部门提交核设施退役申请书、退役阶段安全分析报告、退役时期环境影响评价文件、退役阶段质量保证文件，以及法律、行政法规规定的其他材料。核设施营运单位在取得核设施退役许可批准后，方可开始核设施退役活动。

二、关于对核设施营运单位实施退役活动的要求

本条第 2 款指出了核设施营运单位在核设施退役过程中应该遵循的原则、采取的行动和达到的目标。在处理、处置核设施场址的放射性物质过程中应遵循使放射性水平合理、可行和尽可能低的原则（即 ALARA 原则），退役过程中应关注潜在放射性危险，尽可能减少放射性物质对未来造成的负担，最终使构筑物、系统和设备的放射性水平满足相关标准要求。

三、关于对退役核设施场址及其周围环境放射性核素的监测要求

本条第 3 款对退役核设施场址及其周围环境放射性核素的监测要求做出了规定。为保证公众的安全和环境不被污染，核设施退役后，仍需对其场址及其周围环境开展放射性监测。为便于长期有效管理，该项工作由核设施所在地省、自治区、直辖市人民政府环境保护主管部门实施，检测指标为放射性核素的种类和浓度。

相关规定

《核设施退役安全要求》。

第三十一条 **进口核设施，应当满足中华人民共和国有关核安全法律、行政法规和标准的要求，并报国务院核安全监督管理部门审查批准。**

出口核设施，应当遵守中华人民共和国有关核设施出口管制的规定。

条文主旨

本条是关于进出口核设施的规定。

立法背景

“引进—消化—吸收”是我国核能产业发展从跟跑到领跑的一个发展途径，而“核电走出去”战略的实施也为我国核设施的出口打开了空间。我国不仅有整套核设施的进出口，也有仅引进或出口核设施技术的情况，还有部分设备由引进国自己生产的进出口核设施。秦山三期、田湾核电以及 AP1000 等核设施都是引进国外先进核能技术的成功范例，华龙一号和有关研究堆的出口也成为我国核工业的国际名片。

进口核设施是在我国境内使用，其是否安全直接影响到我国公民利益。在进口前充分考虑安全要求，将有效保障我国环境、公众、财产的安全。满足我国的安全要求是决定其能否进口的前提。我国出口的核设施是否安全将影响进口国环境、公众、财产的安全，作为出口国，我国有义务保证出口的核技术或核产品满足安全要求；同时作为核安全公约的缔约国之一，我国有责任维护国际和平与安全，对出口的核设施采取必要的措施保证其满足安全要求。由于核技术的敏感性，我国已制定相关出口管制规定，核设施出口单位应当予以遵守。

核设施是核能和平利用和核武器研发的重要物质基础，核设施出口高度敏感，得到了国际社会的普遍关注。为了确保和平利用核能的国际合作不会助长核武器的扩散，国际社会已建立了一整套包括核设施出口在内的核贸易控制机制。在1970年《不扩散核武器条约》生效后不久，通过多边磋商，国际社会相继建立了桑戈委员会和核供应国集团两个核贸易控制机制，发布了核出口“触发清单”，并借助国际原子能机构保障监督机制确保相关核贸易不会促进核武器扩散。1997年，我国加入桑戈委员会；2004年，加入核供应国集团。

我国是联合国安理会常任理事国，也是《不扩散核武器公约》的缔约国，始终把防范核武器扩散、维护世界和平作为我国义不容辞的责任。加强核出口管制，防止核武器扩散，既是维护我国国家安全和国家利益的需要，也是我国履行国际义务的需要。本条款从法律层面对核设施出口作出原则性规定，是必要的。

条文解读

核设施的进出口，应严格执行国家关于核进出口的政策和法律、中国同国际原子能机构签订的保障监督协定的有关规定、中国与有关国家签订的政府间和平利用核能合作协定中的有关规定。进口核设施，应当符合国家放射性污染防治标准；没有相应的国家放射性污染防治标准的，采用国务院环境保护行政主管部门指定的国外有关标准。进出口核设施，还应当符合进出口商品检验的相关规定。本条规定的标准，除通常的国家标准外，还包括为放射性污染防治服务的各类技术性导则和技术文件。国务院核安全监督管理部门作为核安全独立监管部门，对进口核设施的技术意见在核安全方面更具专业性和权威性，要求核设施进口单位取得国务院核安全监督管理部门对其拟进口的核设施安全性的技术评价意见是必要的。

我国对外贸易法规定，国家对与裂变、聚变物质或者衍生此类物质的物质有关的货物、技术进出口，可以采取任何必要的措施，维护国家安全。《中华人民共和国核出口管制条例》（以下简称核出口管制条例）规定，对核反应堆、辐照燃料元件后处理厂、燃料元件制造厂、铀同位素分离厂等核设施实行核出口管制。核出口管制条例规定，核出口由国务院指定的单位专营，任何其他单位或者个人不得经营。出口《核出口管制清单》所列物项及其相关技术，应当向国家原子能机构提出申请，由国家原子能机构对申请文件进行审查，提出审查意见；对于核设备和反应堆用非核材料出口，还须报商务部复审；对国家安全、社会公共利益或者外交政策有重要影响的核出口，还应当会商外交部等有关部门；必要时，应当报国务院审批。核出口申请经复审或者审批同意的，由商务部颁发核出口许可证。商务部颁发核出口许可证后，应当书面通知国家原子能机构。

对有核武器国家开展核出口时，是否要求接受方政府主管部门提供书面文件担保，应依据中国与该国政府签订的和平利用核能合作协定及其他双边安排的规定办理。

相关规定

《中华人民共和国放射性污染法防治法》；《中华人民共和国核出口管制条例》；《中华人民共和国核两用品及相关技术出口管制条例》。

第三十二条　**国务院核安全监督管理部门应当依照法定条件和程序，对核设施安全许可申请组织安全技术审查，满足核安全要求的，在技术审查完成之日起二十日内，依法作出准予许可的决定。**

国务院核安全监督管理部门审批核设施建造、运行许可申请时，应当向国务院有关部门和核设施所在地省、自治区、直辖市人民政府征询意见，被征询意见的单位应当在三个月内给予答复。

条文主旨

本条是关于国务院核安全监督管理部门组织安全技术审查和征询相关单位意见的规定。

立法背景

由于核风险的技术复杂性、事故突发性、影响难以感知性、污染后果难以消除性、公众极度敏感性等特殊性，国务院核安全监督管理部门对核设施进行独立的监督管理，因此除一般的程序审查外，还应对许可相关申请进行深入的安全技术审查，为其许可决策提供技术基础。

安全技术审查是指从技术层面上对核安全许可申请进行审核和评价，以确认申请人拟从事的核安全相关活动符合有关法律、行政法规、部门规章、标准和技术规范规定的条件。安全技术审查主要针对营运单位提交的资料开展全面深入的技术审查，开展必要的独立核算和试验验证，以判断申请事项的适当性，其技术结论体现在技术支持单位提交给国务院核安全监督管理部门的安全审查报告中。

条文解读

国务院核安全监督管理部门负责组织安全技术审查。国家核安全局自成立以来，对核电厂、研究堆、核燃料循环设施、放射性废物处理处置设施、核材料管理等领域的核安全许可申请均组织开展了全面的核安全技术审查。

行政许可法第45条规定："行政机关作出行政许可决定，依法需要听证、招标、拍卖、检验、检测、检疫、鉴定和专家评审的，所需时间不计算在本节规定的期限内。行政机关应当将所需时间书面告知申请人。"本条明确技术审查完成之日起二十日内，国务院核安全监督管理部门依法作出准予许可的决定，即对技术审查时间不做具体限制。这是符合核安全监管实践的，对于重要的核安全许可申请的审查，有时长达数年，这是由核安全技术审查的特殊性和复杂性决定的。例如美国核电厂设计认证（DC）和英国核电厂通用设计审查（GDA）有时长达4年~5年。

考虑到核设施的复杂性及其对公众和环境安全的潜在威胁，国务院核安全监督管理部门在接到核设施营运单位申请核设施建造或者运行许可时，有必要向包括负责能源、核工业、卫生健康、公共安全、职业安全等国务院有关部门以及核设施所在地的省、自治区、直辖市人民政府征询意见。同时，这也有利于国务院核安全监督管理部门在核设施建造和运行过程中，获得相关部门以及地方政府的支持与合作。

相关规定

《中华人民共和国民用核设施安全监督管理条例》。

第三十三条　国务院核安全监督管理部门组织安全技术审查时，应当委托与许可申请单位没有利益关系的技术支持单位进行技术审评。受委托的技术支持单位应当对其技术评价结论的真实性、准确性负责。

条文主旨

本条是关于委托技术支持单位进行技术审查的规定。

立法背景

由于核设施的建造、运行涉及诸多复杂的技术问题，对其技术审查必须由具有相应专业技术能力、独立的技术支持单位承担，从而保证其技术意见具有科学性和公正性，最终为核安全监督管理决策提供坚实的技术基础。为保证安全技术审查的独立性，组建专门的核安全技术支持单位是国际上比较普遍的实践。如，法国成立有辐射防护和核安全研究所（IRSN）为法国核安全局（ASN）等政府部门和公立机构提供技术支持，韩国核安全研究院（KINS）为韩国核安全和安保委员会（NSSC）提供技术支持。

国家核安全局早期主要通过合同委托那些和许可申请单位没有直接利益关系的技术支持单位开展技术审查工作，现在则主要委托完全独立的技术支持单位（环境保护部核与辐射安全中心）开展技术审查。

条文解读

技术审评单位依据核安全政策、法规和标准负责核设施的技术审评，主要包括：审查申请材料、现场核查许可申请单位各项能力、提出审评问题等。许可证申请单位应当对审评问题及时作出回答、解释或对资料作相应补充或修改。在对申请项目文件和报告书中存在的技术问题得到落实和基本解决后，技术审评单位提出评价报告，交国家核安全局。

为保证审评结论的公正性与客观性，技术支持单位必须与许可申请单位没有利益关系，彼此不应有与许可申请事项相关的关联性或业务来往。技术支持单位需要为其做出的技术评价结论负责，并且不得与许可申请单位有相关联系或业务来往。如果核设施在建造、运行过程中出现了与技术评价报告不符的情况，技术支持单位需要承担相应的责任。

相关规定

《核电厂安全许可证件的申请和颁发》；《研究堆安全许可

证件的申请和颁发规定》;《国家计委、财政部关于核安全技术审评费收费标准的通知》。

第三十四条 **国务院核安全监督管理部门成立核安全专家委员会,为核安全决策提供咨询意见。**

制定核安全规划和标准,进行核设施重大安全问题技术决策,应当咨询核安全专家委员会的意见。

条文主旨

本条是关于核安全专家咨询机构及其职能的规定。

立法背景

专家咨询机构的设立,旨在发挥专家和专业知识的重要作用,强化公共决策的正当性,改善政府现有公共决策结构,推动政府部门决策的专业化和科学化。核安全专业知识涉及范围广,技术复杂。在核安全监管过程中,建立专门的专家咨询机构,充分利用国内核安全专家力量,对重大核安全问题技术决策、核安全规划和标准的制定提出咨询意见,弥补行政部门及其技术支持单位在某些专业领域或者某些实践经验上的不足,同时优化技术决策流程,减少个人的自由裁量权,有利于提高监管决策的科学性,提升核安全监管的有效性。这是我国核安全监管良好的历史经验,也是国际核安全监管的普遍实践。

我国核安全专家委员会由国家核安全局成立,下属若干专业委员会,其成员有来自核工业界、科研机构、高校的资深专家100多人,具有较高的理论水平、丰富的实践经验和一定的社会影响，具有广泛的代表性，在我国核安全监管工作中发挥了重要作用，尤其是政策、法规和规划的制定、重大事件的调查处理、重要核安全许可的颁发等方面。国际上也有类似实践，例如法国核安全局（ASN）的专家委员会（GP）就和我国非常类似。而美国核管会（NRC）的反应堆保障咨询委员会（ACRS）则是由专职资深专家组成。

条文解读

为了增强核安全决策的科学性，核安全独立监管的同时还需要咨询有关部门的意见，尤其是有关专家的意见。

本条第 1 款规定国务院核安全监督管理部门组建核安全专家委员会作为其核安全决策的咨询机构。

本条第 2 款规定国务院核安全监督管理部门需向核安全专家委员会咨询的事项，包括制定核安全规章、标准、技术规范和规划，以及对重大核安全问题的技术决策。

相关规定

《促进安全的政府、法律和监管框架》；《中华人民共和国民用核设施安全监督管理条例》；《核安全与环境专家委员会章程》。

第三十五条 国家建立核设施营运单位核安全报告制度，具体办法由国务院有关部门制定。

国务院有关部门应当建立核安全经验反馈制度，并及时处理核安全报告信息，实现信息共享。

核设施营运单位应当建立核安全经验反馈体系。

条文主旨

本条是建立核安全报告制度和核安全经验反馈制度的规定。

立法背景

核设施营运单位对其营运的核设施安全承担全面责任。核安全监管机构对核设施选址、建造、运行、退役等各阶段实行安全许可、开展监督检查。但是这种全寿期全范围的核安全监管本质上仍然是一种抽样式监管，不会减轻营运单位的核安全管理责任。有效的监管活动是促进营运单位更加重视并持续提高核安全管理能力和水平，而不是任何程度的替代。因此营运单位有义务向监管机构及时报告重要安全事件，通报重要安全活动，以验证其履行了营运单位全面核安全责任。这种报告制度有利于监管机构及时采取监管行动，保障核设施安全，从而最终保护公众和环境；也能够促进全行业开展有效的经验反馈，及时汲取经验教训，避免同类事件的重复发生，提高全行业的核安全水平。

核安全经验反馈是指按照既定的工作程序，收集、筛选、评价核安全重要信息尤其是重要安全事件，必要时开展深入调查，分析事件的直接原因或根本原因，并及时分享和应用分析成果，以便推广良好实践，汲取经验教训，避免同类事件重复发生，共同提高核安全管理水平。经验反馈是核安全管理的重要手段。核设施营运单位经验反馈体系的建立，能够持续优化核设施安全管理，从而提升核设施安全水平。国家核安全局建立了系统化的经验反馈平台，可为核设施营运单位、技术支持单位以及地区监督站直接使用，并开展核设施经验反馈信息的收集、筛选、评价、跟踪与发布，必要时国家核安全局还对典型事件进行现场调查和深入分析，根据分析结果，可对营运单位提出不同类型的监管要求，如信息通告、监管建议、管理要求等；也可改进监管活动，如完善监督检查大纲和程序、修订核安全法规标准等。国防科工局、国家能源局也根据其各自职责开展了相应经验反馈活动。

条文解读

一、关于核安全报告制度

营运单位报告制度包括定期报告、重要活动通知、建造阶段事件报告、运行阶段事件报告、核事故应急报告等。其附件则对核电厂、研究堆、核燃料循环设施营运单位报告制度进行了更为详细的规定，如报告的准则、方式、格式、内容等。

营运单位通报重要安全活动，也有利于监管机构及早安排监管资源和监管计划，避免在进度上或经济上给营运单位带来不必要的负担。此外，营运单位和监管机构在发布核安全相关信息时坚持公开透明的原则，能够切实保障公众的知情权、参与权和监督权，增强其对核安全监管体系的信心，从而为核事业安全健康可持续发展营造良好的社会环境。值得注意的是，监管机构的监管措施应该能够鼓励，而不是抑制营运单位如实及时执行报告制度的意愿。良好的报告制度，能够促进营运单位和监管机构建立紧密配合、更加信任的关系，而不是对立，并共同把核安全作为双方决策时优先考虑的因素。这也是卓越核安全文化的重要体现。

二、关于核安全经验反馈制度

就国务院有关部门而言，建立核安全经验反馈制度，主要指通过建立一套系统的工作方法以及便捷的工作平台，形成经验反馈工作机制，以便及时收集、处理和共享核安全报告信息，对典型事件进行深入分析，强化成果应用，即根据分析成果及其安全重要度和普遍性，提出不同层级的监督管理要求，提高经验反馈的针对性，持续推动核行业安全管理水平的提高。同时对核设施营运单位经验反馈工作进行规范和指导，增进信息的交流、共享与应用。

就营运单位而言，经验反馈重在收集内外部核安全信息，并适用于选址、设计、设备制造、土建、安装、调试、运行和退役各阶段。对于内部经验反馈，一方面要做好内部重要核安全信息的整理分析和知识经验的传承，另一方面做好内部重要安全事件（尤其是运行事件）的分类（如设备故障、人因或程序原因）、分级（如国际核事件分级），开展原因分析，吸取经验教训和采取纠正行动，以防止类似事件重复发生。对于外部经验反馈，主要是积极从国内外其他核设施（尤其是同类核设施）发生的事件中学习和汲取经验教训。此外，营运单位还应积极配合国务院有关部门组织的经验反馈活动。

相关规定

《环境保护部（国家核安全局）核与辐射安全监管信息公开方案（试行）》；《关于加强核电厂核与辐射安全信息公开的通知》；《民用核设施安全监督管理条例实施细则之二——核设

施监督检查》；《核动力厂设计安全规定》；《核动力厂运行安全规定》。

第三十六条　为核设施提供核安全设备设计、制造、安装和无损检验服务的单位，应当向国务院核安全监督管理部门申请许可。境外机构为境内核设施提供核安全设备设计、制造、安装和无损检验服务的，应当向国务院核安全监督管理部门申请注册。

国务院核安全监督管理部门依法对进口的核安全设备进行安全检验。

条文主旨

本条是关于核安全设备监督管理的规定。

立法背景

核安全设备是保障核设施安全运行和放射性包容的基础条件。核安全设备焊接和无损检验作为特殊工艺，贯穿于制造、安装、运行、维修等各个阶段，是避免产生缺陷和科学识别已产生缺陷的重要手段，是保证核设施安全运行和核设备质量的基础防线。核安全设备设计、制造、安装和无损检验活动失控，会对核安全设备的质量产生影响，从而对核设施的安全运行造成潜在危害，因此，有必要对从事核安全设备设计、制造、安装和无损检验活动的单位实行许可管理。

针对为我国境内核设施提供核安全设备的境外单位实施注

册制度，既可以严格要求其履行义务，又可以兼顾其在境外从事相应活动的特殊性，同时还可以规范境外单位进入中国市场的准入条件，保证其达到与国内同类型单位的能力要求，为我国境内的核设施营运单位或境内核安全设备设计、制造、安装和无损检验活动单位等选择符合要求的潜在的境外供应商。

为了保证进口核安全设备质量，在出入境检验机构进行商品检验之前，将由国务院核安全监督管理部门对进口核安全设备实施安全检验。

国家核安全局多年来的监管实践表明：设计、制造和安装是核安全设备活动的重要环节，这三类活动行政许可工作的开展，对保证我国核安全设备的质量起到了保障作用。核安全设备无损检验是保证核安全设备质量的一个重要环节。国内核工业实践中就曾发生由于无损检验单位能力不足，或管理不善，而导致设备缺陷漏检，最终造成很大经济损失的案例。无损检验属于一种特殊工艺，对技术、经验方面有着很高的要求，为保证无损检验活动的质量，需要对专门从事核安全设备无损检验活动单位进行行政许可。国际上对核安全设备监管多采用核安全监管机构监管下的独立第三方负责模式。结合我国的工业基础、行业管理理念、第三方机构认证体系发展与现状等具体情况，在我国实施核安全设备活动资格许可制度，有利于提高核安全设备活动单位的安全文化和从事生产活动的有效性，促使产品质量满足核安全法规和相关标准、规范的要求，体现纵深防御原则，进一步提高核安全设备质量。

条文解读

本条对核安全设备活动许可、境外单位核安全设备活动注册和进口核安全设备安全检验进行了具体规定。需要说明的是，核设施营运单位对核安全负全面责任，包括对核安全设备质量负责。核安全设备活动许可是资格许可，而不是质量许可或验证。国务院核安全监督管理部门开展核安全设备监管，不免除或减轻核设施营运单位的责任，核设施营运单位还应通过设备监造等方式督促核安全设备活动单位保证核安全设备质量。

一、关于核安全设备活动许可

核安全设备许可管理通过国务院核安全监督管理部门对拟从事核安全设备设计、制造、安装和无损检验单位的人员、工作场所、设施装备、质量保证体系等的评价和验证，满足要求的，方可允许该单位开展核安全设备设计、制造、安装和无损检验等活动，从而防止或减少由于核安全设备质量问题引起的核安全设施安全运行隐患。

二、关于境外单位核安全设备活动注册

注册是国务院核安全监督管理部门对境外单位已经取得的资质及技术能力等情况的确认，不意味着取得国务院核安全监督管理部门颁发的许可证。根据规定，境外单位应当事先到国务院核安全监督管理部门申请注册。“事先”强调了境外单位注册的时间要求，即境外单位欲为中华人民共和国境内核设施进行核安全设备设计、制造、安装和无损检验活动，在合同签订前应当向中华人民共和国国务院核安全监督管理部门提出注册申请并被准予注册。未予注册的境外单位不得为中华人民共和国境内核设施进行核安全设备设计、制造、安装和无损检验活动。

三、关于进口核安全设备安全检验

安全检验主要是指国务院核安全监督管理部门及其所属的检验机构针对成套的进口核安全设备（不包括零部件）的安全性能进行的检查、检验或试验验证。它是商品检验的基本前提条件之一。安全检验由国务院核安全监督管理部门及其所属的检验机构独立进行。安全检验采用口岸检查、开箱检查、安装和装料前调试阶段涉及安全性能的试验见证等方式，必要时，可以进行独立检验和验证。

相关规定

《中华人民共和国民用核安全设备监督管理条例》；《民用核安全设备设计制造安装和无损检验监督管理规定》；《进口核安全设备监督管理规定》。

第三十七条 核设施操纵人员以及核安全设备焊接人员、无损检验人员等特种工艺人员应当按照国家规定取得相应资格证书。

核设施营运单位以及核安全设备制造、安装和无损检验单位应当聘用取得相应资格证书的人员从事与核设施安全专业技术有关的工作。

条文主旨

本条是关于核设施操纵人员和核安全设备焊工焊接操作工、无损检验人员资质管理的规定。

立法背景

核设施营运单位或核设备活动单位有些工作人员由于其岗位对核安全具有至关重要的影响，需要进行必要的资质管理。相关单位也必须聘用取得相应资质的人员从事这些工作。具体包括核设施操纵人员以及核安全设备焊工焊接操作工、无损检验人员。

核设施操纵人员是指在重要核设施中直接操纵核设施运行并对核安全至关重要的人员，如同民航飞行员、机动车驾驶员一样，这些直接影响公共安全的工作人员应该进行资格许可，以保证其具备特殊信誉、条件或技能。

焊接和无损检验人员技能不足或缺乏培训及经验，有可能导致核安全设备质量出现重大问题，造成严重损失，对特种工艺人员实施许可管理是通行做法。

条文解读

一、关于核设施操纵人员

核设施操纵人员直接控制核反应堆或其他重要核设施的关键工艺，其在日常运行和事故状态下均需要扎实的技术水平以及分析预判、冷静决断的能力，并能采取恰当措施保证核安全，缓解事故危害，其地位和作用更是关键。核设施操纵人员的技能水平、安全意识和行为规范对核安全具有重要影响。因此对核设施操纵人员资格进行许可管理，强化岗位要求，有利于减少人为因素带来的核安全风险。

目前我国实施资质许可的核设施操纵人员主要指核电厂和研究堆中的核反应堆操纵人员。核反应堆操纵人员执照分为《操纵员执照》和《高级操纵员执照》，只有具备相应的身体、教育背景、培训和工作经历等条件，方可发给执照。只有持《操纵员执照》的人员方可担任操纵核设施控制系统的工作；持《高级操纵员执照》的人员方可担任操纵或者指导他人操纵核设施控制系统的工作。

一些国家也实行核动力厂操纵人员资格许可制度。例如，美国核管会直接负责核电厂操纵人员的资格考核和执照颁发。

二、关于核安全设备焊接人员、无损检验人员等特种工艺人员

核安全设备质量、过程控制要求更加严格，由于焊接和无损检验在民用核安全设备制造、安装和无损检验过程中的重要性和特殊性，从事民用核安全设备的焊接和无损检验人员还需要接受核安全知识、相关标准规范等培训，必须具备更高的安全素养、更高的技术能力、更加完善的知识结构、更加过硬的心理素质。

特种工艺人员必须满足相应身体、教育背景、培训和工作经历等条件。其中民用核安全设备无损检验人员的资格等级分为Ⅰ级（初级）、Ⅱ级（中级）和Ⅲ级（高级）。资格考核按照不同的等级、方法分别进行。

相关规定

《中华人民共和国民用核设施安全监督管理条例》；《民用核安全设备无损检验人员资格管理规定》；《民用核安全设备焊工焊接操作工资格管理规定》。

第三章　核材料和放射性废物安全

第三十八条　核设施营运单位和其他有关单位持有核材料，应当按照规定的条件依法取得许可，并采取下列措施，防止核材料被盗、破坏、丢失、非法转让和使用，保障核材料的安全与合法利用：

（一）建立专职机构或者指定专人保管核材料；

（二）建立核材料衡算制度，保持核材料收支平衡；

（三）建立与核材料保护等级相适应的实物保护系统；

（四）建立信息保密制度，采取保密措施；

（五）法律、行政法规规定的其他措施。

条文主旨

本条是对核材料许可制度和安全保障措施的规定。

立法背景

核材料具有高度敏感性，核材料管制受到国际社会的普遍高度关注。为了保障核材料安全，防止未经政府批准或者授权的集团或个人获取、使用或扩散核材料，国际社会先后制定并通过了《核材料实物保护公约》及其修订案。公约旨在防范由非法贩卖、非法获取和使用核材料以及破坏核材料和核设施所造成的潜在危险，促进在世界各地加强对用于和平目的的核材料和核设施的实物保护。

我国一贯高度重视核材料管制工作，对核材料采取严格的管理措施，数十年来保持了良好的记录，实现了重要核材料“一件未丢，一克不少”。我国加入了《核材料实物保护公约》及其修订案，并早在 1987 年就制定发布了《核材料管制条例》。该条例的主要目的是保证核材料的安全与合法利用，防止被盗、破坏、丢失、非法转让和非法使用，保护国家和人民群众的安全，促进核能事业的发展。该条例规定了核材料管制的监督管理职责、许可证的申请以及相关管理办法。1990 年，国家核安全局、能源部、国防科工委又联合发布了《核材料管制条例实施细则》，对核材料许可证持有单位的责任、核材料许可证的申请、审查和颁发、核材料账务管理、核材料衡算、核材料实物保护等作出详细规定。本条文从法律层面对核材料许可管理和保护措施作出原则性规定，是对现有法规和管理实践的进一步确认。

条文解读

一、关于核材料许可制度

核设施营运单位和其他有关单位持有核材料，应当按照规定的条件依法取得许可。1987 年出台的《中华人民共和国核材料管制条例》（以下简称核材料管制条例）对核材料许可管理作出了规定。该条例明确，国家对核材料实行许可证制度，要求持有核材料数量达到一定限额的单位，必须向核工业部（现为国防科工局）申请核材料许可证。对于持有核材料数量未达到规定限额的单位，核材料持有单位须向核工业部（现为国防科工局）办理核材料登记手续。

二、关于核材料安全保护措施

1990年出台的核材料管制条例实施细则对核材料持有单位应当采取的措施进行了详细规定。

根据该实施细则，核材料许可证持有单位必须设立负责机构或指定专人负责管理核材料，具体职责包括：制定本单位核材料衡算管理和实物保护的规章制度并负责实施；按有关规定，向主管部门上报核材料的转让、定期盘存和账务衡算报告；对核材料账务衡算管理人员和实物保护人员进行业务培训及考核。

核材料许可证持有单位应当建立核材料衡算制度、核材料实物盘存制度、原始记录与报告制度以及核材料衡算测量系统，在持有核材料期间，进行核材料衡算工作，保持核材料收支平衡。

根据核材料的质量、数量及危害程度，将核材料划分为三个保护等级，实行分级管理；要求核材料持有单位根据核材料级别采取保护措施，建立与核材料级别相适应的实物保护系统。

核材料许可证持有单位对于关系到核材料安全的信息应根据相关法律法规建立保密制度，制定保密措施，防止核材料相关敏感信息的泄露。

对于法律、行政法规规定的其他措施，主要包括对外贸易法、核材料管制条例、核出口管制条例等所规定的相关措施。

相关规定

《中华人民共和国核材料管制条例》；《中华人民共和国核材料管制条例实施细则》；《核材料管制报告管理办法》；《核材料管制视察管理办法》；《核材料登记管理办法》。

第三十九条　产生、贮存、运输、后处理乏燃料的单位应当采取措施确保乏燃料的安全，并对持有的乏燃料承担核安全责任。

条文主旨

本条是关于确保乏燃料在产生、贮存、运输、后处理等环节中的安全规定。

立法背景

近年来，我国核能事业进入了一个新的发展阶段，《国民经济和社会发展第十三个五年规划纲要》明确将核电设备纳入战略性产业，将核电项目用于推动能源结构的优化升级，并鼓励沿海核电的大力发展和积极探索内陆核电的前期研究。然而，在大力发展核电的同时，核电的必然副产物——乏燃料管理问题也不容忽视。

事实上，我国从核工业发展伊始，就高度重视乏燃料安全管理。在乏燃料的产生、贮存、运输、处理处置等各个环节都明确了相关管理要求，要求相关单位承担核安全责任，采取切实有效的安全措施，确保乏燃料的安全。本条是对过去几十年我国乏燃料安全管理的提炼和总结，并以法律条文的形式予以明确。

条文解读

一、关于乏燃料安全问题

乏燃料是指在反应堆堆芯内受过辐照并从堆芯永久卸出的核燃料。近年来，随着我国核电快速发展，乏燃料量在不断增加，乏燃料的异地贮存、运输和后处理需求将会呈现逐步增长的趋势。乏燃料中含有大量的放射性元素，具有较高的放射性，如果不加以妥善处理，不仅会影响环境，还会对接触它们的人造成辐照伤害，因此其安全问题不容忽视。

二、关于乏燃料安全管理要求

1. 乏燃料循环设施安全管理

本法第 2 条第 2 款关于核设施的定义的规定中，包括了核燃料生产、加工、贮存和后处理设施等核燃料循环设施。因为乏燃料属于核燃料，所以乏燃料循环设施按照核设施管理。本法第二章对核设施安全作了专章规定，主要包括以下内容：核设施营运单位的条件要求、从业人员培训要求、核设施安全许可制度、核安全报告制度等。

2. 乏燃料运输安全管理

在《放射性物品运输安全管理条例》中，将乏燃料定为一类放射性物品，明确了乏燃料运输的安全管理要求。2003 年，由国防科工委、公安部、交通部、卫生部联合发布的《核反应堆乏燃料道路运输管理暂行规定》，对乏燃料道路运输安全管理提出了明确的具体要求，规定乏燃料托运人或代理托运人及承运人，应加强乏燃料运输的安全管理，建立健全安全运输责任制度，完善安全运输条件，确保乏燃料安全运输。

三、关于营运单位乏燃料安全管理的主体责任

乏燃料的产生、贮存、运输、处理及处置，每个环节都涉及核安全问题。因此，与乏燃料相关的单位负有保障核安全的重要责任。

第一，乏燃料的产生单位主要包括从事核能利用尤其是核电营运的单位。随着我国核能发电规模的不断壮大，乏燃料的产生量将越来越多，涉及的相关单位也将相应增多，作为核安全管理的一个环节，乏燃料的产生问题将是核安全问题的重要内容。

第二，乏燃料的贮存单位一般为核电营运单位，受技术水平等因素的制约，我国早期设计建造的核电机组在堆湿式贮存容量一般能存放乏燃料时间约为十年，由于后处理发展的速度相对滞后，后期建造的核电机组乏燃料贮存时间扩展为十五年甚至为二十年。因此，核安全法中明确乏燃料贮存单位的安全责任，是乏燃料得以安全贮存的重要保障。

第三，在乏燃料运输方面，根据我国《放射性物品道路运输管理规定》（2016年修订），乏燃料属于一类放射性物品（第4条），乏燃料的运输管理问题涉及运输资质许可、运输车辆及设备管理、托运人和承运人的义务等，乏燃料的运输单位有责任保障乏燃料的安全。

第四，在乏燃料的后处理方面，我国实行核燃料闭式循环的政策。随着我国核电事业的发展，乏燃料的后处理需求越来越大，作为乏燃料后处理单位，必须采取措施确保安全。

相关规定

《中华人民共和国民用核设施安全监督管理条例》；《放射性物品运输安全管理条例》；《民用核燃料循环设施安全规定》；《核反应堆乏燃料道路运输管理暂行规定》。

第四十条 放射性废物应当实行分类处置。

低、中水平放射性废物在国家规定的符合核安全要求的场所实行近地表或者中等深度处置。

高水平放射性废物实行集中深地质处置，由国务院指定的单位专营。

条文主旨

本条是对放射性废物分类和分类管理的规定。

立法背景

放射性废物是指含有放射性核素或者被放射性核素污染，其浓度或者比活度大于国家确定的清洁解控水平，预期不再使用的废弃物。放射性废物的典型特征之一是潜在危害的持续时间长，可达万年甚至百万年以上，其风险存在长期性和不确定性的特点。放射性废物与安全是核能发展的两大关键问题，历来受到党中央、国务院的高度重视。

放射性废物安全问题是我国核安全面临的现实挑战。近年，随着核能与核技术利用事业迅速发展，我国各类放射性废物大量产生，但处理处置能力严重滞后，导致我国经济发展和环境治理之间的矛盾突出。如，我国在运核电厂部分核电机组的放射性固体废物已超出其暂存库的设计容量，只能借助新建核电厂的废物库暂存。我国迄今建成的三座废物处置场中，两座为军工遗留废物配套，北龙处置场建成十多年未处置废物。亟需通过立法来明确放射性废物管理政策，明确经营责任，推进处理处置进程。

从放射性废物的危险程度来讲，目前国际上通行的做法是将低、中水平放射性废物按照核安全相关要求进行近地表或者中等深度处置，而对高水平放射性废物则进行集中深地质处置，本法根据国际放射性废物处置的发展趋势，加入中等深度地址处置选项。着眼于放射性废物长期安全，以废物的最终处置为目标建立放射性废物分类体系已逐渐成为国际共识。我国的放射性废物分类体系充分借鉴国际成熟做法，并随着核工业实践的发展和对放射性废物管理认识的不断深入逐步完善，从早期主要考虑放射性废物产生、处理和贮存等处置前操作中的辐射防护要求，逐渐转为关注放射性废物处置的长期安全。

条文解读

本条体现了基于处置长期安全的分类原则和分类方法。

一、关于对放射性废物进行分类管理

实行放射性废物分类管理，是国际通行做法，也是国内外放射性废物管理长期经验的总结。实行放射性废物分类管理，

是考虑到放射性废物种类繁多，不同类型的废物形态、放射性水平、半衰期和生物毒性等不尽相同，需要针对放射性废物的不同特性采取有差别的管理措施，以在保证安全的基础上经济有效地管理放射性废物。

放射性废物分类是我国放射性废物管理领域的基本要求。依据放射性活度，将放射性废物分为低、中、高水平放射性废物，对其采取分类管理和处置。

二、关于基于处置安全的放射性废物分类方法

本法提出的放射性废物分类体系建立了放射性废物类别与处置方式的一般联系，将放射性废物分为低水平放射性废物、中水平放射性废物和高水平放射性废物，分别对应于近地表处置、中等深度处置和深地质处置。放射性废物所含核素半衰期不一，潜在危害从几天到万年以上。处置是通过工程屏障和地下深达几米到几百米的地质岩体等将放射性废物与人员、环境长期隔离直到其潜在危害随核素衰变衰减到安全可接受的水平。近地表处置主要适用于潜在危害可持续300年~500年的低放废物，中等深度处置适用于无法采用近地表处置使其达到安全可接受水平的中放废物。深地质处置适用于潜在危害长达万年以上的高放废物。

我国幅员辽阔、地质环境多样，为了减少由于大量废物长途运输带来的不安全因素、降低运输费用，同时考虑到低、中水平放射性废物产生单位分布面广，需要与人类环境隔离的时间相对较短，隔离要求相对较低，所以我国早在二十世纪八十年代初就对低、中水平放射性废物采取区域处置政策。而高放废物的放射性活度高、体积相对较小、寿命长，一旦释入环境其危害极其严重，所以从安全上考虑，需要与人类社会、环境永久隔离，其处置场所应尽可能地远离人群，宜采取全国集中处置。

该分类体系主要用于放射性废物处置管理，也对处置前管理具有指导作用。这是国际共识，也符合我国废物处置的现实需求，对推动建立我国放射性废物管理政策框架具有基础性作用。

三、关于高水平放射性废物处置由国务院指定单位专营

高放废物包括乏燃料后处理产生的高放废液的固化体，以及需要直接处置的乏燃料，其所含放射性核素活度浓度极大，潜在危害长达万年以上，需要最高程度的隔离与包容。高放废物地质处置是一项以万年以上隔离为目标的多学科、复杂系统工程。国际上，高放废物处置相关工作通常由政府部门、国家公共机构、国家独资公司和核电企业组建的企业统一负责实施，并由国家专门设立基金支持。

本条规定了高水平放射性废物深地质处置的单位由国务院指定，并专门负责研发、选址、建造、运行和关闭等各阶段相关工作的开展。有关专营单位的要求将在后续制订的条例中规定。

四、关于中等深度处置

中等深度处置主要适用于含有相当数量的长寿命核素，特别是发射 α 粒子的放射性核素，不能依靠监护措施控制废物衰变到近地表处置设施可接受的活度浓度，需要采取比近地表处置更高程度的包容和隔离措施的放射性废物。其处置深度通常为地下几十米到几百米。国际上早在20世纪90年代就对中等深度处置开展了大量研究，IAEA将其引入2009年发布的放射性废物分类标准中。美国、瑞典、芬兰、韩国等国家都已建成运行相应处置设施。

中等深度处置设施与深地质处置设施通常都位于地质岩体中，处置概念上并无严格界定，但两者都针对含大量长寿命放射性核素的放射性废物，且深地质处置提供最高水平的隔离并考虑释热是基本共识。根据国际放射性废物管理实践，后处理产生的中放废液固化体、反应堆退役产生的堆内活化组件，以及主要含长寿命放射性核素的废放射源等需要实施中等深度处置。

相关规定

《乏燃料管理安全和放射性废物管理安全联合公约》；《中华人民共和国放射性污染防治法》；《放射性废物安全管理条例》；《关于我国中、低水平放射性废物的环境政策》；《放射性废物近地表处置的废物接收准则》。

第四十一条 **核设施营运单位、放射性废物处理处置单位应当对放射性废物进行减量化、无害化处理、处置，确保永久安全。**

条文主旨

本条是关于放射性废物安全管理基本原则的规定。

立法背景

核电厂、研究堆、核燃料后处理厂的运行以及核设施退役和环境整治产生了大量放射性废物。放射性固体废物不仅关系到当代人健康和环境安全，而且还关系到后代人健康和环境安全。对放射性废物进行减量化、无害化处理处置和确保永久安全是放射性废物管理的核心内容和目标，是国内外放射性废物管理的经验总结。

放射性废物的处理是指为了安全及经济目的而改变放射性废物特性的操作，它的基本任务是减容，从废物中去除放射性核素，改变组成；处理后，放射性废物可以被固定，也可以不被固定，以获得一种适当的放射性废物体。

放射性废物的处置是指把放射性废物放置在一个经批准的、专门的设施里，不再回收；处置也可以包括经批准将流出物直接排入环境，随后再弥散。

条文解读

一、关于放射性废物管理的全过程控制

放射性废物管理是全过程控制的系统管理，需综合考虑其涉及的各个环节。从源头上尽可能减少废物的产生，通过采取处理处置措施确保无害化，最终达到永久安全。

二、关于从源头控制放射性废物减量化

减量化本质上要求实现放射性废物的量由多变少、体积由大变小等。可通过在放射性废物的产生、处理环节，采用先进的生产工艺和设备，实施有效的管理与控制，实现废物的减量

化。如在放射性废物的产生环节，可通过适当的设计措施，合理选择、利用和控制原材料以及材料的循环使用和复用，减少放射性废物的产生；在放射性废物的处理环节，可通过采用先进的固化工艺和减容技术，在保证安全的同时，有效地缩减废物体积。

三、关于通过适当的处理处置措施达到无害化

放射性废物的危害主要来自于放射性对人类和环境的危害。放射性废物的无害化，是指将放射性危害降低到满足国家法规标准规定的人类和环境可接受程度，并保持在可合理达到的尽量低水平。对于放射性废物中除放射性之外的其他危害，如生物学、化学和其他危害，应满足相关法规标准的要求。

四、关于永久安全是放射性废物管理的最终目标

保护后代、不给后代带来不当负担是放射性废物管理的基本原则。确保长期安全是放射性废物安全管理的典型特点。放射性废物管理必须确保对后代预期的影响不超过当今可接受的影响水平。

根据所处置的废物类型和特性，选择合适的处置方式，采用自然屏障与工程屏障相结合的多重屏障措施，实现其与人类环境的隔离，减缓进入人类环境的速度，从而有效地降低对人类和环境的危害，达到长期安全的目的。如近地表处置，处置设施通常位于地面以下几十米，并利用废物体自身稳定性、处置容器、回填材料、覆盖层等工程屏障保证废物安全；对于深地质处置，处置设施位于地面以下几百米的岩体中，通过工程屏障包括包装容器、缓冲回填材料等以实现废物体与人类和环境的长期隔离。

相关规定

《中华人民共和国放射性污染防治法》；《中华人民共和国循环经济促进法》；《中华人民共和国固体废物污染环境防治法》。

第四十二条 国务院核工业主管部门会同国务院有关部门和省、自治区、直辖市人民政府编制低、中水平放射性废物处置场所的选址规划，报国务院批准后组织实施。

国务院核工业主管部门会同国务院有关部门编制高水平放射性废物处置场所的选址规划，报国务院批准后组织实施。

放射性废物处置场所的建设应当与核能发展的要求相适应。

条文主旨

本条是关于放射性废物处置场所选址规划与建设的规定。

立法背景

核能发展是国家利益所在，在满足电力需求、优化能源结构、保障能源安全、推动经济发展等方面发挥着积极作用。然而，随着我国核能事业的发展，也会产生大量放射性废物。放射性废物处置问题与公众健康和环境安全息息相关，它是确保核能可持续发展的重要前提，一直以来受到了国家的高度重视。为了加强对放射性废物的安全管理，2011年，国务院发布了《放射性废物安全管理条例》。在该条例中，根据放射性废物的特性及其对人体健康和环境的潜在危害程度，将放射性废物分为高水平、中水平和低水平放射性废物。

我国对放射性固体废物实行分类处置。对低、中水平放射性固体废物实行区域近地表处置，而对高水平放射性固体废物与α放射性固体废物实行集中的深地质处置。开展放射性废物处置场所选择规划和建设是做好放射性固体废物分类处置的关键和前提。本条对放射性废物处置场所的选址规划和建设作出了原则性规定。

条文解读

一、关于放射性废物处置场所的选址规划管理涉及多个行政主体

国防科工局作为国务院核工业主管部门，是放射性废物的统一管理部门，负责牵头编制放射性废物处置场所的选址规划；国家能源局、环境保护部等部门参与编制放射性废物处置场所的选址规划。省、自治区、直辖市人民政府负责本行政区域放射性废物的有关管理工作，参与编制低、中水平放射性废物处置场所的选址规划。由于放射性废物处置场所的选址规划事关重大，涉及面广，因此，须报国务院审批。

二、关于中、低水平放射性废物处置场所选址

中、低水平放射性废物产生量相对较大，潜在风险相对较小，在充分考虑安全性和经济性、已建核设施废物存量分布、核能发展规划、地方及区域的地质、环境、社会和经济条件等因素的前提下，宜采取相对集中的方式加以处置。因此，本条明确规定，国务院核工业主管部门会同国务院有关部门和省、自治区、直辖市人民政府编制低、中水平放射性废物处置场所的选址规划，报国务院批准后实施。

三、关于高水平放射性废物处置场所选址

对于高水平放射性废物，2003 年颁布的放射性污染防治法明确规定高水平放射性固体废物实施集中的深地质处置，从国家层面明确了深地质处置的地位。2006 年，国防科工委、国家科技部和国家环保总局联合发布《高放废物地质处置研究开发规划指南》，明确了高放废物处置库开发的技术路线和总体设想，提出 21 世纪中叶完成处置库建造的安全审评，建成处置库。2007 年，国务院批准《国家核电发展专题规划（2005—2020 年)》，提出了 2020 年建成地下实验室的阶段目标。2012 年颁布的《放射性废物安全管理条例》规定了高水平放射性固体废物和放射性固体废物深地质处置设施的工程和安全技术研究、地下实验、选址和建造，由国务院核工业主管部门组织实施。

四、关于放射性废物处置场所的建设应当与核能发展的要求相适应

目前我国核能发展速度进入快车道，随着核电规模的不断扩大，放射性废物的产生量将会越来越多，如果放射性废物处置场所建设不能与核能发展要求相适应，势必会影响我国核能事业的安全高效发展，因此，二者必须有效衔接。

相关规定

《中华人民共和国放射性污染防治法》；《放射性废物安全管理条例》；《关于我国中、低水平放射性废物处置的环境政策》；《放射性废物安全监督管理规定》；《高放废物地质处置研究开发规划指南》。

第四十三条　国家建立放射性废物管理许可制度。

专门从事放射性废物处理、贮存、处置的单位，应当向国务院核安全监督管理部门申请许可。

核设施营运单位利用与核设施配套建设的处理、贮存设施，处理、贮存本单位产生的放射性废物的，无需申请许可。

条文主旨

本条是对从事放射性废物处理、贮存、处置活动的单位实施许可制度的规定。

立法背景

处理、贮存和处置是放射性废物管理的三个关键环节，是一项专业性、技术性很强的工作，不但关系到工作人员的安全，而且关系到公众和环境的安全，必须采用严格的许可制度。

在本法出台前，我国仅对放射性废物贮存和处置活动采用许可管理。除利用与核设施配套建设的贮存设施贮存本单位所产生的放射性固体废物外，凡从事放射性废物贮存和处置活动的单位均需申请领取贮存许可证。随着核能行业的发展，将放射性废物由第三方企业进行集中处理是未来的方向。这种第三方处理模式在美国、法国已经存在，商业运行的放射性废物处理企业由该国核安全监管部门发放许可，实施监管。我国目前已经有一些企业具备开展对外服务的条件，希望进入放射性废物委托处理的市场，但是由于当前缺少法律规定，导致难以开展监管。为解决放射性废物积存的瓶颈问题，推进我国核事业的安全发展，本法对专门从事放射性废物的单位进行许可管理。

条文解读

一、关于放射性废物处理、贮存、处置许可条件

专门从事放射性废物处理、贮存、处置的单位至少应该是满足运行所需的组织机构和人员编制的独立法人单位，并具有放射性废物处理、贮存、处置活动所需的设施、设备和监测仪器；运行的质量保证大纲和运行程序文件；符合资质要求的专业技术人员。对从事放射性废物处理、贮存、处置活动的单位实施许可制度，从单位主体资格、专业技术能力、设施设备场所、管理制度和质量保证体系方面明确提出要求，可以有效保证放射性废物处理、贮存、处置活动安全。

二、关于利用与核设施配套建设的处理、贮存设施，处理、贮存本单位产生的放射性固体废物，不单独许可

放射性废物的处理、贮存设施一般附属于某个核设施，由营运单位对各自的放射性废物进行处理、贮存。按现行法规的

要求，核设施在运行前要取得运行许可证，其许可的范围已涵盖了放射性废物的处理、贮存活动，故核安全法规定核设施营运单位利用配套建设的处理、贮存设施处理、贮存本单位产生的放射性废物，不需要申请领取处理、贮存许可。处理、贮存其他单位的放射性废物时，超出了核设施运行许可范围。因此本法规定，核设施营运单位利用配套建设的处理、贮存设施，处理、贮存其他单位的放射性废物，应依法申请处理、贮存许可。

三、关于对专门从事放射性废物处理活动的单位实施许可

此前，在放射性污染防治法中已经规定“产生放射性废物的单位负责对其产生的放射性废物进行处理，并满足排放或者处置要求”。但实际上很多放射性废物产生单位无法对所有的放射性废物进行完整的处理，例如可燃放射性废物。对于废物产生量很小的单位，单独建立整套处理设施既不经济也不利于安全和环保。因此，部分放射性废物产生单位委托专门从事放射性废物处理的单位对放射性废物进行处理是有现实需求的。核安全法新增此项许可，有利于规范放射性废物管理活动，有利于推进废物妥善处理处置。

相关规定

《中华人民共和国放射性污染防治法》；《放射性废物安全管理条例》；《放射性固体废物贮存和处置许可管理办法》。

第四十四条　核设施营运单位应当对其产生的放射性固体废物和不能经净化排放的放射性废液进行处理，使其转变为稳定的、标准化的固体废物后，及时送交放射性废物处置单位处置。

核设施营运单位应当对其产生的放射性废气进行处理，达到国家放射性污染防治标准后，方可排放。

条文主旨

本条是对核设施产生放射性废物的处理、贮存和送交处置的规定。

立法背景

核设施产生的放射性废物主要是放射性废气、废液和固体废物。

为确保安全，放射性废气和废液应当经净化处理后达标排放，废气和废液净化处理产生的废物以及其他放射性固体废物均应实施进一步处理，使其转变为稳定和标准化的固体废物。稳定和标准化的固体废物是保障放射性废物贮存和处置安全的必要条件，尤其是高水平放射性液体废物，由于其放射性活度水平极高，以液态形式长期贮存存在较大安全隐患，需要及时采取有效措施，进行稳定化处理。目前，国际上对高水平放射性液体废物普遍采用玻璃固化，转化为具有较好稳定形式的玻璃固化体，极低的溶解率确保放射性核素包容在玻璃固化体中，防止放射性核素的释放。

条文解读

核设施营运单位应采用安全、先进的生产工艺和设备，合理选择和利用原材料，尽可能实施废物的循环利用，尽量减少放射性废物的产生量；应采取最佳可行技术对所有废气、废液和固体废物进行处理，保证废物安全，使放射性释放的量和活度浓度低于管理排放限值并保持在可合理达到的尽量低的水平，实现放射性废物最小化。

放射性固体废物贮存属临时措施，为了保证废物安全，核设施营运单位对自行贮存的放射性固体废物，应及时送交取得相应许可证的放射性固体废物处置单位进行处置。

向环境排放放射性废气应不超过环境保护部门认可的限值，包括排放总量和浓度限值并且使排放的控制最优化。

相关规定

《中华人民共和国放射性污染防治法》；《中华人民共和国民用核设施安全监督管理条例》；《放射性废物安全管理条例》。

第四十五条 **放射性废物处置单位应当按照国家放射性污染防治标准的要求，对其接收的放射性废物进行处置。**

放射性废物处置单位应当建立放射性废物处置情况记录档案，如实记录处置的放射性废物的来源、数量、特征、存放位置等与处置活动有关的事项。记录档案应当永久保存。

条文主旨

本条是对放射性固体废物处置设施运行管理的规定。

立法背景

处置作为核燃料循环的最后一个环节，关系到放射性废物的永久安全。为规范放射性废物处置设施的安全运行，我国已参考国际原子能机构和其他核电发达国家的技术标准，制定了通用的放射性废物处置设施运行技术标准，并随着放射性固体废物处置工作的开展逐步完善相应的放射性污染防治标准体系。国务院核安全监督管理部门将根据本法和放射性固体废物处置安全监督管理的需要制定相应的部门规章、标准、安全技术导则。

条文解读

本条第 1 款规定了放射性废物处置单位从事处置活动的要求。放射性固体废物处置单位应按照有关标准以及运行许可证中的规定对其接收的放射性固体废物进行处置。

为处置场关闭后长期监护和废物溯源的需要，放射性固体废物处置单位应建立放射性固体废物处置情况记录档案，其内容包括废物包的来源、数量、体积、质量，废物中的主要放射性核素种类、总活度和比活度，以及放射性固体废物处置的日期、存放位置、处置操作中发生的问题等。处置场关闭后还需要对其安全状况进行长期的监护，处置场的监护期取决于处置废物、处置设施、周围环境条件等因素，故本条规定处置情况记录档案应当永久保存。

相关规定

《中华人民共和国放射性污染防治法》；《放射性废物安全管理条例》；《放射性废物安全管理规定》。

第四十六条 国家建立放射性废物处置设施关闭制度。

放射性废物处置设施有下列情形之一的，应当依法办理关闭手续，并在划定的区域设置永久性标记：

（一）设计服役期届满；

（二）处置的放射性废物已经达到设计容量；

（三）所在地区的地质构造或者水文地质等条件发生重大变化，不适宜继续处置放射性废物；

（四）法律、行政法规规定的其他需要关闭的情形。

条文主旨

本条是对放射性废物处置设施关闭制度的规定。

立法背景

在放射性废物处置设施出现设计服役期届满、处置的放射性固体废物已达到该设施的设计容量、放射性固体废物处置设施所在地区的地质构造或者水文地质等条件发生重大变化导致处置设施不适宜继续处置放射性固体废物等情形时，其运行条件已超出安全许可范围，不宜继续运行，应当进行关闭。

条文解读

在出现本条所规定的放射性固体废物处置设施应当关闭的情形时，放射性固体废物处置单位应当依法办理关闭手续，领取批准文件后，方可进行关闭活动。

放射性废物处置设施设计是根据放射性废物特性、场址特性、单个废物货包和放射性核素总量与总活度的限制，保证放射性废物处置设施运行期间和关闭之后对人类的健康和环境没有危害，对工作人员和公众剂量保持在规定限制之内，并合理可达到的尽可能低。在设计阶段，根据放射性废物处置设施的运行目标、设施设备及各类辅助设施的情况，确定放射性废物处置设施的服役期；根据环境影响评价和安全评价的结果，确定放射性废物处置设施的容量、接收的单个废物货包和放射性核素总量与总活度的限值。

当放射性废物处置设施设计服役期届满或处置的放射性废物已达到该设施的设计容量，放射性废物处置设施就应当进入关闭阶段；放射性固体废物处置设施所在地区的地质构造或者水文地质等条件发生重大变化，不适宜继续处置放射性固体废物或者出现法律、行政法规规定的其他需要关闭的情形时，处置场不能再继续运行，处置场需要提前关闭，此时应对处置设施的安全情况进行评价，根据评价的结果确定已处置废物的处理方式，并对处置设施关闭后的监护进行安排。

相关规定

《中华人民共和国放射性污染防治法》；《中华人民共和国民用核设施安全监督管理条例》；《放射性废物安全管理条例》。

第四十七条 放射性废物处置设施关闭前，放射性废物处置单位应当编制放射性废物处置设施关闭安全监护计划，报国务院核安全监督管理部门批准。

安全监护计划应当包括下列主要内容：

（一）安全监护责任人及其责任；

（二）安全监护费用；

（三）安全监护措施；

（四）安全监护期限。

放射性废物处置设施关闭后，放射性废物处置单位应当按照经批准的安全监护计划进行安全监护；经国务院核安全监督管理部门会同国务院有关部门批准后，将其交由省、自治区、直辖市人民政府进行监护管理。

条文主旨

本条是对放射性废物处置设施关闭前和关闭后安全监护的规定。

立法背景

对放射性固体废物处置设施关闭后的监护是保障放射性废

物处置设施安全的重要内容。关闭后安全监护的目的是：（1）防止公众意外闯入处置库；（2）防止移出或扰动已处置的放射性废物；（3）对照设计准则监测处置库的效能；（4）执行必要的补救行动。

条文解读

由于核安全风险的后果严重性，必须全面贯彻安全原则，事先采取预防措施，防止放射性风险的发生。因此，放射性废物处置设施在关闭前，必须充分考虑放射性废物处置设施关闭后的监护问题。处置单位应当在关闭放射性固体废物处置设施前编制处置设施安全监护计划，报国务院核安全监督管理部门批准以确保满足长期安全要求。放射性废物处置设施关闭安全监护计划应当包括责任人及其责任、费用安排、监护措施以及监护期限等内容，以确保放射性废物处置设施在关闭后仍然能够长期符合核安全的基本要求。

为确保放射性固体废物在处置设施监护期内的安全，放射性固体废物处置单位应在处置设施关闭后，按照经国务院核安全监督管理部门批准的安全监护计划，对关闭后的处置设施进行安全监护。由于关闭后的处置设施在安全上具有不确定性，因此，应对应急响应的核安全风险，应当由专业机构进行监护。

放射性固体废物处置单位在对关闭的放射性废物处置设施进行一定时间的安全监护后，确认关闭的放射性废物处置设施状态稳定，可向国务院核安全监督管理部门提出申请，经国务院核安全监督管理部门会同国务院有关部门批准后，将关闭的放射性废物处置设施交由省、自治区、直辖市人民政府进行监护管理。可以等同于一般设施，出于优化管理资源的考虑，可以地方管理。由省人民政府负责。

相关规定

《放射性废物安全管理条例》。

第四十八条　核设施营运单位应当按照国家规定缴纳乏燃料处理处置费用，列入生产成本。

核设施营运单位应当预提核设施退役费用、放射性废物处置费用，列入投资概算、生产成本，专门用于核设施退役、放射性废物处置。具体办法由国务院财政部门、价格主管部门会同国务院核安全监督管理部门、核工业主管部门和能源主管部门制定。

条文主旨

本条是关于乏燃料处理处置费用、核设施退役费用和放射性废物处置费用的规定。

立法背景

乏燃料处理处置、核设施退役和放射性废物处置是核能生产活动中不可分割的一部分，其根本目的是为了保护环境，保障人体健康。随着我国核能事业的快速发展，必然会产生大量的乏燃料和放射性废物，对乏燃料和放射性废物进行处理处置是保障核能事业长远健康发展的必然要求。此外，核设施一般都有一定的寿期，妥善处理核设施退役问题也是核能发展中必须考虑的重要问题。

乏燃料的处理处置、核设施退役和放射性废物处置等活动不仅技术难度大，而且实施费用高。为了确保相关活动的安全有效实施，有必要在国家层面明确要求，在核设施建设和运行时即考虑安排相关费用。借鉴国际惯例，并结合我国已有的良好实践，将相关费用列入核设施营运单位的投资概算和生产成本，是合理且十分必要的。放射性污染防治法中对核设施退役费用和放射性废物处置费用作出了原则性规定，但尚无法律对乏燃料处理处置费用作出相应规定。本条对乏燃料处理处置费用、核设施退役费用和放射性废物处置费用的出处进行了原则性规定，这将有利于核能事业的长远健康发展。

条文解读

一、关于乏燃料处理处置费用的征收和使用办法

2010 年，财政部、国家发改委和工信部联合发布了《核电站乏燃料处理处置基金征收使用管理暂行办法》，对核电站的乏燃料处理处置费用作出了具体规定。根据该办法，凡拥有已投入商业运行五年以上压水堆核电机组的核电厂，应当根据实际上网销售电量按照 0.026 元/千瓦时的标准缴纳乏燃料处理处置基金。乏燃料处理处置基金计入核电厂发电成本。

核电厂缴纳的乏燃料处理处置基金，由政府相关部门和机构专项用于乏燃料处理处置，具体使用范围包括：乏燃料运输，乏燃料离堆贮存，乏燃料后处理（含乏燃料后处理中试厂进行的商用核电站乏燃料后处理），乏燃料后处理所产生的高

放废物的处理处置，乏燃料后处理厂的建设、运行、改造和退役，以及乏燃料处理处置的其他支出。

二、关于核设施的退役费用和放射性废物处置费用的管理

核设施不会永久运行，都将面临退役问题。核设施退役不是简单的设施停运和拆除活动，退役是一项涉及安全、技术、经济、社会和公众等诸多因素的系统工程。而且，在核设施运行和退役期间，都会产生放射性废物。核设施的退役和放射性废物的处置，事关公众健康和环境安全，与核能可持续发展息息相关。放射性污染防治法第 27 条第 2 款规定，核设施的退役费用和放射性废物处置费用应当预提，列入投资概算或者生产成本。也就是说，核设施的退役费用由核设施业主承担，放射性废物处置费用则由产生放射性废物的单位承担，而且，必须在核设施建设阶段就对核设施退役费用和放射性废物处置费用加以考虑，列入投资概算或生产成本。

三、关于核设施退役和放射性废物处置费用提取和管理办法的制定

本条第 2 款还明确规定，核设施的退役费用和放射性废物处置费用的提取和管理办法，由国务院财政部门、价格主管部门会同国务院核安全监督管理部门、核工业主管部门和能源主管部门制定。这为相关管理办法的出台提供了法律依据。

相关规定

《中华人民共和国放射性污染防治法》；《核电站乏燃料处理处置基金征收使用管理暂行办法》。

第四十九条　国家对核材料、放射性废物的运输实行分类管理，采取有效措施，保障运输安全。

条文主旨

本条是对我国核材料和放射性废物运输管理制度的规定。

立法背景

我国放射性污染防治法第 15 条规定，运输放射性物质和含放射源的射线装置，应当采取有效措施，防止放射性污染。具体办法由国务院规定。第 16 条规定，放射性物质和射线装置应当设置明显的放射性标识和中文警示说明。生产、销售、使用、贮存、处置放射性物质和射线装置的场所，以及运输放射性物质和含放射源的射线装置的工具，应当设置明显的放射性标志。根据这一规定，2009 年，国务院发布放射性物品运输安全管理条例（国务院令第 562 号），专门对放射性物品的运输和放射性物品运输容器的设计、制造等活动的安全管理作出规定，并明确国务院核安全监督管理部门对放射性物品运输的核与辐射安全实施监督管理；国务院公安、交通运输、铁路、民航等有关主管部门依照本条例规定和各自的职责，负责放射性物品运输安全的有关监督管理工作；县级以上地方人民政府环境保护主管部门和公安、交通运输等有关主管部门，依照本条例规定和各自的职责，负责本行政区域放射性物品运输安全的有关监督管理工作。国家放射性物品运输安全标准，由国务院核安全监督管理部门制定，由国务院核安全监督管理部门和国务院标准化主管部门联合发布。国务院核安全监督管理部门制定国家放射性物品运输安全标准，应当征求国务院公安、卫生、交通运输、铁路、民航、核工业行业主管部门的意见。

国家对放射性物品运输实行分类管理制度。主要原因是放射性物品种类繁多，不同放射性物品的特性和潜在环境风险不同，只有通过分类管理，才能实现科学、高效的监督管理，实现放射性物品安全、经济地运输。不同运输方式的具体管理要求需要遵守《放射性物品运输安全管理条例》的有关规定。

条文解读

本条规定了国家对核材料、放射性废物的运输实行分类管理，采取有效措施，保障运输安全。

一、关于国家对核材料、放射性废物的运输实行分类管理

按照国务院发布的《放射性物品运输安全管理条例》的有关规定，根据放射性物品的特性及其对人体健康和环境的潜在危害程度，将放射性物品分为一类、二类和三类。一类放射性物品，是指Ⅰ类放射源、高水平放射性废物、乏燃料等释放到环境后对人体健康和环境产生重大辐射影响的放射性物品。二类放射性物品，是指Ⅱ类和Ⅲ类放射源、中等水平放射性废物等释放到环境后对人体健康和环境产生一般辐射影响的放射性物品。三类放射性物品，是指Ⅳ类和Ⅴ类放射源、低水平放射性废物、放射性药品等释放到环境后对人体健康和环境产生较小辐射影响的放射性物品。《放射性物品分类和名录（试行）》规定了一类、二类、三类放射性物品的具体分类和名录。

放射性物品分为一类、二类和三类主要是体现了行政管理要求的不同：一类放射性物品运输容器的设计、制造需要取得批准或许可，一类放射性物品运输也需要经过批准后方可进行；二类放射性物品运输容器的设计、制造需要提前备案；三类放射性物品运输容器的设计、制造需要满足相关标准要求，并将相关记录文件存档备查。放射性物品分类并不改变放射性物品货包分类体系，可以说只是将放射性物品货包从管理要求上进行了归类。

实践中，国务院核安全监督管理部门应当将其已批准或者备案的一类、二类、三类放射性物品运输容器的设计、制造情况和放射性物品运输情况通报设计、制造单位所在地和运输途经地的省、自治区、直辖市人民政府环境保护主管部门。省、自治区、直辖市人民政府环境保护主管部门应当加强对本行政区域放射性物品运输安全的监督检查和监督性监测。

二、关于采取有效措施，保障运输安全

这一款是有关核材料和放射性废物运输安全的规定。根据这一规定，在运输核材料和放射性废物时应当采取有效措施，保障运输安全。核材料和放射性废物运输是十分重大的安全问题，如果处理不当将会发生严重的后果，其社会危害性将十分严重，需要采取最严格运输安全标准和规程。核材料和放射性废物运输是国际社会普遍关注的重大安全问题。各国对核材料和放射性废物运输问题均高度重视，采取严格的保障措施。我国对核材料和放射性废物运输一向高度重视，已经制定了专门的管理规范，国务院通过的《放射性物品运输安全管理条例》对运输安全保障措施规定了如下几种情况：一是对放射性物品托运人的要求；二是关于建立表面污染和辐射水平检测制度的内容；三是有关放射性物品承运人的资质要求；四是有关建立一类放射性物品运输的核与辐射安全分析报告书制度的有关内容；五是有关不同运输方式的具体管理要求。此外，有关军民融合的放射性物品运输问题，以及有关军用、军工核材料的运输安全保障问题，国家也有相关的规定。从事核材料和放射性废物运输的主体，应当严格遵守这些规定，以保障运输安全。

相关规定

《放射性物品运输安全管理条例》；《放射性物品分类和名录（试行）》。

第五十条　国家保障核材料、放射性废物的公路、铁路、水路等运输，国务院有关部门应当加强对公路、铁路、水路等运输的管理，制定具体的保障措施。

条文主旨

本条是关于核材料、放射性废物运输保障的规定。

立法背景

核材料和放射性废物安全经济地运输对核能事业发展至关重要。运输活动是核能事业发展的重要一环，例如，核材料制成的燃料组件由制造厂向核电站等单位运输，各核设施产生的放射性废物需集中进行处理处置，其中也伴随着大量的运输活动。随着我国核能事业进入新的快速发展时期，核材料和放射性废物的运输量势必会不断增大。

由于核材料和放射性废物的特殊性和敏感性，核材料和放射性废物的运输安全不容忽视。经过数十年的实践，我国已经初步建立了覆盖公路、铁路、水路等多种方式的核材料和放射性废物综合运输体系，并明确了相关管理要求。在核能快速发展的新时期，国家层面需进一步统筹保障核材料和放射性废物的运输，并由相关主管部门不断强化监督管理，在兼顾经济性的同时，确保运输活动的安全。本条文对保障核材料、放射性废物的公路、铁路、水路等运输作出了原则性规定。

条文解读

一、关于国家保障核材料、放射性废物的公路、铁路、水路等运输

加强核材料和放射性废物的运输安全管理，是保障核安全的重要一环。它对促进我国核能、核技术持续健康发展，保护环境、保障人体健康，维护国家利益具有重要意义。核材料、放射性废物的运输活动应基于经济性和安全性的考虑，选择合适的运输方式开展。公路、铁路、水路等运输主管部门应制定具体的措施，为核材料和放射性废物运输活动的实施提供保障条件。

二、关于核材料和放射性废物的运输安全管理要求

国家高度重视核材料和放射性废物的运输安全管理，制定并发布了一系列核材料和放射性废物公路、铁路、水路等运输方面的管理法律法规和规章制度，提出了明确的运输安全管理要求。

放射性污染防治法第 15 条规定："运输放射性物质和含放

射源的射线装置，应当采取有效措施，防止放射性污染。具体办法由国务院规定。”

安全生产法第32条规定：“生产、经营、运输、储存、使用危险物品或者处置废弃危险物品的，由有关主管部门依照有关法律、法规的规定和国家标准或者行业标准审批并实施监督管理。”

《放射性物品运输安全管理条例》第4条第2款规定：“国务院公安、交通运输、铁路、民航等有关主管部门依照本条例规定和各自的职责，负责放射性物品运输安全的有关监督管理工作。”第38条第1款规定：“通过道路运输放射性物品的，应当经公安机关批准，按照指定的时间、路线、速度行驶，并悬挂警示标志，配备押运人员，使放射性物品处于押运人员的监管之下。”第39条第1款、第2款规定：“通过水路运输放射性物品的，按照水路危险货物运输的法律、行政法规和规章的有关规定执行。通过铁路、航空运输放射性物品的，按照国务院铁路、民航主管部门的有关规定执行。”

道路运输条例第26条第3款规定：“运输危险货物应当采取必要措施，防止危险货物燃烧、爆炸、辐射、泄漏等。”

2016年3月14日环保部颁布了《放射性物品运输安全监督管理办法》，对放射性物品运输和放射性物品运输容器的设计、制造和使用过程监督管理作了规定。

相关规定

《中华人民共和国放射性污染防治法》；《中华人民共和国安全生产法》；《放射性物品运输安全管理条例》；《道路运输

条例》；《铁路运输安全保护条例》；《铁路危险货物运输安全监督管理规定》；《放射性物品运输安全监督管理办法》。

第五十一条 **国务院核工业主管部门负责协调乏燃料运输管理活动，监督有关保密措施。**

公安机关对核材料、放射性废物道路运输的实物保护实施监督，依法处理可能危及核材料、放射性废物安全运输的事故。通过道路运输核材料、放射性废物的，应当报启运地县级以上人民政府公安机关按照规定权限批准；其中，运输乏燃料或者高水平放射性废物的，应当报国务院公安部门批准。

国务院核安全监督管理部门负责批准核材料、放射性废物运输包装容器的许可申请。

条文主旨

本条是关于乏燃料、核材料、放射性废物运输管理的规定。

立法背景

乏燃料、核材料和放射性废物等放射性物品的运输是核能开发和核技术应用中的一个重要环节，运输活动的安全实施事关核能事业的健康发展，也与环境安全和公众健康密切相关。相对于固定场所的安全管理而言，乏燃料、核材料和放射性废物等的运输活动安全管理难度更大。随着我国核能事业的发展，相关运输活动会日益增多，其安全管理问题不容忽视。

我国政府历来高度重视乏燃料、核材料和放射性废物的运输活动，建立了多部门协调的运输管理机制，明确了相关法规要求。例如，要求使用专用的放射性物品运输包装容器，并采取严密的安全保卫和保密措施，实施运输活动。在数十年的运输实践中，取得了良好的运输安全记录。本条文从法律层面对乏燃料、核材料和放射性废物运输活动中各部门的监管职责进行了界定，有利于运输活动的安全有序开展。

条文解读

一、关于国务院核工业主管部门负责协调乏燃料运输管理活动

乏燃料运输属于国家管制的核活动，可能跨地区，涉及多个部门，需要统一协调。而且，乏燃料运输路线、安全保卫措施等敏感信息事关乏燃料运输的安全，需要加以保密。本条明确，由国务院核工业主管部门负责协调乏燃料运输管理活动，监督有关保密措施。

目前，根据《核反应堆乏燃料道路运输管理暂行规定》的要求，国防科工局（国务院核工业主管部门）负责审查核发乏燃料转移批准文件和装运批准文件，审查乏燃料运输事故应急预案，监督有关保密措施。

二、关于公安部在核材料和放射性废物运输管理中的职责

道路交通安全法第 48 条第 3 款规定："机动车载运爆炸物品、易燃易爆化学物品以及剧毒、放射性等危险物品，应当经公安机关批准后，按指定的时间、路线、速度行驶，悬挂警示标志并采取必要的安全措施。”

《放射性物品运输安全管理条例》第38条规定：“通过道路运输放射性物品的，应当经公安机关批准，按照指定的时间、路线、速度行驶，并悬挂警示标志，配备押运人员，使放射性物品处于押运人员的监管之下。通过道路运输核反应堆乏燃料的，托运人应当报国务院公安部门批准。通过道路运输其他放射性物品的，托运人应当报启运地县级以上人民政府公安机关批准。具体办法由国务院公安部门商国务院核安全监管部门制定。”

《核反应堆乏燃料道路运输管理暂行规定》第6条第2项规定：“公安部负责乏燃料道路运输的公共安全管理，审查核发乏燃料道路运输通行证件，对乏燃料道路运输的实物保护实施监督，指挥、协调地方公安机关查处危及乏燃料安全运输的案（事）件。”

本条第2款对现有法律、法规规定和良好管理实践进行了总结和提炼，明确公安机关对核材料、放射性废物道路运输的实物保护实施监督管理，依法处理可能危及核材料、放射性废物安全运输的事故。通过道路运输核材料、放射性废物的，应当报启运地县级以上人民政府公安机关按照规定权限批准；其中，运输乏燃料或者高水平放射性废物的，应当报国务院公安部门批准。

三、关于运输包装容器的许可

运输包装容器事关核材料和放射性废物的运输安全。《放射性物品运输安全管理条例》中规定了放射性物品运输容器设计、制造和使用的许可要求，明确国务院核安全监督管理部门负责批准核材料、放射性废物运输包装容器的许可申请。

相关规定

《放射性物品运输安全管理条例》；《核反应堆乏燃料道路运输管理暂行规定》；《放射性物品运输安全监督管理办法》。

第五十二条　核材料、放射性废物的托运人应当在运输中采取有效的辐射防护和安全保卫措施，对运输中的核安全负责。

乏燃料、高水平放射性废物的托运人应当向国务院核安全监督管理部门提交有关核安全分析报告，经审查批准后方可开展运输活动。

核材料、放射性废物的承运人应当依法取得国家规定的运输资质。

条文主旨

本条是关于核材料、放射性废物运输活动的规定。

立法背景

一方面，核材料、放射性废物放含有放射性核素，并且其活度和比活度均高于国家规定的豁免值，属于放射性物品，其运输不同于其他物品的运输，运输过程的辐射防护、运输前的审查批准以及承运人的资质直接关系到是否会产生辐射泄漏事故，从而对环境和公众造成影响。核材料、放射性废物运输具有潜在危险的特性，并且一些运输路线长，沿途道路、气候情况复杂多变，给安全运输更是带来严峻挑战。

另一方面，核材料、放射性废物运输是核能开发中的一个重要环节。相对于在受到严格控制的固定场所内实施的生产、加工、贮存与处置环节而言，核材料、放射性废物运输是核安全管理的薄弱环节，因此在运输过程中应对托运人和承运人作特别规定。托运人和承运人应当履行相应义务，否则应当承担责任。

条文解读

一、关于托运人对运输核安全负责

托运人是将托运货物提交运输的单位，对放射性物品运输中的核与辐射安全承担全面责任。

1. 托运人应当持有生产、销售、使用或者处置放射性物品的有效证明，按照我国现有法律、行政法规规定，持有核材料的单位必须取得核材料许可证。托运人应当对直接从事放射性物品运输的工作人员进行运输安全和应急响应知识的培训，并进行考核。托运人应当具备放射性物品管理专业知识、必要设备及设施和技术储备，并且具备核损害赔偿财务保障能力。

2. 托运人对核与辐射安全负责是通过履行如下要求实现的：

（1）采取辐射防护措施：在托运前对放射性物品进行相应的包装；向承运人提交运输说明书，明确承运人应该在运输过程中所采取的行动，例如对货包的装载、堆放、搬运、操作和卸载等的补充要求，对运输方式、运输工具和行车速度的限制，对运输路线的指示；向承运人提交核与辐射事故应急响应指南和安全防护指南；配备必要的辐射监测设备、防护用品等。

（2）采取安全保卫措施：在必要的情况下需要配备防盗、防破坏设备，甚至配备安全保卫武装力量。

（3）托运人负责办理与运输有关的行政审批手续。

按照分类管理的原则，不同放射性物品运输的安全要求也有很大的差别，并不是每一放射性物品托运人都需要完成所有上述要求。

二、关于托运人应提交核安全分析报告

乏燃料、高水平放射性废物属于一类放射性物品，对于一类放射性物品，托运人应当首先申请取得放射性物品运输的核与辐射安全分析报告批准书，即编制放射性物品运输的核与辐射安全分析报告书，报国务院核安全监督管理部门审查批准。

一类放射性物品的运输环节潜在风险高，一旦出现问题，将对公众和环境产生严重影响。本款赋予了国务院核安全监督管理部门对放射性物品运输环节安全监管职责，以最终保证一类放射性物品的运输安全。

一类放射性物品从境外运抵中华人民共和国境内，或者途经中华人民共和国境内运输的，托运人或其委托代理人应当编制放射性物品运输的核与辐射安全分析报告书，报国务院核安全监管部门审查批准。从境外运抵中华人民共和国境内，或者途经中华人民共和国境内运输的托运人所编制的放射性物品运输的核与辐射安全分析报告所评价的运输路线的起点应从货包进入中华人民共和国境内开始。托运人获得我国国务院核安全监管部门颁发的核与辐射安全分析报告批准书后方可将一类放射性物品从境外运抵或途经中华人民共和国境内。

三、承运人应取得运输资质

由于放射性物品属于危险品，根据我国现有法律、行政法规，无论通过道路、铁路还是航空运输危险品，承运人均需向主管部门申请运营资质。

相关规定

《放射性物品运输安全管理条例》；《中华人民共和国道路运输条例》；《中华人民共和国海上交通安全法》；《中华人民共和国港口法》。

第五十三条 **通过公路、铁路、水路等运输核材料、放射性废物，本法没有规定的，适用相关法律、行政法规和规章关于放射性物品运输、危险货物运输的规定。**

条文主旨

本条是关于核安全法有关核材料、放射性废物公路、铁路、水路等运输规定未尽事宜的说明。

立法背景

我国交通运输的管理体制是根据行业划分的，水路、铁路运输主管部门对危险品运输还有各自的管理规定。这就要求通过水路、铁路运输放射性物品时，应当遵守主管部门关于危险品运输的有关规定。国务院公安、交通运输、铁路等有关主管部门依照各自的职责，负责放射性物品运输安全的有关监督管理工作。

条文解读

一、关于公路运输放射性物品的规定

运输危险货物应当采取必要措施，防止危险货物燃烧、爆炸、辐射、泄漏等。

二、关于水路运输放射性物品的规定

（一）在海上交通方面

1. 船舶、设施储存、装卸、运输危险货物，必须具备安全可靠的设备和条件，遵守国家关于危险货物管理和运输的规定。

2. 船舶装运危险货物，必须向主管机关办理申报手续，经批准后，方可进出港口或装卸。

（二）在港口管理方面

1. 船舶进出港口，应当依照有关水上交通安全的法律、行政法规的规定向海事管理机构报告。海事管理机构接到报告后，应当及时通报港口行政管理部门。船舶载运危险货物进出港口，应当按照国务院交通主管部门的规定将危险货物的名称、特性、包装和进出港口的时间报告海事管理机构。海事管理机构接到报告后，应当在国务院交通主管部门规定的时间内作出是否同意的决定，通知报告人，并通报港口行政管理部门。但是，定船舶、定航线、定货种的船舶可以定期报告。

2. 在港口内进行危险货物的装卸、过驳作业，应当按照国务院交通主管部门的规定将危险货物的名称、特性、包装和作

业的时间、地点报告港口行政管理部门。港口行政管理部门接到报告后，应当在国务院交通主管部门规定的时间内作出是否同意的决定，通知报告人，并通报海事管理机构。

（三）铁路运输放射性物品的规定

1. 用于危险化学品和放射性物质铁路运输的罐车及其他容器的生产和检测、检验，依照有关法律、行政法规的规定管理。

2. 申请从事危险货物承运、托运业务的，应当向铁路管理机构提交证明符合托运人、承运人规定条件的证明文件。铁路管理机构应当自收到申请之日起 20 日内作出批准或者不予批准的决定。决定批准的，发给相应的资格证明；不予批准的，应当书面通知申请人并说明理由。

相关规定

《放射性物品运输安全管理条例》；《中华人民共和国道路运输条例》；《中华人民共和国海上交通安全法》；《中华人民共和国港口法》。

第四章　核事故应急

第五十四条　国家设立核事故应急协调委员会，组织、协调全国的核事故应急管理工作。

省、自治区、直辖市人民政府根据实际需要设立核事故应急协调委员会，组织、协调本行政区域内的核事故应急管理工作。

条文主旨

本条是对我国核事故应急组织体系的规定。

立法背景

我国高度重视核应急工作，早在作出发展核电决策之时就同步部署安排核应急工作。切尔诺贝利核事故发生后，我国明确表示发展核电方针不变，强调必须做好核应急准备，1986年即开展国家核应急工作。1991年国家核事故应急委员会成立，统筹协调全国核事故应急准备和救援工作。1993年国务院颁布《核电厂核事故应急管理条例》，明确了“常备不懈、积极兼容，统一指挥、大力协同，保护公众、保护环境”的核应急工作方针，对核应急准备与响应作出基本规范。1997年发布第一部《国家核应急计划（预案)》，对核事故应急准备与响应作出具体部署。2013 年6 月，修订并发布了新版《国家核应急预案》（以下简称《预案》），《预案》以总体国家安全观和中国核安全观为指导，结合我国核应急工作实践经验，提出了“坚持统一领导、分级负责、条块结合、快速反应、科学处置的核应急工作原则”；基本目标是：依法科学统一、及时有效应对处置核事故，最大程度控制、缓解或消除事故，减轻事故造成的人员伤亡和财产损失，保护公众，保护环境，维护社会秩序，保障人民安全和国家安全。目前，我国核应急管理与准备工作的体系化、专业化、规范化、科学化水平全面提升。

我国核应急实行国家统一领导、综合协调、分级负责、属地管理为主的管理体制。全国核应急管理工作由国务院核工业主管部门牵头负责。核设施所在地的省、自治区、直辖市人民政府指定部门负责本行政区域内的核应急管理工作。核设施营运单位及其上级主管部门（单位）负责场内核应急管理工作。必要时，由国务院领导、组织、协调全国核事故应急管理工作。

条文解读

一、关于国家设立核事故应急协调委员会，组织、协调全国的核事故应急管理工作

本条第 1 款规定了国家设立核事故应急协调委员会，并明确了核事故应急协调委员会的性质和职责，即核事故应急协调委员会作为组织、协调核事故应急管理工作的机构，负责全国范围内的核事故应急工作。

我国的国家核应急组织包括国家核事故应急协调委员会

(以下简称国家核应急协调委)、国家核事故应急办公室（以下简称国家核应急办)、国家核应急协调委专家委员会和国家核应急协调委联络员组。

目前，国家核应急协调委由工业和信息化部（国防科工局）公安部、民政部、环境保护部和军队等26个部门（单位）组成。国家核应急协调委的日常工作由设在国防科工局的国家核应急办承担。

国家核应急协调委负责组织协调全国核事故应急管理工作，主要职责有：组织协调国务院有关部门、地方人民政府、核设施营运单位及军队参加核应急救援的工作；向国务院提出启动和终止I级响应的建议；统一决策、组织、指挥应急支援响应行动，及时向国务院请示报告；及时向国务院提出需实施特殊紧急行动的建议；负责履行核应急相关国际公约、双边或多边合作协议，审查批准核事故公报、国际通报，提出请求国际援助的方案。

此外，还设立了国家核应急协调委专家委员会和国家核应急协调委联络员组。国家核应急协调委专家委员会由国家核应急协调委成员单位推荐并遴选的国内核工程与核技术、核安全、辐射监测、辐射防护、环境保护、交通运输、医学、气象学、海洋学、应急管理、公共宣传等方面资深专家组成，主要职责是：为国家核应急工作重大决策和重要规划以及核事故应对工作提供咨询和建议。国家核应急协调委联络员组由国家核应急协调委成员单位司（师）、处（团）级和核设施营运单位上级集团公司（院）负责同志组成，承担国家核应急协调委交办的任务。

二、关于省、自治区、直辖市人民政府根据实际需要设立核事故应急协调委员会，组织、协调本行政区域内的核事故应急管理工作

本条第2款规定了省、自治区、直辖市人民政府根据实际需要设立核事故应急协调委员会，并明确了核事故应急协调委员会的性质和职责，即核事故应急协调委员会作为组织、协调核事故应急管理工作的机构，由省、自治区、直辖市人民政府设立，负责本行政区域内的核事故应急。

省核应急协调委负责组织协调本行政区域内的核事故应急管理工作。省核应急协调委由省人民政府有关职能部门、相关市（县）、核设施营运单位及军队等有关部门（单位）负责同志组成，负责本行政区域内的核事故应急准备工作，统一指挥本行政区域内的核事故场外应急响应行动。目前，我国已有19个省（自治区、直辖市）设立了省级核应急组织。根据本法规定，省级人民政府根据实际需要设立核事故应急协调委员会。

需要特别说明的是，“根据实际需要”是指当地人民政府可以结合本地核能发展实际以及核设施建设布局，在本级或相应的市、区建立核应急管理机构。

相关规定

《中华人民共和国突发事件应对法》；《中华人民共和国放射性污染防治法》；《中华人民共和国国家安全法》；《核电厂核事故应急管理条例》；《国家核应急预案》。

第五十五条 国务院核工业主管部门承担国家核事故应急协调委员会日常工作，牵头制定国家核事故应急预案，经国务院批准后组织实施。国家核事故应急协调委员会成员单位根据国家核事故应急预案部署，制定本单位核事故应急预案，报国务院核工业主管部门备案。

省、自治区、直辖市人民政府指定的部门承担核事故应急协调委员会的日常工作，负责制定本行政区域内场外核事故应急预案，报国家核事故应急协调委员会审批后组织实施。

核设施营运单位负责制定本单位场内核事故应急预案，报国务院核工业主管部门、能源主管部门和省、自治区、直辖市人民政府指定的部门备案。

中国人民解放军和中国人民武装警察部队按照国务院、中央军事委员会的规定，制定本系统支援地方的核事故应急工作预案，报国务院核工业主管部门备案。

应急预案制定单位应当根据实际需要和情势变化，适时修订应急预案。

条文主旨

本条是对我国核事故应急预案管理的规定。

立法背景

按照我国突发事件应对法的规定，应急预案是指各级人民政府及其部门、基层组织、企事业单位、社会团体等为依法、迅速、科学、有序应对突发事件，最大程度减少突发事件及其造成的损害而预先制订的工作方案。应急预案应进行规划、编制、审批、发布、备案、演练、修订、培训等工作，应急预案管理遵循统一规划、分类指导、分级负责、动态管理的原则。核应急预案是国家应急预案体系中的重要组成部分，按照制定主体划分主要包括国家级、省级（包括省专项核应急预案和场外核应急预案）和营运单位级（场内）等核应急预案。

条文解读

一、关于国务院核工业主管部门及核应急协调委员会核事故应急预案职责

本条第1款是对制定国家级预案的职责单位责任的解释。国家核应急预案由国家核工业主管部门牵头制订，经国务院批准后实施。主要包括目的依据适用范围、方针原则、组织机构及其职责、指挥协调机制、响应分级及行动、信息报告要求、保障措施等内容，重点规范国家层面应对行动。国家核事故应急协调委各成员单位结合各自职责和分工，按照国家核应急预案确定的原则和任务，制定本部门应急预案，报国家核工业主管部门备案。

二、关于省、自治区、直辖市人民政府指定的部门承担核事故应急协调委员会的日常工作，负责制定本行政区域内场外核事故应急预案，报国家核事故应急协调委员会审批后组织实施

本条第2款是对省级核应急预案的解释。省级包括省专项核应急预案和场外核应急预案。省专项核应急预案由省、自治区、直辖市人民政府指定的部门负责制定，是省专项应急预案的一种，由省级人民政府发布实施，发布实施前应向国家核应急协调委员会提出业务审查意见。主要包括组织机构及其职责、指挥协调机制、响应分级及行动、与核设施场内和场外应急预案的衔接、省核应急委与市（县）核应急组织、核设施营运单位之间的信息沟通、队伍物资保障及调用程序、公众宣传与信息发布、市（县）级人民政府职责等，重点规范省级层面应对行动等内容。场外核应急预案由省、自治区、直辖市人民政府指定的部门负责制定，报国家核应急协调委员会审批后发布实施。主要包括核电厂及环境概况，应急计划区，应急组织及职责，应急指挥中心及其设备，应急状态分级及响应程序，应急防护措，应急监测与事故后果预测，应急支援，通知、报警和报告，医疗救护，应急状态终止及恢复措施，培训和演习，公众教育和信息等内容。

三、关于核设施营运单位负责制定本单位场内核事故应急预案，报国务院核工业主管部门、能源主管部门和省、自治区、直辖市人民政府指定的部门备案

本条第 3 款是对核设施营运单位级预案的解释。核设施营运单位场内应急预案由核设施营运单位制定，报国务院核安全监管部门、国务院核工业主管部门、国家能源主管部门审查、备案。主要包括营运单位可能用于应急目的的人员、组织和设施、设备等资源保障以及应当进行的其他应急准备工作，可能采取的应急响应行动，与其他场外应急组织的接口、相互协调和支援等内容。

应当注意的是，我国核设施分为民用核设施、军工核设施和军事核设施。针对民用核设施，其场内应急预案应由国家能源主管部门审批，由国务院核安全监管部门审查，并报国家核事故应急协调委员会备案；针对军工核设施，其场内应急预案应由国务院核工业主管部门审批，并报国家核事故应急协调委员会备案；针对军事核设施，按照军队相关法律法规执行。需要特别说明的是，本法第 27 条规定，核设施营运单位在向国家核安全监管部门提出核设施运行申请时，其提交的材料中应当包括经国务院核工业主管部门，国务院能源主管部门审批同意的应急预案。

四、关于我国人民解放军和我国人民武装警察部队按照国务院、中央军事委员会的规定，制定本系统支援地方的核事故应急工作预案，报国务院核工业主管部门备案

本条第 4 款是对中国人民解放军和中国人民武装警察部队应当编制核应急预案的规定，军队是国家核应急协调委员会组织单位的重要部分，履行着支援地方核事故应急救援的责任，应当根据国家核应急预案，依据自身职能编制核应急预案并报国务院核工业主管部门备案。

核应急预案应注意相互的衔接，不能各自孤立，要提高整体效力，并进行动态优化和科学规范管理。编制单位应当建立定期评估制度，分析评价预案内容的针对性、实用性和可操作性，并定期进行修订。核应急预案要防止同质化倾向，不能简单模仿照抄，要从满足实战要求出发，在组织体系、专业队伍、运行机制、技术储备、资源配备、风险评估、预警预测、响应处置、信息发布、演习培训等全方面、全要素、全过程作出周密安排，确保一旦有事能够有效应对。

五、关于应急预案制定单位应当根据实际需要和情势变化，适时修订应急预案

本条第5款是有关应急预案制定单位适时修订应急预案的规定。也是对应急余额按制定单位适时修订应急预案的要求。应急预案不是一成不变的，需要根据核安全应急工作的需要进行必要的调整，即应急预案制定单位要适时修订应急预案的有关规定。但应急预案的调整和修订不是随心所欲的，需要按照一定的要求或者符合一定的条件进行修订。按照这一款的规定，修订应急预案需要满足一定的条件，一是根据实际需要，二是根据一定的情势变化。根据多年来的实践和对国际经验的总结，国务院核工业主管部门，对于核应急预案的修订已经具有了一套成熟的经验，形成了一套成熟的做法。概括起来，对应急预案制定单位修订的要求，主要反映在两个方面：一是根据国家整体核应急工作的要求进行修订，诸如国家应急预案的标准、规范进行了提升，或者进行了适当地调整因此需要具体的核应急预案制定单位对其制定的应急预案进行调整、修订；二是在现有应急预案的控制状况下，由于核设施或者其他核应急对象涉及的事项发生了变化，诸如在原有应急预案的条件下，发生了核设施、设备等的调整，采用了新的核设施，需要对原有应急预案进行适当的调整，保证满足变化后的核应急环境的需要。这就是这一款所规定的根据实际需要进行修订。此外，由于外部或者内部核安全环境、核应急环境发生了变化，出现了新的核应急情势，也需要对核应急预案进行相应的调整。

相关规定

《中华人民共和国突发事件应对法》；《中华人民共和国放射性污染防治法》；《中华人民共和国国家安全法》；《核电厂核事故应急管理条例》；《国家核应急预案》；《突发事件应急预案管理办法》。

第五十六条　核设施营运单位应当按照应急预案，配备应急设备，开展应急工作人员培训和演练，做好应急准备。

核设施所在地省、自治区、直辖市人民政府指定的部门，应当开展核事故应急知识普及活动，按照应急预案组织有关企业、事业单位和社区开展核事故应急演练。

条文主旨

本条是对核事故应急准备的规定。

立法背景

国家核应急协调委依托各成员单位、相关集团公司（院）和科研院所现有能力，健全完善辐射监测、航空监测、气象监测预报、地震监测、海洋监测、辐射防护、医学应急等核应急专业技术支持体系，组织开展核应急关键技术研究、标准制定、重要救援专用装备研制以及后果评价系统和决策支持系统开发等专用软硬件研发，指导省级核应急协调委、核设施营运单位做好相关技术储备。省级核应急协调委、核设施营运单位按照本法及各自的核应急预案要求，加强有关核应急技术准备工作。

按照本法及《预案》要求，省级核应急协调委、核设施营运单位及隶属集团公司（院）和军队有关部门，应按照职责分工，加强相关核应急队伍建设，强化日常管理和培训，切实提高应急响应能力。

按照《预案》规定，国家、省、核设施运营单位三级核应急组织加强核应急专家队伍建设，为应急指挥辅助决策、工程抢险、辐射监测、辐射防护、医学救治、科普宣传等提供技术支撑。2012 年，国家核应急协调委设立专家委员会，由核工程与核技术、核安全、辐射监测、辐射防护、环境保护、交通运输、医学、气象学、海洋学、应急管理、公共宣传等方面专家组成，为国家核应急工作重大决策和重要规划以及核事故应对工作提供咨询和建议。核电厂所在省也都设立了省核应急委专家组，提供决策咨询。

核事故的发生概率很低，应急演习就成为检验预案有效性、应急组织响应能力的最直接方法之一。演习演练有很多类型，包括单项演习、综合（联合）演习。

《核电厂核事故应急管理条例》《突发事件应急预案管理办法》《突发事件应急演练指南》《核应急演习管理规定》等法规及相关规定中明确了核应急的演习原则、组织机构、内容形式、分类频次、保障准备、实施程序等。为适应核能发展需要，规定：国家层面每3年至5年举行一次核应急综合（联合）演习，相关省（区、市）每2年至4年举行一次本级场内场外核应急综合（联合）演习，核设施营运单位每2年组织一次综合演习。对拥有3台以上运行机组的核设施营运单位，演习频度应适当增加；核电站首次装投料前，所在地省级核应急协调委应组织场内场外综合（联合）演习。福岛核事故以来，我国各级核应急组织组织各类演习600多次，综合（联合）演习近100次。

国家核应急组织的综合（联合）演习方案由国家核应急办组织编制，经国家核应急协调委审核后，报国务院批准。国家核应急协调委成员单位的单项演练方案经本部门审批后，报国家核应急协调委备案。省核应急组织的综合（联合）演习由省核应急办公室负责编制，经省核应急协调委审批后，报国家核应急协调委备案；涉及影响公众、跨区域信息通报和支援、军队参与的演习，省核应急协调委应报国家核应急协调委批准。核设施营运单位的综合演习方案由核设施营运单位负责编制，经国家有关部门批准后，报国家核应急协调委备案。

核应急演习演练应按照批准的方案和方案中规定的方式组织实施，并应进行评估和总结；在总结成绩、经验和存在问题的基础上，形成书面报告，提出修订预案和改进措施的建议。该报告应作为修订核应急预案的重要依据之一。

核应急培训的目的，是通过对所有可能参与核应急响应人员的培训和再培训（包括决策指挥人员、管理人员、专业技术人员和一般工作人员），提高各级各类应急人员的能力，保证所有应急组织和响应人员具备并保持所必需的知识与技能，在应急情况下能够圆满完成应急响应任务。

国家核应急协调委组织开展全国核应急管理人员培训，负责国家核应急协调委成员单位、省核应急组织和核设施营运单位核应急组织负责人及骨干的培训。省级核应急协调委负责本行政区域内核应急人员培训，国家核应急协调委及其成员单位可给予指导。核设施营运单位负责本单位核应急工作人员专业技术培训。福岛核事故以来，我国各级核应急组织举办各类培训班 110 多期，培训近万人次。目前，我国核应急管理人员、专业技术人员均参加过不同级别、不同专业的培训。

为保证各级核应急组织及有关人员具备并保持所需要的应急响应能力，核应急培训工作应制度化、规范化。本法及《预案》对培训作出相应的规定，明确了负责培训的责任单位和培训对象；要求各级核应急组织建立培训制度，定期对核应急管理人员和专业技术人员进行培训。

我国高度重视核应急知识普及，制定相关规定，明确公开透明、客观真实、权威可信、科学通俗的工作原则。各级核应急组织建立专门的核应急宣传队伍，适时向公众宣传国家核能政策、核安全政策、核应急政策，增加核能发展透明度，确保公众享有核安全监督权、核应急准备与响应知情权。

2013 年以来，国家核应急协调委以“共筑核应急核安全防线、共促核能事业科学发展”为主题，多次组织开展全国性核应急宣传活动，国内外受众面达到 10 亿人次。2015 年 1 月，国家核应急协调委利用中国核工业创建 60 周年契机，开展一系列面向国内外的宣传活动。2016 年 1 月，中国政府发布首个《中国的核应急》白皮书，系统地介绍了我国核能事业发展和核应急现状，阐释了我国核应急管理理念主张、方针政策、取得的成就，有针对性地回应了国际社会关切。核设施营运单位、大专院校和有关社会团体还以各种形式开展涉核科普宣传活动，努力营造促进核能安全高效发展的良好氛围。

条文解读

一、关于核设施营运单位的核应急演练和培训

核设施营运单位应当按照应急预案的规定，配备应急设备，对核应急工作人员进行培训，开展核安全、辐射防护和核事故应急知识的专门教育，适时组织不同专业、不同规模的核应急演练，充分做好应急准备。

二、关于核设施所在地省、自治区、直辖市人民政府的核事故应急演练和核应急科普宣传

核设施所在地省、自治区、直辖市人民政府指定的部门应当对附近的公众进行核安全、辐射防护和核应急知识的普及教育，按照应急预案要求，组织有关企业、事业单位和社区群众开展核应急演练，并组织适时组织不同专业和不同规模的核事故应急演练。在核电厂首次装料前，核电厂所在地省、自治区、直辖市人民政府指定的部门还应当组织场内、场外核事故应演练。

应当注意，本法第 20 条第 1 款规定“核设施营运单位应当按照国家有关规定，制定培训计划，对工作人员进行核安全教育和技能培训并进行考核。”这其中也包括对从业人员进行核应急知识和技能的教育和培训。

相关规定

《中华人民共和国突发事件应对法》；《中华人民共和国放射性污染防治法》；《中华人民共和国国家安全法》；《核电厂核事故应急管理条例》；《国家核应急预案》；《突发事件应急预案管理办法》；《突发事件应急演练指南》；《核应急演习管理规定》。

第五十七条　国家建立核事故应急准备金制度，保障核事故应急准备与响应工作所需经费。核事故应急准备金管理办法，由国务院制定。

条文主旨

本条是对核事故应急工作经费保障的规定。

立法背景

国家建立核事故应急准备金制度，保障核事故应急准备与响应工作所需经费。核应急准备资金分为：核电企业开展场内核事故应急准备工作所需资金；国家和地方核应急管理机构开展场外核事故应急准备工作所需资金；国务院有关部门和军队在核事故应急准备工作中所需的资金。

条文解读

目前，我国核事故应急准备金的管理和使用主要遵循以下规定：

1.《核电厂核事故应急管理条例》(国务院第124号令)。该条例规定场内核事故应急准备资金由核电厂承担，列入核电厂工程项目投资概算和运行成本；场外核事故应急准备资金由核电厂和核电厂所在地的地方人民政府共同承担；国务院有关部门和军队所需的核事故应急准备资金，根据各自在核事故应急工作中的职责和任务，充分利用现有条件进行安排，不足部分按照各自的计划和资金渠道上报。

2. 为加强核电厂核事故应急准备资金管理，2007年9月财政部、原国防科工委发布了《核电厂核事故应急准备专项收入管理规定》(财防〔2007〕181号)，进一步明确核应急准备所需资金的缴纳、分配和使用以及相关安排。其中，场内核应急准备资金由核电企业承担，并作为核电企业的成本开支项目，基建期在工程基建费中列支，运行期在企业管理费中列支。场外核应急准备资金由核电企业和省级人民政府共同承担，核电企业承担的部分，按规定的比例以财政专项收入的形式分别上缴中央和地方财政，并由中央和地方财政纳入预算内管理；地方承担的部分，由省级人民政府自行筹措使用。核电企业承担上缴的场外核应急专项收入作为成本开支项目，基建期在工程基建费中列支，运行期在企业的管理费中列支。国务院有关部门和军队所需的核应急准备资金，根据各自在核电厂核事故应急准备工作中的职责和任务，充分利用现有条件安排，不足部分按照各自的计划和资金渠道申请解决。其他事项参见国务院制定的核事故应急准备金管理办法。

相关规定

《中华人民共和国突发事件应对法》；《核电厂核事故应急管理条例》；《国家核应急预案》；《核电厂核事故应急准备专项收入管理规定》。

第五十八条　国家对核事故应急实行分级管理。

发生核事故时，核设施营运单位应当按照应急预案的要求开展应急响应，减轻事故后果，并立即向国务院核工业主管部门、核安全监督管理部门和省、自治区、直辖市人民政府指定的部门报告核设施状况，根据需要提出场外应急响应行动建议。

条文主旨

本条是对核事故应急状态下开展响应行动的规定。

立法背景

应急响应行动指核或辐射事故发生、核应急状态出现后，为控制或减轻核事故产生的后果，保护公众、工作人员和环境而采取的紧急行动。应急防护行动是为防止或减少公众成员在应急情况下受到的辐射照射而采取的保护公众的行动，如隐蔽、撤离、服用稳定碘、饮水和食物的控制等。应急防护行动是应急响应行动的组成部分，而且是最主要的响应行动。响应行动还包括保证应急防护行动及时、有效、顺利实施的其他行动，如事故缓解与控制、辐射监测与后果评价、信息发布、国际通报等。《预案》明确，核事故发生后，各级核应急组织根据事故的性质和严重程度，实施以下部分或全部响应行动：

1. 迅速缓解控制事故。立即组织专业力量、装备和物资等开展工程抢险，缓解并控制事故，使核设施恢复到安全状态，防止或减少放射性物质向环境释放。

2. 开展辐射监测和后果评价。在事故现场和受影响地区开展放射性监测以及人员受照剂量监测等。实时开展气象、水文、地质、地震等观（监）测预报。开展事故工况诊断和释放源项分析，研判事故发展趋势，评价辐射后果，判定受影响区域范围。

3. 组织人员实施应急防护行动。当事故已经或可能导致碘放射性同位素释放，由专业人员及时安排一定区域内的公众服用稳定碘，以减少甲状腺的受照剂量。适时组织受辐射影响地区人员采取隐蔽、撤离、临时避迁或永久迁出等应急防护措施，避免或减少受到辐射损伤。及时开展心理援助，抚慰社会公众情绪，减轻社会恐慌。

4. 实施去污洗消和医疗救治。由专业人员去除或降低人员、设备、场所、环境等放射性污染。组织核应急医学救援力量实施医学诊断、分类，开展医疗救治，包括现场紧急救治、地方医院救治和后方专业救治等。

5. 控制出入通道和口岸。根据受事故影响区域具体情况，划定警戒区，设定出入通道，严格控制各类人员、车辆、设备和物资出入。对出入境人员、交通工具、集装箱、货物、行李物品、邮包快件等实施放射性污染检测与控制。

6. 加强市场监管与调控。针对受事故影响地区市场供应及公众心理状况，及时进行重要生活必需品的市场监管和调控。禁止或限制受污染食品和饮用水的生产、加工、流通和食用，避免或减少放射性物质摄入。

7. 维护社会治安。严厉打击借机传播谣言、制造恐慌等违法犯罪行为。在公众安置点、抢险救援物资存放点等重点地区，增设临时警务站，加强治安巡逻。强化核事故现场等重要场所警戒保卫，根据需要做好周边地区交通管制等工作。

8. 发布权威准确信息。参照国际原子能机构做法，根据我国相关法律法规，由国家、省（自治区、直辖市）和核设施营运单位适时向社会发布准确、权威信息，及时将核事故状态、影响程度和公众应注意的事项、需要采取的个人防护措施告知公众，确保信息公开、透明。

9. 做好国际通报与援助申请。按照国际原子能机构《及早通报核事故公约》要求，做好向国际通报。按照国际原子能机构《核事故或辐射紧急情况援助公约》要求，视情况向国际原子能机构和国际社会申请援助。

条文解读

一、关于国家对核事故应急实行分级管理

本条第 1 款和国家突发事件法规定，我国突发事件建立统一领导、综合协调、分类管理、分级负责、属地管理为主的应急管理体制。按照这个原则，我国核应急由国家，省、自治区、直辖市，核设施营运单位分级管理。在国务院统一领导下，国家核应急协调委员负责全国核事故应急管理工作，是全

国核应急管理工作的责任主体；核设施所在地的省、自治区、直辖市人民政府设立的地方核事故应急协调委员会或者指定的部门负责本行政区域内的核应急管理工作，是本行政区域核应急管理工作的责任主体；核设施营运单位及其上级主管部门（单位）负责场内核应急管理工作，是本单位核应急工作的责任主体；必要时，由国务院领导、组织、协调全国的核应急管理工作。

事故发生后，国家核事故应急协调委员会负责适时批准进入和终止场外应急状态，并且负责提出实施核事故应急响应行动的建议；核设施所在地的省、自治区、直辖市人民政府指定的部门负责统一指挥场外核事故应急响应行动，并负责组织支援核事故应急响应行动；核设施营运单位发生核事故时应当按照应急预案的要求开展应急响应行动，采取措施缓解事故后果，并立即向国务院核工业主管部门、国务院核安全监管部门和省、自治区、直辖市人民政府指定的部门报告核设施状况，根据需要提出进入场外应急状态和采取应急防护措施的建议。

需要说明的是，我国对核事故应急行动实行分级响应。参照国际原子能机构核事故事件分级表，根据核事故性质、严重程度及影响范围，确定核事故级别。核应急状态分为应急待命、厂房应急、场区应急、场外应急，分别对应Ⅳ级响应、Ⅲ级响应、Ⅱ级响应、Ⅰ级响应。前三级响应，主要针对场区应急需要组织实施。当出现或可能出现放射性物质向环境大量释放，事故后果可能超越场区边界并严重危及公众健康和环境安全时，进入场外应急，启动Ⅰ级响应。

二、关于应急响应能力的建设和维持

第2款与本法第15条的规定相关联。按照本法第15条规定："核设施营运单位应当具有保障核设施安全运行的能力，并具有应急响应能力。"因此，各级核应急组织根据事故性质和严重程度，应采取全部或部分响应行动。

需要注意的是，核设施营运单位作为主体责任单位，在核事故发生时，应立即组织开展场内应对处置工作，统一指挥本单位的核应急响应行动，配合和协助做好场外核应急响应工作，及时提出进入场外应急状态和采取场外应急防护措施的建议。核设施营运单位隶属集团公司（院）负责领导协调核设施营运单位的核应急准备工作，事故状态下负责调配其应急资源和力量，支援核设施营运单位的响应行动。

相关规定

《中华人民共和国突发事件应对法》；《中华人民共和国放射性污染防治法》；《中华人民共和国国家安全法》；《核电厂核事故应急管理条例》；《国家核应急预案》；《突发事件应急预案管理办法》。

第五十九条 国家核事故应急协调委员会按照国家核事故应急预案部署，组织协调国务院有关部门、地方人民政府、核设施营运单位实施核事故应急救援工作。

中国人民解放军和中国人民武装警察部队按照国务院、中央军事委员会的规定，实施核事故应急救援工作。

核设施营运单位应当按照核事故应急救援工作的要求，实施应急响应支援。

条文主旨

本条是对核事故应急救援行动的规定。

立法背景

当核事故发生时，核设施营运单位第一时间要依靠自身力量开展相关行动，控制和缓解事故。事态进一步发展时，单纯依托核设施营运单位是不可能完成救援任务的，核事故救援行动涉及工程抢险、辐射监测、辐射防护、去污洗消、舆情引导、撤离安置、交通管制等方方面面，必须依靠外部力量进行支援。本条规定了国家、地方、军队及其他核设施单位应该履行的救援义务。目前，国家核应急协调委已组织建立由 320 人组成的中国核应急救援队，设立了 8 个国家级核应急专业技术支持中心、25 支救援分队和 3 个培训基地，启动 3 个核电集团核应急救援基地和场内快速支援队建设。

条文解读

一、关于国家核应急协调委应统筹协调核事故救援工作

国家核应急协调委应统筹协调核事故救援工作，事故状态下要协调国家、地方、军队、其他核设施单位进行应急救援。事故状态下，根据核设施营运单位需求，国家核应急协调委应当组织协调国务院有关部门、军队、地方人民政府、核设施营

运单位实施核事故应急救援工作。在进入场外应急状态时，国家核应急协调委应当及时根据需要，派出国家级救援力量人员赶赴现场。

二、关于中国人民解放军和中国人民武装警察部队实施核事故应急救援

中国人民解放军和中国人民武装警察部队应当按照国务院、中央军事委员会的规定，根据国家核应急协调委提出的需求，实施核事故应急救援工作。

三、关于其他核设施营运单位及所属集团公司的支援

其他核设施营运单位及所属集团公司在事故发生时，应当充分利用本单位资源，对发生核事故的核设施单位实施支援行动。

值得注意的是，依据本法第 87 条的规定，核设施营运单位违反本法规定，未按照核事故应急救援工作的要求，实施应急响应支援的，由国务院核安全监督管理部门责令改正，处 10 万元以上 50 万元以下的罚款；对直接负责的主管人员和其他直接责任人员，处 2 万元以上 5 万元以下的罚款。

相关规定

《中华人民共和国突发事件应对法》；《中华人民共和国放射性污染防治法》；《中华人民共和国国家安全法》；《核电厂核事故应急管理条例》；《国家核应急预案》。

第六十条 国务院核工业主管部门或者省、自治区、直辖市人民政府指定的部门负责发布核事故应急信息。

国家核事故应急协调委员会统筹协调核事故应急国际通报和国际救援工作。

条文主旨

本条是对核事故应急信息发布及国际通报、国际救援的规定。

立法背景

我国高度重视核应急公众沟通和信息发布，制定相关规定，明确公开透明、客观真实、权威可信、科学通俗的工作原则。各级核应急组织应当加强核应急公众沟通与信息发布，适时组织开展国家核能政策、核安全政策、核应急政策等宣传，增加信息透明度，确保公众享有核安全监督权、核应急准备与响应知情权。

条文解读

一、关于事故状态下由国务院核工业主管部门或者省、自治区、直辖市人民政府指定的部门负责发布核事故应急信息

核设施所在地的省、自治区、直辖市人民政府指定的部门在核事故应急响应过程中，应当将必要的信息及时地告知公众，必要时，及时向相邻的省、自治区、直辖市通报。按照《国家核应急预案》确定的原则，当启动Ⅲ级和Ⅳ级响应后，当核事故已经或可能引起社会公众广泛关注时，由省级核应急委或省级人民政府指定部门负责组织发布相关信息。乏燃料运输事故、涉核航天器坠落事故等相关信息，以及境外发生的对我国大陆已经或可能造成影响的核事故信息，由国家核工业主管部门负责发布。当启动Ⅰ级和Ⅱ级响应后，由国家核工业主管部门负责发布信息，有关单位根据职责做好相关工作。如成立国家核事故应急指挥部，由指挥部组织发布。需要特别说明的是，从近几年核应急实践来看，在平时状态下，尽管并未发生核事故，但由于核的敏感性引起中央领导询问，或引起公众广泛关注时，也可能会出现适度的信息报告和发布工作，这要根据事情的具体情况，结合核设施性质及有关批示指示，按照分工由核工业主管部门、能源主管部门、核安全监管部门负责。

关于涉及港澳台地区的核应急信息通报问题：涉及香港特别行政区的核应急信息通报按照粤港核应急通报机制办理；涉及澳门特别行政区的核应急信息通报由国家核应急协调委组织办理；涉及我国台湾地区的核应急信息通报按照《海峡两岸核电安全合作协议》有关规定办理。

二、关于由国家核应急协调委统筹协调核事故应急国际通报和所需的国际救援工作，审查批准核事故公报、国际通报，提出请求国际援助的方案

严重核事故可能超越国界产生国际影响，做好国际通报与国际援助十分重要。我国作为联合国常任理事国、国际原子能机构指定理事国，高度重视融入国际核安全应急体系。自1984

年加入国际原子能机构以来，先后签署了《核事故或辐射紧急情况援助公约》《及早通报核事故公约》《核材料实物保护公约》《不扩散核武器条约》《核安全公约》和《制止核恐怖主义行为国际公约》等国际公约，负有履行相应国际义务的责任。国家核应急协调委应当按照国际原子能机构《及早通报核事故公约》的要求，做好向国际社会的通报；按照国际原子能机构《核事故或辐射紧急情况援助公约》的要求，视情向国际原子能机构和国际社会申请援助。

相关规定

《中华人民共和国突发事件应对法》；《中华人民共和国放射性污染防治法》；《中华人民共和国国家安全法》；《核电厂核事故应急管理条例》；《国家核应急预案》；《海峡两岸核电安全合作协议》；《核事故或辐射紧急情况援助公约》；《及早通报核事故公约》；《核材料实物保护公约》；《不扩散核武器条约》；《核安全公约》；《制止核恐怖主义行为国际公约》。

第六十一条　各级人民政府及其有关部门、核设施营运单位等应当按照国务院有关规定和授权，组织开展核事故后的恢复行动、损失评估等工作。

核事故的调查处理，由国务院或者其授权的部门负责实施。

核事故场外应急行动的调查处理，由国务院或者其指定的机构负责实施。

条文主旨

本条是对核事故后响应行动作出的规定。

立法背景

按照《中华人民共和国安全生产法》规定，事故调查处理应当按照实事求是、尊重科学的原则，及时、准确地查清事故原因，查明事故性质和责任，总结事故教训，提出整改措施，并对事故责任者提出处理意见，安全生产事故调查和处理的办法由国务院单独制定。由于核事故原因更加复杂，影响面更大，其调查处理工作涉及部门和单位众多，因此本条第 2 款、第 3 款规定，核事故的调查处理由国务院或授权部门或指定机构负责实施，关于此条还将制定具体的规定和办法。

条文解读

一、关于对核事故后的恢复行动及有关损失评估等工作

当核事故已经得到有效控制，放射性物质的释放已经停止或者已经控制到可接受的水平，核设施基本恢复到安全状态，经相应审批程序终止应急状态后，省级人民政府及其有关部门、核设施营运单位等应按职责分工组织开展恢复行动。因导致发生事故、进入应急状态的原因不同及事故严重程度的差别，其恢复行动涉及的范围、复杂程序也会有较大的区别。一般来说，恢复行动包括场内恢复行动和场外恢复行动。场内恢复行动重点是尽快消除事故影响，恢复正常工作秩序。场外恢复行动重点是尽快消除事故的场外影响，恢复社会正常生活、生产秩序。

场内恢复行动包括：1. 场内辐射环境监测。事故期间应对整个场区范围的辐射水平进行连续准确的监测。在事故后的恢复阶段，虽然放射性物质的释放已经停止或已控制到可接受的水平，但事故导致的个别区域放射性水平可能仍然较高，需继续开展辐射监测并对污染区作出标识，以免工作人员受到过量的照射。2. 核设施损伤状况判断。应急状态终止时，核设施已处于安全状态。进入恢复阶段后，首先要对核设施损伤状况作出准确判断。以核电厂为例，应对反应堆的状况开展评估和分析，判断堆本体、堆内构件、燃料元件等损伤状况，制定相应的修复方案，如修复受损部件，鉴别和卸出受损燃料组件等。3. 核安全设施、设备、系统、构筑物状态的检查和判断。在某些事故、特别是因核设施系统故障而引起的事故后，要对相关核安全设施、设备、系统、构筑物状态进行全面检查，对其安全性能作出准确判断，必要时对其安全功能进行重新校验，确保安全功能可靠。4. 受辐照人员的医学筛查、治疗与随访。核事故发生或处置过程中，场内可能有些工作人员甚至非工作人员（如外来参观人员、实习人员等）受到辐射照射，要根据放射性监测记录对其可能受到的剂量做出评价。必要时，作进一步医学筛查、诊治与随访。5. 核设施的重新启动。如果事故过程中核安全设施、设备、系统、构筑物状态发生变化，其安全功能受损或状态变得不明确，该核设施的重新启动须经国家核安全监管部门批准。6. 经验反馈。事故后的恢复阶段，应认真总结事故的发生、演变及其应对的经验教训，作好经验反馈工作，做到举一反三，改进工作，避免类似事故发生。

场外恢复行动主要任务包括：1. 环境的辐射水平监测。在恢复阶段，放射性物质的释放已经停止或控制到可接受的水平，大部分区域放射性水平已经达到或接近本底水平，但有可能局部区域环境放射性水平还较高，需要继续开展环境辐射监测，并对污染区作出标识，以免使工作人员或公众受到辐射危害。2. 社会秩序的恢复。应急状态终止，核设施已处于安全状态，周围环境的放射性水平已经达到可接受的水平，应尽快解除应急状态中采取的各项应急干预措施，恢复核设施周围的正常社会生产生活秩序，包括：隐蔽、撤离行动解除；交通管制解除；取消对食物、饮用水、牛奶等限制；恢复公众正常活动。3. 对局部受污染区域采取必要整治与洗消活动。核事故过程中，场外局部区域很可能受到放射性污染，如建筑物、公共场所、绿地、农田、牧场等，需要根据具体情况，制定必要的整治与去污洗消方案。4. 对可能受到辐射影响的公众进行医学筛查、诊治与随访在事故早期放射性释放阶段，场外部分公众可能受到异常辐射照射，需要根据放射性监测记录对其可能受到的剂量做出基本估计。必要时，对某些人员作进一步的医学筛查、诊治与随访。5. 做好对公众的解释与沟通工作。公众对核事故往往怀有一定的恐惧心理，一旦发生核事故，进入应急状态，特别是进入场外应急状态，必须对公众采取相应的防护行动。因此，及时做好沟通与解释工作尤其重要，包括必要的心理咨询和援助。

二、关于核事故调查处理

按照安全生产法规定，事故调查处理应当按照实事求是、尊重科学的原则，及时、准确地查清事故原因，查明事故性质和责任，总结事故教训，提出整改措施，并对事故责任者提出处理意见。由于核事故原因更加复杂，影响面更大，其调查处理工作涉及部门和单位众多，因此本条第 2 款、第 3 款规定，核事故的调查处理由国务院或授权部门或指定机构负责实施，具体按照事故的性质和部门职责分工，由国务院授权或指定部门来完成。

相关规定

《中华人民共和国突发事件应对法》；《中华人民共和国放射性污染防治法》；《中华人民共和国国家安全法》；《中华人民共和国安全生产法》；《核电厂核事故应急管理条例》；《国家核应急预案》。

第六十二条　**核材料、放射性废物运输的应急应当纳入所经省、自治区、直辖市场外核事故应急预案或者辐射应急预案。发生核事故时，由事故发生地省、自治区、直辖市人民政府负责应急响应。**

条文主旨

本条是对其他核事故开展响应的规定。

立法背景

核材料、放射性废物运输过程中一旦发生核事故，承运人、托运人应当按照运输应急预案的要求做好事故应急工作，并立即报告向发生核事故所在地的县级以上人民政府环境保护主管部门，事故发生地省、自治区、直辖市核应急管理机构和国家核应急协调委报告。省核应急管理机构应当立即按照本级核应急预案进行响应和处置，并按照核应急有关规定进行通告或报告。必要时，国家和地方核应急组织予以支援。

条文解读

本条规定，省、自治区、直辖市制定场外核事故应急预案或者辐射应急预案时，应当将核材料、放射性废物运输的应急纳入。一旦因核材料、放射性废物运输发生核事故时，由事故发生地省、自治区、直辖市人民政府负责应急响应。《放射性物品运输安全管理条例》对放射性物品运输的核应急要求进行了具体规定。

相关规定

《中华人民共和国突发事件应对法》；《中华人民共和国放射性污染防治法》；《中华人民共和国国家安全法》；《放射性物品运输安全管理条例》；《国家核应急预案》。

第五章　信息公开和公众参与

第六十三条　国务院有关部门及核设施所在地省、自治区、直辖市人民政府指定的部门应当在各自职责范围内依法公开核安全相关信息。

国务院核安全监督管理部门应当依法公开与核安全有关的行政许可，以及核安全有关活动的安全监督检查报告、总体安全状况、辐射环境质量和核事故等信息。

国务院应当定期向全国人民代表大会常务委员会报告核安全情况。

条文主旨

本条是关于行政机关公开核安全相关政府信息以及向全国人大报告核安全情况的规定。

立法背景

党中央和国务院对政府信息公开工作高度重视。国务院有关部门公开核安全相关政府信息，有助于提高工作透明度，拓宽群众参与核安全重大事务的渠道，同时加强对有关政府行政行为的监督。政府信息公开是信息公开必不可少的一环，国内外都对政府信息公开的公开主体和公开内容作出了明确规定，本法亦遵从此惯例。需要注意的是，有关信息公开的规定并不是本法的首创，有关法律法规早有明确要求。实践中，《中华人民共和国政府信息公开条例》对政府信息公开的范围作出了规定，目前环境保护部（国家核安全局）已经根据该条例和《环境信息公开办法（试行)》制定了《环境保护部信息公开目录（第一批)》和《环境保护部（国家核安全局）核与辐射安全监管信息公开方案（试行)》，对核安全相关政府信息公开的事项作出了明确规定。

公众对于核安全信息十分敏感，核安全监督管理部门有责任对核安全相关信息资料进行搜集与分析，排除问题和矛盾信息，并及时将公众所关心事项进行公开。政府信息公开代表了信息的权威性和准确性。及时发布官方信息，具有说服性，有助于赢得公众信任，将舆论引向理性方向。

我国宪法第 92 条规定，国务院对全国人民代表大会负责并报告工作；在全国人民代表大会闭会期间，对全国人民代表大会常务委员会负责并报告工作。建立由国务院或其授权部门定期向全国人民代表大会常务委员会报告核安全工作的报告机制，体现了国家最高权力机关对核安全的监督，是对人民群众高度负责的体现。

条文解读

本条共 3 款。第 1 款规定国务院有关部门及核设施所在地省、自治区、直辖市人民政府指定的部门的信息公开，第 2 款规定国务院核安全监督管理部门的信息公开，第 3 款规定国务院定期向全国人民代表大会常务委员会报告核安全情况。

一、关于国务院有关部门及省级政府指定的部门的信息公开

政府信息公开是积极回应社会关切，更好保障人民群众知情权、参与权、表达权、监督权的有效途径。本条规定的国务院有关部门，主要是指国务院核安全监督管理部门、国务院核工业主管部门以及国务院能源主管部门等。核设施所在地省、自治区、直辖市人民政府指定的部门，目前在一般情况下，指的是核设施所在地省、自治区、直辖市的环境保护厅，也有少数省指定了其他部门负责核安全相关政府信息公开工作。

上述两类政府信息公开的主体，应当按照《中华人民共和国政府信息公开条例》，公开自身权限范围内掌握的核安全信息。在具体工作中把握以下几方面：

第一，以公开为常态、不公开为例外。除涉及国家秘密、商业秘密和个人隐私及其他依法不予公开的内容外，核安全有关信息要尽可能对外公开，以公开提升项目批准、实施的透明度和效率，保障人民群众合法权益。

第二，突出重点，有序推进。基本涵盖核安全相关活动主要环节中有关公众健康和环境安全方面的信息，并将人民群众普遍关心、涉及人民群众切身利益的问题作为重点内容，以政府信息公开为先导，推动信息有效归集、及时公开。

第三，明确主体，落实责任。重大涉核项目批准和实施过程中，各级政府和有关部门负责公开其在履行职责过程中制作或保存的信息，并依法监督项目法人单位公开项目信息。

二、关于国务院核安全监督管理部门的信息公开

本条第二款具体列举了国务院核安全监督管理部门信息公开的重点内容。这些具体规定有利于明确国务院核安全监督管理部门信息公开的责任，增加信息公开工作的操作性，通过法律制度建设推动核安全相关政府信息公开工作的深化。具体包括：

1. 关于与核安全有关的行政许可信息。根据本法规定，与核安全有关的行政许可信息至少包括以下几类：

（1）核设施营运单位的核设施选址、建造、运行、退役等许可的申请、审批以及变更信息。本法规定国家建立核设施安全许可制度。核设施营运单位进行核设施选址、建造、运行、退役等活动，应当向国务院核安全监督管理部门申请许可。核设施营运单位要求变更许可文件规定条件的，应当报国务院核安全监督管理部门批准。国务院核安全监督管理部门应当依照法定条件和程序，对核设施安全许可申请组织安全技术审查，满足核安全要求的，在技术审查完成之日起二十日内，依法作出准予许可的决定。

（2）关于核安全设备的有关许可信息。本法规定为核设施提供核安全设备设计、制造、安装和无损检验服务的单位，应当向国务院核安全监督管理部门申请许可。

（3）关于核材料的有关许可信息。本法规定核设施营运单位和其他有关单位持有核材料，应当按照规定的条件依法取得许可。

（4）关于放射性废物的有关许可信息。本法规定国家建立

放射性废物管理许可制度。专门从事放射性废物处理、贮存、处置的单位，应当向国务院核安全监督管理部门申请许可。国务院核安全监督管理部门负责批准核材料、放射性废物运输包装容器的许可申请。

2. 关于核安全有关活动的安全监督检查报告信息。本法第六章规定监督检查，明确国家建立核安全监督检查制度。国务院核安全监督管理部门和其他有关部门应当对从事核安全活动的单位遵守核安全法律、行政法规、规章和标准的情况进行监督检查。国务院核安全监督管理部门可以在核设施集中的地区设立派出机构。国务院核安全监督管理部门或者其派出机构应当向核设施建造、运行、退役等现场派遣监督检查人员，进行核安全监督检查。国务院核安全监督管理部门和其他有关部门应当将监督检查情况形成报告，建立档案。与上述规定有关的信息就是本条规定的安全监督检查报告信息。

3. 关于总体安全状况信息、辐射环境质量信息。本法第64条明确规定核设施营运单位应当公开本单位核安全管理制度和相关文件、核设施安全状况、流出物和周围环境辐射监测数据、年度核安全报告等信息。这样，总体安全状况信息和辐射环境质量信息既是核设施营运单位信息公开的内容，也是政府信息公开的内容。需要注意的是，辐射环境质量的监测也是核安全有关科技攻关的重点。本法也明确要求国务院有关部门应当在相关科研规划中安排与核设施、核材料安全和辐射环境监测、评估相关的关键技术研究专项，推广先进、可靠的核安全技术。

4. 关于核事故信息。核事故信息是最受关注的核安全有关信息。我国设立了核事故应急协调委员会，组织、协调全国的核事故应急管理工作。从目前来看，由国防科技工业局承担国家核事故应急协调委员会日常工作，牵头制定国家核事故应急预案，经国务院批准后组织实施。在核事故应急状况下，有关的信息公开统一由核事故应急协调委员会组织协调，在非应急状况下，国务院核安全监督管理部门应当公开有关的核事故信息。

三、关于向全国人民代表大会常务委员会报告核安全情况

根据《中华人民共和国各级人民代表大会常务委员会监督法》的规定，各级人民代表大会常务委员会每年选择若干关系改革发展稳定大局和群众切身利益、社会普遍关注的重大问题，有计划地安排听取和审议本级人民政府、人民法院和人民检察院的专项工作报告。专项工作报告由人民政府、人民法院或者人民检察院的负责人向本级人民代表大会常务委员会报告，人民政府也可以委托有关部门负责人向本级人民代表大会常务委员会报告。因此，本款规定由国务院定期向全国人民代表大会常务委员会报告核安全情况，是完全符合有关法律规定的，具体程序也都有明确规定。

相关规定

《中华人民共和国各级人民代表大会常务委员会监督法》；《中华人民共和国政府信息公开条例》；《环境信息公开办法(试行)》。

第六十四条 核设施营运单位应当公开本单位核安全管理制度和相关文件、核设施安全状况、流出物和周围环境辐射监测数据、年度核安全报告等信息。具体办法由国务院核安全监督管理部门制定。

条文主旨

本条是关于核设施营运单位信息公开的规定。

立法背景

本条的目的是明确企业公开核安全信息的责任与范围，确保企业在从事核能开发利用活动中信息的透明化，保障公众对于企业核安全信息的知情权，使企业的核安全情况能够受公众监督。企业信息公开的内容，应包括本单位核安全管理制度和相关文件、核设施安全状况、流出物和周围环境辐射监测数据、年度核安全报告等信息。

需要说明的是，企业的核安全信息公开工作在我国起步较晚。2010 年 5 月大亚湾发生的燃料棒轻微损伤事件虽未对环境造成任何影响，但由于未能及时进行信息公开，在经境外媒体披露后，一度造成了周边民众的恐慌。可以说此次事件所带来的社会影响远远超出了事件本身的影响。鉴于此，环境保护部（国家核安全局）于 2011 年 4 月公布了《环境保护部（国家核安全局）核与辐射安全监管信息公开方案（试行）》和《关于加强核电厂核与辐射安全信息公开的通知》。福岛事故之后，企业对于核安全信息的公开工作被推到风口浪尖，实践经验证明，如果企业（特别是大型中央企业）不能及时地公开核安全相关信息，使公民的核安全信息知情权不能得到保障，容易激化社会矛盾，影响社会稳定。2013 年发生的广东江门燃料元件厂下马事件，也印证了企业信息公开是否全面、及时以及范围是否合理，将会严重影响公众对企业的印象，也会在一定程度上影响了企业本身的发展，甚至我国核事业的发展。基于此，这次立法中规定企业信息公开的义务，是非常必要的，也符合我国未来核电发展需求。一方面，明确企业公开核安全信息的责任与内容，确保了企业在从事核能开发利用活动中信息的透明化，使企业的核安全情况能够受公众监督。另一方面，企业是从事核安全相关活动的主体，掌握着核安全方面的第一手资料，这些资料的公开对于消减公众对核安全的疑虑有重要作用。因此，作为核安全信息公开链条中不可或缺的一环，企业的核安全信息公开工作必须做到和政府部门同时进行，唯此才能保证核安全信息公开的全面性，进一步保障公众对核安全信息的知情权和监督权。另一方面，企业公开的核安全信息还能够体现企业为核安全所做的努力，有助于其强调对人和环境的关注，促进履行企业的社会责任。

条文解读

本条共包括以下三个方面的内容：

一、关于核设施营运单位信息公开的义务

核设施营运单位对本单位核安全负全面责任，并且掌握核安全的第一手资料，要严格履行核安全法定责任，建立健全自我约束、持续改进的内生机制。因此，本条明确了核设施营运单位公开本单位核安全信息的义务，在不涉及国家秘密和企业商业秘密等前提下，依法依规及时准确地披露有关信息。

二、关于核设施营运单位公开核安全信息的重点内容

1. 核安全管理制度和相关文件。核安全管理制度是核设施营运单位开展核安全相关管理活动的安排，是核设施营运单位员工在生产经营活动中共同遵守的准则。核安全管理制度体现在核设施营运单位的相关文件中，包括核与辐射安全和环境保护的守法承诺及机构设置等。

2. 核设施安全状况。核设施在建造和运行过程中是否安全、是否会对人体和环境造成不良影响，已经成为公众最关注的核安全问题之一。因此核设施营运单位应当公开核设施建设情况，包括工程项目阶段进展、环境影响评价报告基本情况、相关环境保护设施建设和运行情况；还应当报告核设施运行情况，包括核设施安全运行状况、运行性能指标。

3. 流出物和周围环境辐射监测数据。流出物是指，核设施以气体、气溶胶、粉尘或液体等形态排入环境的放射性物质。周围环境辐射监测是指，对操作放射性物质的设施周界之外的辐射和放射性水平所进行的与该设施运行有关的测量，辐射环境监测的对象是环境介质和生物。

4. 年度核安全报告。年度核安全报告是指，核设施营运单位每年向所在地区监督站递交的前一年核设施年度总结报告。目前，在环境保护部（国家核安全局）发布的部门规章《核电厂营运单位报告制度》《研究堆营运单位报告制度》《核燃料循环设施的报告制度》中，规定了年度核安全报告的时间和具体内容。

三、关于国务院核安全监督管理部门负责制定配套法规

本条规定国务院核安全监督管理部门负责制定核设施营运单位信息公开的具体办法，这也明确了国务院核安全监督管理部门对核设施营运单位的信息公开工作具有指导和监督职责。据了解，目前环境保护部（国家核安全局）已经印发了《关于加强核电厂核与辐射安全信息公开的通知》和《关于加强核与辐射安全公众宣传与信息公开工作的通知》，并正在研究制定相关具体的指导文件。

相关规定

《中华人民共和国环境保护法》；《中华人民共和国环境影响评价法》。

第六十五条　对依法公开的核安全信息，应当通过政府公告、网站以及其他便于公众知晓的方式，及时向社会公开。

公民、法人和其他组织，可以依法向国务院核安全监督管理部门和核设施所在地省、自治区、直辖市人民政府指定的部门申请获取核安全相关信息。

条文主旨

本条是关于核安全相关政府信息公开方式的规定

立法背景

信息公开主体应当采用大众熟知且常用的载体，以方便公

众及时获取信息为基准，根据公开对象或者公开地域选择互联网络、纸质媒体以及新闻发布会等多种形式。目前随着科技的发展，通过计算机网络形式获得信息的方式更为普及。通过在互联网上发布政府信息，可以减少成本，便于公众更好地了解信息。同时，互联网信息传播的快捷、高效、互动和突破时空限制的特点，实现了信息公开传递的高效率。同样，使信息公开主体的职责权限、办事程序、办事结果、监督方式等为人民群众广泛知晓，有利于规范行政权力的正确行使，确保行政权力不被滥用，实现依法行政，也有效保证了公众的知情权。

根据政府信息公开条例的规定，政府信息公开分为主动公开程序与依申请公开程序两种，本法亦遵从此惯例。由于行政机关主动公开的政府信息，都是涉及公民、法人或者其他组织切身利益，需要社会公众广泛知晓或者参与的信息，而公民、法人或者其他组织由于自身生产、生活、科研等特殊需要，需要得到更多的核安全信息。因此，依申请公开核安全信息一方面是深化政务公开工作，保障个人和组织的知情权，提高政府透明度的有效手段。

另一方面，依申请公开核安全信息也是扩大政府信息公开的范围，开通有效的信息沟通渠道的积极方式。通过依申请公开信息，等同于政府开通了更多形式的信息公开渠道，赋予行政人一定的程序权利，使其获取所需信息，了解真实信息，也是成功打造“阳光型”政府的必要准备。

条文解读

为了保障公民、法人和其他组织及时、准确地获取核安全相关政府信息，并提高核安全相关政府信息公开的实效性，本条要求核安全相关政府信息的公开包括主动公开和依申请公开两种基本方式，二者相辅相成。

一、关于对依法公开的核安全信息，应当通过政府公告、网站以及其他便于公众知晓的方式，及时向社会公开

本款规定的是“主动公开”。主动公开是指，行政机关根据法律的规定和本行政机关的职权，在核安全信息形成之后，主动地向社会公开有关信息内容。有关政府部门和企业应通过官方公告，政府或者企业官方网站，以及其他比如举办新闻发布会等便于公众知晓的方式向社会公众及时公开核安全相关信息。主动公开是为了满足社会公众普遍的信息需求，是行政机关对社会公众的点对面服务。主动公开有两个特点：一是便于公众知晓，即便民。便民的基本内涵是行政机关在核安全相关政府信息公开工作中，应当积极履行法定职责，提供优质服务，通过多种渠道公开核安全相关政府信息。二是及时。及时是对核安全信息发布时效的要求，尤其是在发生突发事件时，及时发布相关信息尤为重要。根据政府信息公开条例的规定，行政机关应当将主动公开的政府信息，通过政府公报、政府网站、新闻发布会以及报刊、广播、电视等便于公众知晓的方式公开。各级人民政府应当在国家档案馆、公共图书馆设置政府信息查阅场所，并配备相应的设施、设备，为公民、法人或者其他组织获取政府信息提供便利。行政机关可以根据需要设立公共查阅室、资料索取点、信息公告栏、电子信息屏等场所、设施，公开政府信息。行政机关应当及时向国家档案馆、公共图书馆提供主动公开的政府信息。关于上述规定的具体内容，本条中有一部分没有明确列出，实践中也可以依法开展。

二、公民、法人和其他组织，可以依法向国务院核安全监督管理部门和核设施所在地省、自治区、直辖市人民政府指定的部门申请获取核安全相关信息

本款规定明确了依申请公开核安全相关政府信息的制度。依申请公开是行政机关根据公民、法人和其他组织的申请，依法提供所掌握的核安全信息。依申请公开制度是为了满足公民、法人或者其他组织自身生产、生活、科研等特殊的信息需求，是行政机关对有特殊需要人群的点对点服务。行政机关根据公民、法人或者其他组织的申请，依法提供政府所掌握的信息。公民、法人或者其他组织可以根据自身生产、生活、科研等需要向有关部门申请获取除本法第 50 条规定的政府主动公开的核安全信息以外的核安全相关信息。依申请公开的方式主要是按照申请人要求的方式提供政府信息、行政机构可以将有关资料、信息、消息供申请人复制、阅览、复印、摘录等。需要注意的是，申请公开的政府信息中含有不应当公开的内容，但是能够作区分处理的，行政机关应当向申请人提供可以公开的信息内容。依申请公开不能超出政府信息公开的本意，即提高政府工作透明度，促进依法行政，充分发挥政府信息对人民群众生产、生活和经济社会活动的服务作用。

相关规定

《国务院办公厅关于施行中华人民共和国政府信息公开条例若干问题的意见》;《国务院办公厅关于做好政府信息依申请公开工作的意见》。

第六十六条　核设施营运单位应当就涉及公众利益的重大核安全事项通过问卷调查、听证会、论证会、座谈会,或者采取其他形式征求利益相关方的意见,并以适当形式反馈。

核设施所在地省、自治区、直辖市人民政府应当就影响公众利益的重大核安全事项举行听证会、论证会、座谈会,或者采取其他形式征求利益相关方的意见,并以适当形式反馈。

条文主旨

本条是关于重大核安全事项公众参与的规定。

立法背景

公众参与公共事务是推进民主政治建设的必然要求,将公众参与纳入核安全法的重要意义主要体现在以下几个方面。首先,是保障公众参与权的需要。公众参与是民主的具体体现和反映,是公众的一项基本权利,公众应当有权利知晓涉及影响自身环境和生活的信息,并参与意见,将公众参与纳入核安全决策机制，能够有效地保障公众参与权；其次，公众参与有助于提高核安全监管与决策的民主性，是社会公平的重要体现；再次，有助于提高公众对核能的可接受性，我国公众对于核能相关信息较为敏感，尤其在福岛事故之后更加重了核能行业的阴影，让公众参与到核安全体系，能够帮助其更好地了解核能行业，增加公众对于政府和企业的信任度，提高公众可接受性。

许多国家立法都把公众参与确定为公民的一项基本民主权利或民主社会的基础，并通过设立专门的章节或把公众参与有机地融入到法律条文之中。在核能领域，各国都在其相关法律中对公众参与范围、参与形式、参与时机以及责任主体进行了详细规定，例如法国国民议会和参议院于 2006 年 6 月 13 日通过《核领域透明与安全法》，按照该法相关规定，可对核设施许可证持有者施加实际影响的公众参与形式为组建当地信息委员会和核安全透明和信息的高级委员会；在核电厂申请许可证、建造等阶段采取公众听证会、网络咨询会和全国辩论会等形式开展公众参与。美国也其法律中明确要求核安全监督管理部门采取公众调查、听证会和公共会议等方式进行公众参与。通过在核安全法中对我国核安全事项公众参与主体和形式加以规定，体现了我国政府重视公众参与权，弥补了我国现阶段公众参与机制不完善的弱点，避免由于公众参与不充分等问题而引发网络舆情和社会事件。

《中华人民共和国放射性污染防治法》第 6 条也明确规定任何单位和个人有权对造成放射性污染的行为提出检举和控告。

这次立法明确规定了问卷调查、听证会、论证会、座谈会等参与方式，极大丰富了公众参与核安全工作的途径和内容。

条文解读

本条共分为 2 款。分别规定核设施营运单位和核设施所在地省、自治区、直辖市人民政府举行听证会、论证会、座谈会或者其他形式征求利益相关方的意见的形式，并要求予以反馈。

一、关于核设施营运单位组织的问卷调查、听证会、论证会、座谈会或者其他形式征求利益相关方的意见

核设施营运单位作为组织公众参与的义务主体，应该在诸如核设施选址、建造以及退役等可能对环境或者公众生活带来影响的重大问题上，通过采用问卷调查、听证会、论证会、座谈会，或者采取其他形式充分征求利益相关方的意见，并以适当形式反馈。

1. 关于问卷调查。问卷调查是实践中广泛采取的征求意见的形式，这次是第一次在法律中出现。实践中，不同的调查问卷有不同的内容，格式和要求也各不相同，一个好的调查问卷应该做到内容简明，信息包容精炼，问卷问题安排合理，合乎一定的逻辑，便于事后统计和分析。同时需要注意的是，问题的设计要照顾到社会阶层、年龄、文化程度、自身能力等等差异状况，语言尽可能精准、通俗。

2. 关于听证会。是指按照规范的程序，听取与核安全事项有利害关系的有关单位、公众代表和专家对核安全事项规划草案意见的会议形式。听证会的听证人为核安全事项规划的编制机关，听证参加人为有关单位、专家和公众代表。参加听证的人员应当按照公正透明的程序遴选，主要邀请与该核安全事项有利害关系的单位和公众代表参加，不应随意确定。听证参加人可以按照听证程序的规定，就核安全事项规划草案的内容直接陈述意见，进行辩论和举证。听证会主持人应当对听证参加人的意见如实记录，经本人同意后，作为听证笔录，在听证会后整理为听证意见。核安全事项规划编制机关应当依据现有法规标准，对听证意见进行研究后作出采纳或不采纳的决定。整理的听证意见应当全面、准确，整理人不得随意修改、取舍。除了论证会、听证会这两种方式外，还可以采用研讨会、当地居民说明会以及网络公众咨询会等多种形式。

3. 关于论证会。主要是对影响公众利益的重大核安全事项涉及的有关专门问题，如对核安全事项实施后可能产生的不良影响的预测、评估的结论，拟采取的预防和减轻不良影响的对策和措施，拟作出的影响评价结论等，邀请有关专家、具有一定的相关专业知识的公众代表和有关单位的代表进行论证，对该核安全事项报告书的相关内容提出论证意见。

4. 关于座谈会。座谈会是由主持人引导开展的一个小群体进行的讨论和访谈，主要目的是听取在座人员的意见和建议。一个成功的座谈会，主持人的引导和把控非常重要，既要有相当的亲和互动能力，能够让在座的人畅所欲言，又要有很好的过程控制能力，控制与会人员的谈话脉络，保证会议正常按照既定主题发展。同时，还要有提问和倾听的能力，能够深入挖掘意见。所以座谈会的主持人需要一定的专业知识背景，能够提出恰当的问题，挖掘出问题的本质和核心。

5. 关于其他征求意见的形式。实践中，还经常被采取的形式包括个别谈话、走访、组织网上论坛、网上信箱等多种方式，只要有助于加强与群众的互动交流，有助于广泛深入了解情况，有助于便利群众，都是可行的征求意见方式，法律对此并不予以禁止。

6. 关于以适当形式反馈。在社会心理学中，反馈是人际沟通过程中的一个重要环节。人际沟通过程，就是信息的交流过程，信息源通过一定信息渠道发送出信息，传递给接受者，在此过程中，信息发送者和接受者相互间的反应，就被称为反馈。征求意见和反馈，是一个完整的信息交流的过程，有助于及时发现计划和决策执行中的偏差，并对社会群体的意见进行有效的控制和调节，不至于等到产生较大失误以后才发现，给工作带来巨大损失。有效的信息反馈，具有较强的针对性，体现决策所采取的主动采集和反应，是良好的企业与公众、政府与公众的沟通渠道。

7. 关于利益相关方。利益相关方是指在一定范围内其人身健康、财产、环境等方面的权利（利益）可能受到影响的群体。2015 年 12 月，中共中央、国务院印发《法治政府建设实施纲要（2015—2020 年）》，明确要求，事关经济社会发展全局和涉及群众切身利益的重大行政决策事项，应当广泛听取意见，与利害关系人进行充分沟通，并注重听取有关人大代表、政协委员、人民团体、基层组织、社会组织的意见。2016 年 2 月，中共中央办公厅和国务院办公厅印发《关于全面推进政务公开工作的意见》，再次提出“探索利益相关方、公众、专家、媒体等列席政府有关会议制度，增强决策透明度。”

二、关于核设施所在地省、自治区、直辖市人民政府举行听证会、论证会、座谈会或者其他形式征求利益相关方的意见

本条第2款规定了核设施所在地省级人民政府就影响公众利益的重大核安全事项征求利益相关方意见的形式，包括举行听证会、论证会、座谈会，或者采取其他形式，并要求以适当形式反馈。这里的听证会、论证会、座谈会，或者采取其他形式，与核设施营运单位的有关规定一致，主要目的都是为了畅通意见交流的途径，保障利益相关方充分发表意见。

需要注意的是，在核安全相关规范性文件的制定、许可审批、监管过程中，都应当有公众参与环节。公众参与的时间强调愈早愈好，应当在核设施项目论证阶段就开始征询公众意见。例如，以核电项目为例，公众参与的介入阶段应当包括规范性文件草案制定、反应堆选址、许可证安全审查、放射性废物处置以及核设施退役等方面。

为了增强规范力度，本法在法律责任部分，对未依法开展公众参与规定了法律责任。核设施所在地省、自治区、直辖市人民政府未就影响公众利益的重大核安全事项征求利益相关方意见的，对直接负责的主管人员和其他直接责任人员依法给予处分；核设施营运单位未就涉及公众利益的重大核安全事项征求利益相关方意见的，由国务院核安全监督管理部门或者其他有关部门责令改正，给予警告；情节严重的，处二十万元以上一百万元以下的罚款；拒不改正的，责令停止建设或者停产整顿。

相关规定

《中华人民共和国放射性污染防治法》；《中华人民共和国环境影响评价法》。

第六十七条 **核设施营运单位应当采取下列措施，开展核安全宣传活动：**

（一）在保证核设施安全的前提下，对公众有序开放核设施；

（二）与学校合作，开展对学生的核安全知识教育活动；

（三）建设核安全宣传场所，印制和发放核安全宣传材料；

（四）法律、行政法规规定的其他措施。

条文主旨

本条是关于核设施营运单位在核安全公共宣传主体和宣传形式方面的规定。

立法背景

核安全公共宣传是培育公众核安全文化的重要途径，也是持续增强公众对核安全信心的有效手段。做好核安全公共宣传工作，对于保障核事业健康安全发展、建设生态文明具有重要的现实意义。过去，我国核安全公共宣传工作相对滞后，公众对核存在一定的恐慌心理。原因有三个方面，一是历史上核能利用在人们的印象中多与战争和核事故联系在一起，广岛、长崎原子弹爆炸的恐怖画面至今仍深深地印在人们脑海中，切尔诺贝利核电厂事故、日本福岛核事故在人们心里留下了阴霾。公众长期以来“谈核色变”，内心对核恐惧难以消除。二是核安全公共宣传的大众化程度不高，公众的核安全知识匮乏。在以往的宣传中，由于种种原因，核安全往往被过于神秘化，核能利用和核辐射离公众离现实很遥远。没有把核安全知识变为大众化语言来宣传和推广，公众不易理解和接受。三是宣传内容单一。通常采取“就核论核”的宣传方式，没有把保障核安全与国家能源战略、公众安全与健康、生态环境保护等方面结合起来，导致公众对核安全缺乏实质性理解，缺乏思想上触动。

由于几次核事故的影响，关于公众参与和核安全公开透明问题是当今世界各国公众所普遍关注的重大问题，为了解决社会公众的恐核心理，使之正确认识核安全，保证人民群众参与到核安全工作中，核安全法设专章第四章“信息公开与公众参与”，对信息公开、公众参与做出了具体规定。由于核工业一直都是相对神秘的领域，日本福岛核事故后，全球对核能发展的争议空前激烈，公众担心核电安全的神经再次绷紧，核能利用面临严重的信任危机。只有通过立法增强核领域的信息透明度，加大核安全的科普宣传，才能引导公众正确、科学认知我国核安全状况，满足公众的安全需求，消除其恐核心理，帮助其树立对核能发展的信心。

近年来，有关部门、核设施营运单位，结合地区、行业实际情况，开展了各类核安全公共宣传活动，积累了一些经验，产生了一定的积极社会成效，为统筹推进核安全公共宣传工作打下了良好基础。但总的来看，核安全公共宣传和公众参与的力度与核能应用广泛、快速发展的形势很不相适应。因此，很有必要结合“坚持理性、协调、并进”的新核安全观要求，重新认识核安全公共宣传的现实意义和重要作用，进一步加强核安全公共宣传的工作机制建设和工作队伍建设，逐步夯实工作基础并长期坚持、持续优化，促进核安全公共宣传健康科学发展。

条文解读

根据本条规定，核设施营运单位是核安全公共宣传的主体。这就要求各核设施营运单位整合核安全公共宣传队伍，捋顺管理机制和职责分工，将核设施营运单位宣传人员的工作从企业形象宣传向核安全公共宣传倾斜。核设施营运单位开展的年度重点工作应涵盖公众宣传项目，与其他工作同步计划、同步实施、同步总结、同步改进，实现核安全公共宣传常态化。同时，要求各核设施营运单位加快培养核安全公共宣传队伍。核设施营运单位应与地方政府联手，建立培养专业化的核安全公共宣传队伍；聘请专家对从事核安全公共宣传的工作人员进行专业培训指导，编撰专门的培训教材和指导手册。另外，应当推进区域宣教中心建设。在核设施营运单位附近建设功能齐全、设施先进的宣传教育中心，开展丰富多彩的核安全公共宣传教育活动。

公众核安全文化培育是一个循序渐进的过程，也是一项复杂的社会系统工程，必须采用科学有序的方式来推进。为此，本条规定核设施营运单位应做好以下几方面工作。

一、关于在保证核设施安全的前提下，对公众有序开放核设施

充分利用核电企业、核安全研发基地等现有资源，建设若干个国家级核安全科普宣传基地；制作统一的流动展板，布设核安全专题展区。感觉是人对事物最初步的反映，最直观也最真切。对公众有序开放核设施，有助于让公众通过直接接触核企业，增加身临其境的感性认识，增强克服“恐核心理”的感受。在这方面，我国的一些企业已经开展了有效的实践。比如：中广核集团于2013 年发布了首份《安全发展白皮书》，并且承诺将每年的 8 月 7 日确定为其下属各核电基地的“公众开放体验日。”

二、关于与学校合作，开展对学生的核安全知识教育活动

抓住大中小学生国民教育体系，建立与教育部门的协作机制，推动核与辐射科普知识进学校。我国实行九年义务教育制度，义务教育是国家统一实施的所有适龄儿童、少年必须接受的教育，义务教育阶段接受的核安全知识教育，对于推动国民核安全知识和文化的普及具有重要意义。高中和大学教育阶段，核安全知识教育相应达到了更高的层次，一方面是更高层次上的核安全知识普及和教育，另一方面也是核安全有关人才的培养和教育，为科技创新、从核大国到核强国的转变提供有效保障。

三、关于建设核安全宣传场所，印制和发放核安全宣传材料

包括但不限于搜集、整理国内外核与辐射科普资料，梳理相关知识点，针对公务人员、媒体从业者、学生、志愿者等不同对象，制作权威、科学准确的科普系列产品及教学课件；以核安全等为主题，拍摄科普系列宣传片等。

四、关于法律、行政法规规定的其他措施

除前款规定的对公众有序开放核设施、与学校合作，开展对学生的核安全知识教育活动、建设核安全宣传场所，印制和发放核安全宣传材料以外，法律还设计了兜底条款，鼓励依法探索推进核安全宣传活动的各项措施。

相关规定

《中华人民共和国放射性污染防治法》；《中华人民共和国民用核设施安全监督管理条例》。

第六十八条　公民、法人和其他组织有权对存在核安全隐患或者违反核安全法律、行政法规的行为，向国务院核安全监督管理部门或者其他有关部门举报。

公民、法人和其他组织不得编造、散布核安全虚假信息。

条文主旨

本条是关于公民举报权和有关义务的规定。

立法背景

我国宪法第41条第1款和第2款规定，中华人民共和国公民对于任何国家机关和国家工作人员的违法失职行为，有向有关国家机关提出申诉、控告或者检举的权利，但是不得捏造或者歪曲事实进行诬告陷害。对于公民的申诉、控告或者检举，有关国家机关必须查清事实，负责处理。任何人不得压制和打击报复。以此为依据，不少法律法规在不同管理领域赋予了公民举报的权利。比如：环境保护法第6条第1款规定：一切单位和个人都有保护环境的义务。放射性污染防治法第6条规定：任何单位和个人有权对造成放射性污染的行为提出检举和控告。特种设备安全法第12条规定：任何单位和个人有权向负责特种设备安全监督管理的部门和有关部门举报涉及特种设备安全的违法行为，接到举报的部门应当及时处理。

但需要注意的是，对事关重大、可能引发公众恐慌的信息，我国法律都明确要求不得编造、散布虚假信息。比如：我国食品安全法第120条第1款规定：任何单位和个人不得编造、散布虚假食品安全信息。网络安全法第12条第2款规定：任何个人和组织使用网络应当遵守宪法法律，遵守公共秩序，尊重社会公德，不得危害网络安全，不得利用网络从事危害国家安全、荣誉和利益，煽动颠覆国家政权、推翻社会主义制度，煽动分裂国家、破坏国家统一，宣扬恐怖主义、极端主义，宣扬民族仇恨、民族歧视，传播暴力、淫秽色情信息，编造、传播虚假信息扰乱经济秩序和社会秩序，以及侵害他人名誉、隐私、知识产权和其他合法权益等活动。

条文解读

举报是公民的权利，也是行政机关发现问题，纠正违法行为的重要途径。

一、关于公民、法人和其他组织有权对存在核安全隐患或者违反核安全法律、行政法规的行为，向国务院核安全监督管理部门或者其他有关部门举报

本条第1款规定了公民的举报权。这一款具有双重功能：一方面，作为一种政治参与，公民举报与政党监督、行政监督、司法监督等各种监督相匹配，从公民的角度进行监督，督促政府及公务员依法行使职权；另一方面，又是作为一种权利的自我保护，在维护公民自身合法权益的同时，在国家与社会之间稳妥地矫正政府行为与公民意愿之间的矛盾，维护公民自身的权利。从这两方面的功能看，公民举报的积极意义就在于自身利益的维护和权利的保障，这也是民主社会的政治基础，因此法律作出明确规定。

1. 关于存在核安全隐患的行为。隐患是指不稳定并且影响到安全的因素，“隐”是指潜藏、隐蔽；“患”则是指不安全和不好的状况。对隐患进行风险预警，在我国很多法律中都有规定。我国职业病防治法规定：发现职业病危害事故隐患应当及时报告。水污染防治法也规定：企业事业单位和其他生产经营者，应当对排污口和周边环境进行监测，评估环境风险，排查环境安全隐患。网络安全法也要求网络运营者采取技术措施和其他必要措施，消除安全隐患，防止危害扩大，并及时向社会发布与公众有关的警示信息。

2. 关于违反核安全法律、行政法规的行为。对于违反核安全法律、行政法规的行为，公民、法人和其他组织当然享有举报权。被举报的主体可以分为两种情况：第一，违法行为主体是核设施营运单位或者其他有关企业；第二，违法行为主体是有关国家机关工作人员。根据我国刑法第 254 条的规定：国家机关工作人员滥用职权、假公济私，对控告人、申诉人、批评人、举报人实行报复陷害的，处二年以下有期徒刑或者拘役；情节严重的，处二年以上七年以下有期徒刑。这也是对举报人权利的有效保障。据此，任何单位和个人一旦发现存在的核安全隐患或者违反核安全法律、行政法规行为，都可以通过信函、传真、电子邮件和政府网站等途径进行举报。事实上，充分发挥和调动单位和公民个人的积极性，把核安全活动置于全社会的监督之下，才是对可能发生的核安全事故及其隐患的最有效的监督。

二、关于公民、法人和其他组织不得编造、散布核安全虚假信息

这一款规定了公众在监督过程中应履行的不得编制、散布有关核安全的虚假信息的义务。

1. 编造。指的是捏造事实，凭想象臆造、假造事实。编造虚假信息在实践中容易产生混乱，扰乱正常的生产生活秩序，危害严重的，甚至可能带来社会的不稳定。

2. 散布。指的是发布、传播。散布虚假信息，有损有关企业的声誉和核心利益，有损国家和社会的稳定，也是法律要明确禁止的行为。

为了保障该条款在实践中有效实施，本法第 76 条规定了相应法律责任：违反本法规定，危害核设施、核材料安全，或者编造、散布核安全虚假信息，构成违反治安管理行为的，由公安机关依法给予治安管理处罚。而根据我国突发事件应对法第 65 条：违反本法规定，编造并传播有关突发事件事态发展或者应急处置工作的虚假信息，或者明知是有关突发事件事态发展或者应急处置工作的虚假信息而进行传播的，责令改正，给予警告；造成严重后果的，依法暂停其业务活动或者吊销其执业许可证；负有直接责任的人员是国家工作人员的，还应当对其依法给予处分；构成违反治安管理行为的，由公安机关依法给予处罚。我国刑法第 291 条之一第 1 款规定：投放虚假的爆炸性、毒害性、放射性、传染病病原体等物质，或者编造爆炸威胁、生化威胁、放射威胁等恐怖信息，或者明知是编造的恐怖信息而故意传播，严重扰乱社会秩序的，处五年以下有期徒刑、拘役或者管制；造成严重后果的，处五年以上有期徒刑。

相关规定

《中华人民共和国刑法》；《中华人民共和国突发事件应对法》；《中华人民共和国治安管理处罚法》。

第六十九条　涉及国家秘密、商业秘密和个人信息的政府信息公开，按照国家有关规定执行。

条文主旨

本条是关于信息公开例外条款的规定。

立法背景

现行保守国家秘密法制定于1988年，2010年进行了修订。根据该法规定，国家秘密是关系国家安全和利益，依照法定程序确定，在一定时间内只限一定范围的人员知悉的事项。国家秘密受法律保护。一切国家机关、武装力量、政党、社会团体、企业事业单位和公民都有保守国家秘密的义务。任何危害国家秘密安全的行为，都必须受到法律追究。我国刑法专设了侵犯商业秘密罪，根据刑法第219条的规定，商业秘密是指不为公众所知悉，能为权利人带来经济利益，具有实用性并经权利人采取保密措施的技术信息和经营信息。推行政府信息公开，是提高科学执政、民主执政、依法执政能力和水平，构建社会主义和谐社会的必然要求；是推进社会主义民主，建设法治政府的重要举措；是建立行为规范、运转协调、公正透明、廉洁高效的行政管理体制的重要内容。但在信息公开的同时，明确不予公开的政府信息的范围，也是国外政府信息公开立法普遍采取的做法。

条文解读

根据现行法律规定和中央政务公开文件要求，本条将信息公开的例外范围限定为以下三类：

一、关于国家秘密

根据我国保守国家秘密法的规定，下列涉及国家安全和利益的事项，泄露后可能损害国家在政治、经济、国防、外交等领域的安全和利益的，应当确定为国家秘密：(1) 国家事务重大决策中的秘密事项；(2) 国防建设和武装力量活动中的秘密事项；(3) 外交和外事活动中的秘密事项以及对外承担保密义务的秘密事项；(4) 国民经济和社会发展中的秘密事项；(5) 科学技术中的秘密事项；(6) 维护国家安全活动和追查刑事犯罪中的秘密事项；(7) 经国家保密行政管理部门确定的其他秘密事项。政党的秘密事项中符合前款规定的，属于国家秘密。我国的国家秘密的密级分为绝密、机密、秘密三级。绝密级国家秘密是最重要的国家秘密，泄露会使国家安全和利益遭受特别严重的损害；机密级国家秘密是重要的国家秘密，泄露会使国家安全和利益遭受严重的损害；秘密级国家秘密是一般的国家秘密，泄露会使国家安全和利益遭受损害。

二、关于商业秘密

根据反不正当竞争法和刑法的有关规定，商业秘密是指不为公众所熟悉、能为权利人带来经济利益，具有实用性并经权利人采取保密措施的技术信息和经营信息。侵犯商业秘密的，监督检查部门应当责令停止违法行为，可以根据情节处以一万元以上二十万元以下的罚款。而如果违反约定或者违反权利人有关保守商业秘密的要求，披露、使用或者允许他人使用其所掌握的商业秘密，给商业秘密的权利人造成重大损失的，则要处三年以下有期徒刑或者拘役，并处或者单处罚金；造成特别严重后果的，处三年以上七年以下有期徒刑，并处罚金。

三、关于个人信息

本款规定的个人信息主要指个人隐私。目前我国现行法律规定中还没有对个人隐私做出明确界定。根据通常的解释，个人隐私是指关系个人财产、名誉或者其他利益的不宜对外公开的情况、资料。

为了处理好公开与保密的关系，达到既要保证公民、法人和其他组织及时、准确地获取政府信息，又能防止出现因公开不当导致失密、泄密而损害国家安全、公共安全、经济安全，影响社会稳定和侵犯公民、法人或者其他组织的合法权益的目的，我国建立了相应的政府信息公开审查机制。政府信息公开条例第 14 条规定：行政机关应当建立健全政府信息发布保密审查机制，明确审查的程序和责任。行政机关在公开政府信息前，应当依照《中华人民共和国保守国家秘密法》以及其他法律、法规和国家有关规定对拟公开的政府信息进行审查。行政机关对政府信息不能确定是否可以公开时，应当依照法律、法规和国家有关规定报有关主管部门或者同级保密工作部门确定。行政机关不得公开涉及国家秘密、商业秘密、个人隐私的政府信息。但是，经权利人同意公开或者行政机关认为不公开可能对公共利益造成重大影响的涉及商业秘密、个人隐私的政府信息，可以予以公开。

相关规定

《中华人民共和国保守国家秘密法》；《中华人民共和国反不正当竞争法》；《中华人民共和国刑法》；《中华人民共和国政府信息公开条例》。

第六章　监督检查

第七十条　国家建立核安全监督检查制度。

国务院核安全监督管理部门和其他有关部门应当对从事核安全活动的单位遵守核安全法律、行政法规、规章和标准的情况进行监督检查。

国务院核安全监督管理部门可以在核设施集中的地区设立派出机构。国务院核安全监督管理部门或者其派出机构应当向核设施建造、运行、退役等现场派遣监督检查人员，进行核安全监督检查。

条文主旨

本条是关于核安全监督检查制度的规定。

立法背景

实践中，设立核安全监督派出机构和派遣监督检查人员执行监督检查任务已经成为美国、法国、俄罗斯等核电大国的通行做法。《中华人民共和国民用核设施安全监督管理条例》也规定，国家核安全局在核设施集中的地区可以设立派出机构，实施安全监督。国家核安全局及其派出机构可向核设施制造、建造和运行现场派驻监督组（员）执行核安全监督任务。目前我国已经设立了华北、东北、西北和西南、华南、华东6个地区核与辐射安全监督站，有效地保障了对全国核安全的监督。

条文解读

一、关于核安全监督检查制度

核安全监督检查制度是为了保证核安全、根据相关法律、行政法规、规章和标准实施的监管制度。这项制度包括进行监督检查的主体及其职责、检查的对象及内容、对行使监督检查人员及其职责的基本要求、被检查人员的义务和权利、监督检查的程序等。

因此，本条第1款规定国家建立核安全监督检查制度，对核安全监督管理部门授予充分的监督检查权，以确保其对核安全有关活动进行权威而有效的监管，确保从事核安全有关活动的单位严格遵守法律法规的规定和有关核安全标准及技术规范的要求。

二、关于核安全监督检查制度的主体、检查对象、依据和内容

核安全法第6条第1款、第2款规定，国务院核安全监督管理部门负责核安全的监督管理。国务院核工业主管部门、能源主管部门和其他有关部门在各自职责范围内负责有关的核安全管理工作。因此核安全监督检查制度的主体是国务院核安全监督管理部门和其他有关部门。根据“三定”方案，国家核安全局机构负责核安全和辐射安全、核设施核安全、辐射安全及辐射环境保护工作、核安全设备的许可、设计、制造、安装和

无损检验活动、进口核安全设备的安全检验、核材料管制与实物保护、核技术利用项目、铀（钍）矿和伴生放射性矿的辐射安全和辐射环境保护工作、放射性废物处理、处置的安全和辐射环境保护工作、放射性物品运输安全、输变电设施及线路、信号台站等电磁辐射装置和电磁辐射环境等工作的监督管理，还负责反应堆操纵人员、核设备特种工艺人员等人员资质管理，并组织开展辐射环境监测和核设施、重点辐射源的监督性监测。国家国防科技工业局、国家能源局和其他有关部门在各自职责范围内负责有关的核安全管理工作。

核安全监督检查的对象是从事核安全活动的单位。根据核安全法的规定，从事核安全活动的单位包括核设施营运单位和为其提供设备、工程以及服务等的单位，核材料持有单位，产生、贮存、运输、后处理乏燃料的单位，放射性废物处理处置单位等等。

核安全监督检查应当依据核安全法律、行政法规、规章和标准进行。目前，我国涉及核安全法律主要包括《中华人民共和国核安全法》和《中华人民共和国放射性污染防治法》。1986 年，国务院发布了我国核安全领域的第一部行政法规《中华人民共和国民用核设施安全监督管理条例》。随后，结合我国民用核设施安全监督管理实际情况，国务院又陆续发布了《核电厂核事故应急管理条例》《中华人民共和国核材料管制条例》《放射性废物安全管理条例》《放射性物品运输安全管理条例》《民用核安全设备监督管理条例》等一系列行政法规以及配套的部门规章和核安全导则。依据本条第 2 款规定，国务院核安全监督管理部门和其他有关部门应当对从事核安全活动的单位遵守核安全法律以及上述行政法规、规章和标准的情况进行监督检查。

根据上述法律、行政法规、规章和标准的规定，国务院核安全监管部门的监督管理职能主要包括：进入核安全有关活动的现场进行监测、检查或者核查，调阅有关文件、资料和记录，向有关人员调查、了解情况；对监督检查过程中发现的违反核安全有关法律、行政法规、核安全规章、标准和技术规范的行为，予以纠正或者要求限期改正；对依法应当给予行政处罚的行为，依法做出行政处罚的决定；对检查中发现的事故隐患，应当责令立即排除；重大隐患排除前或者排除过程中无法保证安全的，责令暂行停产、停运或者停止使用；重大隐患排除后，经审查同意，方可允许有关单位恢复生产经营和使用。

《核安全公约》、国际原子能机构《促进安全的政府、法律和监管框架》等国际公约和规范性文件也对核安全监督检查作出了规定。

三、关于派出机构和监督检查人员

派出机构是国家行政机关依法在一定区域内设立的分支机构或代表机构。派出机构有权代表国家行政机关执行某种特定任务或从事某种专门业务，但不是一级国家行政机关。国家行政机关通常对派出机构实施积极的领导、协助和监督。派出机构的权力由派出它的国家行政机关授予。

核设施的审批和监管由中央审批，主要是中央事权，责任也应当在中央层面。国家核安全监督管理部门是依法行使监督管理权利的部门。但是与一般国务院行政部门不同的是，国务院核安全监督管理部门为独立的监督机构，地方政府层面没有与其对应或对接的行政部门。为了加强对从事核安全活动单位以及对核安全有关活动过程进行有效监管，真实了解核安全有关活动的状态并及时发现、纠正可能存在的影响核安全的问题，国务院核安全监督管理部门有必要在地区设立派出机构，并授权其代表国家核安全监督管理部门对所管辖区域对核安全有关活动实施监督管理，向核安全有关活动的现场派遣监督检查人员实施监督检查。考虑到监管资源的有限性，派出机构应设立在核安全的重点领域，即核设施集中地区。

相关规定

《核电厂核事故应急管理条例》；《中华人民共和国核材料管制条例》；《放射性废物安全管理条例》；《放射性物品运输安全管理条例》；《民用核安全设备监督管理条例》。

第七十一条　国务院核安全监督管理部门和其他有关部门应当加强核安全监管能力建设，提高核安全监管水平。

国务院核安全监督管理部门应当组织开展核安全监管技术研究开发，保持与核安全监督管理相适应的技术评价能力。

条文主旨

本条是关于核安全监管能力建设的规定。

立法背景

通过立法对核安全监管能力建设提出要求，主要考虑以下几个方面的原因：

一、核事业快速发展的现状要求核安全监管水平快速提升

随着“一带一路”及核电“走出去”战略不断深入，我国核事业也需要不断安全高效发展。按照核电中长期发展规划，到“十三五”末，我国在运核电装机容量将达到5800万千瓦，在建机组达到3000万千瓦以上，机组总数达到世界第二。可以预见，在未来一段时间内，我国新机型核电机组将陆续投入运行，放射源、射线装置数量将不断增加，核技术利用活动更加广泛。与此相适应，对核安全监督管理部门和其他有关部门的核安全监管技术能力的要求也日益提高。监管部门必须要具备相应的核安全监管技术能力，才能够实施法律法规规定的监管职责。

二、应对历史遗留的风险要求核安全监管水平快速提升

早期核设施和历史遗留放射性废物的风险不容忽视。当前，我国正在开展重点核设施退役工作，涉及一批早期核设施、一些铀矿冶设施，还有重点地区铀地质勘探设施的退役和治理任务等。历史遗留放射性废物的治理需要事故防御、污染治理、科技创新、应急响应等各个系统的综合配套，要建成技术完备的固体废物处置场，形成设计合理的处置格局。如果核安全监管水平滞后，所谓的监管就只能流于形式，不仅难以发现和预警核安全有关的问题，即便发现了，也无法提出合理的应对建议。

三、应对周边核安全的国际形势要求核安全监管水平快速提升

当前国际形势下，我国周边核安全形势十分复杂，对我国核与辐射防护监测、应急保障能力提出更大挑战，保障核安全的任务更加繁重。因此，国务院核安全监督管理部门需要不断的开展核安全监管技术的研发，包括开发和保持独立的技术分析、计算校核和实验验证等技术能力，适应新的核安全监管要求。

条文解读

核能与核技术利用事业仍在不断发展变化，核安全监管技术也要不断发展，来适应新堆型、新技术发展所带来的挑战；核能与核技术利用的经济性和安全性要求也不断提高，核安全监管领域要不断吸收采纳最新的科技研究成果，持续有效消除剩余风险，提高核安全性。

一、关于国务院核安全监督管理部门和其他有关部门应当加强核安全监管能力建设，提高核安全监管水平

核安全监管能力主要包括核安全监督能力、核安全独立试验和校核能力、辐射环境监测能力、核与辐射反恐和应急反应能力、监管技术研发能力、人员培养和培训能力、公共宣传能力、国际合作交流能力等方面，这是国务院核安全监管部门和其他有关部门履行职责，并保持可持续发展的需要。党中央高度重视核安全保障能力建设工作，将核安全保障能力建设纳入到国家安全相关能力建设规划中。在国务院发布的《核安全与放射性污染防治“十二五”规划和2020年远景目标》以及《核安全与放射性污染防治“十三五”规划和2025年远景目标》中，对核安全监管能力的建设均作出了保障性安排。

二、关于国务院核安全监督管理部门应当组织开展核安全监管技术研究开发，保持与核安全监督管理相适应的技术评价能力

加强核安全监管技术研发工作，一方面可以提高对核安全的认识，研究开发更加有效的核安全评价、监督方法，有效控制核安全风险，另一方面可以保持核安全监管人员研究问题、发现问题和解决问题的能力。国家将不断加强核安全监管技术研究开发。主要包括：

1. 不断提高审评技术能力

全面建成国家核与辐射安全监管技术研发基地。在堆芯及事故分析、概率安全分析、力学计算、临界安全分析、辐射防护计算、厂址选择、环境影响评价及应急工作中进一步提高校核计算能力。开展压水堆非能动安全系统性能验证，核安全设备、管道系统力学分析验证，数字化仪控系统验证，放射性废物安全验证。推进标准化审评方式，优化核电项目及新型核能技术安全审评，完善审评方法。

2. 完善监督监控能力

强化地区核与辐射安全监督站能力建设，改善监督站业务用房、现场检查和执法技术装备。加大概率安全分析技术成果应用，研究并试点开展风险指引型监督检查。统一各类核设施、铀矿冶设施从业人员职业照射剂量统计标准，实现归口化管理，建立全国统一的个人剂量管理系统。建设全国放射性废物管理信息系统。建立涵盖核电厂、研究堆、核燃料循环设施、核安全设备等要素在内的经验反馈信息平台，完善相关数据库，强化运行、建造事件反馈和信息经验共享。

3. 加强辐射环境监测能力

完善国家辐射环境质量监测网，推进国控辐射环境质量自动监测站建设。完善海洋辐射监测网络，强化核电厂放射性流出物对海洋生态环境影响监测。开展中央本级辐射监测能力建设，系统提升地区核与辐射安全监督站辐射监测水平，强化中央本级技术支持单位辐射监测能力。推进快速应急监测系统建设，全国所有地级市具备核与辐射应急监测快速响应能力。强化核设施外围环境监督性监测，提升监督性监测系统整体配置与性能。完善省级辐射环境监测网络建设，依法开展辐射环境监测实验室计量认证工作，省级辐射环境监测机构全部通过辐射监测能力评估和计量认证，加强重点地市级区域辐射环境监测能力建设，国家、省、区域辐射监测数据实现网络互联。

相关规定

《核安全与放射性污染防治“十三五”规划和2025年远景目标》。

第七十二条 国务院核安全监督管理部门和其他有关部门进行核安全监督检查时，有权采取下列措施：

（一）进入现场进行监测、检查或者核查；

（二）调阅相关文件、资料和记录；

（三）向有关人员调查、了解情况；

（四）发现问题的，现场要求整改。

国务院核安全监督管理部门和其他有关部门应当将监督检查情况形成报告，建立档案。

条文主旨

本条是关于核安全监督检查措施和监督检查情况报告、建立档案的规定。

立法背景

现场检查制度是核安全监督管理中的一项基本法律制度，是核安全监督管理部门和其他有关部门行使监督管理执法权的一个基本行政手段。通过对从事核安全活动单位的现场检查，可以使核安全监督管理部门和其他有关部门及时发现和处理各种违法行为，对促使从事核安全活动的单位依法加强核安全管理，积极采取措施防止核事故或者放射性污染，具有重要的作用。从20世纪80年代开始，我国就开始建立核设施营运单位现场检查制度，2003年6月颁布的《中华人民共和国放射性污染防治法》，对现场检查制度在法律上作出了明确规范。随着核安全监督管理的制度化和规范化，有关现场检查的各种行政管理规定逐步配套完善，目前已经形成了比较完整的有关现场检查的办法和程序。

条文解读

本条由两款内容组成。第 1 款是有关监督检查主体实施监督检查措施的规定，包括四项内容；第 2 款是有关要求将监督检查情况做出报告和建立档案的规定。

一、关于监督检查措施

本条第 1 款规定了四项核安全监督检查措施。其中第 1 项监督检查措施包括进入现场进行监测、检查和核查三项内容。进入现场检查首先要对现场环境进行监测，把握基础数据和信息，以便判定现场的核安全状况。监测的主要内容是核设施周围环境中所含的放射性核素的种类、浓度以及核设施流出物中的放射性核素总量，目的是确保核设施营运单位从业人员及周边公众的安全与健康。对于可疑情况或者发现的问题就要进行进一步检查，包括文件检查、现场观察、座谈采访、测量或试验等，其目的是核实和监视营运单位及有关单位的核设施物项和活动是否满足核安全管理要求和许可证件规定的条件，督促营运单位及有关单位及时纠正缺陷和异常状态，以确保核设施选址、设计、建造、调试、运行和退役符合批准的文件和有关要求。

第 2 项监督检查措施是有关调阅相关文件、资料和记录的规定。主要是指对执行程序、试验程序、质量保证记录、试验结果和数据、运行维修记录以及缺陷和异常事件等文件、资料和记录进行调阅检查。

第3项监督检查措施是向有关人员调查、了解情况的规定。主要是向营运单位及有关单位的领导、质保和质检人员以及有关人员调查了解核安全管理规定执行和实施情况，可以采取召开座谈会或者个别访谈等形式进行调查了解。

第4项监督检查措施是发现问题的，现场要求整改。主要是指针对监督检查过程中发现的不符合法律、法规规章和标准要求的事项，现场提出整改要求，督促营运单位及有关单位及时采取补救和纠正措施。

二、关于监督检查情况报告和建立档案

本条第2款规定了国务院核安全监督管理部门和其他有关部门应当将监督检查情况形成报告，建立档案。其中，检查报告是指国务院核安全监督管理部门和其他有关部门派出的核安全检查组在检查工作结束后，以规定的格式写出的检查情况书面报告，主要包括检查项目、经过、结果、评价以及对应采取的强制性措施或修改许可证件规定条件的建议等内容。检查报告经国务院核安全监督管理部门和其他有关部门批准后可以通报被检查单位。

档案是国家机构、社会组织或个人在社会活动中直接形成的有价值的各种形式的历史记录。针对核安全监督检查活动建立档案，可以完整、准确地记录和保存核设施营运单位及有关单位开展涉核活动过程的文档、数据等内容，对该单位是否符合核安全法律法规以及相关标准的规定作出准确判断。检查报告由于包含检查项目、经过、结果、评价等诸多原始数据内容，应当作为档案的重要组成部分加以妥善保管。

相关规定

《中华人民共和国放射性污染防治法》；《中华人民共和国民用核设施安全监督管理条例》；《放射性废物安全管理条例》。

第七十三条　对国务院核安全监督管理部门和其他有关部门依法进行的监督检查，从事核安全活动的单位应当予以配合，如实说明情况，提供必要资料，不得拒绝、阻挠。

条文主旨

本条是关于核安全监督检查配合义务的规定。

立法背景

核安全活动关系国计民生，影响人民群众健康及环境安全。为确保监督检查结论的全面性和客观性，作为从事核安全活动的单位，有责任、有义务对监督检查工作予以配合，说明真实情况，提供必要的资料，并且不得拒绝、阻碍、扰乱监督检查工作的进行。

本条强调的核安全监督检查的主体是法律授权的国务院核安全监督管理部门和其他有关部门，法律没有授权的部门不能成为监督检查的主体。其次监督检查要依法实施，检查的依据要符合现行有效的法律和行政法规，检查的组织、实施程序和检查的实施人员的资格要满足法律和行政法规的要求，否则被检查单位有权拒绝。依法实施的监督检查，被检查单位不得拒绝，并且有义务给予配合。

本条强调了从事核安全活动的单位在接受监督检查中的义务：应当予以配合，如实说明情况，提供必要资料。被检查单位的义务首先作为法律义务，即作为从事核安全活动的单位，必须承担接受核安全监督检查的义务，并在接受检查中主动配合；其次作为被授予行政许可的法人单位，其必须接受承担接受核安全监督检查的条件义务，行政许可授予机关对被授予行政许可的单位进行监督检查以确认许可条件得到满足是行政许可有效的必要条件。

条文解读

本条明确了从事核安全活动的单位对国务院核安全监督管理部门和其他有关部门依法进行的监督检查履行相应义务的内容，具体包括予以配合、说明情况、提供必要资料和不得拒绝、阻挠。

一、关于对国务院核安全监督管理部门和其他有关部门依法进行的监督检查，从事核安全活动的单位应当予以配合

监督检查职责是法律赋予核安全监督管理部门及其他有关部门为保证核安全而履行的职责，配合核安全监督检查是被检查单位即从事核安全活动的单位的一项重要义务，被检查的单位必须予以配合。配合的含义就是要求从事核安全活动的单位对于核安全监督管理部门和其他有关部门实施的核安全监督检查不得予以抵制，这种抵制包括主动的抵制行为和消极的抵制行为。主动的抵制行为包括各种拒绝、阻挠行为；消极抵制行为主要是对监督检查人员依法提出的要求不作为，或者不提供保证监督检查活动必要的条件。配合监督检查就是要按照核安全监督检查部门在依法履行监督检查职责时提出的合法要求予以遵守和执行，有利于监督检查部门顺利地开展工作。

二、关于如实说明情况

实施监督检查的部门在履行监督检查职责进行检查过程中需要了解一些情况。按照本条规定，从事核安全活动的单位应当对检查部门提出了解相关情况的要求予以遵守，如实说明情况；对于检查部门未发现和未提出的问题，如果从事核安全活动的单位认为必要的，也应当主动向检查部门说明情况。对于被检查单位主动说明的情况，检查部门应当认真听取，记录在案，并对主动说明情况的单位予以肯定。说明情况应当抓住重点、简明扼要。但对于检查部门需要详细了解的情况应当详细说明。说明情况应当实事求是，不得伪造事实，在说明情况时伪造事实的人员和单位，将承担相应的法律后果。

三、关于提供必要资料

为了保证监督检查工作准确、详实，并有利于研究情况和后续跟踪情况进展，从事监督检查的部门需要被检查单位提供必要的资料。这里的提供包括两种情况：一是现场提供使用；二是依法对有关材料进行提交带走。对于监督检查部门依法提出的提供资料的合理要求，被检查的单位及其人员应当予以提供。对提交带走的资料，应当办理相关手续。前述两种情况的任意一种情况下，所要提供的资料涉及国家秘密的，需要符合国家有关保密规定，防止泄密。对因提供资料导致泄露国家秘密的，相关单位和人员应当承担法律后果。同样，实施监督检查职责的部门也应当保护被检查单位的商业秘密，否则要承担相应的法律责任。提供资料需要有的放矢，避免过多提供造成时间、人力、资源等方面的浪费。一方面，监督检查部门应当准确提出所应提供资料的范围；另一方面，被要求提供资料的单位及人员应当提出有关提供资料的合理建议，对于与监督检查活动有直接关系的资料，在监督检查部门未提出要求的情况下，被检查单位应当主动予以提供。被要求提供资料的单位及人员不得对提供资料弄虚作假，否则应当承担相应的法律责任。

四、关于不得拒绝和阻挠

根据本条规定，对于国务院核安全监督管理部门和其他有关部门依法进行的核安全监督检查，从事核安全活动的单位不得拒绝、阻挠。这里所说的拒绝、阻挠的形式有多种，如拖延、围堵、滞留执法人员、故意逃避、设置障碍、采用暴力或者非暴力的手段进行抗拒，等等。只要其目的是为了拒绝监督检查而采取的作为或者不作为行为，都属于拒绝、阻挠监督检查的行为。如前所述，核安全监督检查是法律赋予核安全监督管理部门及其他有关部门为保证核安全而履行的职责，也是被检查单位即从事核安全活动的单位的一项重要义务。这一规定属于法律的强制性规定，体现法律的强制功能。对于采取拒绝或者阻挠核安全监督检查的任何行为，包括作为和不作为，都要承担相应的法律责任。法律规定的不得拒绝和阻挠，表明了一种必须服从的强制性要求。在本条明确了从事核安全活动的单位应当予以配合的前提下又进一步做出不得拒绝、阻挠的规定，一方面是从相反的方面说明配合的含义；另一方面是要特别强调对拒绝和阻挠行为的禁止。

相关规定

《中华人民共和国放射性污染防治法》；《中华人民共和国民用核设施安全监督管理条例》。

第七十四条　核安全监督检查人员应当忠于职守，勤勉尽责，秉公执法。

核安全监督检查人员应当具备与监督检查活动相应的专业知识和业务能力，并定期接受培训。

核安全监督检查人员执行监督检查任务，应当出示有效证件，对获知的国家秘密、商业秘密和个人信息，应当依法予以保密。

条文主旨

本条是对核安全监督检查人员的要求。

立法背景

核安全监督检查人员是保障核安全监督检查工作能够有效开展的基础，而核安全监督检查人员自身的政治品质和职业道德素养以及专业能力至关重要。没有良好的政治品质和职业道德素养，难以保障核安全监督检查人员恪尽职守；没有较深的专业知识和较高的业务能力，难以开展工作，也就难以保障核安全。

条文解读

本条分为3款：第1款规定了从事核安全监督检查的人员的基本职业道德和原则要求，第2款规定了对从事核安全监督检查的人员的能力要求，第3款规定了从事核安全监督检查的人员的执法要求及保密义务。

核安全监督检查是监管部门履行安全监管职责，为了确保有关设施、活动符合核安全法律法规的要求，除了从事核安全有关活动的单位自觉遵守、按要求报告以外，核安全监督部门还需要主动进行监督检查。这是核安全的重要保障，是核安全监管的前沿阵地。对进行监督检查的人员法律也应当对此提出相关要求。世界各国相关立法中也均有此类规定。

一、关于核安全监督检查人员应当忠于职守，勤勉尽责，秉公执法

本条第1款规定了从事核安全监督检查的人员的基本职业道德和原则要求，包括忠于职守，勤勉尽责，秉公执法。因此，本条第1款即首先对从事监督检查人员的政治素养和职业道德品质提出严格要求。这一要求包括三方面内容：一是要忠于职守，就是要坚守自己的岗位，热爱自己的本职工作，具有良好的敬业精神，对事业忠诚。二是要勤勉尽责，按照汉语词汇的解释，勤勉是指努力不懈、勤劳不懈。从事核安全监督检查人员不仅要有智慧，而且要勤奋，通过勤奋来发现核安全隐患，勤能补拙。尽责，即尽职尽责，就是要努力担负起自己应尽的职责。是否尽职尽责是对核安全监督检查人员工作态度和职业素养的重要考核标准，也是核安全监督检查人员是否胜任本职工作的重要条件。不能尽职尽责就不可能完成好本职工作，不可能发现工作中的问题，相反会造成工作上的失误，甚至事故和问题。三是要秉公执法，其反义词是徇私枉法。徇私枉法是导致社会不公平、秩序混乱，甚至社会不安定的重要根源之一。因此，古今中外各类政府对其公务人员的基本要求就是要秉公执法，反对徇私枉法和贪赃枉法。秉公执法也是执法工作的基本条件和基本保障，不能秉公执法就不能公平执法，就会带来问题。核安全监督检查人员作为执法人员的组成部分，最基本的执法准则就是要秉公执法，以防范因为徇私枉法导致核安全隐患。因此，本条把忠于职守、勤勉尽责、秉公执法作为核安全监督检查人员政治品质和职业道德素养的重要内容，在第 1 款中予以明确。

二、关于核安全监督检查人员应当具备与监督检查活动相应的专业知识和业务能力，并定期接受培训

这是对从事核安全监督检查的人员的能力要求，包括具备与监督检查活动相应的专业知识和业务能力。由于对核设施等进行监督检查的专业性强，对核安全监督检查人员的专业要求较高，因此，专门规定了安全监督检查的人员的能力要求。同时，为了确保和提高我国核安全监督检查人员的专业知识水平和业务能力，还要求其要定期接受培训。国务院环境保护部核安全局每年都组织培训，对提高监督检查人员的业务能力起到了良好的效果。

三、关于核安全监督检查人员执行监督检查任务，应当出示有效证件，对获知的国家秘密、商业秘密和个人信息，应当依法予以保密

规定了从事核安全监督检查的人员的执法要求及保密义务。参与监督检查的人员在执行公务时，应当履行相应程序，出示相关执法证件，向被监督检查的单位说明身份。同时，监督检查活动中所了解到的一切国家秘密、商业秘密和个人信息，不得泄露，以避免给国家、单位和个人造成损害。

相关规定

《中华人民共和国放射性污染防治法》；《中华人民共和国民用核设施安全监督管理条例》；《放射性物品运输安全管理条例》；《放射性同位素射线装置安全和防护条例》。

第七章 法律责任

第七十五条 违反本法规定，有下列情形之一的，对直接负责的主管人员和其他直接责任人员依法给予处分：

（一）国务院核安全监督管理部门或者其他有关部门未依法对许可申请进行审批的；

（二）国务院有关部门或者核设施所在地省、自治区、直辖市人民政府指定的部门未依法公开核安全相关信息的；

（三）核设施所在地省、自治区、直辖市人民政府未就影响公众利益的重大核安全事项征求利益相关方意见的；

（四）国务院核安全监督管理部门或者其他有关部门未将监督检查情况形成报告，或者未建立档案的；

（五）核安全监督检查人员执行监督检查任务，未出示有效证件，或者对获知的国家秘密、商业秘密、个人信息未依法予以保密的；

（六）国务院核安全监督管理部门或者其他有关部

门，省、自治区、直辖市人民政府有关部门有其他滥用职权、玩忽职守、徇私舞弊行为的。

条文主旨

本条是关于核安全监督管理部门或者其他部门、地方政府及有关部门不依法履行职责的法律规定。

立法背景

本法制定过程中，各方面的意见普遍认为，在核安全领域，应当强化有关监督管理部门的权限，充分发挥行政管理的积极作用。本法对核安全规定了许可管理等制度措施，赋予核安全监督管理部门和其他相关部门实施相关监督管理职权。但本着有权必有责、失职失责必追究的原则，法律在赋予有关监督管理部门权力的同时，必须依照“权责相适应”的要求，明确有关部门不依法履行监督管理职责时所应承担的法律责任。

条文解读

一、关于责任主体

承担本条规定的法律责任的主体是有关核安全监督管理部门或者其他部门、地方政府及有关部门的直接负责的主管人员和其他直接责任人员。直接负责的主管人员是指直接组织实施了本条规定的违法行为的领导人员。其他直接责任人员是指虽非直接领导者，但对实施本条规定的违法行为负有直接责任的人员。

具体包括：一是国务院核安全监督管理部门或者其他有关

部门的直接负责的主管人员和其他直接责任人员，如本法第22条第2款规定的对许可申请进行审批的部门的直接负责的主管人员和其他直接责任人员，第72条第2款规定的应当将监督检查情况形成报告，建立档案的有关部门的直接负责的主管人员和其他直接责任人员；二是核设施所在地省、自治区、直辖市人民政府或其指定的部门的直接负责的主管人员和其他直接责任人员；三是核安全监督检查人员，如本法第74条第3款规定的执行监督检查任务的核安全监督检查人员。

二、关于违法行为

本条规定的违法行为，具体包括：

一是未依法对许可申请进行审批的。核能应用的前提是确保安全，而核安全许可证是确保核安全的必要条件。在本法中，核安全许可涉及核设施的建造、运行、民用核设备安全、放射性物品运输等多方面，这些行政许可的决定机关接到当事人申请后，应当依法进行审查。这里所说的“依法”有两方面的含义：首先，就审批权限而言，国务院核安全监督管理部门或者其他有关部门必须在本法授权的范围内作出行政许可或者办批准文件，不得超越权限。其次，国务院核安全监督管理部门或者其他有关部门作出行政许可或者办理批准文件必须符合中华人民共和国行政许可法等法律的规定。“不依法做出行政许可决定”也包括两方面的含义，既包括应许可而不许可的行政不作为，也包括不依法许可的行政乱作为。

二是未依法公开核安全相关信息的。本法第63条第1款、第2款规定“国务院有关部门及核设施所在地省、自治区、直辖市人民政府指定的部门应当在各自职责范围内依法公开核安全相关信息。国务院核安全监督管理部门应当依法公开与核安全有关的行政许可，以及核安全有关活动的安全监督检查报告、总体安全状况、辐射环境质量和核事故等信息。”依法公开核安全相关信息，不仅能够保障公民的知情权，消除公众对于核活动的陌生感和恐惧感，更有利于树立良好的政府形象、监督政府更好履职。我国环境保护法、政府信息公开条例等多部法律法规对信息公开进行了规定。本款规定的违法情形有两种，一是不依法公开环境信息，包括公开环境信息不全面；二是不依法如实公开环境信息，逃避公众监督，都应当承担法律责任。

三是未就影响公众利益的重大核安全事项征求利益相关方意见的。本法第 66 条第 2 款规定了“核设施所在地省、自治区、直辖市人民政府应当就影响公众利益的重大核安全事项举行听证会、论证会、座谈会，或者采取其他形式征求利益相关方的意见，并以适当形式反馈。”征求意见是公众参与的重要形式。对于未就影响公众利益的重大核安全事项征求利益相关方意见的，应当承担法律责任。

四是未将监督检查情况形成报告，或者未建立档案的。本法第 72 条规定了，国务院核安全监督管理部门和其他有关部门进行核安全监督检查时，应当将监督检查情况形成报告，建立档案。监督检查情况报告或档案是政府行政监督执法的重要记录，也是重要凭证和参考。未形成或建立的，应当承担法律责任。

五是未出示有效证件，或者对获知的国家秘密、商业秘密、个人信息未依法予以保密的。本法第 74 条第 3 款规定，核安全监督检查人员执行监督检查任务，应当出示有效证件，对获知的国家秘密、商业秘密和个人信息，应当依法予以保密。核安全监督检查部门和有关人员检查过程中，实施的行为具有强制性，被检查单位不能拒绝，但是检查部门和人员也负有一定的义务，一是出示有效证件，证明检查人员的身份，二是有义务对获知的国家秘密、商业秘密和个人信息保守秘密。

六是其他滥用职权、玩忽职守、徇私舞弊行为的。本款为兜底条款，对于上述情形以外的违法行为，涉及滥用职权、玩忽职守、徇私舞弊的，也应当承担法律责任。滥用职权是指国家机关工作人员故意超越职权范围行使职权或者不适当地行使职权，致使公共财产、国家和人民利益遭受损失的违法行为。玩忽职守是指国家工作人员不履行或者不正确履行法律所赋予的职责，构成违法失职行为，致使公共财产、国家和人民利益受到损失的行为。徇私舞弊是指为徇私利或亲友私情，不按照法律法规规定办事，使国家和人民利益受到损失的行为。

三、关于法律责任

法律责任是指行为人实施的行为违反法律规定所应承担的否定性法律后果。包括刑事责任、民事责任和行政责任三种。因为所涉及的具体行为在环境保护法、行政许可法等法律中都有了规定，所以本条未明确具体责任，只是做了衔接性规定。本条涉及的主要法律还包括公务员法。公务员法规定了对直接负责的主管人员和其他责任人员的行政处分。行政处分是指行政机关内部上级对下级以及监察机关、人事部门按照行政隶属关系，对违反政纪的人员依法给予的一种法律制裁，包括记过、记大过、降职、撤职、开除等处分方式。如果违反刑法，有关国家机关工作人员还应当承担刑事责任，主要包括滥用职权罪和玩忽职守罪。

相关规定

《中华人民共和国刑法》；《中华人民共和国公务员法》；《中华人民共和国行政许可法》；《中华人民共和国环境保护法》；《中华人民共和国政府信息公开条例》。

第七十六条　违反本法规定，危害核设施、核材料安全，或者编造、散布核安全虚假信息，构成违反治安管理行为的，由公安机关依法给予治安管理处罚。

条文主旨

本条是关于危害核设施、核材料安全，或者编造、散布核安全虚假信息的法律责任的规定。

立法背景

本条涉及核安保的有关内容。核安保是指防止、侦查和应对涉及核材料和其他放射性物质或相关设施的偷窃、蓄意破坏、未经授权的接触、非法转让或其他恶意行为，以及防范恐怖分子获取核材料、破坏核设施等。

近年来，有关核安保的国际法律文书相继出台，一些核能发达国家制定或修订了一大批核安保相关专门法规。美国联邦政府2013年5月28日发布了美国联邦法规第10号的最新版本，其中第73部分“核电站与核材料的实物保护”于1979年首次发布，之后又经过多次修订。我国在刑法、放射性污染防治法、治安管理处罚法、突发事件应对法、核材料管制条例、放射性废物安全管理条例、放射性物品运输安全管理条例、企业事业单位内部治安保卫条例和大型群众性活动安全管理条例中都涉及有关内容。

条文解读

一、关于责任主体和违法行为

对于危害核设施安全和核材料安全的责任主体是单位和个人，对于编造、散布核安全虚假信息的责任主体是公民、法人和其他组织。

本法第11条第1款规定，任何单位和个人不得危害核设施、核材料安全。第68条第2款规定，公民、法人和其他组织不得编造、散布核安全虚假信息。随着中国核能事业的发展，核能规模不断扩大，核设施类型不断丰富，核材料使用量显著增加，保证核设施、核材料安全的重要性凸显。而编造、散布核安全虚假信息，诱发公众心理恐慌，危害社会稳定与安全。因此，对这两类行为，需要严厉处罚。

二、关于法律责任

本条是与治安管理处罚法的衔接性规定。治安管理处罚法第25条规定，散布谣言，谎报险情、疫情、警情或者以其他方法故意扰乱公共秩序的；投放虚假的爆炸性、毒害性、放射性、腐蚀性物质或者传染病病原体等危险物质扰乱公共秩序的；处五日以上十日以下拘留，可以并处五百元以下罚款；情节较轻的，处五日以下拘留或者五百元以下罚款：治安管理处罚由县级以上人民政府公安机关决定；其中警告、五百元以下的罚款可以由公安派出所决定。依照治安管理处罚法的规定，违反治安管理有下列情形之一的，可以减轻处罚或者不予处罚：情节特别轻微的；主动消除或者减轻违法后果，并取得被侵害人谅解的；出于他人胁迫或者诱骗的；主动投案，向公安机关如实陈述自己的违法行为的；有立功表现的。有下列情形之一的，从重处罚：有较严重后果的；教唆、胁迫、诱骗他人违反治安管理的；对报案人、控告人、举报人、证人打击报复的；六个月内曾受过治安管理处罚的。当然，被处罚人对治安管理处罚决定不服的，可以依法申请行政复议或者提起行政诉讼。

相关规定

《中华人民共和国治安管理处罚法》。

第七十七条 **违反本法规定，有下列情形之一的，由国务院核安全监督管理部门或者其他有关部门责令改正，给予警告；情节严重的，处二十万元以上一百万元以下的罚款；拒不改正的，责令停止建设或者停产整顿：**

（一）核设施营运单位未设置核设施纵深防御体系的；

（二）核设施营运单位或者为其提供设备、工程以及服务等的单位未建立或者未实施质量保证体系的；

（三）核设施营运单位未按照要求控制辐射照射剂量的；

（四）核设施营运单位未建立核安全经验反馈体系的；

（五）核设施营运单位未就涉及公众利益的重大核安全事项征求利益相关方意见的。

条文主旨

本条是关于核设施营运单位有关法律责任的规定。

立法背景

核设施营运单位是指在中华人民共和国境内，申请或者持有核设施安全许可证，可以经营和运行核设施的单位。核设施营运单位从事核能开发利用活动并具有确保核安全的义务。

条文解读

一、关于责任主体

本条规定的主要责任主体是核设施营运单位。涉及实施质量保证体系的，责任主体为核设施营运单位或者为其提供设备、工程以及服务等的单位。

二、关于违法行为

本条规定的违法行为具体包括：

一是核设施营运单位未设置核设施纵深防御体系的。本法

第16条第1款规定，核设施营运单位应当依照法律、行政法规和标准的要求，设置核设施纵深防御体系，有效防范技术原因、人为原因和自然灾害造成的威胁，确保核设施安全。违反上述规定，应当按照本条规定承担法律责任。

二是核设施营运单位或者为其提供设备、工程以及服务等的单位未建立或者未实施质量保证体系的。第17条规定核设施营运单位和为其提供设备、工程以及服务等的单位应当建立并实施质量保证体系，有效保证设备、工程和服务等的质量，确保设备的性能满足核安全标准的要求，工程和服务等满足核安全相关要求。违反上述规定，应当按照本条规定承担法律责任。

三是核设施营运单位未按照要求控制辐射照射剂量的。第18条规定核设施营运单位应当严格控制辐射照射，确保有关人员免受超过国家规定剂量限值的辐射照射，确保辐射照射保持在合理、可行和尽可能低的水平。违反上述规定，应当按照本条规定承担法律责任。

四是核设施营运单位未建立核安全经验反馈体系的。第35条第3款规定，核设施营运单位应当建立核安全经验反馈体系。违反上述规定，应当按照本条规定承担法律责任。

五是核设施营运单位未就涉及公众利益的重大核安全事项征求利益相关方意见的。第66条第1款规定，核设施营运单位应当就涉及公众利益的重大核安全事项通过问卷调查、听证会、论证会、座谈会，或者采取其他形式征求利益相关方的意见，并以适当形式反馈。核营运单位及相关单位应当遵守上述规定，否则应当承担相应的法律责任。

三、关于法律责任

违反本法规定，有上述五种违法行为之一的，由国务院核安全监督管理部门或者其他有关部门责令改正，给予警告；情节严重的，处二十万元以上一百万元以下的罚款；拒不改正的，责令停止建设或者停产整顿。

首先，本条规定的执法主体是国务院核安全监督管理部门或者其他有关部门。

其次，对于上述五种违法行为之一的责任追究主要是三种行政处罚。一是责令改正，给予警告。关于责令改正，根据行政处罚法第二十三条的规定，行政机关在实施行政处罚时，应当责令当事人改正或者限期改正违法行为。二是罚款，国务院核安全监督管理部门或者其他有关部门可以在本条规定的二十万元以上一百万元以下的罚款幅度范围内，根据违法行为的情节等因素决定罚款的具体数额。三是对拒不改正的，责令停止建设或者停产整顿。

需要注意的是，本条法律责任规定的核心是责令改正、给予警告；情节严重的处以罚款，而拒不改正的，则给予更为严厉的责令停止建设或者停产整顿的处罚。

相关规定

《中华人民共和国行政处罚法》。

第七十八条 违反本法规定，在规划限制区内建设可能威胁核设施安全的易燃、易爆、腐蚀性物品的生产、贮存设施或者人口密集场所的，由国务院核安全监督管理部门责令限期拆除，恢复原状，处十万元以上五十万元以下的罚款。

条文主旨

本条是关于在核设施规划限制区内建设可能威胁核设施安全的设施或场所的法律责任的规定。

立法背景

由于动力厂等重要核设施的风险级别相对较高，而且一旦遭到破坏可能引发严重的核事故，需要对其进行特殊的安全保护。重要的措施就是划定规划限制区，即在重要核设施的周围划定一定范围的区域，禁止在该区域内从事某些活动。这些活动包括建设可能对核设施存在威胁的生产经营设施，如易燃、易爆、易腐物品的生产、贮存设施；也包括建设虽然不会对核设施造成威胁的设施，但一旦发生核事故，人员疏散困难的设施，如人口密集设施，如大型的旅游、娱乐设施、监狱、医院等，从而减少核事故造成的人员伤害。

有关规划限制区的规定并不是核安全法的首创。我国放射性污染防治法第 23 条规定：核动力厂等重要核设施外围地区应当划定规划限制区。规划限制区的划定和管理办法，由国务院规定。但实践中，这部配套法规迟迟没有出台。随着我国经济社会的发展，不少核设施外围地区的建筑日益接近，对规划限制区划定和管理的要求也显得更加迫切。

我国实践中已经有相关的做法，如《浙江省核电厂辐射环境保护条例》（2002）第 17 条规定，省人民政府根据国家有关规定和核电厂发展的需要划定规划限制区。核电厂所在地县级以上人民政府应当采取措施，控制规划限制区内人口的机械增长。禁止在规划限制区内建设易燃、易爆、易腐物品的生产、贮存设施和大型的旅游、娱乐设施。在本法中明确对重要核设施划定规划限制区具有重要意义。因此，本法明确法律责任具有重要意义。

条文解读

一、关于本条规定的违法行为主体

本条规定的违法行为主体是公民、法人和其他组织。

二、关于本条规定的违法行为构成

根据本条的规定，本违法行为的构成，为“在规划限制区内建设可能威胁核设施安全的易燃、易爆、腐蚀性物品的生产、贮存设施或者人口密集场所的”。本法第 21 条明确规定：“省、自治区、直辖市人民政府应当对国家规划确定的核动力厂等重要核设施的厂址予以保护，在规划期内不得变更厂址用途。省、自治区、直辖市人民政府应当在核动力厂等重要核设施周围划定规划限制区，经国务院核安全监督管理部门同意后实施。禁止在规划限制区内建设可能威胁核设施安全的易燃、易爆、腐蚀性物品的生产、贮存设施以及人口密集场所。”

三、关于本条规定的行政责任

根据本条的规定，构成本违法行为的，即“在规划限制区内建设可能威胁核设施安全的易燃、易爆、腐蚀性物品的生产、贮存设施或者人口密集场所的”，由国务院核安全监督管理部门给予以下处罚：

第一，限期拆除，恢复原状。根据行政处罚法第 23 条的规定：“行政机关实施行政处罚时，应当责令当事人改正或者限期改正违法行为。”

第二，并处罚款。对于在规划限制区内建设可能威胁核设施安全的易燃、易爆、腐蚀性物品的生产、贮存设施或者人口密集场所的违法行为，除了责令停业整顿外，还要由国务院核安全监督管理部门“并处”罚款。罚款的数额为“十万元以上五十万元以下”。

本条规定的“禁止在规划限制区内建设可能威胁核设施安全的易燃、易爆、腐蚀性物品的生产、贮存设施以及人口密集场所”，是指在核设施规划限制区内贮存、生产、包括运输易燃、易爆、腐蚀性物品的或者建设人口密集场所，应对其进行评估，要对其量进行控制，超过一定量的，判断事故情况下是否会影响到核设施的安全，如果可能威胁到核设施的安全，应当一律禁止建设。

相关规定

《中华人民共和国放射性污染防治法》；《浙江省核电厂辐射环境保护条例》。

第七十九条 违反本法规定，核设施营运单位有下列情形之一的，由国务院核安全监督管理部门责令改正，处一百万元以上五百万元以下的罚款；拒不改正的，责令停止建设或者停产整顿；有违法所得的，没收违法所得；造成环境污染的，责令限期采取治理措施消除污染，逾期不采取措施的，指定有能力的单位代为履行，所需费用由污染者承担；对直接负责的主管人员和其他直接责任人员，处五万元以上二十万元以下的罚款：

（一）未经许可，从事核设施建造、运行或者退役等活动的；

（二）未经许可，变更许可文件规定条件的；

（三）核设施运行许可证有效期届满，未经审查批准，继续运行核设施的；

（四）未经审查批准，进口核设施的。

条文主旨

本条是关于违反许可管理的法律责任的规定。

立法背景

行政许可，是指行政机关根据公民、法人或者其他组织的申请，经依法审查，准予其从事特定活动的行为。行政许可是行政机关依法对社会、经济事务实行事前监督管理的一种重要手段，设定和实施行政许可，应当依照法定的权限、范围、条件和程序，应当遵循公开、公平、公正的原则。公民、法人或者其他组织对行政机关实施行政许可，享有陈述权、申辩权；有权依法申请行政复议或者提起行政诉讼；其合法权益因行政机关违法实施行政许可受到损害的，有权依法要求赔偿。与之相对应，法律规定应当取得许可，行为人未经许可，或者违反许可规定从事特定行为的，应当承担相应法律责任。

条文解读

一、关于本条规定的违法行为主体

本条规定的违法行为主体是核设施营运单位。

二、关于本条规定的违法行为构成

本条规定了四种违法行为：

1. 未经许可，从事核设施建造、运行或者退役等活动的。第22条第1款和第2款规定："国家建立核设施安全许可制度。核设施营运单位进行核设施选址、建造、运行、退役等活动，应当向国务院核安全监督管理部门申请许可。核设施营运单位要求变更许可文件规定条件的，应当报国务院核安全监督管理部门批准。"

2. 未经许可，变更许可文件规定条件的。第22条第3款规定："核设施营运单位要求变更许可文件规定条件的，应当报国务院核安全监督管理部门批准。"

3. 核设施运行许可证有效期届满，未经审查批准，继续运行核设施的。第26条第2款规定："核设施建造许可证的有效期不得超过十年。有效期届满，需要延期建造的，应当报国务院核安全监督管理部门审查批准。但是，有下列情形之一且经评估不存在安全风险的除外：（一）国家政策或者行为导致核设施延期建造；（二）用于科学研究的核设施；（三）用于工程示范的核设施；（四）用于乏燃料后处理的核设施。”

4. 未经审查批准，进口核设施的。第 31 条第 1 款规定：“进口核设施，应当满足中华人民共和国有关核安全法律、行政法规和标准的要求，并报国务院核安全监督管理部门审查批准。”对于进口核设施的设计、技术、安全等要符合我国法规标准的要求，有两种审查模式：一种是在合同签署之前进行通用安全审查；另一种是针对具体的项目，一旦项目确定以后，即按照国内核设施的审查流程对项目进行安全审查。

三、关于本条规定的行政责任

核安全法规定的处罚措施包括罚款、没收违法所得、代履行以及“双罚制”。

罚款数额为“一百万元以上五百万元以下”，具体罚款数额视违法情节严重性而定。如果有违法所得，还应当没收违法所得。

如果有违法所得并且已经造成了环境污染，则应当同时处以罚款、没收违法所得以及责令限期采取治理措施消除污染，逾期不采取措施的，指定有能力的单位代为履行，所需费用由污染者承担。

代履行是指义务人逾期不履行行政法义务，由他人代为履行可以达到相同目的的，行政机关可以自己代为履行或者委托第三人代为履行，向义务人征收代履行费用的强制执行制度。代履行主要适用于该行政法义务属于可以由他人代替履行的作为义务，例如排除障碍、恢复原状、强制拆除等。对于不能够由他人替代的义务和不作为义务，特别是与人身有关的义务，不能适用代履行。本条只规定了行政机关“指定有能力的单位代为履行”，没有规定行政机关自己代履行。

根据行政强制法第51条的规定，代履行应当遵守下列规定：(1) 代履行前送达决定书，代履行决定书应当载明当事人的姓名或者名称、地址，代履行的理由和依据、方式和时间、标的、费用预算以及代履行人；(2) 代履行三日前，催告当事人履行，当事人履行的，停止代履行；(3) 代履行时，作出决定的行政机关应当派员到场监督；(4) 代履行完毕，行政机关到场监督的工作人员、代履行人和当事人或者见证人应当在执行文书上签名或者盖章。代履行的费用按照成本合理确定，由当事人承担。但是，法律另有规定的除外。代履行不得采用暴力、胁迫以及其他非法方式。

本条还规定了行政处罚的“双罚制”。所谓行政处罚的“双罚制”，是指对于单位违法的，不仅应依法对单位实施处罚，而且还应对单位负责的主管人员和其他直接责任人也要依法给予处罚的法律责任制度。根据本条规定，单位存在本条规定的违法行为的，除对单位本身进行处罚之外，还应当对直接负责的主管人员和其他直接责任人员，处五万元以上二十万元以下的罚款。其中，“直接负责的主管人员”一般指单位的法定代表人或者分管领导，“其他直接责任人员”一般指单位中直接实施违法行为的工作人员。

相关规定

《中华人民共和国行政许可法》；《中华人民共和国行政强制法》。

第八十条 违反本法规定，核设施营运单位有下列情形之一的，由国务院核安全监督管理部门责令改正，给予警告；情节严重的，处五十万元以上二百万元以下的罚款；造成环境污染的，责令限期采取治理措施消除污染，逾期不采取措施的，指定有能力的单位代为履行，所需费用由污染者承担：

（一）未对核设施进行定期安全评价，或者不接受国务院核安全监督管理部门审查的；

（二）核设施终止运行后，未采取安全方式进行停闭管理，或者未确保退役所需的基本功能、技术人员和文件的；

（三）核设施退役时，未将构筑物、系统或者设备的放射性水平降低至满足标准的要求的；

（四）未将产生的放射性固体废物或者不能经净化排放的放射性废液转变为稳定的、标准化的固体废物，及时送交放射性废物处置单位处置的；

（五）未对产生的放射性废气进行处理，或者未达到国家放射性污染防治标准排放的。

条文主旨

本条是关于核设施营运单位关于定期安全评价、停闭、退役、废物处置等方面违法行为法律责任的规定。

立法背景

应该说，我国的涉核企业保持着良好的核安全记录，在役核设施严格执行核安全运行限值和许可证条件，实现了安全稳定运行。在运核电机组运行指标均达到 WANO 中值以上，部分运行指标达到 WANO 先进水平，秦三厂 1 号机组、秦三厂 2 号机组、秦二厂 3 号机组多次在全球 400 多台运行机组 WANO 指标综合排名第一。核安全法明确规定，核设施营运单位要对核安全负全面责任，其他相关单位要负相应责任。因此，各涉核企事业单位都要切实承担起各自的法律责任，严格落实法律法规规定的各项要求，认真执行相关核安全标准和管理制度，安全稳定运行核设施，依法开展核活动，并对违法行为依法承担法律责任。

条文解读

本条是对核设施营运单位不按照规定进行定期安全评价，或者不接受国务院核安全监督管理部门的审查，或者未对已经终止运行的核设施采取安全方式的停闭管理，或者核设施退役时放射性水平不能满足国家标准要求，或者不依法处置放射性固体废物或放射性废液、放射性废气等义务的违法行为应当承担的法律责任的规定。

一、关于本条规定的违法行为主体

本条规定的违法行为主体是核设施营运单位。

二、关于本条规定的违法行为构成

本条规定了四种违法行为：

1. 未对核设施进行定期安全评价，或者不接受国务院核安全监督管理部门审查的。核安全法第 16 条第 2 款规定："核设施营运单位应当对核设施进行定期安全评价，并接受国务院核安全监督管理部门的审查。"《核动力厂运行安全规定》(HAF103) 规定了在核动力厂整个寿期内考虑到运行经验和从所有相关来源得到的新的重要安全信息，营运单位必须根据管理要求对核动力厂进行系统的安全重新评价，并且规定这种评价必须采取定期安全审查的方式。《核动力厂定期安全审查》(HAD103 - 11) 对于运行核动力厂的定期安全审查进行了规定，要求对所有安全重要方面定期（一般为 10 年）进行综合性安全审查。研究堆和放射性废物处理设施也要求进行定期安全审查。如果核设施营运单位未按照法律要求对核设施进行定期安全评价，或者不接受国务院核安全监督管理部门审查的，应依照本条规定承担法律责任。

2. 核设施终止运行后，未采取安全方式进行停闭管理，或者未确保退役所需的基本功能、技术人员和文件的。核安全法第 29 条规定："核设施终止运行后，核设施营运单位应当采取安全的方式进行停闭管理，保证停闭期间的安全，确保退役所需的基本功能、技术人员和文件。"核设施终止运行后，核设施营运单位没有采取安全的方式进行停闭管理，未采取措施确保退役所需的基本功能、技术人员和文件，应依照本条规定承担法律责任。

3. 核设施退役时，未将构筑物、系统或者设备的放射性水平降低至满足国家标准要求的。核安全法第 30 条第 2 款规定："核设施退役时，核设施营运单位应当按照合理、可行和尽可能低的原则处理、处置核设施场址的放射性物质，将构筑物、系统和设备的放射性水平降低至满足标准的要求。"核设施退役时，核设施营运单位应该采取措施将核设施相关的构筑物、系统和设备的放射性水平降低至国家标准的要求，如果未达到国家标准要求，应依照本条规定承担法律责任。

4. 未将产生的放射性固体废物或者不能经净化排放的放射性废液转变为稳定的、标准化的固体废物，及时送交放射性废物处置单位处置的。核安全法第 44 条第 1 款规定："核设施营运单位应当对其产生的放射性固体废物和不能经净化排放的放射性废液进行处理，使其转变为稳定的、标准化的固体废物后，及时送交放射性废物处置单位处置。"核设施营运单位不仅有义务对其产生的放射性固体废物和不能经净化排放的放射性废液进行处理，使其转变为稳定的、标准化的固体废物，而且还有义务及时送交放射性废物处置单位处置。不按照上述规定处理或者及时送交放射性废物的，应当承担相应的法律责任。

5. 未对产生的放射性废气进行处理，或者未达到国家放射性污染防治标准排放的。核安全法第 44 条第 2 款规定："核设施营运单位应当对其产生的放射性废气进行处理，达到国家放射性污染防治标准后，方可排放。”

三、关于本条规定的行政责任

1. 责令改正的同时给予警告或者罚款。根据本条规定，有上述所列行为之一的，由国务院核安全监督管理部门责令改正，给予警告。情节严重的处以罚款，罚款幅度五十万元以上二百万元以下。

2. 责令限期治理。核设施营运单位如果有以上违法行为，并且造成环境污染的，国务院核安全监督管理部门在采取以上处罚措施外，还应当责令其限期采取治理措施消除污染。

3. 代履行。在责令限期治理的情况下，核设施营运单位逾期不采取措施的，经过催告后仍不履行的，国务院核安全监督管理部门可以指定有消除污染能力的单位代履行核设施营运单位的污染治理义务，消除污染所需费用由核设施营运单位承担。所谓代履行是指法定义务人拒不履行或者履行法定义务达不到规定的要求，行政机关指定其他有履行能力的单位代为履行，履行费用由法定义务人承担的制度。它是一种间接的行政强制措施，是保证法定义务人履行义务的一种有效手段，在国外立法中已被广泛采用。

相关规定

《民用核安全设备监督管理条例》。

第八十一条 违反本法规定，核设施营运单位未对核设施周围环境中所含的放射性核素的种类、浓度或者

核设施流出物中的放射性核素总量实施监测，或者未按照规定报告监测结果的，由国务院环境保护主管部门或者所在地省、自治区、直辖市人民政府环境保护主管部门责令改正，处十万元以上五十万元以下的罚款。

条文主旨

本条是关于核设施营运单位违法监测法律责任的规定。

立法背景

监测是保护环境的基础工作，是推进生态文明建设的重要支撑。放射性核素监测数据是客观评价辐射质量状况、反映污染治理成效、实施环境管理与决策的基本依据。当前，有些排污单位在监测数据弄虚作假，监测机构服务水平也良莠不齐，导致环境监测数据质量问题突出，制约了核安全管理水平的提高。为切实提高环境监测数据质量，核安全明确规定核设施营运单位违法监测的法律责任。

根据法律规定，核设施营运单位要按照法律法规和相关监测标准规范开展自行监测，制定监测方案，保存完整的原始记录、监测报告，对数据的真实性负责，并按规定公开相关监测信息。对通过篡改、伪造监测数据等逃避监管方式违法排放污染物的，有关部门依法实施处罚。

条文解读

一、关于本条规定的违法行为主体

本条规定的违法行为主体是核设施营运单位。

二、关于本条规定的违法行为构成

依照核安全法第19条规定，核设施营运单位应当对核设施周围环境中所含的放射性核素的种类、浓度以及核设施流出物中的放射性核素总量实施监测，并定期向国务院环境保护主管部门和所在地省、自治区、直辖市人民政府环境保护主管部门报告监测结果。违反上述规定，核设施营运单位未对核设施周围环境中所含的放射性核素的种类、浓度以及核设施流出物中的放射性核素总量实施监测，或者未按照规定报告监测结果的，即构成违法行为，应当承担本条规定的法律责任。

本条是对放射性污染防治法第24条第1款的重申。根据该法第24条规定："核设施营运单位应当对核设施周围环境中所含的放射性核素的种类、浓度以及核设施流出物中的放射性核素总量实施监测，并定期向国务院环境保护行政主管部门和所在地省、自治区、直辖市人民政府环境保护行政主管部门报告监测结果。国务院环境保护行政主管部门负责对核动力厂等重要核设施实施监督性监测，并根据需要对其他核设施的流出物实施监测。监督性监测系统的建设、运行和维护费用由财政预算安排。"放射性污染防治法第36条规定："铀（钍）开发利用单位应当对铀（钍）矿的流出物和周围的环境实施监测，并定期向国务院环境保护行政主管部门和所在地省、自治区、直辖市人民政府环境保护行政主管部门报告监测结果。"对于监测数据，核安全法第64条规定："核设施营运单位应当公开本单位核安全管理制度和相关文件、核设施安全状况、流出物和周围环境辐射监测数据、年度核安全报告等信息。具体办法由国务院核安全监督管理部门制定。”

三、关于本条规定的行政责任

违反核安全法规定，核设施营运单位未对核设施周围环境中所含的放射性核素的种类、浓度以及核设施流出物中的放射性核素总量实施监测，或者未按照规定报告监测结果，国务院环境保护主管部门或者所在地省、自治区、直辖市人民政府环境保护主管部门对违法行为人处以行政处罚。本条规定的行政处罚方式有两种：

1. 责令停止违法行为，限期改正。国务院环境保护主管部门或者所在地省、自治区、直辖市人民政府环境保护主管部门发现并确认核设施营运单位未对核设施周围环境中所含的放射性核素的种类、浓度或者核设施流出物中的放射性核素总量进行监测，或者核设施营运单位未按照规定报告监测结果的，应当根据本条规定，以行政命令的方式责令违法行为人立即停止其违法行为，并要求违法行为人在一定期限内改正其违法行为。

2. 罚款。核设施营运单位未对核设施周围环境中所含的放射性核素的种类、浓度或者核设施流出物中的放射性核素总量进行监测，或者核设施营运单位未按照规定报告监测结果的，除了责令其改正外，同时要进行相应的罚款，根据违法程度，罚款的额度范围为十万以上五十万以下。

根据本条的规定，上述两种行政处罚措施必须同时适用。

相关规定

《中华人民共和国放射性污染防治法》。

第八十二条 违反本法规定，受委托的技术支持单位出具虚假技术评价结论的，由国务院核安全监督管理部门处二十万元以上一百万元以下的罚款；有违法所得的，没收违法所得；对直接负责的主管人员和其他直接责任人员处十万元以上二十万元以下的罚款。

条文主旨

本条是关于受委托的技术支持单位违法出具虚假技术评价结论所应承担的法律责任的规定。

立法背景

技术和质量的可靠性是确保核安全的重要条件。拟从事核安全有关活动的单位应当满足法律法规和技术规范规定的条件，才能获得核安全许可。国务院核安全监督管理部门在决定是否颁发许可证之前需要对上述条件进行核实，其中重要的手段就是进行技术评审。技术评审的结论是国务院核安全监督管理部门做出许可决定的科学基础，对核安全活动的风险控制起到重要作用。由于技术评审往往涉及专业的技术问题，对技术的依赖性强。为了确保技术评审的质量，国务院核安全监督管理部门委托技术支持单位进行技术审评。因此，受委托的技术支持单位应当对其技术评价结论的真实性、准确性负责。

条文解读

一、本条规定的违法主体

本条规定的违法行为主体是核设施营运单位以及直接负责

的主管人员和其他直接责任人员。

二、本条规定的违法行为

本法第33条规定："国务院核安全监督管理部门组织安全技术审查时，应当委托与许可申请单位没有利益关系的技术支持单位进行技术审评。受委托的技术支持单位应当对其技术评价结论的真实性、准确性负责。"本条就是针对受委托的技术支持单位违反第33条规定，所应当承担的法律责任。违反第33条规定，受委托的技术支持单位出具的技术评价结论是不真实的，即是虚假技术评价结论，即构成违法。若是受委托的技术支持单位出具的技术评价结论是真实的，但是不够准确，则不属于本法规定的违法行为，不能给予行政处罚，而应当按照合同约定承担相应的民事责任。

三、本条规定的行政责任

本条规定的行政责任有两种形式：罚款和没收违法所得。

1. 罚款。这里需要注意的是，罚款针对不同主体设置了不同数额，一是对"受委托的技术支持单位"处二十万元以上一百万元以下的罚款；二是对"直接负责的主管人员和其他直接责任人员"处十万元以上二十万元以下的罚款。这说明，如果出具虚假技术评价结论，单位和主管人员及其他直接责任人员都应当承担法律责任。这里需要同时对"单位"和"直接负责的主管人员和其他直接责任人员"同时进行处罚。

2. 没收违法所得。本条还规定，有违法所得的，还要同时没收违法所得。违法所得是行为人通过法律禁止的手段获取的，如果行为人通过合法的手段或途径获取的财产则不在违法所得的讨论范围之内。另外，执法时还应注意将违法所得与行为人的个人财产区分开来。个人财产是行为人合法所有的财产，可以作为罚款的对象，而非违法所得没收的对象。正是由于违法所得的获取渠道是违法的，因此，即使行政相对人事实上占有了金钱或财物，也不能获得法律所承认的所有权，这既是对违法所得进行没收的理论基础。

相关规定

《中华人民共和国核安全法》第33条。

第八十三条 **违反本法规定，有下列情形之一的，由国务院核安全监督管理部门责令改正，处五十万元以上一百万元以下的罚款；有违法所得的，没收违法所得；对直接负责的主管人员和其他直接责任人员处二万元以上十万元以下的罚款：**

（一）未经许可，为核设施提供核安全设备设计、制造、安装或者无损检验服务的；

（二）未经注册，境外机构为境内核设施提供核安全设备设计、制造、安装或者无损检验服务的。

条文主旨

本条是对未经许可的国内单位和未经注册的国外单位违法为核设施提供核安全设备设计、制造、安装或者无损检验服务行为所应承担法律责任的规定。

立法背景

核安全设备，是指在核设施中使用的执行核安全功能的设备，包括核安全机械设备和核安全电气设备，是确保核设施安全平稳运行，操作人员和公众的辐射照射量在各种运行状态下保持在合理可行尽量低的水平的重要保障性设备。为保障核安全设备自身的安全性以及其安全保障功能的正常运行，对核安全设备设计、制造、安装、焊接和无损检验都有着较高的特别要求。为确保服务方具备符合要求的技术水平、专业人员、管理制度等，具备相应的能力提供符合核安全设备标准的服务，必须对其进行有效管理。因此本法第2章第36条明确规定“为核设施提供核安全设备设计、制造、安装和无损检验服务的单位，应当向国务院核安全监督管理部门申请许可。境外机构为境内核设施提供核安全设备设计、制造、安装和无损检验服务的，应当向国务院核安全监督管理部门申请注册。”本条是在此基础上，规定了行为人违法未经许可或者境外机构未经注册提供相关服务的法律责任。法律责任是指因违反了法定义务或契约义务，或不当行使法律权利、权力所产生的，由行为人承担的不利后果，是法律义务履行的保障机制和法律义务违反的矫正机制。

条文解读

一、关于本条规定的违法行为主体

本条规定的违法行为主体包括两类，即核设施提供核安全设备设计、制造、安装或者无损检验服务的国内单位或境外机构；直接负责的主管人员和其他直接责任人员。

二、关于本条规定的违法行为构成

（一）未经许可，为核设施提供核安全设备设计、制造、安装或者无损检验服务的。核安全法第36条第1款规定，为核设施提供核安全设备设计、制造、安装和无损检验服务的单位，应当向国务院核安全监督管理部门申请许可。即国家对核设施相关的核安全设备设计、制造、安装和无损检验服务实施许可制度，这是符合我国工业发展现状以及我国现有监管体系情况的。《民用核安全设备监督管理条例》第12条规定："民用核安全设备设计、制造、安装和无损检验单位应当依照本条例规定申请领取许可证。"为核设施提供核安全设备设计、制造、安装或者无损检验服务的单位，在其提供服务前，必须具备相应的许可证，否则，就违反了核安全法的规定，构成违法行为，应当依法承担本条所规定的相应的法律责任。

（二）未经注册，境外机构为境内核设施提供核安全设备设计、制造、安装或者无损检验服务的。核安全法第36条第1款规定，境外机构为境内核设施提供核安全设备设计、制造、安装和无损检验服务的，应当向国务院核安全监督管理部门申请注册。《民用核安全设备监督管理条例》第32条规定："为中华人民共和国境内民用核设施进行民用核安全设备设计、制造、安装和无损检验活动的境外单位，应当事先到国务院核安全监管部门办理注册登记手续。国务院核安全监管部门应当将境外单位注册登记情况抄送国务院核行业主管部门和其他有关部门。注册登记的具体办法由国务院核安全监管部门制定。"

在核安全领域的国际合作越来越多，提供跨境服务的情况也时有发生，为保证我国核安全设备安全，我国有责任也有义务对提供核安全设备设计、制造、安装和无损检验服务的境外机构予以监管，以确保其具备相应的技术能力和技术水平，确保其提供的服务符合我国要求的安全标准，以及方便日后追责。因此，境外机构欲为境内核设施提供核安全设备设计、制造、安装和无损检验服务的，有义务在国务院核安全监管部门办理注册登记，未经注册即从事相关活动的应承担本条规定的法律责任。

三、关于本条规定的法律责任

按照本条规定，行使行政处罚权的机关是国务院核安全监督管理部门。本条采用双罚制，对违反本条规定违法提供核安全设备设计、制造、安装和无损检验服务的单位和境外机构，以及直接负责的主管人员和其他直接责任人员都进行处罚，本条规定的行政处罚包括：

1. 责令停止违法行为，处50万元以上100万元以下的罚款，即对未获得许可即为核设施提供核安全设备设计、制造、安装或者无损检验服务的单位；或境外机构未经注册，即为境内核设施提供核安全设备设计、制造、安装或者无损检验服务的单位，由国务院核安全监督管理部门根据本条的规定，责令违法行为人停止其违法行为，并对违法单位进行罚款处罚，处罚数额为50万元以上100万元以下。责令停止违法行为属于责令性行为的一种，属于行政法中实质意义上的行政命令。罚款是较为普遍适用的行政处罚，对违法行为主体进行罚款处罚是保障法律实施的手段之一，不是目的，目的是让行为人停止违法行为并予以改正，故本条在设置行政处罚的同时，责令违法主体停止违法行为。

2. 有违法所得的，没收违法所得，即按有关规定对违法行为人在违法活动中所获得的收入全部予以没收，目的是不让任何人通过违法行为获得经济利益。没收违法所得是指行政主体或司法机关依法将违法行为人取得的违法所得财物，运用国家法律法规赋予的强制措施，对其违法所得财物的所有权予以强制性剥夺的处罚方式。

3. 对直接负责的主管人员和其他直接责任人员，处 2 万元以上 10 万元以下的罚款，本条采用双罚制，即国务院核安全监督管理部门将同时追究单位及其相关负责人员的法律责任，对其直接负责的主管人员和其他直接责任人员进行罚款处罚，处罚数额为 2 万元以上 10 万元以下。

相关规定

《民用核安全设备监督监管条例》。

第八十四条　违反本法规定，核设施营运单位或者核安全设备制造、安装、无损检验单位聘用未取得相应资格证书的人员从事与核设施安全专业技术有关的工作的，由国务院核安全监督管理部门责令改正，处十万元以上五十万元以下的罚款；拒不改正的，暂扣或者吊销许可证，对直接负责的主管人员和其他直接责任人员处二万元以上十万元以下的罚款。

条文主旨

本条是关于核设施营运单位或者核安全设备制造、安装、无损检验单位违法聘用人员法律责任的规定。

立法背景

核设施营运单位或者核安全设备制造、安装、无损检验单位作为从事相关活动的行为主体，应当对其所从事活动的质量承担全面责任。作为核设施主要组成部分的核安全设备必须按照设计要求在核设施的各种工况下可靠地执行系统设计所赋予的安全功能，其任何故障都可能影响核设施的安全稳定运行，甚至带来放射性释放后果。因此为确保核安全设备质量和可靠性，从事核安全设备设计、制造、安装和无损检验的单位应当按照有关法律和国务院有关核安全设备监督管理的规定，建立健全相应的职责管理制度和岗位责任制度，以及建立完善的质量保证体系并有效运转，加强过程管理，控制好每一个关键的环节，采取一切必要的措施和手段保证核安全设备设计、制造、安装和无损检验活动质量。

条文解读

一、关于本条规定的违法行为主体

本条规定的违法行为主体包括核设施营运单位；核安全设备制造、安装、无损检验单位；直接负责的主管人员和其他直接责任人员。

二、关于本条规定的违法行为构成

依照核安全法第 37 条第 2 款规定，核设施营运单位以及核安全设备制造、安装和无损检验单位应当聘用取得相应资格证书的人员从事与核设施安全专业技术有关的工作。《民用核安全设备监督管理条例》第 25 条也规定：“民用核安全设备制造、安装、无损检验单位和民用核设施营运单位，应当聘用取得民用核安全设备焊工、焊接操作工和无损检验人员资格证书的人员进行民用核安全设备焊接和无损检验活动。民用核安全设备焊工、焊接操作工由国务院核安全监管部门核准颁发资格证书。民用核安全设备无损检验人员由国务院核行业主管部门按照国务院核安全监管部门的规定统一组织考核，经国务院核安全监管部门核准，由国务院核行业主管部门颁发资格证书。民用核安全设备焊工、焊接操作工和无损检验人员在民用核安全设备焊接和无损检验活动中，应当严格遵守操作规程。”也就是说，从事与核设施安全专业技术有关的工作的人员应该取得相应的资格。民用核安全设备焊工、焊接操作工应取得国务院核安全监管部门核准颁发资格证书；民用核安全设备无损检验人员应取得国务院核行业主管部门颁发资格证书。核设施营运单位或者核安全设备制造、安装、无损检验单位从事与核设施安全专业技术有关的工作时，应聘请有相应资质的人员进行，如果聘请没有相应资质的人员，则应当承担本条规定的法律责任。

三、关于本条规定的行政责任

1. 责令改正的同时给予罚款。对违反本条规定的核设施营运单位或者核安全设备制造、安装、无损检验单位，由国务院核安全监督管理部门责令改正，处十万元以上五十万元以下的罚款。

国务院核安全监督管理部门发现违法行为的进行行政处罚的同时，应注意责令违法单位在一定期限内改正违法行为，聘请有相应资格证书的人员从事与核设施安全专业技术有关的工作。

2. 拒不改正的，暂扣或者吊销许可证，对直接负责的主管人员和其他直接责任人员罚款。国务院核安全监督管理部门责令改正后，如果在一定期限内违法单位没有改正违法行为，仍然聘用未取得相应资格证书的人员从事与核设施安全专业技术有关的工作的，国务院核安全监督管理部门将视情节严重，对违法单位暂扣或者吊销许可证，剥夺违法行为人的相应资格，同时追究其相关负责人员的法律责任，即对直接负责的主管人员和其他直接责任人员进行罚款处罚，罚款数额为二万元以上十万元以下。

相关规定

《民用核安全设备监督管理条例》。

第八十五条　**违反本法规定，未经许可持有核材料的，由国务院核工业主管部门没收非法持有的核材料，并处十万元以上五十万元以下的罚款；有违法所得的，没收违法所得。**

条文主旨

本条是关于未经许可持有核材料法律责任的规定。

立法背景

核材料管制是我国多年管理的实践，也是国际公约的要求。1987 年6 月，国务院发布《中华人民共和国核材料管制条例》，明确国家对核材料实行许可证制度。1988 年12 月，国务院决定加入《核材料实物保护公约》；2008 年 10 月，第十一届全国人民代表大会常务委员会第五次会议上，全国人大常委会通过了关于批准《核材料实物保护公约》修订案的决定。根据公约和条例的规定，持有核材料数量达到特定限额的单位，必须申请核材料许可证（对不致危害国家和人民群众安全的少量的核材料制品可免予登记，其品种和数量限额有专门规定）。核材料许可证持有单位必须建立专职机构或指定专人负责保管核材料，严格交接手续，建立账目与报告制度，保证账物相符。许可证持有单位必须建立核材料衡算制度和分析测量系统，应用批准的分析测量方法和标准，达到规定的衡算误差要求，保持核材料收支平衡。

条文解读

一、关于本条规定的违法行为主体

本条规定的违法行为主体为核设施营运单位和其他有关单位。本条未明确说明违法主体，但根据核安全法第 38 条的规定，可以推论出本条违法主体为核设施营运单位和其他有关单位。如何理解“其他有关单位”？根据国防科技工业局核发核材料许可证的有关要求，申请单位具备如下条件的，准予批准核发核材料许可证：（1）具有法人资格，健全的核材料管理组织机构；（2）具有完善的核材料衡算及实物保护管理规章制度；（3）建立核材料分析测量、账目与报告等衡算管理系统；（4）对生产、使用、运输、贮存和处置核材料的场所等，要求具有满足法规要求的实物保护措施。可见，“其他有关单位”是满足以上条件，有资格和能力持有核材料的法人。除此之外，其他主体未经许可持有核材料的，应根据持有危险物品的行为进行处理。因为其他主体持有核材料，从本质上来说并不是一个违反许可制度的行为，而是一个危害公共安全和环境的行为。

二、关于本条规定的违法行为构成

本条中的违反核安全法规定是指违反核安全法第 38 条的规定。第 38 条规定：“核设施营运单位和其他有关单位持有核材料，应当按照规定的条件依法取得许可，并采取下列措施，防止核材料被盗、破坏、丢失、非法转让和使用，保障核材料的安全与合法利用：（1）建立专职机构或者指定专人保管核材料；（2）建立核材料衡算制度，保持核材料收支平衡；（3）建立与核材料保护等级相适应的实物保护系统；（4）建立信息保密制度，采取保密措施；（5）法律、行政法规规定的其他措施。”本条规定的违法行为是未经许可持有核材料的行为。核材料管制条例第 3 条明确规定：“国家对核材料实行许可证制度。”由此可见，只有符合条件取得许可的，才能持有核材料。

根据核材料管制条例第9条规定，持有核材料数量达到下列限额的单位，必须申请核材料许可证：（1）累计的调入量或生产量大于或等于0.01有效公斤的铀、含铀材料和制品（以铀的有效公斤量计）；（2）任何量的钚-239、含钚-239的材料和制品；（3）累计的调入量或生产量大于或等于3.7×10的13次方贝可（1000居里）的氚、含氚材料和制品（以氚量计）；（4）累计的调入量或生产量大于或等于1公斤的浓缩锂、含浓缩锂材料和制品（以锂-6量计）。累计调入或生产核材料数量小于上列限额者，可免予办理许可证，但必须向核工业部办理核材料登记手续。

对不致危害国家和人民群众安全的少量的核材料制品可免予登记，其品种和数量限额由核工业部规定。因此，本条规定的违法行为对持有的核材料在数量上有要求，即要达到或者超出条例中规定的显著量。对于持有的核材料数量小于限额的，可不办理许可证。另外，承运人在运输期间持有核材料的，也要具备核材料许可证。

三、关于本条规定的行政责任

本条规定的行政处罚有三种，没收非法财物、罚款和没收违法所得。执法主体是国务院核工业主管部门。

1. 没收非法财物。未经许可持有核材料的，由国务院核工业主管部门没收非法持有的核材料。没收的对象仅限于非法持有的核材料，对于合法持有的核材料则不应在没收之列。

2. 罚款。国务院核工业主管部门没收非法持有的核材料，并处十万元以上五十万元以下的罚款。国务院核工业主管部门在没收非法持有核材料的基础上，对于非法持有的违法行为人并处罚款，幅度在十万元以上五十万元以下。

3. 没收违法所得。未经许可持有核材料的，对于违法行为人有违法所得时，没收违法所得。对违法行为人在违法活动中所获得的收入应全部予以没收，避免让违法单位从自己的违法行为中获取利益，进一步实现罚款这种经济处罚措施的效果。

相关规定

《中华人民共和国核材料管制条例》；《核材料实物保护公约》。

第八十六条　违反本法规定，有下列情形之一的，由国务院核安全监督管理部门责令改正，处十万元以上五十万元以下的罚款；情节严重的，处五十万元以上二百万元以下的罚款；造成环境污染的，责令限期采取治理措施消除污染，逾期不采取措施的，指定有能力的单位代为履行，所需费用由污染者承担：

（一）未经许可，从事放射性废物处理、贮存、处置活动的；

（二）未建立放射性废物处置情况记录档案，未如实记录与处置活动有关的事项，或者未永久保存记录档案的；

（三）对应当关闭的放射性废物处置设施，未依法办理关闭手续的；

（四）关闭放射性废物处置设施，未在划定的区域

设置永久性标记的；

（五）未编制放射性废物处置设施关闭安全监护计划的；

（六）放射性废物处置设施关闭后，未按照经批准的安全监护计划进行安全监护的。

条文主旨

本条是关于放射性废物处置单位不依法处置放射性废物应当承担法律责任的规定。

立法背景

放射性废物安全管理事关人体健康和环境安全，也直接关系到核能和核技术利用的健康发展。为了加强对放射性废物的安全管理，2003 年制定的《中华人民共和国放射性污染防治法》对放射性废物管理作了原则规定，并授权国务院制定具体管理办法。2006 年 4 月，第十届全国人民代表大会常务委员会第二十一次会议决定：加入于 1997 年 9 月 5 日经国际原子能机构外交大会审议通过的《乏燃料管理安全和放射性废物管理安全联合公约》。2011 年 11 月，国务院发布放射性废物安全管理条例（国务院令第 612 号），明确根据放射性废物的特性及其对人体健康和环境的潜在危害程度，将放射性废物分为高水平放射性废物、中水平放射性废物和低水平放射性废物。放射性废物的处理、贮存和处置活动，应当遵守国家有关放射性污染防治标准和国务院环境保护主管部门的规定。

条文解读

一、关于本条规定的违法行为主体

本条规定的违法行为主体是放射性废物处理、贮存、处置单位。

二、关于本条规定的违法行为构成

本条规定了六种违法行为：

1. 本条第1项规定的是违反核安全法第43条第1款、第2款的规定，“国家建立放射性废物管理许可制度。专门从事放射性废物处理、贮存、处置的单位，应当向国务院核安全监督管理部门申请许可。”放射性污染防治法第57条规定：“违反核安全法规定，有下列行为之一的，由省级以上人民政府环境保护行政主管部门责令停产停业或者吊销许可证；有违法所得的，没收违法所得；违法所得十万元以上的，并处违法所得一倍以上五倍以下罚款；没有违法所得或者违法所得不足十万元的，并处五万元以上十万元以下罚款；构成犯罪的，依法追究刑事责任：（一）未经许可，擅自从事贮存和处置放射性固体废物活动的；（二）不按照许可的有关规定从事贮存和处置放射性固体废物活动的。”《放射性废物安全管理条例》第38条规定：“违反本条例规定，有下列行为之一的，由省级以上人民政府环境保护主管部门责令停产停业或者吊销许可证；有违法所得的，没收违法所得；违法所得10万元以上的，并处违法所得1倍以上5倍以下的罚款；没有违法所得或者违法所得不足10万元的，并处5万元以上10万元以下的罚款；造成环境污染的，责令限期采取治理措施消除污染，逾期不采取治理措施，经催告仍不治理的，可以指定有治理能力的单位代为治理，所需费用由违法者承担；构成犯罪的，依法追究刑事责任：（一）未经许可，擅自从事废旧放射源或者其他放射性固体废物的贮存、处置活动的；（二）放射性固体废物贮存、处置单位未按照许可证规定的活动种类、范围、规模、期限从事废旧放射源或者其他放射性固体废物的贮存、处置活动的；（三）放射性固体废物贮存、处置单位未按照国家有关放射性污染防治标准和国务院环境保护主管部门的规定贮存、处置废旧放射源或者其他放射性固体废物的。"

本条规定的违法行为是未经许可，从事放射性废物处理、贮存、处置活动的行为。这里的"未经许可"应包含三种情况，未提起许可申请、提起许可申请未获审批以及超出许可证规定的活动种类、范围、规模、期限等。

2. 本条第2项规定的是违反核安全法第45条第2款的规定："放射性废物处置单位应当建立放射性废物处置情况记录档案，如实记录处置的放射性废物的来源、数量、特征、存放位置等与处置活动有关的事项。记录档案应当永久保存。"《放射性废物安全管理条例》第25条第2款规定："放射性固体废物处置单位应当建立放射性固体废物处置情况记录档案，如实记录处置的放射性固体废物的来源、数量、特征、存放位置等与处置活动有关的事项。放射性固体废物处置情况记录档案应当永久保存。"本条规定的违法行为包括了三种：未建立放射性废物处置情况记录档案；未如实记录与处置活动有关的事项；未永久保存记录档案。放射性废物处置单位有上述任何一种行为的，应承担法律责任。

3. 本条第 3 项规定的是违反核安全法第 46 条规定："国家建立放射性废物处置设施关闭制度。放射性废物处置设施有下列情形之一的，应当依法办理关闭手续，并在划定的区域设置永久性标记：（一）设计服役期届满；（二）处置的放射性废物已经达到设计容量；（三）所在地区的地质构造或者水文地质等条件发生重大变化，不适宜继续处置放射性废物；（四）法律、行政法规规定的其他需要关闭的情形。"《放射性废物安全管理条例》第 27 条第 1 款规定："放射性固体废物处置设施设计服役期届满，或者处置的放射性固体废物已达到该设施的设计容量，或者所在地区的地质构造或者水文地质等条件发生重大变化导致处置设施不适宜继续处置放射性固体废物的，应当依法办理关闭手续，并在划定的区域设置永久性标记。"本条第 3 项规定的违法行为是未依法办理关闭手续的行为。

4. 本条第 4 项规定的是违反核安全法第 46 条规定，违法行为是关闭放射性废物处置设施，未在划定的区域设置永久性标记的行为。放射性固体废物安全管理条例第 27 条第 1 款也做了相应的规定。

5. 本条第 5 项规定的是违反核安全法第 47 条第 1 款、第 2 款规定，"放射性废物处置设施关闭前，放射性废物处置单位应当编制放射性废物处置设施关闭安全监护计划，报国务院核安全监督管理部门批准。放射性废物处置设施关闭安全监护计划应当包括下列主要内容：（一）安全监护责任人及其责任；

（二）安全监护费用；（三）安全监护措施；（四）安全监护期限”。《放射性废物安全管理条例》第27条第2款规定：“关闭放射性固体废物处置设施的，处置单位应当编制处置设施安全监护计划，报国务院环境保护主管部门批准。”本条第5项规定的违法行为是未依法编制处置设施安全监护计划的行为。

6. 本条第6项规定的是违反核安全法第47条第3款前半段规定，放射性废物处置设施关闭后，放射性废物处置单位应当按照经批准的安全监护计划对其进行安全监护。放射性废物安全管理条例第27条第3款规定，“放射性固体废物处置设施依法关闭后，处置单位应当按照经批准的安全监护计划，对关闭后的处置设施进行安全监护。放射性固体废物处置单位因破产、吊销许可证等原因终止的，处置设施关闭和安全监护所需费用由提供财务担保的单位承担”。本条第6项规定的是放射性废物处置设施关闭后，未按照经批准的安全监护计划进行安全监护的行为。

三、关于本条规定的行政责任

本条的执法主体是国务院核安全监督管理部门。规定的行政责任种类有三种：

1. 责令改正。责令改正一般是指行政机关或法律、法规授权的组织，为了制止正在发生或已经发生的违法行为及其后果，而责成违法行为人立即停止违法行为、消除违法后果或恢复原状的行政决定。还要注意一点，即责令改正不是一种行政处罚。行政处罚法第8条：“行政处罚的种类：（一）警告；（二）罚款；（三）没收违法所得、没收非法财物；（四）责令停产停业；（五）暂扣或者吊销许可证、暂扣或者吊销执照；（六）行政拘留；（七）法律、行政法规规定的其他行政处罚。”责令改正不在此列。另外，行政处罚法第23条规定“行政机关实施行政处罚时，应当责令当事人改正或者限期改正违法行为”。由此可见，责令改正或限期改正与行政处罚是并列的两个概念，是一种行政命令。

2. 罚款。罚款额度为十万元以上五十万元以下，情节严重的，为五十万元以上二百万元以下。罚款的具体数额由国务院核安全监督管理部门根据当事人的违法行为的具体情况决定。

3. 责令限期采取治理措施消除污染。在放射性废物处置单位的违法行为产生了污染的情形下，国务院核安全监督管理部门可以责令实施违法行为的单位限期采取治理措施消除污染。

逾期不采取措施的，应当采取代履行的行政强制措施。实施代履行有助于及时将核设施营运单位或核技术利用单位产生的废放射源或者放射性废物送交贮存、处置，可以及时、有效达到减小失控源产生概率、防治放射性污染、保护环境和公众的目的。但由于行政代履行属于行政强制措施，其适用应当严格遵循以下条件限制：（1）必须是负有履行法定义务的法定义务人拒不履行，而该义务又必须履行；（2）该义务如交由他人代为履行可以达到同一目的；（3）法律、法规中有明文规定。

相关规定

《中华人民共和国放射性污染防治法》；《放射性废物安全管理条例》。

第八十七条 违反本法规定，核设施营运单位有下列情形之一的，由国务院核安全监督管理部门责令改正，处十万元以上五十万元以下的罚款；对直接负责的主管人员和其他直接责任人员，处二万元以上五万元以下的罚款：

（一）未按照规定制定场内核事故应急预案的；

（二）未按照应急预案配备应急设备，未开展应急工作人员培训或者演练的；

（三）未按照核事故应急救援工作的要求，实施应急响应支援的。

条文主旨

本条是关于核设施营运单位违反关于核事故应急的法定义务所应当承担的法律责任的规定。

立法背景

在我国目前已经颁发的核事故应急相关法规中已经明确了核事故的应急响应状态，规定了核设施营运单位在应急工作中的地位、作用和职责，并对核设施营运单位应急响应做出了明确要求，即由核设施营运单位负责场内应急。国际上，由核设施营运单位负责场内应急也是惯例，这种设定既考虑了营运单位的责任和义务，也在核事故没有影响场外公众和环境安全时，赋予营运单位及时处置事故的权力。

条文解读

一、本条规定的违法主体

本条规定的违法行为主体是核设施营运单位以及直接负责的主管人员和其他直接责任人员。

二、本条规定的违法行为

本条规定的违法行为的情形有三种：

1. 未按照规定制定场内核事故应急预案的。根据本法第55条第3款的规定，核设施营运单位负责制定本单位场内核事故应急预案，这里的“制定”不仅指新制定还应当包括对预案的“修订”，根据该条第五款的规定，应急预案制定单位应当根据实际需要和情势变化对其适时修订。因此，若未制定应急预案或者没有适时修订应急预案都属于本条规定的“未按照规定制定应急预案”。

2. 未按照应急预案配备应急设备，未开展应急工作人员培训或者演练的。根据本法第56条的规定，核设施营运单位应当做好应急准备，包括按照应急预案，配备应急设备，开展应急工作人员培训和演练。未履行该义务的应当按照本条来处罚。

3. 未按照核事故应急救援工作的要求，实施应急响应支援的。根据本法第59条第3款的规定，核设施营运单位应当按照核事故应急救援工作的要求，实施应急响应支援。核设施营运单位未履行该义务，也应当按照本条规定予以处罚。

三、本条规定的行政责任

1. 责令改正。本条规定，违反本法规定，核设施营运单位有下列情形之一的，由国务院核安全监督管理部门责令改正。根据三种违法情形：未按照规定制定场内核事故应急预案的；未按照应急预案配备应急设备，未开展应急工作人员培训或者演练的；未按照核事故应急救援工作的要求，实施应急响应支援的，都是消极的不作为，因此，责令改正应当按照法律规定的义务积极作为，包括：要求其制定场内核事故应急预案；按照应急预案配备应急设备，开展应急工作人员培训或者演练的；按照核事故应急救援工作的要求，实施应急响应支援的。

2. 罚款。本条对不同主体规定不同的罚款数额，一是由国务院核安全监督管理部门对核设施营运单位，处十万元以上五十万元以下的罚款；二是对直接负责的主管人员和其他直接责任人员，处二万元以上五万元以下的罚款。两种处罚是并罚。

相关规定

《中华人民共和国核安全法》第55条、第56条、第59条。

第八十八条　违反本法规定，核设施营运单位未按照规定公开相关信息的，由国务院核安全监督管理部门责令改正；拒不改正的，处十万元以上五十万元以下的罚款。

条文主旨

本条是关于核设施营运单位未按照规定公开相关信息的所应当承担的法律责任的规定。

立法背景

信息公开是企业的一项基本义务。环境保护部 2007 年颁布的《环境信息公开办法（试行）》对企业环境信息公开做出了明确要求，规定了公开的义务和范围。核设施营运单位的信息公开属于环境信息公开的范畴，在核领域的企业同样应当履行信息公开的义务。企业准确及时地公开核安全相关信息，是保护公众和安全的知情权的关键影响因素，也是提高核能公众可接受性的重要环节。我国核安全信息公开工作起步较晚，2011 年 4 月环境保护部颁布了《环境保护部（国家核安全局）和与辐射安全监管信息公开方案（试行）》和《关于加强核电厂核与辐射安全信息公开的通知》。

条文解读

一、本条规定的违法主体

本条规定的违法行为主体是核设施营运单位。核设施营运单位是从事核安全相关活动的主体，掌握着核安全方面的第一手资料，作为和信息公开链条中不可或缺的一环，核设施营运单位的核安全信息公开必须做到和政府部门同时进行，唯此才能保证核安全信息公开的全面性，使公众的知情权得到保障。

二、本条规定的违法行为

根据本法第 64 条规定："核设施营运单位应当公开本单位核安全管理制度和相关文件、核设施安全状况、流出物和周围环境辐射监测数据、年度核安全报告等信息……" 第 65 条规定："对依法公开的核安全信息，应当通过政府公告、网站以及其他便于公众知晓的方式，及时向社会公开。”这两条规定了核设施营运单位信息公开的内容和方式。违反以上两条规定，核设施营运单位未公开或者未按照规定公开相关信息的，即构成违法，应当按照本条予以处罚。

应当注意的是“核设施营运单位未按照规定公开相关信息”包括未按照法定内容和法定方式公开相关信息。“法定内容”包括：本单位核安全管理制度和相关文件、核设施安全状况、流出物和周围环境辐射监测数据、年度核安全报告等信息。“公开方式”包括：政府公告、网站以及其他便于公众知晓的方式。违反以上要求的都属于未按照规定公开相关信息。

三、本条规定的行政责任

1. 责令改正。违反本法规定，核设施营运单位未按照规定公开相关信息的，由国务院核安全监督管理部门责令改正。这里的责令改正是指国务院核安全监督管理部门应当按照本法规定，要求核设施营运单位按照法定内容和法定方式公开相关信息。

2. 罚款。违反本法规定，核设施营运单位未按照规定公开相关信息的，由国务院核安全监督管理部门责令改正；拒不改正的，处十万元以上五十万元以下的罚款。这里罚款的对象是核设施营运单位，罚款的数额是十万元以上五十万元以下。

需要注意的是，这两种行政责任不是并罚，而是有层次的，首先是“责令改正”，如果“拒不改正”，则再“处十万元以上五十万元以下的罚款”。

相关规定

《中华人民共和国核安全法》第64条、第65条。

第八十九条 违反本法规定，对国务院核安全监督管理部门或者其他有关部门依法进行的监督检查，从事核安全活动的单位拒绝、阻挠的，由国务院核安全监督管理部门或者其他有关部门责令改正，可以处十万元以上五十万元以下的罚款；拒不改正的，暂扣或者吊销其许可证；构成违反治安管理行为的，由公安机关依法给予治安管理处罚。

条文主旨

本条是关于从事核安全活动的单位违反配合义务应当承担的法律责任的规定。

立法背景

核安全监督管理部门和从事核安全活动的单位是监督与被监督的关系。根据法律权利义务相适应的原则，从事核安全活动的单位获得核安全监督管理部门颁发的许可证而享有从事相关活动权利的同时，也应当承担相应的义务，其中接受并配合监督检查就是一项基本义务。

条文解读

一、本条规定的违法主体

本条规定的违法行为主体是从事核安全活动的单位。

二、本条规定的违法行为

本法第 70 条第 1 款、第 2 款规定："国家建立核安全监督检查制度。""国务院核安全监督管理部门和其他有关部门应当对从事核安全活动的单位遵守核安全法律、行政法规、规章和标准的情况进行监督检查。”第73条规定：“对国务院核安全监督管理部门和其他有关部门依法进行的监督检查，从事核安全活动的单位应当予以配合，如实说明情况，提供必要资料，不得拒绝、阻挠。”这两条规定了监督检查的主体、内容和被检查对象的配合义务。根据上述规定，从事核安全活动的单位对国务院核安全监督管理部门或者其他有关部门依法进行的监督检查，予以拒绝、阻挠的，即构成违法，应当承担本条规定的法律责任。

核安全监督检查人员对从事核安全有关活动的单位进行监督检查是代表国务院核安全监督管理部门行使法定监管职责，对本法第70条规定的内容进行监督检查。从事核安全有关活动的单位作为检查的对象具有配合监督检查的义务，包括作为的义务，比如：如实说明情况，提供必要资料等；也包括不作为义务，比如：不能采取任何方式拒绝、阻挠核安全监督检查人员的监督检查等。本法第73条对以上两种义务都作出了规定，但本条只针对不作为义务，即拒绝、阻挠核安全监督检查人员的监督检查，这一种情形设置了法律责任。

三、本条规定的行政责任

1. 责令改正。违反本法规定，对国务院核安全监督管理部门或者其他有关部门依法进行的监督检查，从事核安全活动的单位拒绝、阻挠的，由国务院核安全监督管理部门或者其他有关部门责令改正。根据本条规定，一旦有违法行为，行政主体首先应当责令其停止违法行为并予以改正。

2. 罚款。本条规定，可以处十万元以上五十万元以下的罚款。可见，责令改正之后，罚款不是必须的，这项行政处罚是可以根据具体违法情形选择性适用的。

3. 暂扣或者吊销其许可证。本条规定，拒不改正的，暂扣或者吊销其许可证。需要注意的是，给予“暂扣或者吊销其许可证”的处罚是有条件的，必须是在“责令改正”，而其“拒不改正”的情况下，才可以“暂扣或者吊销其许可证”。这是一种比较严重的处罚，属于行为罚或者能力罚，许可证是企业有从事某种活动的资格的证明，一旦暂扣或者被吊销，则在暂扣期间或者永远丧失了从事该活动的资格。

另外，违反治安管理行为的，还应当由公安机关依法给予治安管理处罚。这是与治安管理处罚法作的衔接性规定，治安管理处罚法第 50 条第 1 款规定：“有下列行为之一的，处警告或者二百元以下罚款；情节严重的，处五日以上十日以下拘留，可以并处五百元以下罚款：（一）拒不执行人民政府在紧急状态情况下依法发布的决定、命令的；（二）阻碍国家机关工作人员依法执行职务的；（三）阻碍执行紧急任务的消防车、救护车、工程抢险车、警车等车辆通行的；（四）强行冲闯公安机关设置的警戒带、警戒区的。”

相关规定

《中华人民共和国核安全法》第 70 条、第 73 条，《中华人民共和国治安管理处罚法》。

第九十条 因核事故造成他人人身伤亡、财产损失或者环境损害的，核设施营运单位应当按照国家核损害责任制度承担赔偿责任，但能够证明损害是因战争、武装冲突、暴乱等情形造成的除外。

为核设施营运单位提供设备、工程以及服务等的单位不承担核损害赔偿责任。核设施营运单位与其有约定的，在承担赔偿责任后，可以按照约定追偿。

核设施营运单位应当通过投保责任保险、参加互助机制等方式，作出适当的财务保证安排，确保能够及时、有效履行核损害赔偿责任。

条文主旨

本条是关于核损害赔偿责任的规定。

立法背景

有关核损害赔偿问题，从世界各国相关立法情况看，越来越趋于专门立法。目前大部分有核国家甚至一些无核国家均已制定了有关核损害赔偿的专门法。我国从事核事业 60 多年，核损害赔偿法立法问题始终未能根本解决。为了适应我国核事业对外发展和国际合作的需要，这次在核安全法中就涉及国际合作的一些主要问题在这部核安全法中做出了规范，本条就是在这一背景下做出的规定。核安全法的立法宗旨在于防范核事故，力求和确保不发生核事故。而核损害赔偿法主要关注发生核事故以后的国家安全和社会稳定问题。即解决受核事故危害者应当获得的赔偿问题。所以，核安全法和核损害赔偿法是两部密切相关的法律。在我国尚无核损害赔偿专门立法的情况下，为了核事业发展的需要，在制定核安全法过程中对相关核损害赔偿问题做出了规定。对此，在这部法律起草过程中，对是否明确核损害赔偿问题，明确到何种程度，社会各有关方面争议较大。有的主张在这部法中用一章的内容把核损害赔偿问题基本规范清楚，也有的主张我国未来应当制定专门的核损害赔偿法，这部法中仅就实际工作的需要对一些重点问题做出相应规定即可，已解决当前的紧迫问题，更多的内容留待未来制定核损害赔偿法时予以系统明确。

立法机关考虑到我国核事业未来发展的实际需要和核损害赔偿专门立法的目前状况，为了适应核事业目前发展的实际需要，所以在这次立法中，对有关核损害赔偿问题仅就核损害赔偿法责任等一些重点问题做出了原则性规定，更多内容留给未来将要制定的核损害赔偿专门法予以规范。

鉴于核损害具有跨界性和潜伏性，且影响范围较广，损害过程较为隐蔽，致害机制也比较复杂，导致责任主体的认定工作具有高度技术性、专业性，需要较长的论证时间，因此用一般的民事侵权损害赔偿制度难以保证受害人的利益。为避免核损害发生后责任主体边界不清，延误对受害人的赔偿，明确将责任主体限定为核设施营运单位，有利于保护受害人的合法权益，也有利于在核事故发生后维护社会稳定。

从世界上几次较大核事故的损害赔偿实践来看，受害人数较多，索赔案件数量多，赔偿金额巨大，损害赔偿范围较为广泛，需要处理赔案的人数也较多，且所需时间漫长，虽然核事故发生的概率远低于其他工业事故，但其潜在的损害巨大，具有非常规巨灾风险的特性，即使在装备了各种安全设施的核电厂，依旧不能消除核事故发生的可能。因此，需要对核事故制定有效的损害赔偿体系，以保障受害人的利益。

条文解读

本条共包括三款内容，第 1 款主要规范有关核损害赔偿责任主体和免责问题；第 2 款主要规范核设施营运单位与为其提供设备、工程以及服务等的单位在承担核损害赔偿责任上的关系问题；第 3 款主要规范核设施营运单位承担核损害赔偿责任的途径问题。

一、关于因核事故造成他人人身伤亡、财产损失或者环境损害的，核设施营运单位应当按照国家核损害责任制度承担赔偿责任，但能够证明损害是因战争、武装冲突、暴乱等情形造成的除外。本款明确了核损害赔偿责任的情形、赔偿责任主体及免责事由

（一）关于核损害赔偿责任的情形

损害赔偿责任的形成首先要有损害行为，即有核事故发生。其次，要有损害结果的产生，即造成了核损害。损害结果的产生是承担民事责任的前提，无损害即无责任。本法没有对核损害作出概念性规定，而是规定了核损害的三种情形，即：因核事故造成他人人身伤亡；因核事故造成他人财产损失；因核事故造成环境损害。核责任并不适用所有的核活动，而只适用于那些运行中含有高危险的核设施。对于只有较低危险的核材料或活动，如科研、医学、工业、农业中用的放射性同位素，以及铀矿开采和冶炼等活动，一般不纳入核责任范围，只有符合以上三种情况之一或者多种才适用核损害责任制度。

国际公约也是普遍通过列举核损害的表现形式来明确核损害的赔偿范围。各国际公约中对核损害的表现形式做了划分，其中把人身和财产损害规定为基础内容，要求各国在核损害赔偿立法中予以明确，而把环境损害、预防事故扩大费用、间接经济损失等列为扩展内容，各国在国内立法的时候可以选择适用。本法明确规定环境损害为核损害赔偿的适用情况之一，在具体案件的审理适用中无需再由法官援引其他法律确定是否适用，体现了本法保护生态环境的目的。从对生态文明建设和环境保护的角度来说，把环境损害直接纳入核损害责任制度的规定方式明显更优于公约的规定方式，能让企业更重视环境的保护，对核事故造成的环境损害也能更及时地得到补偿，从而实现对生态环境的保障和修护，这也是我国生态文明的要求，是“谁污染、谁治理；谁破坏，谁负责”的具体体现。在《中华人民共和国环境保护法》中也有明确规定，第 6 条规定，一切单位和个人都有保护环境的义务。地方各级人民政府应当对本行政区域的环境质量负责。企业事业单位和其他生产经营者应当防止、减少环境污染和生态破坏，对所造成的损害依法承担责任。

再次，损害行为和损害结果之间有因果关系，即他人人身伤亡、财产损失或者环境损害与核事故之间有因果关系。本条的适用条件是损失或损害是由于或起因于核装置内任何辐射源发射的电离辐射，或核装置中的核燃料或放射性产物或废物发射的电离辐射，或来自或源于或送往核装置的核材料所造成的，不论其是由此类物质的放射性质还是由此类物质的放射性质同毒性、爆炸性或其他危险性质的结合所造成的。如果损害不是由于核事故导致的，不适用本条规定，但有可能适用其他法律。

(二) 关于责任主体和赔偿内容

本款明确规定核设施营运单位应当按照国家核损害责任制度承担赔偿责任，即明确了核损害赔偿的责任主体为核设施营运单位，而且核设施营运单位是核损害赔偿的唯一责任主体。按此规定，核设施营运单位以外的其他单位和个人不对遭受核损害的人承担核损害赔偿责任。明确核损害唯一责任主体，有利于界定责任边界，由于核能利用具有高科技性，核事故的原因也具有高度复杂性，需要长时间的科学论证，因而明确核损害的唯一主体，有利于尽快的对受损害主体进行赔偿，避免互相推诿的现象。核设施营运单位作为经营和运行核设施的单位，具有保障核安全的责任，本法第 5 条第 1 款明确规定，“核设施营运单位对核安全负全面责任”。同时，核设施营运单位通常都具备一定的规模、技术能力、监管水平和财务保障能力，因而，具备成为核损害赔偿责任的能力。

规定核设施运营单位作为唯一的赔偿主体是国际上的普遍做法，《巴黎公约》、《维也纳公约》和《核损害补充赔偿公约》都有营运单位作为唯一责任主体的相关规定，“因核电站等核设施发生事故造成的核损害的赔偿责任，除公约另有规定情形外，应由核设施的经营者承担，而不是由核设备、核产品的提供者承担”。我国没有参加上述三个公约，但我国分别于1986年和2007年作出两个关于核责任和损害赔偿问题的批复对这一原则加以明确。《国务院关于处理第三方核责任问题的批复》（国函〔1986〕44号）规定，“在核电站现场内发生核事故所造成的核损害，或者核设施的核材料于其他人接管之前，以及在接管其他人的核材料之后，在中华人民共和国境内发生核事故所造成的核损害，该营运人对核损害承担绝对责任；其他人不承担任何责任”。《国务院关于核事故损害赔偿责任问题的批复》（国函〔2007〕64号）第2条规定，“营运者应当对核事故造成的人身伤亡、财产损失或者环境受到的损害承担赔偿责任。营运者以外的其他人不承担赔偿责任。”这一规定与国内其他法律也是相衔接、相一致的。侵权责任法第70条规定，“民用核设施发生核事故造成他人损害的，民用核设施的经营者应当承担侵权责任，但能够证明损害是因战争等情形或者受害人故意造成的，不承担责任”。

核事故损害涉及两个以上营运者的，多个营运者承担连带责任。本法虽然没有明确规定，但在《国务院关于核事故损害赔偿责任问题的批复》（国函〔2007〕64号）第5条中规定，“核事故损害涉及2个以上营运者，且不能明确区分各营运者所应承担的责任的，相关营运者应当承担连带责任”。

核设施营运单位承担的是无过错责任。即对核损害而言，除了法律另有规定以外，因核设施导致的对第三人的核损害由核设施营运单位承担赔偿责任，无论其是否有过错，这种责任也称为严格责任、绝对责任或者客观责任。在实践中，索赔人不需要证明运营者的主观疏忽或任何其他过失。明确营运单位的无过错责任是由核损害特殊性质所决定的，核损害通常受害人数众多、赔偿金额巨大、索赔案件数量多、涉及地域较广，且损害过程隐蔽、致害机制复杂，认定核事故成因的技术性较强，难度较大。即使在达到最高安全标准的情况下，核设施营运单位尽到了合理的注意义务和管理责任，也无法完全排除发生核及放射性事故的可能性。无过错的归责原则是国际上关于核损害赔偿的通常归责原则，同时该规定也与国内其他法律规定相一致。

核设施营运单位承担的损害赔偿的内容。本条规定的核设施营运单位应当承担的赔偿责任，是一种民事责任。我国其他相关法律也有类似规定，放射性污染防治法第 59 条规定："因放射性污染造成他人损害的，应当依法承担民事责任。"赔偿责任，即以财产方式赔偿受害人因核事故而遭受的损失，本法所言赔偿责任具体包括赔偿人身损害和财产损失，以及环境损害造成的损失。

1. 人身损害。人身损害通常指因人格权遭受侵害而导致人的生命、健康、身体遭受侵害，包括身体上受到的侵害，也包括名誉、荣誉、隐私、人身自由的侵犯，同时也包括因人身权受侵害遭受的财产损失。民法通则第 119 条规定：侵害公民身体造成伤害的，应当赔偿医疗费、因误工减少的收入、残废者生活补助费等费用；造成死亡的，并应当支付丧葬费、死者生前扶养的人的必要的生活费用。2003 年《最高人民法院关于审理人身损害赔偿案件适用法律若干问题的解释》第 17 条进一步规定，受害人遭受人身损害，因就医治疗支出的各项费用以及因误工减少的收入，包括医疗费、误工费、护理费、交通费、住宿费、住院伙食补助费、必要的营养费，赔偿义务人应当予以赔偿。受害人因伤致残的，其因增加生活上需要所支出的必要费用以及因丧失劳动能力导致的收入损失，包括残疾赔偿金、残疾辅助器具费、被扶养人生活费，以及因康复护理、继续治疗实际发生的必要的康复费、护理费、后续治疗费，赔偿义务人也应当予以赔偿。受害人死亡的，赔偿义务人除应当根据抢救治疗情况赔偿本条第 1 款规定的相关费用外，还应当赔偿丧葬费、被扶养人生活费、死亡补偿费以及受害人亲属办理丧葬事宜支出的交通费、住宿费和误工损失等其他合理费用。这些规定明确了人身损害的赔偿范围。

2. 财产损失。财产损失是指侵权行为侵害财产权，使财产权的客体遭到破坏，使用价值和价值贬损、减少或者完全丧失，或者破坏了财产权人对于财产权客体的支配关系，使财产权人的财产利益受到损失。财产损失，有直接损失和间接损失的区分。对直接损失，即现有财产的减损，核设施营运单位自应赔偿，对间接损害，即未来可得收益的减少，情形会比较复杂，本条没有将财产损失限制在直接损失，如果因核事故所遭受的这部分间接利益损失是明确可以预期的，就应当予以赔偿。

3. 环境损害。环境损害主要是指，对生态环境、生态系统及对其中的环境要素的损害，本法中关于核事故造成的环境损害没有更为具体的规定，但我国其他法律、法规和文件已经对生态环境损害赔偿作出了具体规定。

关于提起诉讼的主体，《中华人民共和国民事诉讼法》第55条第1款规定，“对污染环境、侵害众多消费者合法权益等损害社会公共利益的行为，法律规定的机关和有关组织可以向人民法院提起诉讼”。对于“法律规定的机关和有关组织”环保法第58条有明确规定，“对污染环境、破坏生态，损害社会公共利益的行为，符合下列条件的社会组织可以向人民法院提起诉讼：1. 依法在设区的市级以上人民政府民政部门登记；2. 专门从事环境保护公益活动连续五年以上且无违法记录。符合前款规定的社会组织向人民法院提起诉讼，人民法院应当依法受理”。2017年6月27日，第十二届全国人民代表大会常务委员会第二十八次会议决定对《中华人民共和国民事诉讼法》作出修改，增加一款，作为第55条第2款，“人民检察院在履行职责中发现破坏生态环境和资源保护、食品药品安全领域侵害众多消费者合法权益等损害社会公共利益的行为，在没有前款规定的机关和组织或者前款规定的机关和组织不提起诉讼的情况下，可以向人民法院提起诉讼。前款规定的机关或者组织提起诉讼的，人民检察院可以支持起诉。”由此可见，人民检察院也可以作为提起核事故造成环境损害诉讼的主体。

中共中央办公厅、国务院办公厅印发《生态环境损害赔偿制度改革试点方案》对生态环境损害赔偿作出了更为具体的规定，“（一）明确赔偿范围。生态环境损害赔偿范围包括清除污染的费用、生态环境修复费用、生态环境修复期间服务功能的损失、生态环境功能永久性损害造成的损失以及生态环境损害赔偿调查、鉴定评估等合理费用。试点地方可根据生态环境损害赔偿工作进展情况和需要，提出细化赔偿范围的建议。鼓励试点地方开展环境健康损害赔偿探索性研究与实践。（二）确定赔偿义务人。违反法律法规，造成生态环境损害的单位或个人，应当承担生态环境损害赔偿责任。现行民事法律和资源环境保护法律有相关免除或减轻生态环境损害赔偿责任规定的，按相应规定执行。试点地方可根据需要扩大生态环境损害赔偿义务人范围，提出相关立法建议。（三）明确赔偿权利人。试点地方省级政府经国务院授权后，作为本行政区域内生态环境损害赔偿权利人，可指定相关部门或机构负责生态环境损害赔偿具体工作。”虽然此方案是试点改革方案，但方案中“总体目标和要求”中明确说明“2015 年至 2017 年，选择部分省份开展生态环境损害赔偿制度改革试点。从 2018 年开始，在全国试行生态环境损害赔偿制度。”

核设施营运单位承担的是有限责任。关于营运人核损害赔偿，各国的立法可归纳为两种类型：一种是无限责任，即不设定营运人赔偿金额上限，在发生核事故后按照实际发生的损害，由营运人进行赔偿，上不封顶。另一种是有限责任，即设定营运人赔偿金额上限，无论发生核事故后实际损害的严重程度如何，营运人就每一核事故的全部核损害履行赔偿责任到规定上限为止。本条对核损害赔偿制度只作了原则规定，关于核损害赔偿责任的具体赔偿限额、赔偿优先等级、赔偿方案等问题并未涉及。目前可以参考适用《国务院关于核事故损害赔偿责任问题的批复》（国函〔2007〕64 号）文件中的规定，“核电站的营运者和乏燃料贮存、运输、后处理的营运者，对一次核事故所造成的核事故损害的最高赔偿额为 3 亿元人民币；其他营运者对一次核事故所造成的核事故损害的最高赔偿额为 1 亿元人民币。核事故损害的应赔总额超过规定的最高赔偿额的，国家提供最高限额为 8 亿元人民币的财政补偿。对非常核事故造成的核事故损害赔偿，需要国家增加财政补偿金额的由国务院评估后决定。”

（三）关于免责事由

免责事由，是指核设施营运单位免于承担民事责任的法定情形。免责事由出现时，即使行为人的行为符合承担民事责任的要件，也无须承担责任。但是，免责事由仅适用于民事责任的范畴，它要免除的是加害人因其污染行为造成损害本应承担的赔偿责任，而非其他责任，更不是免除其法律规定的各项义务。

一般情况下核损害责任适用严格责任原则（无过错责任），即不论核设施营运单位对其核设施发生的核事故而导致的核损害是否存在过错，都应当承担核损害赔偿责任。但是，也存在例外的情形，国际公约和各国立法的通行做法是，规定核设施营运单位对一些人为的不可抗力——包括武装冲突、敌对行动、战争、暴乱导致的核事故而引发的核损害免责。2004 年修正的《巴黎公约》第 9 条，“由武装冲突、敌对、内战以及暴乱所直接导致的核事故，营运人将不承担赔偿责任、1997 年《维也纳公约》第 4 条第 3 节：如果运营者证明核损害是直接由军事冲突行为、敌对行动、内战或暴乱所引起，运营者不负本公约规定的任何责任。”我国前的一贯做法也是如此，《国务院关于核事故损害赔偿责任问题的批复》（国函〔2007〕64号文）第6条，“对直接由于武装冲突、敌对行动、战争或者暴乱所引起的核事故造成的核事故损害，营运者不承担赔偿责任。”

本法规定的免责事由指“战争、武装冲突、暴乱等情形”，是不可抗力的几种情况。不可抗力，是指不能预见、不能避免并不能克服的客观情况。但不同于其他法律的一般规定，本法没有把全部的不可抗力情况都作为免责事由，只是明确了几种人为的不可抗力可以作为免责事由，而对于地震、洪水等自然灾害类的不可抗力造成的核事故，核设施运营单位仍应当承担责任。因为根据本法第16条第1款的规定，“核设施营运单位应当依照法律、行政法规和标准的要求，设置核设施纵深防御体系，有效防范技术原因、人为原因和自然灾害造成的威胁，确保核设施安全。”本法第23条规定，核设施营运单位应当对地质、地震、气象、水温、环境和人口分布等因素进行科学评估，在满足核安全技术评价要求的前提下，向国务院核安全监督管理部门提交核设施选址安全分析报告，经审查符合核安全要求后，取得核设施厂址选择审查意见书。可见，在核设施设计之初就应当依照法律、行政法规和标准的要求，充分考虑气候、水文、地质地震等自然条件和自然灾害的影响，对相关自然环境和人文环境进行评估，设置有效的防御措施，对此做出保障性安排，以保证核设施和公众、环境的安全，故对此类不可抗力营运单位不免责。

适用这一免责事由是有限制的：核损害的发生必须是完全由战争、武装冲突、暴乱等情形造成的。如果战争、武装冲突、暴乱等情形只是损害发生的原因之一，此外还有其他因素的，比如，当事人未尽到合理的注意义务等，就不能据此免责。这实际上强化了营运单位的责任。

二、关于为核设施营运单位提供设备、工程以及服务等的单位不承担核损害赔偿责任。核设施营运单位与其有约定的，在承担赔偿责任后，可以按照约定追偿

世界大多数国家的原子能法、核安全法或核损害赔偿法以及公约均规定营运人为核损害的唯一责任人，但也规定了追索权。我国台湾地区“核损害赔偿法”第 22 条规定，核子设施经营者，依本法之规定赔偿时，对于核子设施经营者以外之人，仅于下列情形之一有求偿权：1. 依书面契约有明文规定者。2. 核子损害系因个人故意之行为所致者，对于具有故意之该个人。《巴黎公约》规定，“只有运营商承担核损害的赔偿责任，任何其他人如果没有特别约定无需承担赔偿责任。运营商只在因个人故意或疏忽而引发的事故及有书面合同明确规定追索权时存在追索权”。

本法同样规定了对第三人有限制的追偿权，本条第 2 款，为核设施营运单位提供设备、工程以及服务等的单位不承担核损害赔偿责任。核设施营运单位与其有约定的，在承担赔偿责任后，可以按照约定追偿。这一规定是对核损害赔偿责任主体的补充规定。国际上也有通行惯例，《核能方面第三当事者责任公约》规定，只有在运营商承担核损害的赔偿责任，任何其他人如果没有特别规定无需承担赔偿责任。运营商只在因个人故意或疏忽而引发的事故及有书面合同明确规定追索权时存在追索权这种情形下，第三方承担的是合同责任或者产品质量责任，而不是核损害赔偿责任，我国仅规定了依合同约定这一追索情况。对于此追索权的规定是符合合同法平等主体之间意思自治原则的，《中华人民共和国合同法》第4条规定，“当事人依法享有自愿订立合同的权利，任何单位和个人不得非法干预”。核设施营运单位可以与为其提供设备、工程以及服务等的单位约定，如果因设备、工程、服务质量或瑕疵问题，由设备、工程及服务等提供方承担责任，但这种约定只在合同双方当事人之间有效，并不产生对抗第三人的权利，故即使有此种约定，核设施营运单位也是核事故损害赔偿的责任主体，并不能因此而免责，只是在赔偿后依据合同和双方约定可以向相关的第三方行使追偿权。

三、关于核设施营运单位应当通过投保责任保险、参加互助机制等方式，作出适当的财务保证安排，确保能够及时、有效履行核损害赔偿责任

由于核损害是巨灾风险，核事故发生之后，营运单位将会面临巨额的损害赔偿，这是可以预见的，这个赔偿责任极有可能远超营运单位自身的资产价值，所以需要引入多方力量加入赔偿机制以分担风险，国际上普遍要求运营者对其赔偿责任作出强制财务安排，以保证可以对受害人进行及时有效的赔偿。本法出台之前，我国的一贯做法也是如此。《国务院关于核事故损害赔偿责任问题的批复》（国函〔2007〕64号）中就对营运单位的财务保证安排及强制保险义务作出了规定，“营运者应当做出适当的财务保证安排，以确保发生核事故损害时能够及时、有效的履行核事故损害赔偿责任。在核电站运行之前或者乏燃料贮存、运输、后处理之前，营运者必须购买足以履行其责任限额的保险。核损害责任主体所承担的赔偿责任通过强制核责任保险的方式获得财务保证。”要求营运单位提供财务保证，旨在防止营运单位因营业中断和自身财产损失而陷入财务困境，保证营运人在核损害发生后，有专项资金来源支持其履行巨额赔偿责任。

核责任保险和参加互助机制是国际通行的核营运人进行风险转移和提供财务保证的方式，本款列举但不限于这两种形式，目前在核责任保险方面大致有三种保险方式，互保、自保和共保。核责任保险和互助机制成为通行做法，是因为同其他财务保证方式相比优点显著，且已有较长、较好的实践，机制相对发展比较完善。投保核责任保险，是国际通行的和营运人进行风险转移和提供财务保证的方式。运营单位通过向保险公司购买核第三者责任保险来履行其财务保证义务，保险公司在签发保单后通过核共体进行全球风险分散。核共体是专门针对核风险的保险和再保险的共同体，因为核损害赔偿数额巨大，任何一家保险公司都很难有能力独立承保核风险，核共体通过多家保险和再保险公司的自愿参与，集中所有参与公司的承保能力，同时实现在内部分担风险。目前，多数有核国家都建立了核共体，所有国家的核共体联合在一起，组成国际核共体体系，各个国家的核共体可以通过再保险的方式将本国承保的核责任保险向其他各国核共体分散，最终实现一国的核责任保险在世界各国的保险和再保险公司之间分散。通过这种方式，有效提高各国核共体的保险能力，同时，提高核责任保险的安全性和可靠性。

我国的核共体于 1999 年正式成立，目前拥有 21 个成员公司，包括了国内主要的财产保险公司和再保险公司，并与其他国家的核共体建立了紧密的业务合作关系。核共体中的任何一家保险公司都有对外的独立签单的权利，核设施营运单位可以自主选择保险公司出单，出单的保险公司再将保单责任转入核共体，而后核共体可以根据实际情况及自身的承保能力确定向其他国家核共体转移的份额，以实现核风险的全球分担。

参加行业互助机制是核设施运营单位另一个有效地进行风险转移和提供财务保证的方式。目前采用这一机制的主要是美国，美国要求各核设施营运单位认购一定限额的责任保险，而无须缴纳保费，当事故发生，且赔偿额超过限额，所有的参与行业互助机制的营运单位根据认购的比例及实际需要的费用加纳追溯保费，以用于核损害的赔偿。这一方式的优势在于不需要各单位提前缴纳保障资金，而在却有核事故发生之后，再根据提前分配的比例以及实际造成的损失来分摊赔偿金额。事后追缴的模式不会增加企业日常的经营成本，也避免了大量保费流向国际。核设施营运单位通常有较为雄厚的资金和财务保障能力，因此多家营运单位联合起来以共同承担核损害赔偿责任，实现风险共担是可行的。

相关规定

《巴黎公约》;《维也纳公约》;《核能方面第三当事者责任公约》;《中华人民共和国环境保护法》;《中华人民共和国民法通则》;《中华人民共和国侵权责任法》;《国务院关于核事故损害赔偿责任问题的批复》;我国台湾地区“核损害赔偿法”;《中华人民共和国合同法》;《放射性污染防治法》;《关于审理人身损害赔偿案件适用法律若干问题的解释》;《中华人民共和国民事诉讼法》;《生态环境损害赔偿制度改革试点方案》;《中华人民共和国民法总则》。

第九十一条 **违反本法规定,构成犯罪的,依法追究刑事责任。**

条文主旨

本条是关于刑事责任的规定。

立法背景

综观本章规定的法律责任,从第75条到第90条,都只涉及行政责任和民事责任。对于实践中经常出现的一些比较严重的违法行为,仅仅给予行政处罚或要求承担民事责任是不够的,不足以对违法行为人构成威慑。因此,要从根本上解决这一问题,确保核安全,有必要在法律上明确对一些性质和情节比较严重的违法行为,给予更为严厉的处罚。这种处罚措施主要是刑事责任。同时,考虑到我国已经制定了刑法,为了维护法制的统一，原则上，不再在各单行法中规定具体的刑事责任。如果某一行为构成犯罪的，可以直接依照刑法的有关条款予以处罚。这样的立法技术，可以减少在多个法律中规定刑事责任可能出现的处罚不统一的情况，也可以避免由于刑法的修改而出现的法律之间不衔接的问题。

条文解读

一、关于违反本法规定，构成犯罪的

首先，必须是违反本法的义务性和禁止性规定，不违反本法规定的，不适用本条。

其次，行为需依照刑法构成犯罪。承担刑事责任必须以行为人的行为构成犯罪为前提，根据我国刑法的通说，一般认为构成犯罪需满足四个方面的要件，即主体、主观方面、客体、客观方面。

（一）关于犯罪的主体

犯罪的主体即违反核安全法律规定，实施了犯罪行为、依法应当承担刑事责任的行为人，包括自然人和单位。无论是自然人还是单位，要成为犯罪主体，都必须具备刑事责任能力，即行为人实施的行为构成犯罪和承担刑事责任所必须具备的刑法意义上辨认和控制自己行为的能力。构成犯罪主体的自然人，须达到法定的刑事责任年龄且精神健全。构成犯罪主体的单位，也须满足法定的组织要件，包括公司、企业、事业单位、机关、团体等。

（二）关于犯罪的主观方面

犯罪的主观方面是犯罪人对其实施的违法行为及其危害后

果所持的心理态度，是犯罪人承担刑事责任的主观基础，包括犯罪的故意和过失、犯罪的目的与动机等内容。犯罪的故意，是指行为人明知自己的行为会发生危害社会的结果，并且希望（直接故意）或者放任（间接故意）这种结果发生的主观心理态度。犯罪的过失，是指行为人应当预见自己的行为可能发生危害社会的结果，因为疏忽大意没有预见（疏忽大意的过失）或者已经预见而轻信能够避免（过于自信的过失），致使这种危害结果发生的主观心理态度。

（三）关于犯罪的客体

犯罪的客体是指我国刑法所保护的而为犯罪行为所侵害的社会关系。违法本法有可能构成环境犯罪，环境犯罪的客体有其特殊性，通常属于复杂客体，即同时侵害两个或两个以上的社会关系。比如，在侵害公私财产权和人民生命健康权的同时，也对环境或资源造成了污染与破坏，侵害了国家或公众对这些环境和资源依法应当享有的权益，破坏了国家环境保护管理的秩序等。

（四）关于犯罪的客观方面

犯罪的客观方面是指刑法规定的构成环境犯罪的客观外在表现，包括危害行为、危害结果、危害行为与危害结果之间的因果关系以及犯罪的时间、地点、方法等内容。

二、关于依法追究刑事责任

刑事责任是指行为人实施的行为违反法律，构成犯罪时所应当承担的法律责任。相较于本法规定的民事责任和行政责任，刑事责任的性质更为严重，行为人所面临的惩罚也更为严厉。依照罪刑法定原则，承担刑事责任的方式由刑法明确规定，主要包括刑罚和非刑罚方法两大类。刑罚包括主刑和附加刑，主刑包括死刑、无期徒刑、有期徒刑、拘役和管制五种；附加刑包括罚金、剥夺政治权利、没收财产三种。对于犯罪的外国人，可以独立适用或者附加适用驱逐出境。非刑罚方法主要包括赔偿经济损失和其他，比如训诫或者责令具结悔过、赔礼道歉等。

本条所言依法是指依据刑法追究行为人的刑事责任，须符合刑法规定的具体罪名。与本法相关的主要有以下几个罪名：

刑法第 114 条，“放火、决水、爆炸以及投放毒害性、放射性、传染病病原体等物质或者以其他危险方法危害公共安全，尚未造成严重后果的，处三年以上十年以下有期徒刑。”

刑法第 115 条，“放火、决水、爆炸以及投放毒害性、放射性、传染病病原体等物质或者以其他危险方法致人重伤、死亡或者使公私财产遭受重大损失的，处十年以上有期徒刑、无期徒刑或者死刑。过失犯前款罪的，处三年以上七年以下有期徒刑；情节较轻的，处三年以下有期徒刑或者拘役。”

刑法第 118 条，“破坏电力、燃气或者其他易燃易爆设备，危害公共安全，尚未造成严重后果的，处三年以上十年以下有期徒刑。”

刑法第 119 条，“破坏交通工具、交通设施、电力设备、燃气设备、易燃易爆设备，造成严重后果的，处十年以上有期徒刑、无期徒刑或者死刑。

过失犯前款罪的，处三年以上七年以下有期徒刑；情节较轻的，处三年以下有期徒刑或者拘役。”

刑法第125条第2款、第3款，“非法制造、买卖、运输、储存毒害性、放射性、传染病病原体等物质，危害公共安全的，依照前款的规定处罚。单位犯前两款罪的，对单位判处罚金，并对其直接负责的主管人员和其他直接责任人员，依照第一款的规定处罚。”

刑法第134条，“在生产、作业中违反有关安全管理的规定，因而发生重大伤亡事故或者造成其他严重后果的，处三年以下有期徒刑或者拘役；情节特别恶劣的，处三年以上七年以下有期徒刑。强令他人违章冒险作业，因而发生重大伤亡事故或者造成其他严重后果的，处五年以下有期徒刑或者拘役；情节特别恶劣的，处五年以上有期徒刑。”

刑法第135条，“安全生产设施或者安全生产条件不符合国家规定，因而发生重大伤亡事故或者造成其他严重后果的，对直接负责的主管人员和其他直接责任人员，处三年以下有期徒刑或者拘役；情节特别恶劣的，处三年以上七年以下有期徒刑。”

刑法第136条，“违反爆炸性、易燃性、放射性、毒害性、腐蚀性物品的管理规定，在生产、储存、运输、使用中发生重大事故，造成严重后果的，处三年以下有期徒刑或者拘役；后果特别严重的，处三年以上七年以下有期徒刑。”

刑法第137条，“建设单位、设计单位、施工单位、工程监理单位违反国家规定，降低工程质量标准，造成重大安全事故的，对直接责任人员，处五年以下有期徒刑或者拘役，并处罚金；后果特别严重的，处五年以上十年以下有期徒刑，并处罚金。”

刑法第139条，“在安全事故发生后，负有报告职责的人员不报或者谎报事故情况，贻误事故抢救，情节严重的，处三年以下有期徒刑或者拘役；情节特别严重的，处三年以上七年以下有期徒刑。”

刑法第291条，“投放虚假的爆炸性、毒害性、放射性、传染病病原体等物质，或者编造爆炸威胁、生化威胁、放射威胁等恐怖信息，或者明知是编造的恐怖信息而故意传播，严重扰乱社会秩序的，处五年以下有期徒刑、拘役或者管制；造成严重后果的，处五年以上有期徒刑。”

刑法第338条，“违反国家规定，向土地、水体、大气排放、倾倒或者处置有放射性的废物、含传染病病原体的废物、有毒物质或者其他危险废物，造成重大环境污染事故，致使公私财产遭受重大损失或者人身伤亡的严重后果的，处三年以下有期徒刑或者拘役，并处或者单处罚金；后果特别严重的，处三年以上七年以下有期徒刑，并处罚金。”

刑法第397条第1款，“国家机关工作人员滥用职权或者玩忽职守，致使公共财产、国家和人民利益遭受重大损失的，处三年以下有期徒刑或者拘役；情节特别严重的，处三年以上七年以下有期徒刑。本法另有规定的，依照规定。”

刑法第398条，“国家机关工作人员违反保守国家秘密法的规定，故意或者过失泄露国家秘密，情节严重的，处三年以下有期徒刑或者拘役；情节特别严重的，处三年以上七年以下有期徒刑。

非国家机关工作人员犯前款罪的，依照前款的规定酌情处罚。”

相关规定

《中华人民共和国刑法》第114条、第115条、第118条、第119条、第125条、第134条、第135条、第136条、第137条、第139条、第291条、第338条、第397条、第398条。

第八章 附 则

第九十二条 军工、军事核安全，由国务院、中央军事委员会依照本法规定的原则另行规定。

条文主旨

本条是对军工、军事核安全相关规范的制定主体与制定原则所作的规定。

立法背景

我国核设施主要分三类：一是以核电厂为代表的民用核设施；二是用于军用核装备、军用核动力、军用核材料研制生产的军工核设施；三是交付军队管理使用的军事核设施。根据我国现行核安全监管体制确定的职责分工，民用核设施和军工核设施的核安全监督管理分别由环境保护部（国家核安全局）和国家国防科技工业局负责，军队负责军事核设施的核安全监督管理。

条文解读

本法明确了我国国家核安全观，以及核安全工作的方针、政策与责任分工，重点对民用核设施的选址、设计、建造、运行、退役和核材料及相关放射性废物全过程、全链条的安全监管和风险管控，以及信息公开、公众参与和法律责任等进行了规范。考虑到军工核设施和军事核设施的特殊性，军工核设施、军事核设施的安全监管、风险管控、法律责任等，应遵循惯例给予特别考虑，需要由国务院、中央军事委员会依据本法规定的原则性要求，结合军工、军事核设施安全管理的实际，另行规定。

2012 年 10 月，国家国防科技工业局认真总结军工核安全监管长期积累的丰富经验，吸收借鉴国际国内民用核安全监管成熟做法，根据监管工作实际和工作急需，编制完成了《军工核设施安全监督管理条例（送审稿）》，并上报国务院审批。《军工核设施安全监督管理条例》已列入国务院相关立法工作计划，正在加紧推进。与此同时，军队制定了《中国人民解放军核安全监督管理条例》，作为军事规章该条例已于 2013 年颁布实施。

相关规定

《中国人民解放军核安全监督管理条例》；《国防科技工业军工核设施安全监督管理规定》。

第九十三条 本法中下列用语的含义：

核事故，是指核设施内的核燃料、放射性产物、放射性废物或者运入运出核设施的核材料所发生的放射性、毒害性、爆炸性或者其他危害性事故，或者一系列事故。

纵深防御，是指通过设定一系列递进并且独立的防护、缓解措施或者实物屏障，防止核事故发生，减轻核事故后果。

核设施营运单位，是指在中华人民共和国境内，申请或者持有核设施安全许可证，可以经营和运行核设施的单位。

核安全设备，是指在核设施中使用的执行核安全功能的设备，包括核安全机械设备和核安全电气设备。

乏燃料，是指在反应堆堆芯内受过辐照并从堆芯永久卸出的核燃料。

停闭，是指核设施已经停止运行，并且不再启动。

退役，是指采取去污、拆除和清除等措施，使核设施不再使用的场所或者设备的辐射剂量满足国家相关标准的要求。

经验反馈，是指对核设施的事件、质量问题和良好实践等信息进行收集、筛选、评价、分析、处理和分发，总结推广良好实践经验，防止类似事件和问题重复发生。

托运人，是指在中华人民共和国境内，申请将托运货物提交运输并获得批准的单位。

条文主旨

本条是对核安全法中一些用语含义的规定。

立法背景

法律规范运用相应的字、词、句来表达与体现其含义。在长期的立法活动中，逐步形成了一些特定的法律用语。同时，法律的制定离不开社会实践。社会生活中人们经常使用的字、词、句，也会反映到法律规范中，所以法律中运用的一些用语，需要通过一定的方式明确其含义。因此，立法中对一些用语的含义作出规定，是世界各国立法活动的普遍性做法。

对法律用语的含义作出规定，有利于法律条文表达的准确性、明确性，有利于充分体现立法机关的立法意图，对于执法机关及其工作人员正确执行法律，对于相关当事人正确行使权利和履行义务，具有重要意义。因此，本条专门对"纵深防御"等九个用语的含义作了规定。

条文解读

1. 核事故。国内立法中，2003 年的放射性污染防治法、2009 年侵权责任法和 2015 年国家安全法中均采用了"核事故"这一概念，但均未明确作出界定；国务院于 1986 年发布的民用核设施安全监督管理条例对核事故做了明确界定，本法沿用了这一概念。

2. 纵深防御。这一概念最早出现在国际公约中。《核安全公约》第 18 条规定："每一缔约方应采取适当步骤以确保：(1) 核设施的设计和建造能提供防止放射性物质释放的若干可靠的保护层次和保护方法（纵深防御），以防止事故发生和一旦事故发生时能减轻其放射后果……"《核材料实物保护公约》修正案规定“基本原则九：纵深防御。国家对实物保护的要求应反映结构上的或其他技术、人事和组织方面的多层保护和保护措施的概念，敌方要想实现其目的必须克服或绕过这些保护层和保护措施。”核安全法立法过程中，核工业界强烈呼吁将纵深防御写入立法。为了帮助理解这一概念的准确内涵，立法机关采纳了这一建议，并在附则中作出专门解释。

3. 核设施营运单位。关于营运单位的界定有两种观点，一种是沿用2007年发布的《国务院关于核事故损害赔偿责任问题的批复》（国函［2007］64号）第1条的规定，即中华人民共和国境内，依法取得法人资格，营运核电站、民用研究堆、民用工程实验反应堆的单位或者从事民用核燃料生产、运输和乏燃料贮存、运输、后处理且拥有核设施的单位，为该核电站或者核设施的营运者。另一种就是严格以许可证申请和持有者来界定。经过各方征求意见，赞成后者的居多，法律采用了后一规定。

4. 核安全设备。2007年7月4日国务院第183次常务会议通过的《民用核安全设备监督管理条例》中明确规定“民用核安全设备，是指在民用核设施中使用的执行核安全功能的设备，包括核安全机械设备和核安全电气设备”。本次立法沿用了这一概念。需要注意的是，我国的民用核安全设备是由名录规定的，这个目录由国务院核安全监管部门商国务院有关部门制定并发布。

5. 乏燃料。2006年4月29日，第十届全国人民代表大会常务委员会第二十一次会议决定：加入于1997年9月5日经国际原子能机构外交大会审议通过的《乏燃料管理安全和放射性废物管理安全联合公约》，同时列出了声明条款。该公约第2条规定："乏燃料"系指在反应堆堆芯内受过辐照并从堆芯永久卸出的核燃料。本法沿用了这一概念。

6. 停闭。停闭是本次立法中新采用的概念，通常而言，停闭用于矿山闭坑环节，指的是"停闭采矿场所"。本次沿用这一概念的含义，指的是永久关闭。

7. 退役。放射性污染防治法明确要求核设施营运单位在进行核设施建造、装料、运行、退役等活动前，必须按照国务院有关核设施安全监督管理的规定，申请领取核设施建造、运行许可证和办理装料、退役等审批手续。但是该法没有对"退役"的概念作出规定。本法对核设施的退役作了补充完善规定。

8. 经验反馈。2005年，原国防科工委发布《核电厂运行经验交流管理办法（试行）》（科工二司〔2005〕421号），技术支持单位受秘书处委托，对核电厂运行经验交流活动提供支持，并负责编制行业核电运行定期报告和其他运行经验反馈相关报告。2011年，环境保护部发布《放射性同位素与射线装置安全和防护管理办法》，明确要求：取得辐射安全培训合格证书的人员，应当每四年接受一次再培训。辐射安全再培训包括新颁布的相关法律、法规和辐射安全与防护专业标准、技术规范，以及辐射事故案例分析与经验反馈等内容。由此看出，本法对经验反馈作出的界定，与相关法规和实践相一致的。

9. 托运人。托运人是民事领域广泛采用的概念，我国合同法第十七章“运输合同”中，对承运人、托运人的有关责任作了比较清晰的界定。民用航空法、铁路法中，也都采用托运人的概念。本法的规定与上述法律保持一致。

相关规定

《中华人民共和国放射性污染防治法》；《民用核设施安全监督管理条例》。

第九十四条　本法自 2018 年 1 月 1 日起施行。

条文主旨

本条是关于实施日期的规定。

立法背景

法律的施行日期，又称实施日期，它是指法律的生效时间，即法律在何时开始生效。《中华人民共和国立法法》第 51 条规定，法律应当明确规定施行日期。对法律施行日期的规定，一般有两种形式：一是自法律公布之日起施行，即一部法律审议通过后，自中华人民共和国主席令公布之日起施行。二是在法律中具体规定施行日期，自该日期届至后，法律正式生效。以上两种形式是法律中最为常见的有关施行日期的规定，本法即属于第二种。此外，还有一种比较罕见的情况，即比照其他法律来确定施行日期和生效时间。比如 1991 年 6 月国务院发布的《中华人民共和国外商投资企业和外国企业所得税法实施细则》规定自《中华人民共和国外商投资企业和外国企业所得税法》施行之日起施行。

确定法律的施行日期，其意义不仅在于确定法律的贯彻实施时间，还在于解决法律的溯及力问题。法不溯及既往，这是法治国家的基本原则之一。根据这一原则，对于法律公布施行之前的行为，一律不适用生效后的法律，但法律有特别规定的除外。我国刑法就对法律的溯及力问题作了特别的规定，以保护公民的基本权益。法律没有特别规定的，一律适用法不溯及既往的原则。

条文解读

本条规定了本法的时间效力。本法的施行日期确定为2018年1月1日。根据法不溯及既往的原则，在2018年1月1日前的核设施安全问题，不适用本法。2018年1月1日之后的核设施安全问题，则必须适用本法的规定。其他法律与本法不一致的法律，依照立法法确立的后法优于前法的原则以及特殊法优于普通法的原则，应当遵照本法的规定执行。与本法不一致或者有抵触的法规、规章，由于本法的法律效力高于法规和规章，一律以本法的规定为准。

本法的颁布日期为2017年9月1日，施行日期为2018年1月1日，中间有5个月左右的时间间隔。这主要是考虑到本法是我国核安全领域首部法律，法律从制度设计角度对核设施选址、设计、建造、运行、退役和核材料及相关放射性废物实行全过程、全链条监管和风险防控，并为此作出了一系列制度建设，包括规划制度、标准制度、申请审批制度、报告与反馈制度、应急准备与响应制度、资质资格管理制度等，并且明晰了核安全责任、监督检查与法律责任等问题。对这些规定，实际工作中需要进一步领会和把握，并加强宣传和准备，做好一些配套的工作，以利于法律的贯彻执行。

相关规定

《中华人民共和国立法法》第51条。

附录

一、法律原文

中华人民共和国核安全法

（2017年9月1日第十二届全国人民代表大会常务委员会第二十九次会议通过　2017年9月1日中华人民共和国主席令第七十三号公布　自2018年1月1日起施行）

目　　录

第一章　总　　则
第二章　核设施安全
第三章　核材料和放射性废物安全
第四章　核事故应急
第五章　信息公开和公众参与
第六章　监督检查
第七章　法律责任
第八章　附　　则

第一章　总　　则

第一条　为了保障核安全，预防与应对核事故，安全利用核能，保护公众和从业人员的安全与健康，保护生态环境，促进经济社会可持续发展，制定本法。

第二条 在中华人民共和国领域及管辖的其他海域内，对核设施、核材料及相关放射性废物采取充分的预防、保护、缓解和监管等安全措施，防止由于技术原因、人为原因或者自然灾害造成核事故，最大限度减轻核事故情况下的放射性后果的活动，适用本法。

核设施，是指：

（一）核电厂、核热电厂、核供汽供热厂等核动力厂及装置；

（二）核动力厂以外的研究堆、实验堆、临界装置等其他反应堆；

（三）核燃料生产、加工、贮存和后处理设施等核燃料循环设施；

（四）放射性废物的处理、贮存、处置设施。

核材料，是指：

（一）铀-235 材料及其制品；

（二）铀-233 材料及其制品；

（三）钚-239 材料及其制品；

（四）法律、行政法规规定的其他需要管制的核材料。

放射性废物，是指核设施运行、退役产生的，含有放射性核素或者被放射性核素污染，其浓度或者比活度大于国家确定的清洁解控水平，预期不再使用的废弃物。

第三条 国家坚持理性、协调、并进的核安全观，加强核安全能力建设，保障核事业健康发展。

第四条 从事核事业必须遵循确保安全的方针。

核安全工作必须坚持安全第一、预防为主、责任明确、严格管理、纵深防御、独立监管、全面保障的原则。

第五条 核设施营运单位对核安全负全面责任。

为核设施营运单位提供设备、工程以及服务等的单位，应当负相应责任。

第六条 国务院核安全监督管理部门负责核安全的监督管理。

国务院核工业主管部门、能源主管部门和其他有关部门在各自职责范围内负责有关的核安全管理工作。

国家建立核安全工作协调机制，统筹协调有关部门推进相关工作。

第七条 国务院核安全监督管理部门会同国务院有关部门编制国家核安全规划，报国务院批准后组织实施。

第八条 国家坚持从高从严建立核安全标准体系。

国务院有关部门按照职责分工制定核安全标准。核安全标准是强制执行的标准。

核安全标准应当根据经济社会发展和科技进步适时修改。

第九条 国家制定核安全政策，加强核安全文化建设。

国务院核安全监督管理部门、核工业主管部门和能源主管部门应当建立培育核安全文化的机制。

核设施营运单位和为其提供设备、工程以及服务等的单位应当积极培育和建设核安全文化，将核安全文化融入生产、经营、科研和管理的各个环节。

第十条 国家鼓励和支持核安全相关科学技术的研究、开发和利用，加强知识产权保护，注重核安全人才的培养。

国务院有关部门应当在相关科研规划中安排与核设施、核材料安全和辐射环境监测、评估相关的关键技术研究专项，推广先进、可靠的核安全技术。

核设施营运单位和为其提供设备、工程以及服务等的单位、与核安全有关的科研机构等单位，应当持续开发先进、可靠的核安全技术，充分利用先进的科学技术成果，提高核安全水平。

国务院和省、自治区、直辖市人民政府及其有关部门对在科技创新中做出重要贡献的单位和个人，按照有关规定予以表彰和奖励。

第十一条 任何单位和个人不得危害核设施、核材料安全。

公民、法人和其他组织依法享有获取核安全信息的权利，受到核损害的，有依法获得赔偿的权利。

第十二条 国家加强对核设施、核材料的安全保卫工作。

核设施营运单位应当建立和完善安全保卫制度，采取安全保卫措施，防范对核设施、核材料的破坏、损害和盗窃。

第十三条 国家组织开展与核安全有关的国际交流与合作，完善核安全国际合作机制，防范和应对核恐怖主义威胁，履行中华人民共和国缔结或者参加的国际公约所规定的义务。

第二章 核设施安全

第十四条 国家对核设施的选址、建设进行统筹规划，科学论证，合理布局。

国家根据核设施的性质和风险程度等因素，对核设施实行分类管理。

第十五条 核设施营运单位应当具备保障核设施安全运行的能力，并符合下列条件：

（一）有满足核安全要求的组织管理体系和质量保证、安全管理、岗位责任等制度；

（二）有规定数量、合格的专业技术人员和管理人员；

（三）具备与核设施安全相适应的安全评价、资源配置和财务能力；

（四）具备必要的核安全技术支撑和持续改进能力；

（五）具备应急响应能力和核损害赔偿财务保障能力；

（六）法律、行政法规规定的其他条件。

第十六条 核设施营运单位应当依照法律、行政法规和标准的要求，设置核设施纵深防御体系，有效防范技术原因、人为原因和自然灾害造成的威胁，确保核设施安全。

核设施营运单位应当对核设施进行定期安全评价，并接受国务院核安全监督管理部门的审查。

第十七条 核设施营运单位和为其提供设备、工程以及服务等的单位应当建立并实施质量保证体系，有效保证设备、工程和服务等的质量，确保设备的性能满足核安全标准的要求，工程和服务等满足核安全相关要求。

第十八条 核设施营运单位应当严格控制辐射照射，确保有关人员免受超过国家规定剂量限值的辐射照射，确保辐射照射保持在合理、可行和尽可能低的水平。

第十九条 核设施营运单位应当对核设施周围环境中所含的放射性核素的种类、浓度以及核设施流出物中的放射性核素总量实施监测，并定期向国务院环境保护主管部门和所在地省、自治区、直辖市人民政府环境保护主管部门报告监测结果。

第二十条 核设施营运单位应当按照国家有关规定，制定培训计划，对从业人员进行核安全教育和技能培训并进行考核。

核设施营运单位应当为从业人员提供相应的劳动防护和职业健康检查，保障从业人员的安全和健康。

第二十一条 省、自治区、直辖市人民政府应当对国家规划确定的核动力厂等重要核设施的厂址予以保护，在规划期内不得变更厂址用途。

省、自治区、直辖市人民政府应当在核动力厂等重要核设施周围划定规划限制区，经国务院核安全监督管理部门同意后实施。

禁止在规划限制区内建设可能威胁核设施安全的易燃、易爆、腐蚀性物品的生产、贮存设施以及人口密集场所。

第二十二条 国家建立核设施安全许可制度。

核设施营运单位进行核设施选址、建造、运行、退役等活动，应当向国务院核安全监督管理部门申请许可。

核设施营运单位要求变更许可文件规定条件的，应当报国务院核安全监督管理部门批准。

第二十三条 核设施营运单位应当对地质、地震、气象、水文、环境和人口分布等因素进行科学评估，在满足核安全技术评价要求的前提下，向国务院核安全监督管理部门提交核设施选址安全分析报告，经审查符合核安全要求后，取得核设施场址选择审查意见书。

第二十四条 核设施设计应当符合核安全标准，采用科学合理的构筑物、系统和设备参数与技术要求，提供多样保护和多重屏障，确保核设施运行可靠、稳定和便于操作，满足核安全要求。

第二十五条 核设施建造前，核设施营运单位应当向国务院核安全监督管理部门提出建造申请，并提交下列材料：

（一）核设施建造申请书；

（二）初步安全分析报告；

（三）环境影响评价文件；

（四）质量保证文件；

（五）法律、行政法规规定的其他材料。

第二十六条 核设施营运单位取得核设施建造许可证后，应当确保核设施整体性能满足核安全标准的要求。

核设施建造许可证的有效期不得超过十年。有效期届满，需要延期建造的，应当报国务院核安全监督管理部门审查批准。但是，有下列情形之一且经评估不存在安全风险的除外：

（一）国家政策或者行为导致核设施延期建造；

（二）用于科学研究的核设施；

（三）用于工程示范的核设施；

（四）用于乏燃料后处理的核设施。

核设施建造完成后应当进行调试，验证其是否满足设计的核安全要求。

第二十七条 核设施首次装投料前，核设施营运单位应当向国务院核安全监督管理部门提出运行申请，并提交下列材料：

（一）核设施运行申请书；

（二）最终安全分析报告；

（三）质量保证文件；

（四）应急预案；

（五）法律、行政法规规定的其他材料。

核设施营运单位取得核设施运行许可证后，应当按照许可证的规定运行。

核设施运行许可证的有效期为设计寿期。在有效期内，国务院核安全监督管理部门可以根据法律、行政法规和新的核安全标准的要求，对许可证规定的事项作出合理调整。

核设施营运单位调整下列事项的，应当报国务院核安全监督管理部门批准：

（一）作为颁发运行许可证依据的重要构筑物、系统和设备；

（二）运行限值和条件；

（三）国务院核安全监督管理部门批准的与核安全有关的程序和其他文件。

第二十八条 核设施运行许可证有效期届满需要继续运行的，核设施营运单位应当于有效期届满前五年，向国务院核安全监督管理部门提出延期申请，并对其是否符合核安全标准进行论证、验证，经审查批准后，方可继续运行。

第二十九条 核设施终止运行后，核设施营运单位应当采取安全的方式进行停闭管理，保证停闭期间的安全，确保退役所需的基本功能、技术人员和文件。

第三十条 核设施退役前，核设施营运单位应当向国务院核安全监督管理部门提出退役申请，并提交下列材料：

（一）核设施退役申请书；

（二）安全分析报告；

（三）环境影响评价文件；

（四）质量保证文件；

（五）法律、行政法规规定的其他材料。

核设施退役时，核设施营运单位应当按照合理、可行和尽可能低的原则处理、处置核设施场址的放射性物质，将构筑物、系统和设备的放射性水平降低至满足标准的要求。

核设施退役后，核设施所在地省、自治区、直辖市人民政府环境保护主管部门应当对核设施场址及其周围环境中所含的放射性核素的种类和浓度组织监测。

第三十一条 进口核设施，应当满足中华人民共和国有关核安全法律、行政法规和标准的要求，并报国务院核安全监督管理部门审查批准。

出口核设施，应当遵守中华人民共和国有关核设施出口管制的规定。

第三十二条 国务院核安全监督管理部门应当依照法定条件和程序，对核设施安全许可申请组织安全技术审查，满足核安全要求的，在技术审查完成之日起二十日内，依法作出准予许可的决定。

国务院核安全监督管理部门审批核设施建造、运行许可申请时，应当向国务院有关部门和核设施所在地省、自治区、直辖市人民政府征询意见，被征询意见的单位应当在三个月内给予答复。

第三十三条 国务院核安全监督管理部门组织安全技术审查时，应当委托与许可申请单位没有利益关系的技术支持单位进行技术审评。受委托的技术支持单位应当对其技术评价结论的真实性、准确性负责。

第三十四条 国务院核安全监督管理部门成立核安全专家委员会，为核安全决策提供咨询意见。

制定核安全规划和标准，进行核设施重大安全问题技术决策，应当咨询核安全专家委员会的意见。

第三十五条 国家建立核设施营运单位核安全报告制度，具体办法由国务院有关部门制定。

国务院有关部门应当建立核安全经验反馈制度，并及时处理核安全报告信息，实现信息共享。

核设施营运单位应当建立核安全经验反馈体系。

第三十六条 为核设施提供核安全设备设计、制造、安装和无损检验服务的单位，应当向国务院核安全监督管理部门申请许可。境外机构为境内核设施提供核安全设备设计、制造、安装和无损检验服务的，应当向国务院核安全监督管理部门申请注册。

国务院核安全监督管理部门依法对进口的核安全设备进行安全检验。

第三十七条 核设施操纵人员以及核安全设备焊接人员、无损检验人员等特种工艺人员应当按照国家规定取得相应资格证书。

核设施营运单位以及核安全设备制造、安装和无损检验单位应当聘用取得相应资格证书的人员从事与核设施安全专业技术有关的工作。

第三章 核材料和放射性废物安全

第三十八条 核设施营运单位和其他有关单位持有核材料，应当按照规定的条件依法取得许可，并采取下列措施，防止核材料被盗、破坏、丢失、非法转让和使用，保障核材料的安全与合法利用：

（一）建立专职机构或者指定专人保管核材料；

（二）建立核材料衡算制度，保持核材料收支平衡；

（三）建立与核材料保护等级相适应的实物保护系统；

（四）建立信息保密制度，采取保密措施；

（五）法律、行政法规规定的其他措施。

第三十九条 产生、贮存、运输、后处理乏燃料的单位应当采取措施确保乏燃料的安全，并对持有的乏燃料承担核安全责任。

第四十条 放射性废物应当实行分类处置。

低、中水平放射性废物在国家规定的符合核安全要求的场所实行近地表或者中等深度处置。

高水平放射性废物实行集中深地质处置，由国务院指定的单位专营。

第四十一条 核设施营运单位、放射性废物处理处置单位应当对放射性废物进行减量化、无害化处理、处置，确保永久安全。

第四十二条 国务院核工业主管部门会同国务院有关部门和省、自治区、直辖市人民政府编制低、中水平放射性废物处置场所的选址规划，报国务院批准后组织实施。

国务院核工业主管部门会同国务院有关部门编制高水平放射性废物处置场所的选址规划，报国务院批准后组织实施。

放射性废物处置场所的建设应当与核能发展的要求相适应。

第四十三条 国家建立放射性废物管理许可制度。

专门从事放射性废物处理、贮存、处置的单位，应当向国务院核安全监督管理部门申请许可。

核设施营运单位利用与核设施配套建设的处理、贮存设施，处理、贮存本单位产生的放射性废物的，无需申请许可。

第四十四条 核设施营运单位应当对其产生的放射性固体废物和不能经净化排放的放射性废液进行处理，使其转变为稳定的、标准化的固体废物后，及时送交放射性废物处置单位处置。

核设施营运单位应当对其产生的放射性废气进行处理，达到国家放射性污染防治标准后，方可排放。

第四十五条 放射性废物处置单位应当按照国家放射性污染防治标准的要求，对其接收的放射性废物进行处置。

放射性废物处置单位应当建立放射性废物处置情况记录档案，如实记录处置的放射性废物的来源、数量、特征、存放位置等与处置活动有关的事项。记录档案应当永久保存。

第四十六条 国家建立放射性废物处置设施关闭制度。

放射性废物处置设施有下列情形之一的，应当依法办理关闭手续，并在划定的区域设置永久性标记：

（一）设计服役期届满；

（二）处置的放射性废物已经达到设计容量；

（三）所在地区的地质构造或者水文地质等条件发生重大变化，不适宜继续处置放射性废物；

（四）法律、行政法规规定的其他需要关闭的情形。

第四十七条 放射性废物处置设施关闭前，放射性废物处置单位应当编制放射性废物处置设施关闭安全监护计划，报国务院核安全监督管理部门批准。

安全监护计划应当包括下列主要内容：

（一）安全监护责任人及其责任；

（二）安全监护费用；

（三）安全监护措施；

（四）安全监护期限。

放射性废物处置设施关闭后，放射性废物处置单位应当按照经批准的安全监护计划进行安全监护；经国务院核安全监督管理部门会同国务院有关部门批准后，将其交由省、自治区、直辖市人民政府进行监护管理。

第四十八条 核设施营运单位应当按照国家规定缴纳乏燃料处理处置费用，列入生产成本。

核设施营运单位应当预提核设施退役费用、放射性废物处置费用，列入投资概算、生产成本，专门用于核设施退役、放射性废物处置。具体办法由国务院财政部门、价格主管部门会同国务院核安全监督管理部门、核工业主管部门和能源主管部门制定。

第四十九条 国家对核材料、放射性废物的运输实行分类管理，采取有效措施，保障运输安全。

第五十条 国家保障核材料、放射性废物的公路、铁路、水路等运输，国务院有关部门应当加强对公路、铁路、水路等运输的管理，制定具体的保障措施。

第五十一条 国务院核工业主管部门负责协调乏燃料运输管理活动，监督有关保密措施。

公安机关对核材料、放射性废物道路运输的实物保护实施监督，依法处理可能危及核材料、放射性废物安全运输的事故。通过道路运输核材料、放射性废物的，应当报启运地县级以上人民政府公安机关按照规定权限批准；其中，运输乏燃料或者高水平放射性废物的，应当报国务院公安部门批准。

国务院核安全监督管理部门负责批准核材料、放射性废物运输包装容器的许可申请。

第五十二条 核材料、放射性废物的托运人应当在运输中采取有效的辐射防护和安全保卫措施，对运输中的核安全负责。

乏燃料、高水平放射性废物的托运人应当向国务院核安全监督管理部门提交有关核安全分析报告，经审查批准后方可开展运输活动。

核材料、放射性废物的承运人应当依法取得国家规定的运输资质。

第五十三条 通过公路、铁路、水路等运输核材料、放射性废物，本法没有规定的，适用相关法律、行政法规和规章关于放射性物品运输、危险货物运输的规定。

第四章 核事故应急

第五十四条 国家设立核事故应急协调委员会，组织、协调全国的核事故应急管理工作。

省、自治区、直辖市人民政府根据实际需要设立核事故应急协调委员会，组织、协调本行政区域内的核事故应急管理工作。

第五十五条 国务院核工业主管部门承担国家核事故应急协调委员会日常工作，牵头制定国家核事故应急预案，经国务院批准后组织实施。国家核事故应急协调委员会成员单位根据国家核事故应急预案部署，制定本单位核事故应急预案，报国务院核工业主管部门备案。

省、自治区、直辖市人民政府指定的部门承担核事故应急协调委员会的日常工作，负责制定本行政区域内场外核事故应急预案，报国家核事故应急协调委员会审批后组织实施。

核设施营运单位负责制定本单位场内核事故应急预案，报国务院核工业主管部门、能源主管部门和省、自治区、直辖市人民政府指定的部门备案。

中国人民解放军和中国人民武装警察部队按照国务院、中央军事委员会的规定，制定本系统支援地方的核事故应急工作预案，报国务院核工业主管部门备案。

应急预案制定单位应当根据实际需要和情势变化，适时修订应急预案。

第五十六条 核设施营运单位应当按照应急预案，配备应急设备，开展应急工作人员培训和演练，做好应急准备。

核设施所在地省、自治区、直辖市人民政府指定的部门，应当开展核事故应急知识普及活动，按照应急预案组织有关企业、事业单位和社区开展核事故应急演练。

第五十七条 国家建立核事故应急准备金制度，保障核事故应急准备与响应工作所需经费。核事故应急准备金管理办法，由国务院制定。

第五十八条 国家对核事故应急实行分级管理。

发生核事故时，核设施营运单位应当按照应急预案的要求开展应急响应，减轻事故后果，并立即向国务院核工业主管部门、核安全监督管理部门和省、自治区、直辖市人民政府指定的部门报告核设施状况，根据需要提出场外应急响应行动建议。

第五十九条 国家核事故应急协调委员会按照国家核事故应急预案部署，组织协调国务院有关部门、地方人民政府、核设施营运单位实施核事故应急救援工作。

中国人民解放军和中国人民武装警察部队按照国务院、中央军事委员会的规定，实施核事故应急救援工作。

核设施营运单位应当按照核事故应急救援工作的要求，实施应急响应支援。

第六十条 国务院核工业主管部门或者省、自治区、直辖市人民政府指定的部门负责发布核事故应急信息。

国家核事故应急协调委员会统筹协调核事故应急国际通报和国际救援工作。

第六十一条 各级人民政府及其有关部门、核设施营运单位等应当按照国务院有关规定和授权，组织开展核事故后的恢复行动、损失评估等工作。

核事故的调查处理，由国务院或者其授权的部门负责实施。

核事故场外应急行动的调查处理，由国务院或者其指定的机构负责实施。

第六十二条 核材料、放射性废物运输的应急应当纳入所经省、自治区、直辖市场外核事故应急预案或者辐射应急预案。发生核事故时，由事故发生地省、自治区、直辖市人民政府负责应急响应。

第五章 信息公开和公众参与

第六十三条 国务院有关部门及核设施所在地省、自治区、直辖市人民政府指定的部门应当在各自职责范围内依法公开核安全相关信息。

国务院核安全监督管理部门应当依法公开与核安全有关的行政许可，以及核安全有关活动的安全监督检查报告、总体安全状况、辐射环境质量和核事故等信息。

国务院应当定期向全国人民代表大会常务委员会报告核安全情况。

第六十四条 核设施营运单位应当公开本单位核安全管理制度和相关文件、核设施安全状况、流出物和周围环境辐射监测数据、年度核安全报告等信息。具体办法由国务院核安全监督管理部门制定。

第六十五条 对依法公开的核安全信息，应当通过政府公告、网站以及其他便于公众知晓的方式，及时向社会公开。

公民、法人和其他组织，可以依法向国务院核安全监督管理部门和核设施所在地省、自治区、直辖市人民政府指定的部门申请获取核安全相关信息。

第六十六条 核设施营运单位应当就涉及公众利益的重大核安全事项通过问卷调查、听证会、论证会、座谈会，或者采取其他形式征求利益相关方的意见，并以适当形式反馈。

核设施所在地省、自治区、直辖市人民政府应当就影响公众利益的重大核安全事项举行听证会、论证会、座谈会，或者采取其他形式征求利益相关方的意见，并以适当形式反馈。

第六十七条 核设施营运单位应当采取下列措施，开展核安全宣传活动：

（一）在保证核设施安全的前提下，对公众有序开放核设施；

（二）与学校合作，开展对学生的核安全知识教育活动；

（三）建设核安全宣传场所，印制和发放核安全宣传材料；

（四）法律、行政法规规定的其他措施。

第六十八条 公民、法人和其他组织有权对存在核安全隐患或者违反核安全法律、行政法规的行为，向国务院核安全监督管理部门或者其他有关部门举报。

公民、法人和其他组织不得编造、散布核安全虚假信息。

第六十九条 涉及国家秘密、商业秘密和个人信息的政府信息公开，按照国家有关规定执行。

第六章 监督检查

第七十条 国家建立核安全监督检查制度。

国务院核安全监督管理部门和其他有关部门应当对从事核安全活动的单位遵守核安全法律、行政法规、规章和标准的情况进行监督检查。

国务院核安全监督管理部门可以在核设施集中的地区设立派出机构。国务院核安全监督管理部门或者其派出机构应当向核设施建造、运行、退役等现场派遣监督检查人员，进行核安全监督检查。

第七十一条 国务院核安全监督管理部门和其他有关部门应当加强核安全监管能力建设，提高核安全监管水平。

国务院核安全监督管理部门应当组织开展核安全监管技术研究开发，保持与核安全监督管理相适应的技术评价能力。

第七十二条 国务院核安全监督管理部门和其他有关部门进行核安全监督检查时，有权采取下列措施：

（一）进入现场进行监测、检查或者核查；

（二）调阅相关文件、资料和记录；

（三）向有关人员调查、了解情况；

（四）发现问题的，现场要求整改。

国务院核安全监督管理部门和其他有关部门应当将监督检查情况形成报告，建立档案。

第七十三条 对国务院核安全监督管理部门和其他有关部门依法进行的监督检查，从事核安全活动的单位应当予以配合，如实说明情况，提供必要资料，不得拒绝、阻挠。

第七十四条 核安全监督检查人员应当忠于职守，勤勉尽责，秉公执法。

核安全监督检查人员应当具备与监督检查活动相应的专业知识和业务能力，并定期接受培训。

核安全监督检查人员执行监督检查任务，应当出示有效证件，对获知的国家秘密、商业秘密和个人信息，应当依法予以保密。

第七章 法律责任

第七十五条 违反本法规定，有下列情形之一的，对直接负责的主管人员和其他直接责任人员依法给予处分：

（一）国务院核安全监督管理部门或者其他有关部门未依法对许可申请进行审批的；

（二）国务院有关部门或者核设施所在地省、自治区、直辖市人民政府指定的部门未依法公开核安全相关信息的；

（三）核设施所在地省、自治区、直辖市人民政府未就影响公众利益的重大核安全事项征求利益相关方意见的；

（四）国务院核安全监督管理部门或者其他有关部门未将监督检查情况形成报告，或者未建立档案的；

（五）核安全监督检查人员执行监督检查任务，未出示有效证件，或者对获知的国家秘密、商业秘密、个人信息未依法予以保密的；

（六）国务院核安全监督管理部门或者其他有关部门，省、自治区、直辖市人民政府有关部门有其他滥用职权、玩忽职守、徇私舞弊行为的。

第七十六条 违反本法规定，危害核设施、核材料安全，或者编造、散布核安全虚假信息，构成违反治安管理行为的，由公安机关依法给予治安管理处罚。

第七十七条 违反本法规定，有下列情形之一的，由国务院核安全监督管理部门或者其他有关部门责令改正，给予警告；情节严重的，处二十万元以上一百万元以下的罚款；拒不改正的，责令停止建设或者停产整顿：

（一）核设施营运单位未设置核设施纵深防御体系的；

（二）核设施营运单位或者为其提供设备、工程以及服务等的单位未建立或者未实施质量保证体系的；

（三）核设施营运单位未按照要求控制辐射照射剂量的；

（四）核设施营运单位未建立核安全经验反馈体系的；

（五）核设施营运单位未就涉及公众利益的重大核安全事项征求利益相关方意见的。

第七十八条 违反本法规定，在规划限制区内建设可能威胁核设施安全的易燃、易爆、腐蚀性物品的生产、贮存设施或者人口密集场所的，由国务院核安全监督管理部门责令限期拆除，恢复原状，处十万元以上五十万元以下的罚款。

第七十九条 违反本法规定，核设施营运单位有下列情形之一的，由国务院核安全监督管理部门责令改正，处一百万元以上五百万元以下的罚款；拒不改正的，责令停止建设或者停产整顿；有违法所得的，没收违法所得；造成环境污染的，责令限期采取治理措施消除污染，逾期不采取措施的，指定有能力的单位代为履行，所需费用由污染者承担；对直接负责的主管人员和其他直接责任人员，处五万元以上二十万元以下的罚款：

（一）未经许可，从事核设施建造、运行或者退役等活动的；

（二）未经许可，变更许可文件规定条件的；

（三）核设施运行许可证有效期届满，未经审查批准，继续运行核设施的；

（四）未经审查批准，进口核设施的。

第八十条 违反本法规定，核设施营运单位有下列情形之一的，由国务院核安全监督管理部门责令改正，给予警告；情节严重的，处五十万元以上二百万元以下的罚款；造成环境污染的，责令限期采取治理措施消除污染，逾期不采取措施的，指定有能力的单位代为履行，所需费用由污染者承担：

（一）未对核设施进行定期安全评价，或者不接受国务院核安全监督管理部门审查的；

（二）核设施终止运行后，未采取安全方式进行停闭管理，或者未确保退役所需的基本功能、技术人员和文件的；

（三）核设施退役时，未将构筑物、系统或者设备的放射性水平降低至满足标准的要求的；

（四）未将产生的放射性固体废物或者不能经净化排放的放射性废液转变为稳定的、标准化的固体废物，及时送交放射性废物处置单位处置的；

（五）未对产生的放射性废气进行处理，或者未达到国家放射性污染防治标准排放的。

第八十一条 违反本法规定，核设施营运单位未对核设施周围环境中所含的放射性核素的种类、浓度或者核设施流出物中的放射性核素总量实施监测，或者未按照规定报告监测结果的，由国务院环境保护主管部门或者所在地省、自治区、直辖市人民政府环境保护主管部门责令改正，处十万元以上五十万元以下的罚款。

第八十二条 违反本法规定，受委托的技术支持单位出具虚假技术评价结论的，由国务院核安全监督管理部门处二十万元以上一百万元以下的罚款；有违法所得的，没收违法所得；对直接负责的主管人员和其他直接责任人员处十万元以上二十万元以下的罚款。

第八十三条 违反本法规定，有下列情形之一的，由国务院核安全监督管理部门责令改正，处五十万元以上一百万元以下的罚款；有违法所得的，没收违法所得；对直接负责的主管人员和其他直接责任人员处二万元以上十万元以下的罚款：

（一）未经许可，为核设施提供核安全设备设计、制造、安装或者无损检验服务的；

（二）未经注册，境外机构为境内核设施提供核安全设备设计、制造、安装或者无损检验服务的。

第八十四条 违反本法规定，核设施营运单位或者核安全设备制造、安装、无损检验单位聘用未取得相应资格证书的人员从事与核设施安全专业技术有关的工作的，由国务院核安全监督管理部门责令改正，处十万元以上五十万元以下的罚款；拒不改正的，暂扣或者吊销许可证，对直接负责的主管人员和其他直接责任人员处二万元以上十万元以下的罚款。

第八十五条 违反本法规定，未经许可持有核材料的，由国务院核工业主管部门没收非法持有的核材料，并处十万元以上五十万元以下的罚款；有违法所得的，没收违法所得。

第八十六条 违反本法规定，有下列情形之一的，由国务院核安全监督管理部门责令改正，处十万元以上五十万元以下的罚款；情节严重的，处五十万元以上二百万元以下的罚款；造成环境污染的，责令限期采取治理措施消除污染，逾期不采取措施的，指定有能力的单位代为履行，所需费用由污染者承担：

（一）未经许可，从事放射性废物处理、贮存、处置活动的；

（二）未建立放射性废物处置情况记录档案，未如实记录与处置活动有关的事项，或者未永久保存记录档案的；

（三）对应当关闭的放射性废物处置设施，未依法办理关闭手续的；

（四）关闭放射性废物处置设施，未在划定的区域设置永久性标记的；

（五）未编制放射性废物处置设施关闭安全监护计划的；

（六）放射性废物处置设施关闭后，未按照经批准的安全监护计划进行安全监护的。

第八十七条 违反本法规定，核设施营运单位有下列情形之一的，由国务院核安全监督管理部门责令改正，处十万元以上五十万元以下的罚款；对直接负责的主管人员和其他直接责任人员，处二万元以上五万元以下的罚款：

（一）未按照规定制定场内核事故应急预案的；

（二）未按照应急预案配备应急设备，未开展应急工作人员培训或者演练的；

（三）未按照核事故应急救援工作的要求，实施应急响应支援的。

第八十八条 违反本法规定，核设施营运单位未按照规定公开相关信息的，由国务院核安全监督管理部门责令改正；拒不改正的，处十万元以上五十万元以下的罚款。

第八十九条 违反本法规定，对国务院核安全监督管理部门或者其他有关部门依法进行的监督检查，从事核安全活动的单位拒绝、阻挠的，由国务院核安全监督管理部门或者其他有关部门责令改正，可以处十万元以上五十万元以下的罚款；拒不改正的，暂扣或者吊销其许可证；构成违反治安管理行为的，由公安机关依法给予治安管理处罚。

第九十条 因核事故造成他人人身伤亡、财产损失或者环境损害的，核设施营运单位应当按照国家核损害责任制度承担赔偿责任，但能够证明损害是因战争、武装冲突、暴乱等情形造成的除外。

为核设施营运单位提供设备、工程以及服务等的单位不承担核损害赔偿责任。核设施营运单位与其有约定的，在承担赔偿责任后，可以按照约定追偿。

核设施营运单位应当通过投保责任保险、参加互助机制等方式，作出适当的财务保证安排，确保能够及时、有效履行核损害赔偿责任。

第九十一条 违反本法规定，构成犯罪的，依法追究刑事责任。

第八章 附 则

第九十二条 军工、军事核安全，由国务院、中央军事委员会依照本法规定的原则另行规定。

第九十三条 本法中下列用语的含义：

核事故，是指核设施内的核燃料、放射性产物、放射性废物或者运入运出核设施的核材料所发生的放射性、毒害性、爆炸性或者其他危害性事故，或者一系列事故。

纵深防御，是指通过设定一系列递进并且独立的防护、缓解措施或者实物屏障，防止核事故发生，减轻核事故后果。

核设施营运单位，是指在中华人民共和国境内，申请或者持有核设施安全许可证，可以经营和运行核设施的单位。

核安全设备，是指在核设施中使用的执行核安全功能的设备，包括核安全机械设备和核安全电气设备。

乏燃料，是指在反应堆堆芯内受过辐照并从堆芯永久卸出的核燃料。

停闭，是指核设施已经停止运行，并且不再启动。

退役，是指采取去污、拆除和清除等措施，使核设施不再使用的场所或者设备的辐射剂量满足国家相关标准的要求。

经验反馈，是指对核设施的事件、质量问题和良好实践等信息进行收集、筛选、评价、分析、处理和分发，总结推广良好实践经验，防止类似事件和问题重复发生。

托运人，是指在中华人民共和国境内，申请将托运货物提交运输并获得批准的单位。

第九十四条 本法自 2018 年 1 月 1 日起施行。

二、立法背景材料

关于制定核安全法的立项报告

（2013 年 4 月 22 日）

发展核能是由我国的能源结构和对能源的高度需求决定的，是我国实施能源战略的重要内容之一。但鉴于核能利用伴随一定风险，需要核安全予以严格保障。随着核电事业的快速发展，人民群众对核安全的要求不断提高，保障核安全的压力不断增大。保障核安全的最重要途径是依法建立严格的核能利用秩序，需要专门的法律予以规范。但目前我国没有一部核安全管理的专门法律，十一届全国人大五次会议期间有 90 名全国人大代表要求制定核安全法，十二届一次会议上，又有代表提出制定这部法律的议案，国际原子能机构也多次重申要求中国尽早制定核安全专门法律。为此，我委建议将核安全法列入十二届全国人大常委会立法规划，具体论证内容如下：

一、制定核安全法的必要性

（一）制定核安全法是实施国家发展战略、维护国家安全的需要

我国的战略发展对能源的依赖日益增高。而我国以高碳为主的能源结构和能源严重短缺，特别是石油对外依存度日益攀升的现实，在化石能源日益减少、国际应对气候变化、维护国家安全、促进国家经济社会发展、改善人民生活等诸多方面，面对严重的挑战，亟待通过新能源来应对这样的挑战。而发展核能是解决上述问题，应对挑战的重要途径。但核能利用中的安全保障问题是决定这一重要途径能否通畅的关键，需

要通过系统、严格、专门的法律规范予以实现，核安全法肩负着这样的历史使命和重任。

（二）制定核安全法是保障核能事业发展的客观要求

严峻的能源危机现实，决定了我国必须发展核能。经过60多年的努力，我国和平利用核能的事业迅速发展，已形成较为完整的核工业体系。目前，我国有运行核电机组17台，在建机组29台，是世界上核电在建规模最大的国家。根据国家核电发展规划，预计到2020年我国核电机组数量将仅次于美国，跃居世界第二位。我国现有在役民用研究堆和临界装置共19座，用于采矿、水冶、转化、浓缩、元件制造、后处理、放射性废物处理与处置在内的其他核设施近百座。种类杂、数量大的核设施给我国的核安全形势带来巨大挑战，迫切需要法律予以规范和引导。因此急需专门制定核安全法来保障我国的核安全。

（三）制定核安全法是促进国际合作，保障国际核安全的需要

长期以来，国际上几乎所有的核能利用国家都有专门的法律对核安全进行全面规范，而中国作为国际原子能机构的成员国和相关核国际公约的签约国，一直缺乏这样的一部法律。让一些国家对中国的核安全监管能力和对国际公约的履约能力提出质疑。国际原子能机构组织的IRRS评估团所做的综合监管评估报告中专门指出："建议中国加快制定颁布相关法律，从而巩固和完善中国核安全基础"。制定核安全法将有利于消除国外的质疑，提高国际社会对我国核电安全的信心，提升我国负责任核大国的国际形象，促进核相关的国际交流与合作。

（四）制定核安全法有利于增进社会公众对核安全工作的了解，减轻其恐核心理

核工业一直都是相对神秘的领域，核能除了涉及高科技，也常常与高风险相联系。日本福岛核事故后，全球对核能发展的争议空前激烈，公众担心核电安全的神经再次绷紧，核能利用面临严重的信任危机。只有通过立法增强核领域的信息透明度，加大核安全的科普宣传，才能引导公众正确、科学认知我国核安全状况，满足公众的安全需求，消除其

恐核心理，帮助其树立对核能发展的信心。

（五）制定核安全法是完善我国核安全法律体系的需要

目前，我国的核安全法律体系主要包括以下几个层次：一是全国人会常委会制定的《中华人民共和国放射性污染防治法》（以下简称防污法）；二是由国务院制定的行政法规，主要包括《中华人民共和国民用核设施安全监督管理条例》、《核电厂核事故应急管理条例》、《中华人民共和国核材料管制条例》等，共7部；三是由国家核安全监督管理部门及相关部门制定的部门规章，主要为核安全相关行政法规的实施细则、附件以及核安全规定，有27项；四是有关核安全管理规程以及推荐实施核安全规定的方法和程序的指导性文件，如核安全导则等，有86项；五是我国加入并生效的12部核安全相关国际公约，包括《及早通报核事故公约》、《核事故或辐射紧急情况援助公约》、《核材料实物保护公约》、《核安全公约》等。

我国的核与辐射安全法律体系是在国际原子能机构的法律体系基础上，结合我国几十年核工业发展经验而制定的，起点较高，实用性强。既与国际先进水平接轨，又考虑到了我国的实际情况，在我国的核与辐射安全监管方面起到了重要作用。但是，核安全法律规范需要顶层设计规范，需要完整、系统、专门的规范，需要有完善的法律规范结构。尽管目前的各种单项法规、法律性文件较多，但系统性和结构性较差，导致出现法律规范的空缺、冲突、重叠等问题，不利于核电事业的长期稳定发展，需要通过一部专门的法律，对核安全问题做出完整、系统、专门的规范，以提升核安全法律规范的功能。包括增加有关核安全管理的基本原则、制度及监督管理体制，核设施完整流程的安全规范等内容。制定核安全法有利于引导我国尽快形成一个科学合理的核安全法律体系，实现对核安全活动的科学规范。

（六）制定核安全法有利于提高核安全监管工作的独立性、有效性和权威性

目前，我国核安全监管和环境政策部门是环保部（国家核安全局）。

核行业政府主管部门有两家，一是国家发改委管理的国家能源局，负责核电管理职能，另一个是工信部管理的国防科工局，负责除核电之外的核燃料循环、军工核设施管理和国家核事故应急。与其他核电大国相比，我国相关政府部门设置较为复杂，职责交叉划分不清。如国防科工局与国家核安全局在核材料和放射性废物监管方面，国家能源局与国家核安全局在核安全标准的制定和反应堆操纵人员资质管理方面存在交叉。另外，核安全监管没有实现高度集中，如《民用核设施安全监督管理条例》规定国家核安全局对全国核设施实施统一监管，但国防科工局却以部门规章形式赋予自身军工核设施安全监管的职责。这样的管理机制造成了多头监管和管理混乱，监管资源和技术力量分散，不利于核安全。有关问题还需与有关部门进一步协商，进一步理顺各政府部门关系，实现监管独立于发展，提高核安全监管工作的独立性和有效性，这一问题也需要通过制定核安全法，将协商结果法制化。

二、制定核安全法的可行性

（一）我国核安全法规建设为立法创造了条件

国家核与辐射安全监督管理部门成立后，在国务院的领导下，坚持把制定核与辐射安全法规放在重要位置。如前所述，现在已基本形成了由法律、行政法规、部门规章、导则、技术文件等不同层次的纵向法律体系，此外，还形成了由通用、核动力厂、研究堆、核燃料循环设施、放射性废物管理、核材料管制、民用核承压设备监督管理、放射性物质运输管理等组成的核与辐射安全的横向法规体系框架。另外，环保领域及其他领域的相关法律，如环境保护法、环境影响评价法、防震减灾法、安全生产法等，形成了有关核安全的相关法律体系。一方面，需要通过制定专门的核安全法，使这些法律规范系统化、结构化、统一化、专门化；另一方面，这些法律规范可以作为制定核安全法的基础。

（二）核能及核安全事业为立法打下坚实基础

我国核能事业从20世纪50年代起步，在长期的设计、建造、运行和管理实践中积累了宝贵的经验，培养了大批人才，为核安全法立法提供了支撑。

1984 年，国家核安全局经国务院批准成立，成为国务院主管全国核安全的职能部门。1998 年，国家环保总局成立，实现了核安全与辐射安全的统一管理。2003 年，放射源的监管职能由卫生部划归环保总局，进一步理顺了辐射安全管理体制。2008 年机构改革后，核与辐射安全的监管职责由环境保护部承担，对外保留国家核安全局牌子。在国务院关于发展核能必须坚持“安全第一、质量第一”的方针指导下，环境保护部负责归口管理、统一监督全国和平利用核能和核技术中的安全事务，制定核安全方针、政策和法规。国家核安全管理部门依法对民用核设施实施安全审评和监督执法，积极开展国际合作与交流，在促进我国核事业发展的同时，积累了丰富的核安全监管工作经验，培养了一支素质过硬的核安全人才队伍，为制订核安全法奠定了坚实的基础。

（三）制定核安全法具有广泛的民意基础

随着科学技术的发展，公众对事物的认识逐渐从感性转为理性，公众的支持程度已成为一项事业发展的必要条件。虽然我国的核事业经过了多年发展，但由于核科普及公众宣传工作的深度和广度不够，核方面的决策透明度不高，公众对核普遍感到神秘，原子弹爆炸以及核事故更使公众对核产生恐惧。日本福岛核事故后，公众的核安全意识进一步增强，对于进一步提高核安全标准、加强核安全管理、增加核行业透明度的要求日益强烈。国家通过立法形式对核安全进行全面规范，必然能得到公众的广泛支持。

（四）国际核安全立法为我国核安全法的制定提供借鉴

由于核能事业具有政治敏感、决策层次高、安全要求严格和发展系统性强等特点，世界上发展核能的国家一般都通过立法来引导和促进核能事业的顺利发展，保障国家安全，保护环境和公众健康。当今，除我国以外利用核电的 30 个国家中有 28 个国家均在法律上对核安全进行规范，部分无核电国家也有专门关于核安全的立法。一些重要的国际组织如国际原子能机构，建立了一整套关于核安全的标准。此外，如前所述，我国还加入了相关国际公约和缔结了相关国际条约。这些国外的立法经验为我国制定核安全法提供了有利的借鉴与参考。

三、主要内容

（一）调整范围。核安全法从预防和缓解核事故的角度出发，覆盖核能领域中可能发生核事故的部分（核燃料生产、加工、贮存、使用（燃烧）、乏燃料后处理，高放废物的处理处置），涉及核设施的设计、建造、制造、运行和退役以及核材料运输活动等。

（二）框架结构。核安全法（草案）第一稿共分为9章，分别为：第一章，总则；第二章，监督管理和检查；第三章，营运单位与从业人员的责任；第四章，核设施的安全管理；第五章，核安全设备的安全管理；第六章，核活动和移动核装置的安全管理；第七章，核事故应急和事故处理；第八章，法律责任；第九章，附则。

（三）主要制度。核安全法的主要制度为：核安全监管制度、核安全许可制度、许可证持有人的义务与安全责任、辐射防护制度、核事故应急制度、核信息公开制度、核材料管制、核安全设备管理制度、核损害赔偿制度、核安保制度等。

（四）其他。核安全法不涉及建立新的管理机制，但为提高核安全监管独立性、有效性和权威性，需要把发展部门当前所负责的核安全监管职能分离出来，实现监管独立于发展。核安全法不涉及新增机构编制和财政投入等难点问题，反之，通过立法，将有效地减少职责交叉和多头管理，精简机构编制和缩减财政投入。

四、立法进度安排

1. 立项阶段（2013年3－4月）：研究立法必要性可行性，完成立项报告等相关文件、材料。

2. 立法前期工作阶段（2013年5－8月）：结合代表议案办理工作，召开座谈会并调研；分析研究各国有关核安全立法情况，研究建立我国核安全法律制度的途径。

3. 进入立法起草工作阶段（2013年9月－2014年4月）：根据立法

规划安排，开展工作。组成核安全立法起草领导小组和工作小组，开展相关工作。就重点问题和重要制度进一步调研，并召开有关方面参加的座谈，形成草案初稿。

4. 征求意见阶段（2014 年 5 月 - 2014 年 8 月）：将草案初稿报环资委全委会审议，根据全委会审议结果，形成征求意见稿发至相关部门和单位，广泛征求意见。

5. 汇总协调阶段（2014 年 8 - 10 月）：汇总各方面意见，协调相关部门，完成上报稿。

6. 上报阶段（2014 年 11 月）：再次召开全委会，将草案提交全委会审议，经审议通过后，上报常委会。

五、核安全法与原子能法的关系

（一）核安全法与原子能法的区别

据了解，原子能法纳入国务院 2011 年立法工作计划三档项目（即需要积极研究论证的项目）之后，由工业和信息化部牵头起草。起草过程中该草案涉及的各部门意见分歧较大。在此次立项之前，我国原子能法（草案）曾形成过原国家科委 1989 年版、1995 年版、原国防科工委 2006 年版、工业和信息化部 2010 年版共 4 个历史版本，但均未能出台。

1. 立法目的。原子能法的立法目的主要是规范原子能研究、开发和利用，促进原子能发展。核安全法的立法目的则在于保障安全，即预防与缓解核事故，保障核设施与核活动安全，保护环境和人体健康。

2. 法律范畴。原子能法强调推动促进原子能研究、开发和利用，在我国法律体系中其应属于经济法的范畴。而核安全法强调通过预防与缓解核事故，保护环境和人体健康，主要调整国家监管部门与相关营运单位的行政法律关系，在我国法律体系中宜纳入行政法的范畴。

3. 调整范围。作为原子能领域的综合性法律，原子能法覆盖核能领域和核技术利用全领域，调整范围较广。限于核事故的范畴，核安全法则只调整核能领域中可能发生核事故的部分（燃料生产、加工、贮存、使用（燃烧）、后处理，高放废物的处理处置），调整范围较窄。

4. 主要制度。围绕原子能发展，原子能法主要包括以下制度：原子能主管制度、原子能开发利用的许可、原子能科研、放射性矿产的勘探和采冶、不扩散和实物保护、原子能发展的国际合作等。核安全法的主要制度为：核安全监管制度、核安全许可制度、许可证持有人的义务与安全责任、辐射防护制度、核事故应急制度、核信息公开制度、核材料管制、核安全设备管理制度、核损害赔偿制度、核安保制度等。

综上，原子能法和核安全法两者有本质的区别，原子能法立法并不影响核安全法立法空间。

（二）当前形势下，优先制定核安全法具有比较优势。

1. 制定核安全法符合国际立法的大趋势。20 世纪 50 年代前后，是全球核能发展的初期，由于当时核安全问题尚未凸显，发展被放在了首位，原子能法得以先行应运而生。各核能国家分别颁布了原子能法（英国 1946，美国 1954，日本 1955，韩国 1958，印度 1962）。但随着几次重大核事故的发生，国际核立法趋势也随之转变。从内容上看，由过去注重“发展”转变为现在注重“安全”；从立法模式上来看，由过去原子能法先行为主转变为现在核安全法先行为主。如在全球 31 个核电国家中，共有 24 个国家进行了原子能法或核安全法的立法。以 1986 年切尔若贝利核事故发生为节点，在此之前，共有 10 个国家先行颁布了原子能法，没有国家颁布核安全法；在此之后，只有 5 个国家先行颁布了原子能法，却有 9 个国家先行颁布了核安全法。核电大国加拿大法国虽然都没有原子能法，但加拿大于 2000 年通过了《核安全和控制法》，法国也于 2006 年通过了《核信息透明与核安全法》。我国应顺意国际立法趋势，先制定专门的核安全法。

2. 优先制定核安全法能更有效地体现国家重视安全顺应民意的立场。当前，我国要求制定原子能法或核安全法的呼声日益高涨。这是日本福岛核事故后，世界范围高度关注核安全所产生的必然反应。但无论是呼吁制定原子能法还是核安全法，究其本质，公众真正关心的是两部法中所涉及的对核安全、环境安全及公众健康的保障。而原子能法作为核能领域的基本法律，在内容上必然绕不开核能发展问题。由于日本福岛核事故事故带来的巨大灾难和公众的激烈反应，核能发展问题当前更显敏感，过多地讨论该问题并不适宜。在这种情况下，国家优先制定核安全法，表明安全至上的国家立场，才能顺应民意。

3. 先行制定核安全法对核能发展及原子能法立法更为有利。当前制定核安全法，不仅可以引导公众对我国核安全的科学认知，消除公众的恐核心理，更可以通过建立一套权威、有效的核安全管理制度，有力地保障我国核安全，从根本上树立公众对核能发展的信心。在此基础上，推进核能发展和原子能法立法会更加顺利。

4. 核安全法的部门协调相对现实可行。我国原子能法的制定历经20余年，但由于机构变动以及部门职责划分等原因，屡屡不能取得实质性进展，短期内完成立法的难度很大。核安全法的立法原则、主要制度、各主体的权利、义务和责任均较为明确，涉及的管理部门较少、各部门之间也比较容易协调，立法难度与原子能法相比较低。

六、核安全法与放污法的关系

放污法与核安全法存在较大区别，主要表现在以下几方面：

1. 直接目的。放污法的直接目的在于防治放射性污染，保护环境；核安全法的直接目的在于预防和缓解核事故，保障核设施及核活动安全。鉴于核事故导致的大量放射性释放有可能对环境和人体造成极大危害，在立法上需要特别地予以规制。

2. 立法原则。在指导思想方面，放污法体现了防治结合的原则，核安全法体现了重在防御的原则；在立法目的方面，放污法体现了环境保护的原则，核安全法体现了安全与安保的原则；在责任落实方面，放污法体现了“污染和治理责任界定”等环境责任原则，核安全法体现了“安全责任全面归于营运者”等安全责任原则；在控制方法方面，放污法体现了污染源控制原则，核安全法体现了全面、连续控制原则；在规制手段方面，放污法体现了环评验收、“三同时”等环境许可原则，核安全法体现了覆盖安全重要活动全过程的安全许可原则。

3. 法律内容。放污法内容包括：县级以上人民政府的污染防治责任，政府部门的监督管理责任，国家辐射环境监测制度，相关单位法人的污染防治责任，核设施、核技术利用、铀钍矿、伴生矿、放射性废物设施的环评、验收和“三同时”管理和报告制度等；核安全法的主要内容包括：政府开展独立、权威、有效核安全监管的责任，核设施营运单位的全面核安全责任（包括确保核设施建造质量和运行安全、预防核事故发生、并在一旦核事故发生后缓解其后果的责任），核安全许可设置，核安全信息公开和公众参与，核事故应急，核安保体系等，纵深防御的原则和理念（保证重叠防御，即使有一种故障发生，它将由适当的措施探测、补偿或纠正，对安全提供多层次的保护）。

4. 调整范围。放污法主要基于环境保护的角度，对可能造成环境放射性污染的行为进行规制，主要调整人为活动所引起的放射性污染，覆盖核能领域与核技术利用全领域，涉及核设施、核技术利用、铀钍矿及伴生放射性矿开发及放射性废物管理等，着眼于场外环境，覆盖所有对环境造成辐射影响的宏观要素，调整范围较广；核安全法则从预防和缓解核事故的角度出发，主要基于核安全管理的角度，对可能引起核事故的行为进行规制，覆盖核能领域中可能发生核事故的部分（燃料生产、加工、贮存、使用（燃烧）、后处理，高放废物的处理处置），涉及核设施的设计、建造、制造、运行和退役，以及运输活动等，着眼于核设施场内活动，调整对象较为微观，调整范围较窄。

5. 法律制度。围绕放射性污染防治，放污法主要包括以下制度：环境影响评价制度、三同时制度、放射性污染监测制度、放射性废物管理制度、辐射安全许可制度等。核安全法的主要制度为：核安全监管制度、核安全许可制度、许可证持有人的义务与安全责任、辐射防护制度、核事故应急制度、核信息公开制度、核材料管制、核安全设备管理制度、核损害赔偿制度、核安保制度等。

综上所述，放射性污染防治法无法全覆盖核安全法在预防与缓解核事故，保障核设施与核活动安全等方面的规定。核安全法出台后，将改变当前法律关于核安全内容的规定较为薄弱的现状，与放污法共同确保我国核与辐射安全。

七、有关配套法规的情况

制定核安全法不需要增加配套法规。目前，我国核与辐射安全的7个条例中，有6个条例与核安全法密切相关，分别为民用核设施安全监督管理条例、核电厂核事故应急管理条例、核材料管制条例、民用核安全设备监督管理条例、放射性物品运输安全管理条例、放射性废物安全管理条例，该6个条例足以支撑核安全法的主要内容。其他未在条例中体现的核安全法律制度，如公众参与、信息公开以及核损害赔偿等，将通过核安全法本身或下位条例的相应修改来解决其可操作性的问题，无需增加配套法规。

八、附件：

一、核安全法（草案）

二、核安全法立项研究报告

1. 我国核安全法和原子能法的关系

2. 日本核能立法及对我国的启示

3. 专家对我国核安全监管体制改革的建议

三、参阅资料

1. 我国加入的核安全国际条约（目录）

2. 国内核与辐射安全法规汇编（目录）

3. 国际原子能机构安全标准清单

4. 关于制定核安全法的基础材料

（1）我国核安全相关法律法规基本情况

（2）我国加入的核公约情况

（3）国际上核相关法律的基本情况

（4）福岛核事故的经验教训

5. 法国核安全法简介

全国人民代表大会环境与资源保护委员会关于提请审议《中华人民共和国核安全法（草案）》的议案

（人环委〔2016〕3号）

全国人民代表大会常务委员会：

根据十二届全国人大常委会立法规划和2016年立法工作计划的要求，全国人大环境与资源保护委员会会同有关方面，在认真总结实践经验、深入调查研究的基础上，拟定了《中华人民共和国核安全法（草案）》。草案已经全国人大环境与资源保护委员会第二十三次全体会议审议同意，现提请全国人大常委会审议。

全国人大环境与资源保护委员会

2016年7月22日

中华人民共和国核安全法（草案）

目　录

第一章　总　则

第二章　核设施、核材料安全

　第一节　核设施安全

　第二节　核材料安全

第三章　核事故应急准备与响应
第四章　信息公开与公众参与
第五章　监督检查
第六章　法律责任
第七章　附　则

第一章　总　　则

第一条　（立法目的） 为了安全利用核能，保证核设施、核材料安全，预防与应对核事故，保护从业人员和公众的安全与健康，保护环境，制定本法。

第二条　（定义） 本法所称核安全，是指对核设施、核材料采取必要和充分的监管、保护、预防和缓解等安全措施，保障核设施、核材料安全，防止由于任何技术原因、人为原因或者自然灾害造成的事故，并最大限度地减少事故情况下的放射性后果，从而保护从业人员、公众和环境免受核事故的危害。

核设施，是指下列设施及其场址区域内与其配套的运行保障系统，放射性废物处理、贮存系统及构筑物，核材料的贮存、装卸和处理系统及构筑物：

（一）核动力厂（核电厂、核热电厂、核供汽供热厂、核动力装置等）；

（二）其他反应堆（研究堆、实验堆、临界装置、工业或者医用反应堆等）；

（三）核燃料循环设施（核燃料生产、加工、贮存和后处理设施等）；

（四）放射性废物处置设施。

专门设立的从事放射性废物处理、贮存的设施按照核设施进行管理。

核材料，是指：

（一）浓缩铀－235材料及其制品；

（二）铀－233材料及其制品；

（三）钚－239材料及其制品；

（四）氚、氘，含氚、氘的化合物及其制品；

（五）需要管制的锂－6；

（六）其他需要管制的核材料。

有关铀矿石及其初级产品的管制，不适用本法。

第三条　（适用范围） 在中华人民共和国领域及管辖的其他海域内实施与核安全相关的下列行为，适用本法：

（一）核设施选址、设计、建造、调试、运行、退役等；

（二）持有核材料；

（三）为核设施选址、设计、建造、调试、运行、退役及核材料持有等提供设备、工程以及服务等；

（四）针对前三项行为的管理与监督。

有关核技术利用、铀（钍）矿、伴生放射性矿开发利用过程中的辐射防护和放射性污染防治工作，适用其他法律法规的规定，不适用本法。但对下列设施和场地的移交和监护行为适用本法：

（一）集中进行天然化合物铀精制的设施；

（二）铀（钍）矿选矿场、退役后的尾矿渣、尾矿库或者场地；

（三）与铀（钍）矿、伴生放射性矿开发利用相关的其他有限制性开放的放射性废物集中存放设施或者场地。

第四条　（方针与原则） 从事核事业应当遵循确保安全的方针。

核安全工作应当坚持安全第一、预防为主、责任明确、严格管理、纵深防御、独立监管、全面保障的原则。

第五条　（企业的核安全责任） 核设施营运单位、核材料持有单位对其行为的核安全负主要责任。为核设施营运单位、核材料持有单位提供设备、工程以及服务等的有关单位，应当对其行为负相应责任。

第六条　（监督管理体制） 国务院核安全监督管理部门负责核安全的监督管理。

国务院其他有关部门在各自职责范围内负责有关的核安全管理工作。

第七条　（核安全规划） 国务院核安全监督管理部门会同国务院有关部门编制国家核安全规划，报国务院批准后组织实施。

第八条　（地方政府职责） 省、自治区、直辖市人民政府依照国务院有关规定，划定和管理核电厂及其他重要核设施周围的规划限制区，组织实施核事故场外应急准备与响应。

第九条　（核安全标准） 国家坚持从高从严建立核安全标准体系。国务院有关部门负责制定核安全标准。

核安全标准应当根据经济社会发展和科技进步对核安全的要求，适时修改。

第十条　（政府、企事业单位的核安全文化） 国家制定核安全政策和措施，指导和加强企业的核安全文化建设。国务院核安全监督管理部门、能源主管部门应当建立培育核安全文化的机制。

核设施营运单位、核材料持有单位和为其提供设备、工程以及服务等的单位应当积极培育和建设核安全文化体系，将核安全文化融入生产、经营、科研和管理的各个环节，进行经常性的职工核安全教育，强化职工确保核安全的意识；管理者和个人应当做出核安全承诺。核设施营运单位还应当采取以下具体措施：

（一）建立核安全承诺机制；

（二）定期开展核安全知识培训，对职工进行保障核安全的技能培训并进行考核评价；

（三）在不影响核设施安全的前提下，对公众开放核设施，进行核设施安全现场宣传；

（四）与各级、各类学校合作，开展对各级、各类学校学生的核安全知识教育活动，特别加强对中、小学生的核安全教育活动；

（五）通过建设核安全宣传场所，印制和发放核安全宣传材料等多种措施，开展核安全宣传活动；

（六）对核安全文化建设情况定期进行全面评估；

（七）法律、法规规定的其他措施。

第十一条　（核安全研究） 国家鼓励和支持核安全相关科学与技术的研究、开发和利用，加强知识产权保护，对在科技创新中做出重要贡献的单位，由省级以上人民政府及其有关部门按照相关规定予以表彰，对在科技创新中做出重要贡献的个人，由省级以上人民政府及其有关部门按照相关规定予以表彰和奖励。

国务院发展改革、科技、能源、海洋主管部门应当在相关科技研发规划中安排与核设施、核材料安全和辐射环境监测与评估相关的技术研究专项，推广先进、成熟的核安全技术。

国务院核安全监督管理部门应当组织核安全监管技术研究。

企业、事业单位应当持续开发先进、可靠的核安全技术，充分利用先进的科学技术成果，提高核设施、核材料安全水平。

第十二条　（公民权利义务） 任何单位和个人均有保护核设施、核材料安全的义务，对危害核设施、核材料安全的行为有向政府有关部门报告的权利，并享有对核设施安全信息的知情权，但涉及秘密的除外。

自然人、法人和其他组织在受到核损害后，有获得赔偿的权利。

任何单位和个人均不得损害核设施、核材料。

第十三条　（核安全保卫要求） 国家加强对核设施、核材料的安全保卫工作。

核设施营运单位、核材料持有单位应当制定安全保卫制度，建立和完善安全保卫措施，防范对核设施、核材料的损害和破坏。

第十四条　（国际合作） 国务院有关部门应当组织开展与核安全有关的国际交流与合作，完善核安全国际合作机制，按照职责代表国家履行中华人民共和国缔结或者参加的国际公约所规定的义务。

第二章　核设施、核材料安全

第一节　核设施安全

第十五条　（核设施纵深防御） 核设施营运单位应当为核设施设置纵深防御体系，并保证各项防御措施独立、有效。

第十六条　（质量安全保证体系） 核设施营运单位和为其提供设备、工程以及服务等的单位应当建立并实施质量安全保证体系，有效保证所有影响安全的设备、工程和服务等的质量，确保核安全。

第十七条　（辐射照射控制） 核设施营运单位应当控制辐射照射，使从业人员免受超过国家规定剂量限值的辐射照射，使辐射照射保持在合理、可行和尽可能低的水平。

第十八条　（核设施营运单位条件） 核设施营运单位应当具备下列条件：

（一）具有满足核安全要求的组织管理体系和质量保证、安全管理、岗位责任制度；

（二）具有规定数量、合格的专业技术人员和管理人员；

（三）具有保障核设施安全运行的能力；

（四）具有与核设施安全相适应的安全评价、技术保障、资源配置和财务能力；

（五）具有应急响应能力及核损害赔偿的财务保障能力；

（六）具有必要的核安全技术支撑和持续改进安全技术的能力；

（七）法律、法规规定的其他条件。

不具备上述条件，有关主管部门不得批准和发放核设施运行许可证。

不具备上述条件，未获得国务院核安全监督管理部门发放的许可证，不得从事核设施营运活动。

第十九条　（资格管理） 核设施操纵人员应当按照国务院核安全监督管理部门的有关规定取得核设施操纵员执照。核设施操纵人员执照颁发办法由国务院核安全监督管理部门会同有关部门规定。

核安全设备焊接人员、无损检验人员等特种工艺人员应当按照国家有关规定取得相应资格后，方可从事相关工作。

未取得前述职业资格的，不得从事与核设施安全专业技术有关的工作。

核设施营运单位应当按照国家有关规定，制定培训计划，对工作人员进行必要的核安全教育与技能培训。

第二十条　（规划限制区禁止的设施建设） 省、自治区、直辖市人民政府应当对经规划确认的核电厂等厂址予以保护，加强对规划限制区的管理，在规划期内不得变更厂址用途。

禁止在核设施规划限制区内建设可能威胁核设施安全的易燃、易爆、腐蚀性物品的生产、贮存设施以及各类人口密集场所。

第二十一条　（核安全许可） 国家建立核安全许可制度。

核设施营运单位在核设施选址、建造、首次装投料、运行、退役等活动前，应当按照国务院有关核设施安全监督管理的规定，申请领取核设施建造、运行许可证，并办理核设施选址、首次装投料、退役等相关审批事宜。未领取许可证、未办理相关审批事宜的，不得从事前述各项活动。

国务院核安全监督管理部门应当严格依照法定条件和程序，对核安全许可申请组织安全技术审查，对满足核安全要求的，在技术审查完成之日起二十日内，依法颁发建造、运行许可证。

国务院核安全监督管理部门在审批核设施建造申请书及运行申请书的过程中，应当向国务院有关部门以及核设施所在省、自治区、直辖市人民政府征询意见，国务院有关部门、地方人民政府应当在三个月内给予答复。

核设施营运单位要求变更许可规定条件的，应当报经国务院核安全监督管理部门核准。

第二十二条　（核设施选址安全要求和批准）核设施营运单位应当在遵循调查、评估和审核程序，对地质、地震、气象、水文和人口分布等进行科学评估，满足核安全技术评价要求的前提下，向国务院核安全监督管理部门提交核设施选址安全分析报告，经由国务院核安全监督管理部门审查符合核安全要求后，发放核设施场址选择审查意见书。

第二十三条　（核设施设计）核设施设计应当采用科学合理的构筑物、系统和设备参数和技术要求，提供多样保护和多重屏障，使核设施运行可靠、稳定和便于操作，以确保满足总体核安全要求。

第二十四条　（核设施建造许可申请）核设施建造前，核设施营运单位应当向国务院核安全监督管理部门提出建造申请，并提交下列材料：

（一）核设施建造申请书；

（二）初步安全分析文件；

（三）环境影响评价文件；

（四）建造质量保证文件；

（五）法律、法规规定的其他文件。

第二十五条　（核设施建造管理）核设施营运单位在获得核设施建造许可证后，应当确保核设施整体性能满足核安全标准的要求。

建造许可证的有效期不得超过十年，到期未完成建造的，需办理延期申请，经国务院核安全监督管理部门审查批准后，方可继续建造。但是，有下列情况的除外：

（一）因国家政策或者行为导致核设施延期建造；

（二）用于科学研究的核设施建造；

（三）用于工程示范的核设施建造；

（四）用于乏燃料后处理的设施建造。

核设施建造完成后应当进行调试，并验证建成的核设施是否满足其设计的核安全要求。

核电站设备制造主体应当确保核电站核安全相关设备的性能满足核安全标准的要求。核电站外部保障主体应当确保自身提供的产品和服务满足核安全相关要求。

第二十六条　（核设施首次装投料申请） 核设施营运单位在首次装投料前，应当向国务院核安全监督管理部门提出申请，并提供下列材料：

（一）首次装投料申请书；

（二）最终安全分析文件；

（三）质量保证文件；

（四）应急预案；

（五）核材料许可证；

（六）法律、法规规定的其他文件。

第二十七条　（核设施运行许可） 核设施经过调试和试运行后，符合核安全规定要求的，核设施营运单位方可向国务院核安全监督管理部门提交核设施运行许可申请。核设施营运单位在获得运行许可证后，应当按照许可证的规定运行。核设施运行许可证的有效期为设计寿期。

在运行许可证有效期内，国务院核安全监督管理部门可以根据法律、法规和新的核安全标准的要求，对核设施运行许可证规定的条件作出合理调整。

核设施营运单位在对下列对象进行调整时，应当报经国务院核安全监督管理部门批准：

（一）作为颁发运行许可证依据的重要构筑物、系统和设备；

（二）运行限值和条件；

（三）国务院核安全监督管理部门批准的与核安全有关的程序和其他文件。

第二十八条　（核设施延寿） 核设施运行许可证有效期届满，可以继续运行的，核设施营运单位应当于有效期届满五年前，向国务院核安全监督管理部门提出运行许可证延续申请，并对其是否满足相关核安全标准进行论证，经审查批准后，方可继续运行。

第二十九条　（核设施运行安全管理） 核设施营运单位应当按照国家法律、法规和标准的要求，有效防范人为失误和自然灾害威胁，确保核设施安全。

核设施营运单位应当在运行许可证有效期限内对核设施进行定期安全评价，并接受国务院核安全监督管理部门的审查。

核设施终止运行后，核设施营运单位应当采取安全的方式进行停闭管理，保证停闭期间的安全，并确保退役所需的基本功能、技术人员和文件。

第三十条　（核设施的退役） 核设施营运单位在核设施开始退役活动前，应当向国务院核安全监督管理部门提交退役所需的下列申请材料：

（一）退役申请书；

（二）安全分析文件；

（三）环境影响评价文件；

（四）质量保证文件；

（五）法律法规规定的其他文件。

核设施营运单位在获得核设施退役批准书后方可开始退役。

核设施营运单位应当在核设施退役时按照合理、可行、尽可能低的原则消除核设施场址的放射性物质，将构筑物、系统和设备的放射性水平降低至满足国家标准要求。

第三十一条　（技术审评） 国务院核安全监督管理部门组织安全技术审查时，可以委托与许可申请单位没有利益关系的技术支持单位进行技术审评。受委托的技术支持单位不得弄虚作假，并对其技术评价结论负责。

第三十二条　（咨询机构） 国务院核安全监督管理部门组建核安全专家委员会，为其核安全决策提供咨询意见。

国务院核安全监督管理部门在制定有关核安全规章、标准和规划以及在做出有关核设施重大安全问题的技术决策过程中，应当咨询核安全专家委员会的意见。

第三十三条　（报告与经验反馈） 国家建立核设施营运单位核安全报告制度，具体办法由国务院有关部门制定。

国务院有关部门应当建立核安全经验反馈制度，并及时处理核安全报告信息，实现信息共享。

核设施营运单位应当建立核安全经验反馈体系。

第三十四条　（放射性废物处置场的规划） 国务院核材料主管部门负责放射性废物处置管理工作。放射性废物处置由国务院指定的单位专营。

国务院核材料主管部门会同国务院有关部门、省级人民政府负责低、中水平放射性废物处置场的选址规划。国务院核材料主管部门会同国务院有关部门负责高水平放射性废物处置场的选址规划。

第三十五条　（放射性废物管理） 核设施营运单位应当对其产生的放射性固体废物和不符合排放标准的放射性废液进行处理，使其转变为稳定的、标准化的固体废物后，自行贮存，并及时送交放射性废物处置场处置。

第三十六条　（放射性废物处置单位资质） 国家建立放射性废物管理许可制度。专门从事放射性废物贮存、处置的单位，应当向国务院核安全监督管理部门申请贮存、处置许可，经批准后方可实施。核设施营运单位利用与核设施配套建设的贮存设施，贮存本单位产生的放射性固体废物的，无需申请领取贮存许可证。

放射性废物贮存、处置许可证的有效期限为十年，有效期届满，需要继续实施放射性废物贮存、处置行为的，应当提前向国务院核安全监督管理部门提出申请，经审查批准后，方可继续实施。

第三十七条　（放射性废物处置设施的关闭） 国家建立放射性废物处置设施关闭制度。有下列情况的放射性废物处置设施，应当依法办理关闭手续，并在划定的区域设置永久性标记：

（一）按照放射性废物处置设施设计，服役期届满的；

（二）处置的放射性废物已经达到该设施设计容量的；

（三）所在地区的地质构造或者水文地质等条件发生重大变化，导致处置设施不适宜继续处置放射性废物的；

（四）法律法规规定的其他需要关闭的情况。

第三十八条　（放射性废物处置设施的监护管理） 放射性固体废物处置单位应当编制放射性废物处置设施关闭安全监护计划，报国务院核安全监督管理部门批准。

放射性废物处置设施关闭的安全监护计划，应当包括下列主要内容：

（一）安全监护的责任人及其责任；

（二）安全监护所需费用；

（三）安全监护措施；

（四）安全监护期限。

放射性废物处置单位应当按照经批准的安全监护计划，对关闭后的放射性废物处置设施进行安全监护。经国务院核安全监督管理部门会同国务院有关部门批准后，交由省、自治区、直辖市人民政府进行监护管理。

第三十九条　（核安全设备） 为核设施提供核安全设备的设计、制造、安装和无损检验单位，应当建立健全责任制度和质量保证体系，确保核安全设备的质量和可靠性，并对核安全设备设计、制造、安装和无损检验活动的质量负责。

在中华人民共和国境内实施核安全设备设计、制造、安装和无损检验行为，应当取得国务院核安全监督管理部门的资质许可。为中华人民共和国境内核设施进行核安全设备设计、制造、安装和无损检验的境外机构，应当向国务院核安全监督管理部门申请办理相关注册登记手续。

国务院核安全监督管理部门依法对进口的核安全设备进行安全检验。

核安全设备监督管理的具体办法由国务院制定。

第四十条　（核设施进出口） 进出口核设施应当满足中华人民共和国核安全法律、法规规定的安全要求。

进口核设施，应当向国务院核安全监督管理部门提出安全审查申请，经国务院核安全监督管理部门审查批准后，方可在中华人民共和国境内申请建造许可。

第二节　核材料安全

第四十一条　（核材料持有单位的责任） 核材料持有单位应当具备下列安全条件：

（一）与保障核材料安全相适应的场所、仪器、设备和人员；

（二）全面承担核材料安全责任的能力。

核材料持有单位应当保障核材料的安全与合法利用，并承担下列义务：

（一）防止被盗、破坏、丢失、非法转让和非法使用；

（二）建立专职机构或者指定专人保管核材料；

（三）建立核材料衡算制度，保持核材料收支平衡；

（四）建立与核材料保护等级相适应的实物保护系统；

（五）建立信息保密制度、采取保密措施、防止核材料相关信息泄露；

（六）法律法规规定的其他义务。

第四十二条　（核材料许可证） 核材料持有单位应当向国务院核材料主管部门申请领取核材料许可证，并提交下列材料：

（一）核材料许可证申请报告；

（二）核材料安全、实物保护文件；

（三）核材料衡算等技术文件；

（四）法律法规规定的其他文件。

国务院核安全监督管理部门负责核准核材料许可证。

不具备上述条件，有关主管部门不得批准和发放核材料许可证。

核材料持有单位不具备安全条件，未获得核材料许可证，不得从事核材料持有活动。

国家保障核材料的铁路、水路运输，国务院有关部门应当加强对铁路、水路运输的管理，制定具体的保障措施。

第四十三条　（乏燃料管理） 产生、贮存、运输、处理、处置乏燃料的单位应当采取措施确保乏燃料的安全，并对其持有的乏燃料承担核安全责任。

第四十四条　（乏燃料运输管理职责） 国务院核材料主管部门负责协调乏燃料运输管理活动，监督有关保密措施。

国务院公安部门审查并核发乏燃料道路运输通行证件，对乏燃料道路运输的实物保护实施监督，指挥、协调地方公安机关查处可能危及乏燃料安全运输的事故。

国务院核安全监督管理部门负责批准乏燃料运输容器和乏燃料运输方案。

国务院交通运输管理部门负责乏燃料道路运输承运人资质认可的管理和承运人驾驶人员及其他运输作业人员资格认可的管理，协调乏燃料公路超限运输车辆行驶道路的管理工作。

通过水路运输乏燃料的，按照水路危险货物运输的法律、行政法规和规章的有关规定执行。

通过铁路、航空运输乏燃料的，按照国务院铁路、民航主管部门的有关规定执行。

乏燃料的运输应当遵守有关法律和国务院有关放射性物品运输安全管理的规定。

第四十五条　（乏燃料运输活动） 托运人对乏燃料的安全负首要安全责任。托运人应当向国务院核安全监督管理部门提交有关核安全分析报告，经审查获得有关核安全分析报告批准书后，方可开展乏燃料运输活动。

乏燃料承运人应当依法取得国家规定的运输资质，未取得乏燃料运输资质，不得从事乏燃料运输活动。

第三章　核事故应急准备与响应

第四十六条　（核事故应急预案） 国务院国防科技工业主管部门承担国家核事故应急协调委员会日常工作，牵头制定国家核事故应急预案，经国务院批准后实施。国家核事故应急协调委员会成员单位根据国家核事故应急预案部署，制定本单位核事故应急预案，报国家核事故应急协调委员会及承担其日常工作的机构备案。

省、自治区、直辖市核事故应急协调委员会及承担其日常工作的机构负责制定本行政区域内核事故应急预案和核设施场外核事故应急预案。省、自治区、直辖市核事故应急预案经国务院国防科技工业主管部门审查后，由本级人民政府审批发布；核设施场外核事故应急预案报国家核事故应急协调委员会审批后实施。

核设施营运单位负责制定本单位场内核事故应急预案，报国务院能源主管部门审批，受国务院核安全监督管理部门审查，并报国家核事故应急协调委员会备案。

中国人民解放军和中国人民武装警察部队按照国务院、中央军委的规定，制定本系统支援地方的核事故应急工作预案，报国家核事故应急协调委员会备案。

第四十七条　（核事故应急演练） 核设施营运单位应当按照应急预案，配备应急设备，开展应急演练，做好应急准备。

核设施营运单位、核材料持有单位周边区域的各级人民政府及其有关部门，应当组织有关企业、事业单位和社区群众开展不定期的核事故应急演练，培养其核事故应急意识和能力。

第四十八条　（应急经费保障） 国家建立核事故应急准备金制度，保障核事故应急准备与响应工作所需经费。核事故应急准备金管理办法，由国务院制定。

第四十九条　（核设施营运单位应急响应） 在发生核事故时，核设施营运单位应当按照应急预案的要求开展应急响应，缓解事故后果，并立即向国家核事故应急协调委员会及承担其日常工作的机构报告核设施状况，提出场外应急响应行动建议。

第五十条　（核事故应急救援） 在国务院领导下，国家核事故应急协调委员会及承担其日常工作的机构通过国家核事故应急协调机制，按照国家核事故应急预案总体部署，组织协调国务院有关部门、地方人民政府、核设施营运单位实施核事故应急救援工作。

中国人民解放军和中国人民武装警察部队按照国务院、中央军委的规定，实施核事故应急救援工作。

核设施营运单位应当按照核事故应急救援工作的要求，实施应急响应支援。

第五十一条　（核事故应急信息发布） 国家核事故应急协调委员会及承担其日常工作的机构或者省级人民政府指定的机构负责发布核事故应急信息。

第五十二条　（事故调查） 各级人民政府及其有关部门、核设施营运单位等应当按照国务院有关规定和授权，组织开展核事故后的恢复行动、损失评估、调查处理等工作。

核事故的调查处理，由国务院或者其授权的部门负责实施。

国务院核安全监督管理部门独立或者会同有关部门负责核设施核事故调查处理。国务院或者其指定的机构负责核事故场外应急行动调查处理。

第五十三条　（国际通报和援助） 国家核事故应急协调委员会及承担其日常工作的机构通过国家原子能机构和外交渠道，统筹协调核事故应急国际通报和所需的国际救援工作。

第五十四条　（核燃料运输的应急） 核燃料运输的应急应当纳入所经省核事故应急预案或者辐射应急计划。当发生核事故时，由核燃料运输所经地的省级人民政府负责应急响应。

第四章　信息公开与公众参与

第五十五条　（政府信息公开的主体和事项） 国务院有关部门及核设施所在地省级人民政府应当在各自职责范围内依法公开核安全相关信息。

国务院核安全监督管理部门应当依法公开核安全行政许可程序及结论，公开核安全有关活动的安全监督检查报告、总体安全状况、辐射环境质量等信息。

国务院应当定期向全国人民代表大会常务委员会报告核安全情况。

第五十六条　（企业信息公开） 核设施营运单位应当按照有关规定公开本单位核安全管理制度和相关文件、核设施安全状况、流出物和周围环境辐射监测数据、年度核安全报告等信息。具体办法由国务院核安全监督管理部门规定。

第五十七条　（信息公开的方式和程序） 对依法公开的核安全信息，应当通过政府公告、网站以及其他便于公众知晓的方式，及时向社会公开。

公民、法人和其他组织，可以依法向国务院核安全监督管理部门及核设施所在地省级人民政府申请获取核安全相关信息。

第五十八条　（公众参与） 核设施营运单位应当就涉及公众利益的重大核安全问题通过问卷调查、论证会、座谈会，或者采取其他形式征求利益相关方的意见。

核设施所在地省级人民政府应当就影响公众利益的重大核安全问题举行论证会、座谈会，或者采取其他形式征求利益相关方的意见。

第五十九条　（公众监督） 公民、法人和其他组织有权对存在核安全隐患或者违反核安全有关法律、行政法规的行为，向国务院核安全监督管理部门或者其他有关部门举报。

公民、法人和其他组织不得编制、散播有关核安全的虚假信息。

第六十条　（保密）涉及国家秘密、商业秘密和个人隐私的政府信息公开、公众参与按照国家有关规定执行。

第五章　监督检查

第六十一条　（监督检查主体）国家建立核安全监督检查制度，国务院有关部门应当对从事核安全活动的有关单位遵守核安全法律、行政法规、规章、标准和技术规范及许可的执行情况进行监督检查。

国务院核安全监督管理部门可以在核设施集中的地区设立派出机构，国务院核安全监督管理部门或者其派出机构应当向核安全有关活动现场派遣监督检查人员，执行核安全监督检查。

第六十二条　（监管技术能力建设）国务院核安全监督管理部门应当持续开展核安全监管技术研究开发，建立并保持与核安全监督管理任务相适应的技术评价能力。

第六十三条　（监督检查内容与方式）国务院核安全监督管理部门的监督检查人员进行核安全监督检查时，有权采取下列措施：

（一）进入现场进行监测、检查或者核查；

（二）调阅相关文件、资料和记录；

（三）向有关人员调查、了解情况；

（四）发现问题要求有关人员说明情况，并要求整改。

国务院核安全监督管理部门的监督检查人员应当对监督检查情况形成报告，建立档案。

第六十四条　（单位的配合义务）从事核安全有关活动的单位对核安全监督检查人员依法履行监督检查职责，应当予以配合，如实说明情况，提供必要资料，不得拒绝、阻挠。

第六十五条　（对监督检查人员的要求）核安全监督检查人员应当忠于职守，坚持原则，秉公执法。

核安全监督检查人员应当具备与其从事的监督检查活动相应的专业

知识和业务工作经验，并定期接受培训。

核安全监督检查人员执行监督检查任务时，应当出示有效证件，对涉及国家秘密、商业秘密和个人隐私的，应当依法予以保密。

第六章　法 律 责 任

第六十六条　违反本法第十条第一款的规定，国务院核安全监督管理部门、能源主管部门未建立培育核安全文化机制的，由同级人民政府有关部门责令其改正；应当追究纪律责任的，对直接负责的主管人员和其他直接责任人员依法给予处分。

违反本法第十条第二款、第十五条、第十六条、第十七条、第三十三条第三款、第五十八条第一款的规定，有下列行为之一的，国务院核安全监督管理部门有权责令其改正，可予以警告。

（一）核设施营运单位、核材料持有单位和为其提供设备、工程以及服务等的单位未培育和建设核安全文化体系的；或者管理者和个人未做出核安全承诺的；

（二）核设施营运单位未为核设施设置纵深防御体系的；

（三）核设施营运单位和为其提供设备、工程以及服务等的单位未建立和实施质量安全保证体系的；

（四）核设施营运单位未按照要求控制辐射照射剂量或者未使辐射照射保持在合理、可行和尽可能低的水平的；

（五）核设施营运单位未建立核安全经验反馈体系的；

（六）核设施营运单位未就涉及公众利益的重大核安全问题，征求利益相关方意见的。

核设施营运单位、核材料持有单位为同一单位的，不得重复处罚。

第六十七条　违反本法第十二条第三款的规定，损害核设施、核材料的，依据治安管理处罚法的有关规定，由公安机关予以处罚。

第六十八条　违反本法第十八条第二款、第四十二条第三款的规定，有关主管部门批准和发放核设施运行许可证、核材料许可证的，监察机关有权对做出批准的管理部门予以警告，情节严重，造成损失的，对主要负责人予以警告，对直接负责的主管人员和其他直接责任人员予以行政记过处分；情节特别严重的，可予以开除公职处分。

违反本法第十八条第三款的规定，未获得运行许可证营运核设施的，由国务院核安全监督管理部门责令停止违法行为，并处以五十万元以上一百万元以下的罚款；有违法所得的，没收其违法所得。

违反本法第四十二条第四款的规定，未获得核材料许可证持有核材料的，由国务院核材料主管部门责令停止违法行为，没收非法持有的核材料，并处以五万元以上十万元以下的罚款；有违法所得的，没收其违法所得。

第六十九条 违反本法第十九条第三款的规定，对未取得职业资格从事与核设施安全专业技术有关工作的，由国务院有关主管部门责令其改正，并处以五千元以上二万元以下的罚款。核设施营运单位聘用未取得相应资格证书的从业人员的，由国务院核安全监督管理部门责令其改正，并处以一万元以上五万元以下的罚款。

第七十条 违反本法第二十条第二款的规定，对在核设施规划限制区内建设可能威胁核设施安全的易燃、易爆、腐蚀性物品的生产、贮存设施以及各类人口密集场所的，国务院核安全监督管理部门有权责令其改正，限期拆除设施、场所，恢复原状，并处以五万元以上二十万元以下的罚款。

第七十一条 违反本法第二十一条第二款的规定，核设施营运单位未领取许可证、未办理相关审批事宜从事核设施选址、建造、首次装投料、运行、退役等活动的，由国务院核安全监督管理部门责令其停止违法行为；拒不改正的，可处以二十万元以上五十万元以下的罚款；对直接负责的主管人员和其他直接责任人员，处以五万元以上二十万元以下的罚款。

第七十二条 违反本法第二十一条第三款、第五十五条第二款、第六十三条第二款、第六十五条第三款的规定，有下列行为之一的，国务院监察部门有权责令改正，对直接负责的主管人员和其他直接责任人员可予以警告；情节严重的，可予以行政记过处分：

（一）国务院核安全监督管理部门未依法颁发建造、运行许可证的；

（二）国务院核安全监督管理部门未依法公开核安全行政许可程序及结论，或者未依法公开监督检查报告、总体安全状况、辐射环境质量等信息的；

（三）国务院核安全监督管理部门的监督检查人员对监督检查情况未形成报告和建立档案的；

（四）核安全监督检查人员执行监督检查任务时未出示有效证件或者对涉及的国家秘密、商业秘密和个人隐私未依法予以保密的。

第七十三条 违反本法第二十八条的规定，核设施达到设计寿期，核设施营运单位未经审查批准继续运行核设施的，由国务院核安全监督管理部门责令其停止违法行为，并处十万元以上五十万元以下的罚款。

第七十四条 违反本法第二十九条第二款、第三款，第三十条第二款、第三款，第三十五条，第三十八条第三款的规定，有下列行为之一的，由国务院核安全监督管理部门责令其改正，并予以警告；情节严重的，处以五十万元以上二百万元以下的罚款；造成环境污染的，责令限期采取治理措施消除污染，恢复生态；逾期不采取措施的，指定有能力的单位代为履行，所需费用由造成环境污染，被责令采取措施者承担：

（一）核设施营运单位在运行许可证有效期限内，未对核设施进行定期安全评价，或者不接受国务院核安全监督管理部门审查的；

（二）核设施终止运行后，核设施营运单位未采取安全方式进行停闭管理的，或者未确保退役所需的基本功能、技术人员和文件；

（三）核设施营运单位未获得核设施退役批准书，实施退役的；

（四）核设施退役时，核设施营运单位未将构筑物、系统和设备的放射性水平降低至满足国家技术标准要求的；

（五）核设施营运单位未将产生的放射性固体废物和不符合排放标准的放射性废液转变为稳定的、标准化的固体废物自行贮存，或者未及时送交取得相应资质的放射性废物处置单位处置的；

（六）核设施营运单位未对放射性废物设施、场地采取监护措施或者未在保证安全的条件下移交的。

第七十五条 违反本法第三十一条的规定，受委托的技术支持单位在技术评价中弄虚作假的，由国务院核安全监督管理部门处十万元以上五十万元以下的罚款；有违法所得的，没收违法所得；对直接负责的主管人员和其他直接责任人员处十万元以上二十万元以下的罚款。

第七十六条 违反本法第三十六条第一款、第二款，第三十七条，第三十八条第一款、第三款的规定，有下列行为之一的，由国务院核安全监督管理部门责令停止其违法行为，情节严重的，处以五十万元以上二百万元以下的罚款；造成环境污染的，责令限期采取治理措施消除污染，逾期不改正的，指定有能力的单位代为履行，所需费用由实施违法行为者承担；情节严重，有营业执照的，提请工商行政管理部门依法吊销其营业执照；无营业执照的依据治安管理处罚法处罚：

（一）未经批准，实施放射性废物贮存、处置行为的；

（二）放射性废物贮存、处置许可证有效期届满，未经批准，继续实施放射性废物贮存、处置的；

（三）未依法办理放射性废物处置设施关闭手续的；

（四）在经划定关闭的放射性废物处置设施区域未设置永久性标记的；

（五）未编制放射性废物处置设施关闭安全监护计划的；

（六）未按照经批准的安全监护计划对关闭后的放射性废物处置设施进行安全监护的。

第七十七条 违反本法第三十九条第二款、第四十条第二款的规定，有下列情况之一的，由国务院核安全监督管理部门责令停止违法行为，限期改正，并处以五十万元以上一百万元以下的罚款；有违法所得的，没收其违法所得：

（一）未取得国务院核安全监督管理部门的资质许可，在中华人民共和国境内实施核安全设备设计、制造、安装和无损检验行为的；

（二）境外机构未办理注册登记手续为中华人民共和国境内核设施进行核安全设备设计、制造、安装和无损检验的；

（三）进口核设施，未获得国务院核安全监督管理部门审查批准并发放许可证，在中华人民共和国境内建造的。

对聘用未办理注册登记手续的境外人员的，由国务院核安全监督管理部门给予警告，并处五十万元以上，一百万元以下的罚款。

第七十八条 违反本法第四十六条第三款、第四十七条第一款、第五十条第三款的规定，核设施营运单位有下列行为之一的，由国务院核安全监督管理部门予以警告，可处以二十万元以上一百万元以下的罚款；对有关责任人员，可处以二万元以上，五万元以下的罚款：

（一）未按照规定制定核事故应急预案的；

（二）未按照应急预案配备应急设备、应急演练、做好应急准备的；

（三）未按照核事故应急救援工作的要求，实施应急响应支援的。

第七十九条 违反本法第五十五条第一款、第五十八条第二款的规定，有下列行为之一的，由国务院监察部门予以警告，可以对直接负责的主管人员记过处分，对其他直接责任人员追究相应的行政责任：

（一）核设施所在地省级人民政府未在职责范围内依法公开核安全相关信息的；

（二）核设施所在地省级人民政府未就影响公众利益的重大核安全问题征求利益相关方意见的。

第八十条 违反本法第五十六条的规定，核设施营运单位未依法公开相关信息的，由国务院核安全监督管理部门责令其改正，予以公开、公告；无理由拒不公开、公告的，处以十万元以上五十万元以下的罚款。

第八十一条 违反本法第五十九条第二款、第六十四条的规定，有下列行为之一的，由国务院核安全监督管理部门责令其改正，可处以二十万元以上一百万元以下的罚款；逾期不改正的，暂扣或者吊销其许可证；构成违反治安管理行为的，由公安机关依法予以处罚：

（一）编制、散播有关核安全虚假信息的；

（二）对核安全监督检查人员依法履行监督检查职责，不予以配合、不如实说明情况、不提供必要资料的；

（三）拒绝、阻挠核安全监督检查人员依法履行监督检查职责的。

第八十二条 对造成他人核损害的，依照国家核损害责任制度承担赔偿责任。

核设施营运单位是核损害赔偿的责任主体，应当对其核设施和核材料造成的核损害承担赔偿责任。但是，因下列情形导致的损害结果除外：

（一）武装冲突或者暴乱；

（二）战争；

（三）受害人故意或者重大过失致害。

为核设施营运单位、核材料持有单位提供设备、工程以及服务等的有关单位不承担核损害赔偿责任，但有约定的除外。

第八十三条 实施本法规定的禁止性行为，触犯刑法，构成犯罪的，依法追究刑事责任。

第七章 附 则

第八十四条 **（特别规定）** 军事、军工核安全，由国务院、中央军委依照本法规定的原则另行规定。

第八十五条 **（术语）** 本法中下列用语的含义：

从业人员，是指实施本法第二条规定的各类行为的人员。

纵深防御，是指通过设定一系列递进并且独立的防护、缓解措施或者实物屏障，防止核事故发生，减轻核事故后果。

核设施营运单位，是指在中华人民共和国境内，申请或者持有核设施安全许可证可以经营和运行核设施的单位。

核安全设备，是指在核设施中使用的执行核安全功能的设备，包括核安全机械设备和核安全电气设备。

托运人，是指在中华人民共和国境内，申请将托运货物提交运输并获得批准的单位或者个人。

核事故，是指核设施内的核燃料、放射性产物、放射性废物或者运入运出核设施的核材料所发生的放射性、毒害性、爆炸性或者其他危害性事故，或者一系列事故。

设计基准，是指在设施的设计过程中根据既定标准明确考虑的各种工况和事件，以便该设施通过安全系统的计划运行能够经受住这些工况和事件而不超过管理限值。

停闭，是指核设施已经停止运行，并且不再启动。

退役，是指采取去污、拆除和清除等措施，使核设施不再使用的场所或者设备的辐射剂量满足国家相关标准的要求，主管部门不再对这些核设施进行辐射安全与防护监管。

经验反馈，是指对核设施的事件、质量问题和良好实践等信息进行收集、筛选、评价、分析、处理和分发，总结推广良好实践经验，防止类似事件和问题重复发生。

第八十六条　（施行）本法自　　年　月　日起施行。

关于《中华人民共和国核安全法（草案）》的说明

——2016年10月31日在第十二届全国人民代表大会常务委员会第二十四次会议上

全国人大环境与资源保护委员会副主任委员　张云川

委员长、各位副委员长、秘书长、各位委员：

我受全国人大环境与资源保护委员会委托，作关于《中华人民共和国核安全法（草案)》的说明。

新中国成立以来，我国的核事业在党和国家领导人的亲切关怀和坚强领导下，取得了长足的发展，已经建立起较为完整的核工业体系，为国家的安全和发展提供了重要保障。近年来，鉴于核能在增加能源供给、保障能源安全、促进污染物减排等方面的明显优势，我国正努力发展核能产业，安全稳步发展核电。但随着核事故在有的国家的出现和带来的后果，核安全问题也为社会公众所关注，并已成为国际社会关注的重要安全问题之一。

发展核事业的首要条件是保障安全，核安全是核事业发展的前提、基础和生命线。2016 年 4 月，习近平总书记在美国举行的第四届核安全峰会上指出，“确保核安全是各国应尽之责，我们要结合国情，从国家层面部署实施核安全战略，制定中长期核安全发展规划，完善核安全立法和监督机制，并确保相关工作得到足够投入和支持。”党中央、全国人大常委会和国务院高度重视核安全工作，全国人大常委会将核安全法纳入十二届全国人大常委会立法规划，交由全国人大环境与资源保护委员会牵头起草并提请审议。制定核安全法的决策，再一次体现了党和政府对人民群众的关怀，同时，也进一步表明了中国对人类负责任的态度。

按照立法规划关于任务、时间、组织、责任四落实的要求，环资委成立了立法工作领导小组，制定了工作方案和工作计划。根据科学立法、民主立法的要求，认真研究了相关国内立法和国际立法的经验；两年多来，先后赴广东、浙江、江苏、北京、四川、山东、甘肃、新疆等省（区、市）调研，听取地方人大、政府有关部门、专家学者，特别是核电企业、科研单位一线员工和科学技术人员对核安全立法的意见和建议。组织国务院有关部门、有关科研学术单位、有关企业和律师、学者等，研究法律草案中涉及的法律问题和实际问题。多次召开座谈会、研讨会，举办专题讲座，并开展了立法项目论证工作。目前已经形成《中华人民共和国核安全法（草案)》（以下简称“草案”)，共计七章八十六条。2016 年 6 月 8 日，经环资委第二十三次会议审议通过，拟提请全国人大常委会审议。现就有关问题说明如下：

一、立法的必要性

（一）制定核安全法是保障我国核事业发展的客观要求

核设施、核材料具有潜在的放射危害性，立法有利于防范危害，为核安全提供法律保障。我国核事业在民用领域的发展已经具有一定规模，截至今年 6 月底，正在运行的核电机组有 31 台，装机容量为 2969 万千瓦，在建机组有 23 台，装机容量为 2609 万千瓦，目前是世界上核电在建规模最大的国家。根据规划，预计到 2020 年我国核电机组数量将跃居世界第二位。为进一步提高核安全保障措施，迫切需要制定核安全法律予以规范。

（二）立法有利于增进社会公众对核安全的了解和信心

发展核事业中的安全问题始终为社会公众所关注。日本福岛核事故后，国际社会对核能发展安全性的质疑不断。核安全立法一方面可以依法强化安全防范措施；另一方面可以依法加大核安全科普宣传，增加公众对核安全知识的了解，引导公众正确、科学认知我国核安全状况。

（三）立法是完善核安全法律体系的需要

尽管我国已经制定了一定数量涉核领域的法规和规章，但涉及核安全的法律，仅有一部从放射性污染防治的角度加以规范的法律。有关核安全基本方针、原则，法律制度、措施的建立和实施，核安全责任、公众参与及监督管理体制等重大问题均未作出规定，不能适应核安全工作的实际需要，亟待完善有关核安全的法律规范体系，草案即担负这样的使命。

（四）立法有利于强化核安全监管工作

随着核事业的发展和国外曾经发生过的核事故警示，核安全监管对于保证核安全是至关重要的。我国政府也为此设立了国家核安全监管机构，担负着与核事业发展同样重要的核安全监管工作。通过制定核安全法，可以进一步理顺对行业管理与监督的职责，实现运营与监管的分工，提高核安全监管工作的相对独立性和有效性。

（五）立法是促进我国核安全国际合作的需要

我国作为国际原子能机构的成员国和有关核国际公约的签约国，担负着核安全国际合作的使命。由于缺乏相关专项法律，国际上有关人士对我国核安全监管能力和履约能力有所疑虑。国际原子能机构组织评估团曾向我国提出加快核安全立法的建议。核安全立法有利于树立我国良好的国际形象，坚定国际社会对我国核安全的信心，也有利于我国“核电走出去”战略的实施。

二、草案主要内容

（一）关于立法目的和适用范围

草案第一条从如下四个方面明确了立法目的，一是为安全利用核能，保证核设施、核材料安全；二是为预防与应对核事故；三是为保护涉核人员和公众的安全与健康；四是为保护环境。这一立法目的出发点和立足点是预防和应对由核设施、核材料导致的核事故造成的对人身和环境的危害。根据这一立法目的，草案第三条明确了本法的适用范围主要限定在涉及核设施和核材料的有关活动及为其提供设备、工程及服务等的行为，以及相关的管理与监督行为。

（二）关于方针、基本原则

草案第四条明确了从事核事业应当遵循“确保安全”的方针。这一方针强调在发展核能和核技术应用中，必须保障核安全。这一条还明确了核安全工作的基本原则，即安全第一、预防为主、责任明确、严格管理、纵深防御、独立监管、全面保障的原则。

（三）关于管理体制

根据长期以来行之有效的国务院部门职责分工，草案第六条予以确认，即明确国务院核安全监督管理部门负责核安全的监督管理。国务院其他有关部门在各自职责范围内负责有关的核安全管理工作。

（四）关于核安全责任

核安全责任是保证核安全的前提和基础。草案专门就全方位核安全责任做出了规范。在第五条中明确了“核设施营运单位、核材料持有单位对其行为的核安全负主要责任”。本条中还进一步明确了“为核设施选址、设计、建造、调试、运行、延寿、退役及核材料利用等行为提供设备、工程和服务等的有关单位，应当对其行为负相应责任”。草案中众多条款规定的政府及其有关部门的职责，也同时是政府及其有关部门的核安全责任。此外，对于放射性废物处置、核损害赔偿等，草案也做出了相应规范。其中，关于核损害赔偿问题，应当制定专门的核损害赔偿法规予以规范。为适应国际合作的需要，草案仅就核损害赔偿的主要责任及其主体、免除承担责任和第三方免责等问题做出了规定。

（五）关于制度措施

为了保证法律的系统性和完整性，草案规定了具体的各项制度和措施，包括规划制度、标准制度、报告与反馈制度、许可制度、核事故应急准备与响应制度、资质资格管理制度等，在这些制度中明确了一些相关的核安全保障措施，如核安全文化、宣传和教育、人员培训、国际合作、科研、资金保障等。

（六）关于公众参与、监督检查与法律责任

为了强化核安全的政府监管责任和公众对核安全的监督，保证草案规定的各项制度和措施得以有效贯彻实施，在第一章规定核安全文化建设的基础上，草案第四章“信息公开与公众参与”中对信息公开做出了具体规定，并进一步明确了公众参与的有关内容。草案专设第五章“监督检查”，明确了政府应当履行的监督检查职权、责任，检查内容和方式。同时，为保证草案中各项禁止性、限制性和义务性规定的有效实施，第六章“法律责任”中对政府及其有关主管部门工作人员，核设施运营单位、核材料持有单位及为之提供各种服务的主体的责任追究问题，均做出了明确规定，包括行政责任、民事赔偿责任和刑事责任等内容。

（七）与其他相关法律的关系

目前，核安全法和原子能法正在制定过程中。原子能法是核领域带有基础性和综合性的法律，对原子能研究、开发与和平利用等所有活动做出全面规范。核安全法是有关核领域关于安全问题的专门法，重点以核设施、核材料安全为主要规范内容。这部法律不规范有关核技术应用和伴生放射性矿涉及的放射性污染防治问题；又将原子能法中有关核安全问题进行具体规范，是以防范核领域可能发生重大污染事件和核安全事故作为主要规范内容。

《中华人民共和国核安全法（草案)》和以上说明是否妥当，请审议。

三、相关法律法规

中华人民共和国国家安全法

（2015年7月1日第十二届全国人民代表大会常务委员会第十五次会议通过　2015年7月1日中华人民共和国主席令第29号公布　自公布之日起施行）

第一章　总　　则

第一条　为了维护国家安全，保卫人民民主专政的政权和中国特色社会主义制度，保护人民的根本利益，保障改革开放和社会主义现代化建设的顺利进行，实现中华民族伟大复兴，根据宪法，制定本法。

第二条　国家安全是指国家政权、主权、统一和领土完整、人民福祉、经济社会可持续发展和国家其他重大利益相对处于没有危险和不受内外威胁的状态，以及保障持续安全状态的能力。

第三条　国家安全工作应当坚持总体国家安全观，以人民安全为宗旨，以政治安全为根本，以经济安全为基础，以军事、文化、社会安全为保障，以促进国际安全为依托，维护各领域国家安全，构建国家安全体系，走中国特色国家安全道路。

第四条　坚持中国共产党对国家安全工作的领导，建立集中统一、高效权威的国家安全领导体制。

第五条　中央国家安全领导机构负责国家安全工作的决策和议事协

调，研究制定、指导实施国家安全战略和有关重大方针政策，统筹协调国家安全重大事项和重要工作，推动国家安全法治建设。

第六条 国家制定并不断完善国家安全战略，全面评估国际、国内安全形势，明确国家安全战略的指导方针、中长期目标、重点领域的国家安全政策、工作任务和措施。

第七条 维护国家安全，应当遵守宪法和法律，坚持社会主义法治原则，尊重和保障人权，依法保护公民的权利和自由。

第八条 维护国家安全，应当与经济社会发展相协调。

国家安全工作应当统筹内部安全和外部安全、国土安全和国民安全、传统安全和非传统安全、自身安全和共同安全。

第九条 维护国家安全，应当坚持预防为主、标本兼治，专门工作与群众路线相结合，充分发挥专门机关和其他有关机关维护国家安全的职能作用，广泛动员公民和组织，防范、制止和依法惩治危害国家安全的行为。

第十条 维护国家安全，应当坚持互信、互利、平等、协作，积极同外国政府和国际组织开展安全交流合作，履行国际安全义务，促进共同安全，维护世界和平。

第十一条 中华人民共和国公民、一切国家机关和武装力量、各政党和各人民团体、企业事业组织和其他社会组织，都有维护国家安全的责任和义务。

中国的主权和领土完整不容侵犯和分割。维护国家主权、统一和领土完整是包括港澳同胞和台湾同胞在内的全中国人民的共同义务。

第十二条 国家对在维护国家安全工作中作出突出贡献的个人和组织给予表彰和奖励。

第十三条 国家机关工作人员在国家安全工作和涉及国家安全活动中，滥用职权、玩忽职守、徇私舞弊的，依法追究法律责任。

任何个人和组织违反本法和有关法律，不履行维护国家安全义务或者从事危害国家安全活动的，依法追究法律责任。

第十四条 每年4月15日为全民国家安全教育日。

第二章 维护国家安全的任务

第十五条 国家坚持中国共产党的领导，维护中国特色社会主义制度，发展社会主义民主政治，健全社会主义法治，强化权力运行制约和监督机制，保障人民当家作主的各项权利。

国家防范、制止和依法惩治任何叛国、分裂国家、煽动叛乱、颠覆或者煽动颠覆人民民主专政政权的行为；防范、制止和依法惩治窃取、泄露国家秘密等危害国家安全的行为；防范、制止和依法惩治境外势力的渗透、破坏、颠覆、分裂活动。

第十六条 国家维护和发展最广大人民的根本利益，保卫人民安全，创造良好生存发展条件和安定工作生活环境，保障公民的生命财产安全和其他合法权益。

第十七条 国家加强边防、海防和空防建设，采取一切必要的防卫和管控措施，保卫领陆、内水、领海和领空安全，维护国家领土主权和海洋权益。

第十八条 国家加强武装力量革命化、现代化、正规化建设，建设与保卫国家安全和发展利益需要相适应的武装力量；实施积极防御军事战略方针，防备和抵御侵略，制止武装颠覆和分裂；开展国际军事安全合作，实施联合国维和、国际救援、海上护航和维护国家海外利益的军事行动，维护国家主权、安全、领土完整、发展利益和世界和平。

第十九条 国家维护国家基本经济制度和社会主义市场经济秩序，健全预防和化解经济安全风险的制度机制，保障关系国民经济命脉的重要行业和关键领域、重点产业、重大基础设施和重大建设项目以及其他重大经济利益安全。

第二十条 国家健全金融宏观审慎管理和金融风险防范、处置机制，加强金融基础设施和基础能力建设，防范和化解系统性、区域性金融风险，防范和抵御外部金融风险的冲击。

第二十一条 国家合理利用和保护资源能源，有效管控战略资源能源的开发，加强战略资源能源储备，完善资源能源运输战略通道建设和安全保护措施，加强国际资源能源合作，全面提升应急保障能力，保障经济社会发展所需的资源能源持续、可靠和有效供给。

第二十二条 国家健全粮食安全保障体系，保护和提高粮食综合生产能力，完善粮食储备制度、流通体系和市场调控机制，健全粮食安全预警制度，保障粮食供给和质量安全。

第二十三条 国家坚持社会主义先进文化前进方向，继承和弘扬中华民族优秀传统文化，培育和践行社会主义核心价值观，防范和抵制不良文化的影响，掌握意识形态领域主导权，增强文化整体实力和竞争力。

第二十四条 国家加强自主创新能力建设，加快发展自主可控的战略高新技术和重要领域核心关键技术，加强知识产权的运用、保护和科技保密能力建设，保障重大技术和工程的安全。

第二十五条 国家建设网络与信息安全保障体系，提升网络与信息安全保护能力，加强网络和信息技术的创新研究和开发应用，实现网络和信息核心技术、关键基础设施和重要领域信息系统及数据的安全可控；加强网络管理，防范、制止和依法惩治网络攻击、网络入侵、网络窃密、散布违法有害信息等网络违法犯罪行为，维护国家网络空间主权、安全和发展利益。

第二十六条 国家坚持和完善民族区域自治制度，巩固和发展平等团结互助和谐的社会主义民族关系。坚持各民族一律平等，加强民族交往、交流、交融，防范、制止和依法惩治民族分裂活动，维护国家统一、民族团结和社会和谐，实现各民族共同团结奋斗、共同繁荣发展。

第二十七条 国家依法保护公民宗教信仰自由和正常宗教活动，坚持宗教独立自主自办的原则，防范、制止和依法惩治利用宗教名义进行危害国家安全的违法犯罪活动，反对境外势力干涉境内宗教事务，维护正常宗教活动秩序。

国家依法取缔邪教组织，防范、制止和依法惩治邪教违法犯罪活动。

第二十八条 国家反对一切形式的恐怖主义和极端主义，加强防范和处置恐怖主义的能力建设，依法开展情报、调查、防范、处置以及资金监管等工作，依法取缔恐怖活动组织和严厉惩治暴力恐怖活动。

第二十九条 国家健全有效预防和化解社会矛盾的体制机制，健全公共安全体系，积极预防、减少和化解社会矛盾，妥善处置公共卫生、社会安全等影响国家安全和社会稳定的突发事件，促进社会和谐，维护公共安全和社会安定。

第三十条 国家完善生态环境保护制度体系，加大生态建设和环境保护力度，划定生态保护红线，强化生态风险的预警和防控，妥善处置突发环境事件，保障人民赖以生存发展的大气、水、土壤等自然环境和条件不受威胁和破坏，促进人与自然和谐发展。

第三十一条 国家坚持和平利用核能和核技术，加强国际合作，防止核扩散，完善防扩散机制，加强对核设施、核材料、核活动和核废料处置的安全管理、监管和保护，加强核事故应急体系和应急能力建设，防止、控制和消除核事故对公民生命健康和生态环境的危害，不断增强有效应对和防范核威胁、核攻击的能力。

第三十二条 国家坚持和平探索和利用外层空间、国际海底区域和极地，增强安全进出、科学考察、开发利用的能力，加强国际合作，维护我国在外层空间、国际海底区域和极地的活动、资产和其他利益的安全。

第三十三条 国家依法采取必要措施，保护海外中国公民、组织和机构的安全和正当权益，保护国家的海外利益不受威胁和侵害。

第三十四条 国家根据经济社会发展和国家发展利益的需要，不断完善维护国家安全的任务。

第三章　维护国家安全的职责

第三十五条　全国人民代表大会依照宪法规定，决定战争和和平的问题，行使宪法规定的涉及国家安全的其他职权。

全国人民代表大会常务委员会依照宪法规定，决定战争状态的宣布，决定全国总动员或者局部动员，决定全国或者个别省、自治区、直辖市进入紧急状态，行使宪法规定的和全国人民代表大会授予的涉及国家安全的其他职权。

第三十六条　中华人民共和国主席根据全国人民代表大会的决定和全国人民代表大会常务委员会的决定，宣布进入紧急状态，宣布战争状态，发布动员令，行使宪法规定的涉及国家安全的其他职权。

第三十七条　国务院根据宪法和法律，制定涉及国家安全的行政法规，规定有关行政措施，发布有关决定和命令；实施国家安全法律法规和政策；依照法律规定决定省、自治区、直辖市的范围内部分地区进入紧急状态；行使宪法法律规定的和全国人民代表大会及其常务委员会授予的涉及国家安全的其他职权。

第三十八条　中央军事委员会领导全国武装力量，决定军事战略和武装力量的作战方针，统一指挥维护国家安全的军事行动，制定涉及国家安全的军事法规，发布有关决定和命令。

第三十九条　中央国家机关各部门按照职责分工，贯彻执行国家安全方针政策和法律法规，管理指导本系统、本领域国家安全工作。

第四十条　地方各级人民代表大会和县级以上地方各级人民代表大会常务委员会在本行政区域内，保证国家安全法律法规的遵守和执行。

地方各级人民政府依照法律法规规定管理本行政区域内的国家安全工作。

香港特别行政区、澳门特别行政区应当履行维护国家安全的责任。

第四十一条　人民法院依照法律规定行使审判权，人民检察院依照法律规定行使检察权，惩治危害国家安全的犯罪。

第四十二条 国家安全机关、公安机关依法搜集涉及国家安全的情报信息，在国家安全工作中依法行使侦查、拘留、预审和执行逮捕以及法律规定的其他职权。

有关军事机关在国家安全工作中依法行使相关职权。

第四十三条 国家机关及其工作人员在履行职责时，应当贯彻维护国家安全的原则。

国家机关及其工作人员在国家安全工作和涉及国家安全活动中，应当严格依法履行职责，不得超越职权、滥用职权，不得侵犯个人和组织的合法权益。

第四章 国家安全制度

第一节 一般规定

第四十四条 中央国家安全领导机构实行统分结合、协调高效的国家安全制度与工作机制。

第四十五条 国家建立国家安全重点领域工作协调机制，统筹协调中央有关职能部门推进相关工作。

第四十六条 国家建立国家安全工作督促检查和责任追究机制，确保国家安全战略和重大部署贯彻落实。

第四十七条 各部门、各地区应当采取有效措施，贯彻实施国家安全战略。

第四十八条 国家根据维护国家安全工作需要，建立跨部门会商工作机制，就维护国家安全工作的重大事项进行会商研判，提出意见和建议。

第四十九条 国家建立中央与地方之间、部门之间、军地之间以及地区之间关于国家安全的协同联动机制。

第五十条 国家建立国家安全决策咨询机制，组织专家和有关方面开展对国家安全形势的分析研判，推进国家安全的科学决策。

第二节 情报信息

第五十一条 国家健全统一归口、反应灵敏、准确高效、运转顺畅的情报信息收集、研判和使用制度，建立情报信息工作协调机制，实现情报信息的及时收集、准确研判、有效使用和共享。

第五十二条 国家安全机关、公安机关、有关军事机关根据职责分工，依法搜集涉及国家安全的情报信息。

国家机关各部门在履行职责过程中，对于获取的涉及国家安全的有关信息应当及时上报。

第五十三条 开展情报信息工作，应当充分运用现代科学技术手段，加强对情报信息的鉴别、筛选、综合和研判分析。

第五十四条 情报信息的报送应当及时、准确、客观，不得迟报、漏报、瞒报和谎报。

第三节 风险预防、评估和预警

第五十五条 国家制定完善应对各领域国家安全风险预案。

第五十六条 国家建立国家安全风险评估机制，定期开展各领域国家安全风险调查评估。

有关部门应当定期向中央国家安全领导机构提交国家安全风险评估报告。

第五十七条 国家健全国家安全风险监测预警制度，根据国家安全风险程度，及时发布相应风险预警。

第五十八条 对可能即将发生或者已经发生的危害国家安全的事件，县级以上地方人民政府及其有关主管部门应当立即按照规定向上一级人民政府及其有关主管部门报告，必要时可以越级上报。

第四节 审 查 监 管

第五十九条 国家建立国家安全审查和监管的制度和机制，对影响或者可能影响国家安全的外商投资、特定物项和关键技术、网络信息技术产品和服务、涉及国家安全事项的建设项目，以及其他重大事项和活动，进行国家安全审查，有效预防和化解国家安全风险。

第六十条 中央国家机关各部门依照法律、行政法规行使国家安全审查职责，依法作出国家安全审查决定或者提出安全审查意见并监督执行。

第六十一条 省、自治区、直辖市依法负责本行政区域内有关国家安全审查和监管工作。

第五节 危 机 管 控

第六十二条 国家建立统一领导、协同联动、有序高效的国家安全危机管控制度。

第六十三条 发生危及国家安全的重大事件，中央有关部门和有关地方根据中央国家安全领导机构的统一部署，依法启动应急预案，采取管控处置措施。

第六十四条 发生危及国家安全的特别重大事件，需要进入紧急状态、战争状态或者进行全国总动员、局部动员的，由全国人民代表大会、全国人民代表大会常务委员会或者国务院依照宪法和有关法律规定的权限和程序决定。

第六十五条 国家决定进入紧急状态、战争状态或者实施国防动员后，履行国家安全危机管控职责的有关机关依照法律规定或者全国人民代表大会常务委员会规定，有权采取限制公民和组织权利、增加公民和组织义务的特别措施。

第六十六条 履行国家安全危机管控职责的有关机关依法采取处置国家安全危机的管控措施，应当与国家安全危机可能造成的危害的性质、程度和范围相适应；有多种措施可供选择的，应当选择有利于最大程度保护公民、组织权益的措施。

第六十七条 国家健全国家安全危机的信息报告和发布机制。

国家安全危机事件发生后，履行国家安全危机管控职责的有关机关，应当按照规定准确、及时报告，并依法将有关国家安全危机事件发生、发展、管控处置及善后情况统一向社会发布。

第六十八条 国家安全威胁和危害得到控制或者消除后，应当及时解除管控处置措施，做好善后工作。

第五章 国家安全保障

第六十九条 国家健全国家安全保障体系，增强维护国家安全的能力。

第七十条 国家健全国家安全法律制度体系，推动国家安全法治建设。

第七十一条 国家加大对国家安全各项建设的投入，保障国家安全工作所需经费和装备。

第七十二条 承担国家安全战略物资储备任务的单位，应当按照国家有关规定和标准对国家安全物资进行收储、保管和维护，定期调整更换，保证储备物资的使用效能和安全。

第七十三条 鼓励国家安全领域科技创新，发挥科技在维护国家安全中的作用。

第七十四条 国家采取必要措施，招录、培养和管理国家安全工作专门人才和特殊人才。

根据维护国家安全工作的需要，国家依法保护有关机关专门从事国家安全工作人员的身份和合法权益，加大人身保护和安置保障力度。

第七十五条 国家安全机关、公安机关、有关军事机关开展国家安全专门工作，可以依法采取必要手段和方式，有关部门和地方应当在职责范围内提供支持和配合。

第七十六条 国家加强国家安全新闻宣传和舆论引导，通过多种形式开展国家安全宣传教育活动，将国家安全教育纳入国民教育体系和公务员教育培训体系，增强全民国家安全意识。

第六章 公民、组织的义务和权利

第七十七条 公民和组织应当履行下列维护国家安全的义务：

（一）遵守宪法、法律法规关于国家安全的有关规定；

（二）及时报告危害国家安全活动的线索；

（三）如实提供所知悉的涉及危害国家安全活动的证据；

（四）为国家安全工作提供便利条件或者其他协助；

（五）向国家安全机关、公安机关和有关军事机关提供必要的支持和协助；

（六）保守所知悉的国家秘密；

（七）法律、行政法规规定的其他义务。

任何个人和组织不得有危害国家安全的行为，不得向危害国家安全的个人或者组织提供任何资助或者协助。

第七十八条 机关、人民团体、企业事业组织和其他社会组织应当对本单位的人员进行维护国家安全的教育，动员、组织本单位的人员防范、制止危害国家安全的行为。

第七十九条 企业事业组织根据国家安全工作的要求，应当配合有关部门采取相关安全措施。

第八十条 公民和组织支持、协助国家安全工作的行为受法律保护。

因支持、协助国家安全工作，本人或者其近亲属的人身安全面临危险的，可以向公安机关、国家安全机关请求予以保护。公安机关、国家安全机关应当会同有关部门依法采取保护措施。

第八十一条 公民和组织因支持、协助国家安全工作导致财产损失的，按照国家有关规定给予补偿；造成人身伤害或者死亡的，按照国家有关规定给予抚恤优待。

第八十二条 公民和组织对国家安全工作有向国家机关提出批评建议的权利，对国家机关及其工作人员在国家安全工作中的违法失职行为有提出申诉、控告和检举的权利。

第八十三条 在国家安全工作中，需要采取限制公民权利和自由的特别措施时，应当依法进行，并以维护国家安全的实际需要为限度。

第七章 附 则

第八十四条 本法自公布之日起施行。

中华人民共和国安全生产法

（2002年6月29日第九届全国人民代表大会常务委员会第二十八次会议通过 根据2009年8月27日第十一届全国人民代表大会常务委员会第十次会议《关于修改部分法律的决定》第一次修正 根据2014年8月31日第十二届全国人民代表大会常务委员会第十次会议《关于修改〈中华人民共和国安全生产法〉的决定》第二次修正）

第一章 总 则

第一条 为了加强安全生产工作，防止和减少生产安全事故，保障人民群众生命和财产安全，促进经济社会持续健康发展，制定本法。

第二条 在中华人民共和国领域内从事生产经营活动的单位（以下

统称生产经营单位）的安全生产，适用本法；有关法律、行政法规对消防安全和道路交通安全、铁路交通安全、水上交通安全、民用航空安全以及核与辐射安全、特种设备安全另有规定的，适用其规定。

第三条 安全生产工作应当以人为本，坚持安全发展，坚持安全第一、预防为主、综合治理的方针，强化和落实生产经营单位的主体责任，建立生产经营单位负责、职工参与、政府监管、行业自律和社会监督的机制。

第四条 生产经营单位必须遵守本法和其他有关安全生产的法律、法规，加强安全生产管理，建立、健全安全生产责任制和安全生产规章制度，改善安全生产条件，推进安全生产标准化建设，提高安全生产水平，确保安全生产。

第五条 生产经营单位的主要负责人对本单位的安全生产工作全面负责。

第六条 生产经营单位的从业人员有依法获得安全生产保障的权利，并应当依法履行安全生产方面的义务。

第七条 工会依法对安全生产工作进行监督。

生产经营单位的工会依法组织职工参加本单位安全生产工作的民主管理和民主监督，维护职工在安全生产方面的合法权益。生产经营单位制定或者修改有关安全生产的规章制度，应当听取工会的意见。

第八条 国务院和县级以上地方各级人民政府应当根据国民经济和社会发展规划制定安全生产规划，并组织实施。安全生产规划应当与城乡规划相衔接。

国务院和县级以上地方各级人民政府应当加强对安全生产工作的领导，支持、督促各有关部门依法履行安全生产监督管理职责，建立健全安全生产工作协调机制，及时协调、解决安全生产监督管理中存在的重大问题。

乡、镇人民政府以及街道办事处、开发区管理机构等地方人民政府的派出机关应当按照职责，加强对本行政区域内生产经营单位安全生产状况的监督检查，协助上级人民政府有关部门依法履行安全生产监督管理职责。

第九条 国务院安全生产监督管理部门依照本法，对全国安全生产工作实施综合监督管理；县级以上地方各级人民政府安全生产监督管理部门依照本法，对本行政区域内安全生产工作实施综合监督管理。

国务院有关部门依照本法和其他有关法律、行政法规的规定，在各自的职责范围内对有关行业、领域的安全生产工作实施监督管理；县级以上地方各级人民政府有关部门依照本法和其他有关法律、法规的规定，在各自的职责范围内对有关行业、领域的安全生产工作实施监督管理。

安全生产监督管理部门和对有关行业、领域的安全生产工作实施监督管理的部门，统称负有安全生产监督管理职责的部门。

第十条 国务院有关部门应当按照保障安全生产的要求，依法及时制定有关的国家标准或者行业标准，并根据科技进步和经济发展适时修订。

生产经营单位必须执行依法制定的保障安全生产的国家标准或者行业标准。

第十一条 各级人民政府及其有关部门应当采取多种形式，加强对有关安全生产的法律、法规和安全生产知识的宣传，增强全社会的安全生产意识。

第十二条 有关协会组织依照法律、行政法规和章程，为生产经营单位提供安全生产方面的信息、培训等服务，发挥自律作用，促进生产经营单位加强安全生产管理。

第十三条 依法设立的为安全生产提供技术、管理服务的机构，依照法律、行政法规和执业准则，接受生产经营单位的委托为其安全生产工作提供技术、管理服务。

生产经营单位委托前款规定的机构提供安全生产技术、管理服务的，保证安全生产的责任仍由本单位负责。

第十四条 国家实行生产安全事故责任追究制度，依照本法和有关法律、法规的规定，追究生产安全事故责任人员的法律责任。

第十五条 国家鼓励和支持安全生产科学技术研究和安全生产先进技术的推广应用，提高安全生产水平。

第十六条 国家对在改善安全生产条件、防止生产安全事故、参加抢险救护等方面取得显著成绩的单位和个人，给予奖励。

第二章 生产经营单位的安全生产保障

第十七条 生产经营单位应当具备本法和有关法律、行政法规和国家标准或者行业标准规定的安全生产条件；不具备安全生产条件的，不得从事生产经营活动。

第十八条 生产经营单位的主要负责人对本单位安全生产工作负有下列职责：

（一）建立、健全本单位安全生产责任制；

（二）组织制定本单位安全生产规章制度和操作规程；

（三）组织制定并实施本单位安全生产教育和培训计划；

（四）保证本单位安全生产投入的有效实施；

（五）督促、检查本单位的安全生产工作，及时消除生产安全事故隐患；

（六）组织制定并实施本单位的生产安全事故应急救援预案；

（七）及时、如实报告生产安全事故。

第十九条 生产经营单位的安全生产责任制应当明确各岗位的责任人员、责任范围和考核标准等内容。

生产经营单位应当建立相应的机制，加强对安全生产责任制落实情况的监督考核，保证安全生产责任制的落实。

第二十条 生产经营单位应当具备的安全生产条件所必需的资金投入，由生产经营单位的决策机构、主要负责人或者个人经营的投资人予以保证，并对由于安全生产所必需的资金投入不足导致的后果承担责任。

有关生产经营单位应当按照规定提取和使用安全生产费用，专门用于改善安全生产条件。安全生产费用在成本中据实列支。安全生产费用提取、使用和监督管理的具体办法由国务院财政部门会同国务院安全生产监督管理部门征求国务院有关部门意见后制定。

第二十一条 矿山、金属冶炼、建筑施工、道路运输单位和危险物品的生产、经营、储存单位，应当设置安全生产管理机构或者配备专职安全生产管理人员。

前款规定以外的其他生产经营单位，从业人员超过一百人的，应当设置安全生产管理机构或者配备专职安全生产管理人员；从业人员在一百人以下的，应当配备专职或者兼职的安全生产管理人员。

第二十二条 生产经营单位的安全生产管理机构以及安全生产管理人员履行下列职责：

（一）组织或者参与拟订本单位安全生产规章制度、操作规程和生产安全事故应急救援预案；

（二）组织或者参与本单位安全生产教育和培训，如实记录安全生产教育和培训情况；

（三）督促落实本单位重大危险源的安全管理措施；

（四）组织或者参与本单位应急救援演练；

（五）检查本单位的安全生产状况，及时排查生产安全事故隐患，提出改进安全生产管理的建议；

（六）制止和纠正违章指挥、强令冒险作业、违反操作规程的行为；

（七）督促落实本单位安全生产整改措施。

第二十三条 生产经营单位的安全生产管理机构以及安全生产管理人员应当恪尽职守，依法履行职责。

生产经营单位作出涉及安全生产的经营决策，应当听取安全生产管理机构以及安全生产管理人员的意见。

生产经营单位不得因安全生产管理人员依法履行职责而降低其工资、福利等待遇或者解除与其订立的劳动合同。

危险物品的生产、储存单位以及矿山、金属冶炼单位的安全生产管理人员的任免，应当告知主管的负有安全生产监督管理职责的部门。

第二十四条 生产经营单位的主要负责人和安全生产管理人员必须具备与本单位所从事的生产经营活动相应的安全生产知识和管理能力。

危险物品的生产、经营、储存单位以及矿山、金属冶炼、建筑施工、道路运输单位的主要负责人和安全生产管理人员，应当由主管的负有安全生产监督管理职责的部门对其安全生产知识和管理能力考核合格。考核不得收费。

危险物品的生产、储存单位以及矿山、金属冶炼单位应当有注册安全工程师从事安全生产管理工作。鼓励其他生产经营单位聘用注册安全工程师从事安全生产管理工作。注册安全工程师按专业分类管理，具体办法由国务院人力资源和社会保障部门、国务院安全生产监督管理部门会同国务院有关部门制定。

第二十五条 生产经营单位应当对从业人员进行安全生产教育和培训，保证从业人员具备必要的安全生产知识，熟悉有关的安全生产规章制度和安全操作规程，掌握本岗位的安全操作技能，了解事故应急处理措施，知悉自身在安全生产方面的权利和义务。未经安全生产教育和培训合格的从业人员，不得上岗作业。

生产经营单位使用被派遣劳动者的，应当将被派遣劳动者纳入本单位从业人员统一管理，对被派遣劳动者进行岗位安全操作规程和安全操作技能的教育和培训。劳务派遣单位应当对被派遣劳动者进行必要的安全生产教育和培训。

生产经营单位接收中等职业学校、高等学校学生实习的，应当对实习学生进行相应的安全生产教育和培训，提供必要的劳动防护用品。学校应当协助生产经营单位对实习学生进行安全生产教育和培训。

生产经营单位应当建立安全生产教育和培训档案，如实记录安全生产教育和培训的时间、内容、参加人员以及考核结果等情况。

第二十六条 生产经营单位采用新工艺、新技术、新材料或者使用新设备，必须了解、掌握其安全技术特性，采取有效的安全防护措施，并对从业人员进行专门的安全生产教育和培训。

第二十七条 生产经营单位的特种作业人员必须按照国家有关规定经专门的安全作业培训，取得相应资格，方可上岗作业。

特种作业人员的范围由国务院安全生产监督管理部门会同国务院有关部门确定。

第二十八条 生产经营单位新建、改建、扩建工程项目（以下统称建设项目）的安全设施，必须与主体工程同时设计、同时施工、同时投入生产和使用。安全设施投资应当纳入建设项目概算。

第二十九条 矿山、金属冶炼建设项目和用于生产、储存、装卸危险物品的建设项目，应当按照国家有关规定进行安全评价。

第三十条 建设项目安全设施的设计人、设计单位应当对安全设施设计负责。

矿山、金属冶炼建设项目和用于生产、储存、装卸危险物品的建设项目的安全设施设计应当按照国家有关规定报经有关部门审查，审查部门及其负责审查的人员对审查结果负责。

第三十一条 矿山、金属冶炼建设项目和用于生产、储存、装卸危险物品的建设项目的施工单位必须按照批准的安全设施设计施工，并对安全设施的工程质量负责。

矿山、金属冶炼建设项目和用于生产、储存危险物品的建设项目竣工投入生产或者使用前，应当由建设单位负责组织对安全设施进行验收；验收合格后，方可投入生产和使用。安全生产监督管理部门应当加强对建设单位验收活动和验收结果的监督核查。

第三十二条 生产经营单位应当在有较大危险因素的生产经营场所和有关设施、设备上，设置明显的安全警示标志。

第三十三条 安全设备的设计、制造、安装、使用、检测、维修、改造和报废，应当符合国家标准或者行业标准。

生产经营单位必须对安全设备进行经常性维护、保养，并定期检测，保证正常运转。维护、保养、检测应当作好记录，并由有关人员签字。

第三十四条 生产经营单位使用的危险物品的容器、运输工具，以及涉及人身安全、危险性较大的海洋石油开采特种设备和矿山井下特种设备，必须按照国家有关规定，由专业生产单位生产，并经具有专业资质的检测、检验机构检测、检验合格，取得安全使用证或者安全标志，方可投入使用。检测、检验机构对检测、检验结果负责。

第三十五条 国家对严重危及生产安全的工艺、设备实行淘汰制度，具体目录由国务院安全生产监督管理部门会同国务院有关部门制定并公布。法律、行政法规对目录的制定另有规定的，适用其规定。

省、自治区、直辖市人民政府可以根据本地区实际情况制定并公布具体目录，对前款规定以外的危及生产安全的工艺、设备予以淘汰。

生产经营单位不得使用应当淘汰的危及生产安全的工艺、设备。

第三十六条 生产、经营、运输、储存、使用危险物品或者处置废弃危险物品的，由有关主管部门依照有关法律、法规的规定和国家标准或者行业标准审批并实施监督管理。

生产经营单位生产、经营、运输、储存、使用危险物品或者处置废弃危险物品，必须执行有关法律、法规和国家标准或者行业标准，建立专门的安全管理制度，采取可靠的安全措施，接受有关主管部门依法实施的监督管理。

第三十七条 生产经营单位对重大危险源应当登记建档，进行定期检测、评估、监控，并制定应急预案，告知从业人员和相关人员在紧急情况下应当采取的应急措施。

生产经营单位应当按照国家有关规定将本单位重大危险源及有关安全措施、应急措施报有关地方人民政府安全生产监督管理部门和有关部门备案。

第三十八条 生产经营单位应当建立健全生产安全事故隐患排查治理制度，采取技术、管理措施，及时发现并消除事故隐患。事故隐患排查治理情况应当如实记录，并向从业人员通报。

县级以上地方各级人民政府负有安全生产监督管理职责的部门应当建立健全重大事故隐患治理督办制度，督促生产经营单位消除重大事故隐患。

第三十九条 生产、经营、储存、使用危险物品的车间、商店、仓库不得与员工宿舍在同一座建筑物内，并应当与员工宿舍保持安全距离。

生产经营场所和员工宿舍应当设有符合紧急疏散要求、标志明显、保持畅通的出口。禁止锁闭、封堵生产经营场所或者员工宿舍的出口。

第四十条 生产经营单位进行爆破、吊装以及国务院安全生产监督管理部门会同国务院有关部门规定的其他危险作业，应当安排专门人员进行现场安全管理，确保操作规程的遵守和安全措施的落实。

第四十一条 生产经营单位应当教育和督促从业人员严格执行本单位的安全生产规章制度和安全操作规程；并向从业人员如实告知作业场所和工作岗位存在的危险因素、防范措施以及事故应急措施。

第四十二条 生产经营单位必须为从业人员提供符合国家标准或者行业标准的劳动防护用品，并监督、教育从业人员按照使用规则佩戴、使用。

第四十三条 生产经营单位的安全生产管理人员应当根据本单位的生产经营特点，对安全生产状况进行经常性检查；对检查中发现的安全问题，应当立即处理；不能处理的，应当及时报告本单位有关负责人，有关负责人应当及时处理。检查及处理情况应当如实记录在案。

生产经营单位的安全生产管理人员在检查中发现重大事故隐患，依照前款规定向本单位有关负责人报告，有关负责人不及时处理的，安全生产管理人员可以向主管的负有安全生产监督管理职责的部门报告，接到报告的部门应当依法及时处理。

第四十四条 生产经营单位应当安排用于配备劳动防护用品、进行安全生产培训的经费。

第四十五条 两个以上生产经营单位在同一作业区域内进行生产经营活动，可能危及对方生产安全的，应当签订安全生产管理协议，明确各自的安全生产管理职责和应当采取的安全措施，并指定专职安全生产管理人员进行安全检查与协调。

第四十六条 生产经营单位不得将生产经营项目、场所、设备发包或者出租给不具备安全生产条件或者相应资质的单位或者个人。

生产经营项目、场所发包或者出租给其他单位的，生产经营单位应当与承包单位、承租单位签订专门的安全生产管理协议，或者在承包合同、租赁合同中约定各自的安全生产管理职责；生产经营单位对承包单位、承租单位的安全生产工作统一协调、管理，定期进行安全检查，发现安全问题的，应当及时督促整改。

第四十七条 生产经营单位发生生产安全事故时，单位的主要负责人应当立即组织抢救，并不得在事故调查处理期间擅离职守。

第四十八条 生产经营单位必须依法参加工伤保险，为从业人员缴纳保险费。

国家鼓励生产经营单位投保安全生产责任保险。

第三章 从业人员的安全生产权利义务

第四十九条 生产经营单位与从业人员订立的劳动合同，应当载明有关保障从业人员劳动安全、防止职业危害的事项，以及依法为从业人员办理工伤保险的事项。

生产经营单位不得以任何形式与从业人员订立协议，免除或者减轻其对从业人员因生产安全事故伤亡依法应承担的责任。

第五十条 生产经营单位的从业人员有权了解其作业场所和工作岗位存在的危险因素、防范措施及事故应急措施，有权对本单位的安全生产工作提出建议。

第五十一条 从业人员有权对本单位安全生产工作中存在的问题提出批评、检举、控告；有权拒绝违章指挥和强令冒险作业。

生产经营单位不得因从业人员对本单位安全生产工作提出批评、检举、控告或者拒绝违章指挥、强令冒险作业而降低其工资、福利等待遇或者解除与其订立的劳动合同。

第五十二条 从业人员发现直接危及人身安全的紧急情况时，有权停止作业或者在采取可能的应急措施后撤离作业场所。

生产经营单位不得因从业人员在前款紧急情况下停止作业或者采取紧急撤离措施而降低其工资、福利等待遇或者解除与其订立的劳动合同。

第五十三条 因生产安全事故受到损害的从业人员，除依法享有工伤保险外，依照有关民事法律尚有获得赔偿的权利的，有权向本单位提出赔偿要求。

第五十四条 从业人员在作业过程中，应当严格遵守本单位的安全生产规章制度和操作规程，服从管理，正确佩戴和使用劳动防护用品。

第五十五条 从业人员应当接受安全生产教育和培训，掌握本职工作所需的安全生产知识，提高安全生产技能，增强事故预防和应急处理能力。

第五十六条 从业人员发现事故隐患或者其他不安全因素，应当立即向现场安全生产管理人员或者本单位负责人报告；接到报告的人员应当及时予以处理。

第五十七条 工会有权对建设项目的安全设施与主体工程同时设计、同时施工、同时投入生产和使用进行监督，提出意见。

工会对生产经营单位违反安全生产法律、法规，侵犯从业人员合法权益的行为，有权要求纠正；发现生产经营单位违章指挥、强令冒险作业或者发现事故隐患时，有权提出解决的建议，生产经营单位应当及时研究答复；发现危及从业人员生命安全的情况时，有权向生产经营单位建议组织从业人员撤离危险场所，生产经营单位必须立即作出处理。

工会有权依法参加事故调查，向有关部门提出处理意见，并要求追究有关人员的责任。

第五十八条 生产经营单位使用被派遣劳动者的，被派遣劳动者享有本法规定的从业人员的权利，并应当履行本法规定的从业人员的义务。

第四章 安全生产的监督管理

第五十九条 县级以上地方各级人民政府应当根据本行政区域内的安全生产状况，组织有关部门按照职责分工，对本行政区域内容易发生重大生产安全事故的生产经营单位进行严格检查。

安全生产监督管理部门应当按照分类分级监督管理的要求，制定安全生产年度监督检查计划，并按照年度监督检查计划进行监督检查，发现事故隐患，应当及时处理。

第六十条 负有安全生产监督管理职责的部门依照有关法律、法规的规定，对涉及安全生产的事项需要审查批准（包括批准、核准、许可、注册、认证、颁发证照等，下同）或者验收的，必须严格依照有关法律、法规和国家标准或者行业标准规定的安全生产条件和程序进行审查；不符合有关法律、法规和国家标准或者行业标准规定的安全生产条件的，不得批准或者验收通过。对未依法取得批准或者验收合格的单位擅自从事有关活动的，负责行政审批的部门发现或者接到举报后应当立即予以取缔，并依法予以处理。对已经依法取得批准的单位，负责行政审批的部门发现其不再具备安全生产条件的，应当撤销原批准。

第六十一条 负有安全生产监督管理职责的部门对涉及安全生产的事项进行审查、验收，不得收取费用；不得要求接受审查、验收的单位购买其指定品牌或者指定生产、销售单位的安全设备、器材或者其他产品。

第六十二条 安全生产监督管理部门和其他负有安全生产监督管理职责的部门依法开展安全生产行政执法工作，对生产经营单位执行有关安全生产的法律、法规和国家标准或者行业标准的情况进行监督检查，行使以下职权：

（一）进入生产经营单位进行检查，调阅有关资料，向有关单位和人员了解情况；

（二）对检查中发现的安全生产违法行为，当场予以纠正或者要求限期改正；对依法应当给予行政处罚的行为，依照本法和其他有关法律、行政法规的规定作出行政处罚决定；

（三）对检查中发现的事故隐患，应当责令立即排除；重大事故隐患排除前或者排除过程中无法保证安全的，应当责令从危险区域内撤出作业人员，责令暂时停产停业或者停止使用相关设施、设备；重大事故隐患排除后，经审查同意，方可恢复生产经营和使用；

（四）对有根据认为不符合保障安全生产的国家标准或者行业标准的设施、设备、器材以及违法生产、储存、使用、经营、运输的危险物品予以查封或者扣押，对违法生产、储存、使用、经营危险物品的作业场所予以查封，并依法作出处理决定。

监督检查不得影响被检查单位的正常生产经营活动。

第六十三条 生产经营单位对负有安全生产监督管理职责的部门的监督检查人员（以下统称安全生产监督检查人员）依法履行监督检查职责，应当予以配合，不得拒绝、阻挠。

第六十四条 安全生产监督检查人员应当忠于职守，坚持原则，秉公执法。

安全生产监督检查人员执行监督检查任务时，必须出示有效的监督执法证件；对涉及被检查单位的技术秘密和业务秘密，应当为其保密。

第六十五条 安全生产监督检查人员应当将检查的时间、地点、内容、发现的问题及其处理情况，作出书面记录，并由检查人员和被检查单位的负责人签字；被检查单位的负责人拒绝签字的，检查人员应当将情况记录在案，并向负有安全生产监督管理职责的部门报告。

第六十六条 负有安全生产监督管理职责的部门在监督检查中，应当互相配合，实行联合检查；确需分别进行检查的，应当互通情况，发现存在的安全问题应当由其他有关部门进行处理的，应当及时移送其他有关部门并形成记录备查，接受移送的部门应当及时进行处理。

第六十七条 负有安全生产监督管理职责的部门依法对存在重大事故隐患的生产经营单位作出停产停业、停止施工、停止使用相关设施或者设备的决定，生产经营单位应当依法执行，及时消除事故隐患。生产经营单位拒不执行，有发生生产安全事故的现实危险的，在保证安全的前提下，经本部门主要负责人批准，负有安全生产监督管理职责的部门可以采取通知有关单位停止供电、停止供应民用爆炸物品等措施，强制生产经营单位履行决定。通知应当采用书面形式，有关单位应当予以配合。

负有安全生产监督管理职责的部门依照前款规定采取停止供电措施，除有危及生产安全的紧急情形外，应当提前二十四小时通知生产经营单位。生产经营单位依法履行行政决定、采取相应措施消除事故隐患的，负有安全生产监督管理职责的部门应当及时解除前款规定的措施。

第六十八条 监察机关依照行政监察法的规定，对负有安全生产监督管理职责的部门及其工作人员履行安全生产监督管理职责实施监察。

第六十九条 承担安全评价、认证、检测、检验的机构应当具备国家规定的资质条件，并对其作出的安全评价、认证、检测、检验的结果负责。

第七十条 负有安全生产监督管理职责的部门应当建立举报制度，公开举报电话、信箱或者电子邮件地址，受理有关安全生产的举报；受理的举报事项经调查核实后，应当形成书面材料；需要落实整改措施的，报经有关负责人签字并督促落实。

第七十一条 任何单位或者个人对事故隐患或者安全生产违法行为，均有权向负有安全生产监督管理职责的部门报告或者举报。

第七十二条 居民委员会、村民委员会发现其所在区域内的生产经营单位存在事故隐患或者安全生产违法行为时，应当向当地人民政府或者有关部门报告。

第七十三条 县级以上各级人民政府及其有关部门对报告重大事故隐患或者举报安全生产违法行为的有功人员，给予奖励。具体奖励办法由国务院安全生产监督管理部门会同国务院财政部门制定。

第七十四条 新闻、出版、广播、电影、电视等单位有进行安全生产公益宣传教育的义务，有对违反安全生产法律、法规的行为进行舆论监督的权利。

第七十五条 负有安全生产监督管理职责的部门应当建立安全生产违法行为信息库，如实记录生产经营单位的安全生产违法行为信息；对违法行为情节严重的生产经营单位，应当向社会公告，并通报行业主管部门、投资主管部门、国土资源主管部门、证券监督管理机构以及有关金融机构。

第五章　生产安全事故的应急救援与调查处理

第七十六条 国家加强生产安全事故应急能力建设，在重点行业、领域建立应急救援基地和应急救援队伍，鼓励生产经营单位和其他社会力量建立应急救援队伍，配备相应的应急救援装备和物资，提高应急救援的专业化水平。

国务院安全生产监督管理部门建立全国统一的生产安全事故应急救援信息系统，国务院有关部门建立健全相关行业、领域的生产安全事故应急救援信息系统。

第七十七条 县级以上地方各级人民政府应当组织有关部门制定本行政区域内生产安全事故应急救援预案，建立应急救援体系。

第七十八条 生产经营单位应当制定本单位生产安全事故应急救援预案，与所在地县级以上地方人民政府组织制定的生产安全事故应急救援预案相衔接，并定期组织演练。

第七十九条　危险物品的生产、经营、储存单位以及矿山、金属冶炼、城市轨道交通运营、建筑施工单位应当建立应急救援组织；生产经营规模较小的，可以不建立应急救援组织，但应当指定兼职的应急救援人员。

危险物品的生产、经营、储存、运输单位以及矿山、金属冶炼、城市轨道交通运营、建筑施工单位应当配备必要的应急救援器材、设备和物资，并进行经常性维护、保养，保证正常运转。

第八十条　生产经营单位发生生产安全事故后，事故现场有关人员应当立即报告本单位负责人。

单位负责人接到事故报告后，应当迅速采取有效措施，组织抢救，防止事故扩大，减少人员伤亡和财产损失，并按照国家有关规定立即如实报告当地负有安全生产监督管理职责的部门，不得隐瞒不报、谎报或者迟报，不得故意破坏事故现场、毁灭有关证据。

第八十一条　负有安全生产监督管理职责的部门接到事故报告后，应当立即按照国家有关规定上报事故情况。负有安全生产监督管理职责的部门和有关地方人民政府对事故情况不得隐瞒不报、谎报或者迟报。

第八十二条　有关地方人民政府和负有安全生产监督管理职责的部门的负责人接到生产安全事故报告后，应当按照生产安全事故应急救援预案的要求立即赶到事故现场，组织事故抢救。

参与事故抢救的部门和单位应当服从统一指挥，加强协同联动，采取有效的应急救援措施，并根据事故救援的需要采取警戒、疏散等措施，防止事故扩大和次生灾害的发生，减少人员伤亡和财产损失。

事故抢救过程中应当采取必要措施，避免或者减少对环境造成的危害。

任何单位和个人都应当支持、配合事故抢救，并提供一切便利条件。

第八十三条　事故调查处理应当按照科学严谨、依法依规、实事求是、注重实效的原则，及时、准确地查清事故原因，查明事故性质和责任，总结事故教训，提出整改措施，并对事故责任者提出处理意见。事故调查报告应当依法及时向社会公布。事故调查和处理的具体办法由国务院制定。

事故发生单位应当及时全面落实整改措施，负有安全生产监督管理职责的部门应当加强监督检查。

第八十四条 生产经营单位发生生产安全事故，经调查确定为责任事故的，除了应当查明事故单位的责任并依法予以追究外，还应当查明对安全生产的有关事项负有审查批准和监督职责的行政部门的责任，对有失职、渎职行为的，依照本法第八十七条的规定追究法律责任。

第八十五条 任何单位和个人不得阻挠和干涉对事故的依法调查处理。

第八十六条 县级以上地方各级人民政府安全生产监督管理部门应当定期统计分析本行政区域内发生生产安全事故的情况，并定期向社会公布。

第六章 法律责任

第八十七条 负有安全生产监督管理职责的部门的工作人员，有下列行为之一的，给予降级或者撤职的处分；构成犯罪的，依照刑法有关规定追究刑事责任：

（一）对不符合法定安全生产条件的涉及安全生产的事项予以批准或者验收通过的；

（二）发现未依法取得批准、验收的单位擅自从事有关活动或者接到举报后不予取缔或者不依法予以处理的；

（三）对已经依法取得批准的单位不履行监督管理职责，发现其不再具备安全生产条件而不撤销原批准或者发现安全生产违法行为不予查处的；

（四）在监督检查中发现重大事故隐患，不依法及时处理的。

负有安全生产监督管理职责的部门的工作人员有前款规定以外的滥用职权、玩忽职守、徇私舞弊行为的，依法给予处分；构成犯罪的，依照刑法有关规定追究刑事责任。

第八十八条 负有安全生产监督管理职责的部门，要求被审查、验收的单位购买其指定的安全设备、器材或者其他产品的，在对安全生产事项的审查、验收中收取费用的，由其上级机关或者监察机关责令改正，责令退还收取的费用；情节严重的，对直接负责的主管人员和其他直接责任人员依法给予处分。

第八十九条 承担安全评价、认证、检测、检验工作的机构，出具虚假证明的，没收违法所得；违法所得在十万元以上的，并处违法所得二倍以上五倍以下的罚款；没有违法所得或者违法所得不足十万元的，单处或者并处十万元以上二十万元以下的罚款；对其直接负责的主管人员和其他直接责任人员处二万元以上五万元以下的罚款；给他人造成损害的，与生产经营单位承担连带赔偿责任；构成犯罪的，依照刑法有关规定追究刑事责任。

对有前款违法行为的机构，吊销其相应资质。

第九十条 生产经营单位的决策机构、主要负责人或者个人经营的投资人不依照本法规定保证安全生产所必需的资金投入，致使生产经营单位不具备安全生产条件的，责令限期改正，提供必需的资金；逾期未改正的，责令生产经营单位停产停业整顿。

有前款违法行为，导致发生生产安全事故的，对生产经营单位的主要负责人给予撤职处分，对个人经营的投资人处二万元以上二十万元以下的罚款；构成犯罪的，依照刑法有关规定追究刑事责任。

第九十一条 生产经营单位的主要负责人未履行本法规定的安全生产管理职责的，责令限期改正；逾期未改正的，处二万元以上五万元以下的罚款，责令生产经营单位停产停业整顿。

生产经营单位的主要负责人有前款违法行为，导致发生生产安全事故的，给予撤职处分；构成犯罪的，依照刑法有关规定追究刑事责任。

生产经营单位的主要负责人依照前款规定受刑事处罚或者撤职处分的，自刑罚执行完毕或者受处分之日起，五年内不得担任任何生产经营单位的主要负责人；对重大、特别重大生产安全事故负有责任的，终身不得担任本行业生产经营单位的主要负责人。

第九十二条 生产经营单位的主要负责人未履行本法规定的安全生产管理职责，导致发生生产安全事故的，由安全生产监督管理部门依照下列规定处以罚款：

（一）发生一般事故的，处上一年年收入百分之三十的罚款；

（二）发生较大事故的，处上一年年收入百分之四十的罚款；

（三）发生重大事故的，处上一年年收入百分之六十的罚款；

（四）发生特别重大事故的，处上一年年收入百分之八十的罚款。

第九十三条 生产经营单位的安全生产管理人员未履行本法规定的安全生产管理职责的，责令限期改正；导致发生生产安全事故的，暂停或者撤销其与安全生产有关的资格；构成犯罪的，依照刑法有关规定追究刑事责任。

第九十四条 生产经营单位有下列行为之一的，责令限期改正，可以处五万元以下的罚款；逾期未改正的，责令停产停业整顿，并处五万元以上十万元以下的罚款，对其直接负责的主管人员和其他直接责任人员处一万元以上二万元以下的罚款：

（一）未按照规定设置安全生产管理机构或者配备安全生产管理人员的；

（二）危险物品的生产、经营、储存单位以及矿山、金属冶炼、建筑施工、道路运输单位的主要负责人和安全生产管理人员未按照规定经考核合格的；

（三）未按照规定对从业人员、被派遣劳动者、实习学生进行安全生产教育和培训，或者未按照规定如实告知有关的安全生产事项的；

（四）未如实记录安全生产教育和培训情况的；

（五）未将事故隐患排查治理情况如实记录或者未向从业人员通报的；

（六）未按照规定制定生产安全事故应急救援预案或者未定期组织演练的；

（七）特种作业人员未按照规定经专门的安全作业培训并取得相应资格，上岗作业的。

第九十五条 生产经营单位有下列行为之一的，责令停止建设或者停产停业整顿，限期改正；逾期未改正的，处五十万元以上一百万元以下的罚款，对其直接负责的主管人员和其他直接责任人员处二万元以上五万元以下的罚款；构成犯罪的，依照刑法有关规定追究刑事责任：

（一）未按照规定对矿山、金属冶炼建设项目或者用于生产、储存、装卸危险物品的建设项目进行安全评价的；

（二）矿山、金属冶炼建设项目或者用于生产、储存、装卸危险物品的建设项目没有安全设施设计或者安全设施设计未按照规定报经有关部门审查同意的；

（三）矿山、金属冶炼建设项目或者用于生产、储存、装卸危险物品的建设项目的施工单位未按照批准的安全设施设计施工的；

（四）矿山、金属冶炼建设项目或者用于生产、储存危险物品的建设项目竣工投入生产或者使用前，安全设施未经验收合格的。

第九十六条 生产经营单位有下列行为之一的，责令限期改正，可以处五万元以下的罚款；逾期未改正的，处五万元以上二十万元以下的罚款，对其直接负责的主管人员和其他直接责任人员处一万元以上二万元以下的罚款；情节严重的，责令停产停业整顿；构成犯罪的，依照刑法有关规定追究刑事责任：

（一）未在有较大危险因素的生产经营场所和有关设施、设备上设置明显的安全警示标志的；

（二）安全设备的安装、使用、检测、改造和报废不符合国家标准或者行业标准的；

（三）未对安全设备进行经常性维护、保养和定期检测的；

（四）未为从业人员提供符合国家标准或者行业标准的劳动防护用品的；

（五）危险物品的容器、运输工具，以及涉及人身安全、危险性较大的海洋石油开采特种设备和矿山井下特种设备未经具有专业资质的机构检测、检验合格，取得安全使用证或者安全标志，投入使用的；

（六）使用应当淘汰的危及生产安全的工艺、设备的。

第九十七条 未经依法批准，擅自生产、经营、运输、储存、使用危险物品或者处置废弃危险物品的，依照有关危险物品安全管理的法律、行政法规的规定予以处罚；构成犯罪的，依照刑法有关规定追究刑事责任。

第九十八条 生产经营单位有下列行为之一的，责令限期改正，可以处十万元以下的罚款；逾期未改正的，责令停产停业整顿，并处十万元以上二十万元以下的罚款，对其直接负责的主管人员和其他直接责任人员处二万元以上五万元以下的罚款；构成犯罪的，依照刑法有关规定追究刑事责任：

（一）生产、经营、运输、储存、使用危险物品或者处置废弃危险物品，未建立专门安全管理制度、未采取可靠的安全措施的；

（二）对重大危险源未登记建档，或者未进行评估、监控，或者未制定应急预案的；

（三）进行爆破、吊装以及国务院安全生产监督管理部门会同国务院有关部门规定的其他危险作业，未安排专门人员进行现场安全管理的；

（四）未建立事故隐患排查治理制度的。

第九十九条 生产经营单位未采取措施消除事故隐患的，责令立即消除或者限期消除；生产经营单位拒不执行的，责令停产停业整顿，并处十万元以上五十万元以下的罚款，对其直接负责的主管人员和其他直接责任人员处二万元以上五万元以下的罚款。

第一百条 生产经营单位将生产经营项目、场所、设备发包或者出租给不具备安全生产条件或者相应资质的单位或者个人的，责令限期改正，没收违法所得；违法所得十万元以上的，并处违法所得二倍以上五倍以下的罚款；没有违法所得或者违法所得不足十万元的，单处或者并处十万元以上二十万元以下的罚款；对其直接负责的主管人员和其他直接责任人员处一万元以上二万元以下的罚款；导致发生生产安全事故给他人造成损害的，与承包方、承租方承担连带赔偿责任。

生产经营单位未与承包单位、承租单位签订专门的安全生产管理协议或者未在承包合同、租赁合同中明确各自的安全生产管理职责，或者未对承包单位、承租单位的安全生产统一协调、管理的，责令限期改正，可以处五万元以下的罚款，对其直接负责的主管人员和其他直接责任人员可以处一万元以下的罚款；逾期未改正的，责令停产停业整顿。

第一百零一条 两个以上生产经营单位在同一作业区域内进行可能危及对方安全生产的生产经营活动，未签订安全生产管理协议或者未指定专职安全生产管理人员进行安全检查与协调的，责令限期改正，可以处五万元以下的罚款，对其直接负责的主管人员和其他直接责任人员可以处一万元以下的罚款；逾期未改正的，责令停产停业。

第一百零二条 生产经营单位有下列行为之一的，责令限期改正，可以处五万元以下的罚款，对其直接负责的主管人员和其他直接责任人员可以处一万元以下的罚款；逾期未改正的，责令停产停业整顿；构成犯罪的，依照刑法有关规定追究刑事责任：

（一）生产、经营、储存、使用危险物品的车间、商店、仓库与员工宿舍在同一座建筑内，或者与员工宿舍的距离不符合安全要求的；

（二）生产经营场所和员工宿舍未设有符合紧急疏散需要、标志明显、保持畅通的出口，或者锁闭、封堵生产经营场所或者员工宿舍出口的。

第一百零三条 生产经营单位与从业人员订立协议，免除或者减轻其对从业人员因生产安全事故伤亡依法应承担的责任的，该协议无效；对生产经营单位的主要负责人、个人经营的投资人处二万元以上十万元以下的罚款。

第一百零四条 生产经营单位的从业人员不服从管理，违反安全生产规章制度或者操作规程的，由生产经营单位给予批评教育，依照有关规章制度给予处分；构成犯罪的，依照刑法有关规定追究刑事责任。

第一百零五条 违反本法规定，生产经营单位拒绝、阻碍负有安全生产监督管理职责的部门依法实施监督检查的，责令改正；拒不改正的，处二万元以上二十万元以下的罚款；对其直接负责的主管人员和其他直接责任人员处一万元以上二万元以下的罚款；构成犯罪的，依照刑法有关规定追究刑事责任。

第一百零六条 生产经营单位的主要负责人在本单位发生生产安全事故时，不立即组织抢救或者在事故调查处理期间擅离职守或者逃匿的，给予降级、撤职的处分，并由安全生产监督管理部门处上一年年收入百分之六十至百分之一百的罚款；对逃匿的处十五日以下拘留；构成犯罪的，依照刑法有关规定追究刑事责任。

生产经营单位的主要负责人对生产安全事故隐瞒不报、谎报或者迟报的，依照前款规定处罚。

第一百零七条 有关地方人民政府、负有安全生产监督管理职责的部门，对生产安全事故隐瞒不报、谎报或者迟报的，对直接负责的主管人员和其他直接责任人员依法给予处分；构成犯罪的，依照刑法有关规定追究刑事责任。

第一百零八条 生产经营单位不具备本法和其他有关法律、行政法规和国家标准或者行业标准规定的安全生产条件，经停产停业整顿仍不具备安全生产条件的，予以关闭；有关部门应当依法吊销其有关证照。

第一百零九条 发生生产安全事故，对负有责任的生产经营单位除要求其依法承担相应的赔偿等责任外，由安全生产监督管理部门依照下列规定处以罚款：

（一）发生一般事故的，处二十万元以上五十万元以下的罚款；

（二）发生较大事故的，处五十万元以上一百万元以下的罚款；

（三）发生重大事故的，处一百万元以上五百万元以下的罚款；

（四）发生特别重大事故的，处五百万元以上一千万元以下的罚款；情节特别严重的，处一千万元以上二千万元以下的罚款。

第一百一十条 本法规定的行政处罚，由安全生产监督管理部门和其他负有安全生产监督管理职责的部门按照职责分工决定。予以关闭的行政处罚由负有安全生产监督管理职责的部门报请县级以上人民政府按照国务院规定的权限决定；给予拘留的行政处罚由公安机关依照治安管理处罚法的规定决定。

第一百一十一条 生产经营单位发生生产安全事故造成人员伤亡、他人财产损失的，应当依法承担赔偿责任；拒不承担或者其负责人逃匿的，由人民法院依法强制执行。

生产安全事故的责任人未依法承担赔偿责任，经人民法院依法采取执行措施后，仍不能对受害人给予足额赔偿的，应当继续履行赔偿义务；受害人发现责任人有其他财产的，可以随时请求人民法院执行。

第七章 附 则

第一百一十二条 本法下列用语的含义：

危险物品，是指易燃易爆物品、危险化学品、放射性物品等能够危及人身安全和财产安全的物品。

重大危险源，是指长期地或者临时地生产、搬运、使用或者储存危险物品，且危险物品的数量等于或者超过临界量的单元（包括场所和设施）。

第一百一十三条 本法规定的生产安全一般事故、较大事故、重大事故、特别重大事故的划分标准由国务院规定。

国务院安全生产监督管理部门和其他负有安全生产监督管理职责的部门应当根据各自的职责分工，制定相关行业、领域重大事故隐患的判定标准。

第一百一十四条 本法自2002年11月1日起施行。

中华人民共和国民用核设施安全监督管理条例

（1986年10月29日国务院发布　自发布之日起施行）

第一章　总　　则

第一条　为了在民用核设施的建造和营运中保证安全，保障工作人员和群众的健康，保护环境，促进核能事业的顺利发展，制定本条例。

第二条　本条例适用于下列民用核设施的安全监督管理：

（一）核动力厂（核电厂、核热电厂、核供汽供热厂等）；

（二）核动力厂以外的其他反应堆（研究堆、实验堆、临界装置等）；

（三）核燃料生产、加工、贮存及后处理设施；

（四）放射性废物的处理和处置设施；

（五）其他需要严格监督管理的核设施。

第三条　民用核设施的选址、设计、建造、运行和退役必须贯彻安全第一的方针；必须有足够的措施保证质量，保证安全运行，预防核事故，限制可能产生的有害影响；必须保障工作人员、群众和环境不致遭到超过国家规定限值的辐射照射和污染，并将辐射照射和污染减至可以合理达到的尽量低的水平。

第二章　监督管理职责

第四条　国家核安全局对全国核设施安全实施统一监督，独立行使核安全监督权，其主要职责是：

（一）组织起草、制定有关核设施安全的规章和审查有关核安全的技术标准；

（二）组织审查、评定核设施的安全性能及核设施营运单位保障安全的能力，负责颁发或者吊销核设施安全许可证件；

（三）负责实施核安全监督；

（四）负责核安全事故的调查、处理；

（五）协同有关部门指导和监督核设施应急计划的制订和实施；

（六）组织有关部门开展对核设施的安全与管理的科学研究、宣传教育及国际业务联系；

（七）会同有关部门调解和裁决核安全的纠纷。

第五条 国家核安全局在核设施集中的地区可以设立派出机构，实施安全监督。

国家核安全局可以组织核安全专家委员会。该委员会协助制订核安全法规和核安全技术发展规划，参与核安全的审评、监督等工作。

第六条 核设施主管部门负责所属核设施的安全管理，接受国家核安全局的核安全监督，其主要职责是：

（一）负责所属核设施的安全管理，保证给予所属核设施的营运单位必要的支持，并对其进行督促检查；

（二）参与有关核安全法规的起草和制订，组织制订有关核安全的技术标准，并向国家核安全局备案；

（三）组织所属核设施的场内应急计划的制订和实施，参与场外应急计划的制订和实施；

（四）负责对所属核设施中各类人员的技术培训和考核；

（五）组织核能发展方面的核安全科学研究工作。

第七条 核设施营运单位直接负责所营运的核设施的安全，其主要职责是：

（一）遵守国家有关法律、行政法规和技术标准，保证核设施的安全；

（二）接受国家核安全局的核安全监督，及时、如实地报告安全情况，并提供有关资料；

（三）对所营运的核设施的安全、核材料的安全、工作人员和群众以及环境的安全承担全面责任。

第三章　安全许可制度

第八条　国家实行核设施安全许可制度，由国家核安全局负责制定和批准颁发核设施安全许可证件，许可证件包括：

（一）核设施建造许可证；

（二）核设施运行许可证；

（三）核设施操纵员执照；

（四）其他需要批准的文件。

第九条　核设施营运单位，在核设施建造前，必须向国家核安全局提交《核设施建造申请书》、《初步安全分析报告》以及其他有关资料，经审核批准获得《核设施建造许可证》后，方可动工建造。

核设施的建造必须遵守《核设施建造许可证》所规定的条件。

第十条　核设施营运单位在核设施运行前，必须向国家核安全局提交《核设施运行申请书》、《最终安全分析报告》以及其他有关资料，经审核批准获得允许装料（或投料）、调试的批准文件后，方可开始装载核燃料（或投料）进行启动调试工作；在获得《核设施运行许可证》后，方可正式运行。

核设施的运行必须遵守《核设施运行许可证》所规定的条件。

第十一条　国家核安全局在审批核设施建造申请书及运行申请书的过程中，应当向国务院有关部门以及核设施所在省、自治区、直辖市人民政府征询意见，国务院有关部门、地方人民政府应当在3个月内给予答复。

第十二条　具备下列条件的，方可批准发给《核设施建造许可证》

和《核设施运行许可证》：

（一）所申请的项目已按照有关规定经主管部门及国家计划部门或省、自治区、直辖市人民政府的计划部门批准；

（二）所选定的厂址已经国务院或省、自治区、直辖市人民政府的城乡建设环境保护部门、计划部门和国家核安全局批准；

（三）所申请的核设施符合国家有关的法律及核安全法规的规定；

（四）申请者具有安全营运所申请的核设施的能力，并保证承担全面的安全责任。

第十三条 核设施操纵员执照分《操纵员执照》和《高级操纵员执照》两种。

持《操纵员执照》的人员方可担任操纵核设施控制系统的工作。

持《高级操纵员执照》的人员方可担任操纵或者指导他人操纵核设施控制系统的工作。

第十四条 具备下列条件的，方可批准发给《操纵员执照》：

（一）身体健康，无职业禁忌症；

（二）具有中专以上文化程度或同等学力，核动力厂操纵人员应具有大专以上文化程度或同等学力；

（三）经过运行操作培训，并经考核合格。

具备下列条件的，方可批准发给《高级操纵员执照》：

（一）身体健康，无职业禁忌症；

（二）具有大专以上文化程度或同等学力；

（三）经运行操作培训，并经考核合格；

（四）担任操纵员 2 年以上，成绩优秀者。

第十五条 核设施的迁移、转让或退役必须向国家核安全局提出申请，经审查批准后方可进行。

第四章　核安全监督

第十六条 国家核安全局及其派出机构可向核设施制造、建造和运行现场派驻监督组（员）执行下列核安全监督任务：

（一）审查所提交的安全资料是否符合实际；

（二）监督是否按照已批准的设计进行建造；

（三）监督是否按照已批准的质量保证大纲进行管理；

（四）监督核设施的建造和运行是否符合有关核安全法规和《核设施建造许可证》、《核设施运行许可证》所规定的条件；

（五）考察营运人员是否具备安全运行及执行应急计划的能力；

（六）其他需要监督的任务。

核安全监督员由国家核安全局任命并发给《核安全监督员证》。

第十七条 核安全监督员在执行任务时，凭其证件有权进入核设施制造、建造和运行现场，调查情况，收集有关核安全资料。

第十八条 国家核安全局在必要时有权采取强制性措施，命令核设施营运单位采取安全措施或停止危及安全的活动。

第十九条 核设施营运单位有权拒绝有害于安全的任何要求，但对国家核安全局的强制性措施必须执行。

第五章 奖励和处罚

第二十条 对保证核设施安全有显著成绩和贡献的单位和个人，国家核安全局或核设施主管部门应给予适当的奖励。

第二十一条 凡违反本条例的规定，有下列行为之一的，国家核安全局可依其情节轻重，给予警告、限期改进、停工或者停业整顿、吊销核安全许可证件的处罚：

（一）未经批准或违章从事核设施建造、运行、迁移、转让和退役的；

（二）谎报有关资料或事实，或无故拒绝监督的；

（三）无执照操纵或违章操纵的；

（四）拒绝执行强制性命令的。

第二十二条 当事人对行政处罚不服的，可在接到处罚通知之日起15日内向人民法院起诉。但是，对吊销核安全许可证件的决定应当立即执行。对处罚决定不履行逾期又不起诉的，由国家核安全局申请人民法院强制执行。

第二十三条 对于不服管理、违反规章制度，或者强令他人违章冒险作业，因而发生核事故，造成严重后果，构成犯罪的，由司法机关依法追究刑事责任。

第六章 附 则

第二十四条 本条例中下列用语的含义是：

（一）"核设施"是指本条例第二条中所列出的各项民用核设施。

（二）"核设施安全许可证件"是指为了进行与核设施有关的选址定点、建造、调试、运行和退役等特定活动，由国家核安全局颁发的书面批准文件。

（三）"营运单位"是指申请或持有核设施安全许可证，可以经营和运行核设施的组织。

（四）"核设施主管部门"是指对核设施营运单位负有领导责任的国务院和省、自治区、直辖市人民政府的有关行政机关。

（五）"核事故"是指核设施内的核燃料、放射性产物、废料或运入运出核设施的核材料所发生的放射性、毒害性、爆炸性或其他危害性事故，或一系列事故。

第二十五条 国家核安全局应根据本条例制定实施细则。

第二十六条 本条例自发布之日起施行。

中华人民共和国核材料管理条例

（1987 年 6 月 15 日国务院发布　自发布之日起施行）

第一章　总　　则

第一条　为保证核材料的安全与合法利用，防止被盗、破坏、丢失、非法转让和非法使用，保护国家和人民群众的安全，促进核能事业的发展，制定本条例。

第二条　本条例管制的核材料是：

（一）铀－235，含铀－235 的材料和制品；

（二）铀－233，含铀－233 的材料和制品；

（三）钚－239，含钚－239 的材料和制品；

（四）氚，含氚的材料和制品；

（五）锂－6，含锂－6 的材料和制品；

（六）其他需要管制的核材料。

铀矿石及其初级产品，不属于本条例管制范围。已移交给军队的核制品的管制办法由国防部门制定。

第三条　国家对核材料实行许可证制度。

第四条　核材料管制的基本要求是：

（一）保证符合国家利益及法律的规定；

（二）保证国家和人民群众的安全；

（三）保证国家对核材料的控制，在必要时国家可以征收所有核材料。

第五条　一切持有、使用、生产、储存、运输和处置第二条所列核材料的部门和单位必须遵守本条例。

第二章　监督管理职责

第六条　国家核安全局负责民用核材料的安全监督，在核材料管制方面的主要职责是：

（一）拟订核材料管制法规；

（二）监督民用核材料管制法规的实施；

（三）核准核材料许可证。

第七条　核工业部负责管理全国的核材料，在核材料管制方面的主要职责是：

（一）负责实施全国核材料管制；

（二）负责审查、颁发核材料许可证；

（三）拟订核材料管制规章制度；

（四）负责全国核材料账务系统的建立和检查。

第八条　国防科学技术工业委员会负责涉及国防的核材料的安全监督和核准核材料许可证。

第三章　核材料管制办法

第九条　持有核材料数量达到下列限额的单位，必须申请核材料许可证：

（一）累计的调入量或生产量大于或等于0.01有效公斤的铀、含铀材料和制品（以铀的有效公斤量计）；

（二）任何量的钚－239、含钚－239的材料和制品；

（三）累计的调入量或生产量大于或等于3.7×10^{13}贝可（1000居里）的氚、含氚材料和制品（以氚量计）；

（四）累计的调入量或生产量大于或等于1公斤的浓缩锂、含浓缩锂材料和制品（以锂-6量计）。

累计调入或生产核材料数量小于上列限额者，可免予办理许可证，但必须向核工业部办理核材料登记手续。

对不致危害国家和人民群众安全的少量的核材料制品可免予登记，其品种和数量限额由核工业部规定。

第十条 核材料许可证的申请程序是：

（一）核材料许可证申请单位向核工业部提交许可证申请书以及申请单位的上级领导部门的审核批准文件；

（二）核工业部审查并报国家核安全局或国防科学技术工业委员会核准；

（三）核工业部颁发核材料许可证。

第十一条 核材料许可证持有单位必须建立专职机构或指定专人负责保管核材料，严格交接手续，建立账目与报告制度，保证账物相符。

许可证持有单位必须建立核材料衡算制度和分析测量系统，应用批准的分析测量方法和标准，达到规定的衡算误差要求，保持核材料收支平衡。

第十二条 许可证持有单位应当在当地公安部门的指导下，对生产、使用、贮存和处置核材料的场所，建立严格的安全保卫制度，采用可靠的安全防范措施，严防盗窃、破坏、火灾等事故的发生。

第十三条 运输核材料必须遵守国家的有关规定，核材料托运单位负责与有关部门制定运输保卫方案，落实保卫措施。运输部门、公安部门和其他有关部门要密切配合，确保核材料运输途中安全。

第十四条 核材料持有单位必须切实做好核材料及其有关文件、资料的安全保密工作。凡涉及国家秘密的文件、资料，要按照国家保密规定，准确划定密级，制定严格的保密制度，防止失密、泄密和窃密。

对接触核材料及其秘密的人员，应当按照国家有关规定进行审查。

第十五条 发现核材料被盗、破坏、丢失、非法转让和非法使用的事件，当事单位必须立即追查原因、追回核材料，并迅速报告其上级领导部门、核工业部、国防科学技术工业委员会和国家核安全局。对核材料被盗、破坏、丢失等事件，必须迅速报告当地公安机关。

第四章　许可证持有单位及其上级领导部门的责任

第十六条　核材料许可证持有单位的责任是：

（一）遵守国家的法律和法规；

（二）对所持有的核材料负全面安全责任，直至核材料安全责任合法转移为止；

（三）接受管理和监督。

第十七条　核材料许可证持有单位的上级领导部门应当给所属持有单位以必要的支持和督促检查，并承担领导责任。

第五章　奖励和处罚

第十八条　对核材料管制工作做出显著成绩的单位、个人，由国家核安全局、国防科学技术工业委员会或核工业部给予表扬和奖励。

第十九条　凡违反本条例的规定，有下列行为之一的，国家核安全局可依其情节轻重，给予警告、限期改进、罚款和吊销许可证的处罚，但吊销许可证的处罚需经核工业部同意。

（一）未经批准或违章从事核材料生产、使用、贮存和处置的；

（二）不按照规定报告或谎报有关事实和资料的；

（三）拒绝监督检查的；

（四）不按照规定管理，造成事故的。

第二十条　当事人对行政处罚不服的，可在接到处罚通知之日起15日内向人民法院起诉。但是，对吊销许可证的决定应当立即执行。对处罚决定不履行逾期又不起诉的，由国家核安全局申请人民法院强制执行。

第二十一条 对于不服从核材料管制、违反规章制度，因而发生重大事故，造成严重后果的，或者盗窃、抢劫、破坏本条例管制的核材料，构成犯罪的，由司法机关依法追究刑事责任。

第六章 附 则

第二十二条 本条例下列用语的含义：

（一）“浓缩锂”——指锂－6同位素原子百分含量大于天然锂的；

（二）“铀的有效公斤”——指铀（包括加浓铀、天然铀、贫化铀）按如下方法计算的有效公斤：

1. 对于铀－235同位素原子百分含量不小于1%的铀，以公斤为单位的铀的实际量乘以铀－235同位素原子百分含量的平方。

2. 对于铀－235同位素原子百分含量小于1%，大于0.5%的铀，以公斤为单位的铀的实际重量乘以0.0001。

3. 对于铀－235同位素原子百分含量不大于0.5%的铀，以公斤为单位的铀的实际重量乘以0.00005。

4. 对于铀－233，其有效公斤计算方法与铀－235相同。

第二十三条 本条例由国家核安全局负责解释；本条例的实施细则由国家核安全局会同国防科学技术工业委员会、核工业部制定。

第二十四条 本条例自发布之日起施行。

民用核安全设备监督管理条例

（2007年7月11日中华人民共和国国务院令第500号公布　根据2016年2月6日《国务院关于修改部分行政法规的决定》修订）

第一章　总　　则

第一条　为了加强对民用核安全设备的监督管理，保证民用核设施的安全运行，预防核事故，保障工作人员和公众的健康，保护环境，促进核能事业的顺利发展，制定本条例。

第二条　本条例所称民用核安全设备，是指在民用核设施中使用的执行核安全功能的设备，包括核安全机械设备和核安全电气设备。

民用核安全设备目录由国务院核安全监管部门商国务院有关部门制定并发布。

第三条　民用核安全设备设计、制造、安装和无损检验活动适用本条例。

民用核安全设备运离民用核设施现场进行的维修活动，适用民用核安全设备制造活动的有关规定。

第四条　国务院核安全监管部门对民用核安全设备设计、制造、安装和无损检验活动实施监督管理。

国务院核行业主管部门和其他有关部门依照本条例和国务院规定的职责分工负责有关工作。

第五条　民用核安全设备设计、制造、安装和无损检验单位，应当建立健全责任制度，加强质量管理，并对其所从事的民用核安全设备设计、制造、安装和无损检验活动承担全面责任。

民用核设施营运单位，应当对在役的民用核安全设备进行检查、试验、检验和维修，并对民用核安全设备的使用和运行安全承担全面责任。

第六条 民用核安全设备设计、制造、安装和无损检验活动应当符合国家有关产业政策。

国家鼓励民用核安全设备设计、制造、安装和无损检验的科学技术研究，提高安全水平。

第七条 任何单位和个人对违反本条例规定的行为，有权向国务院核安全监管部门举报。国务院核安全监管部门接到举报，应当及时调查处理，并为举报人保密。

第二章 标 准

第八条 民用核安全设备标准是从事民用核安全设备设计、制造、安装和无损检验活动的技术依据。

第九条 国家建立健全民用核安全设备标准体系。制定民用核安全设备标准，应当充分考虑民用核安全设备的技术发展和使用要求，结合我国的工业基础和技术水平，做到安全可靠、技术成熟、经济合理。

民用核安全设备标准包括国家标准、行业标准和企业标准。

第十条 涉及核安全基本原则和技术要求的民用核安全设备国家标准，由国务院核安全监管部门组织拟定，由国务院标准化主管部门和国务院核安全监管部门联合发布；其他的民用核安全设备国家标准，由国务院核行业主管部门组织拟定，经国务院核安全监管部门认可，由国务院标准化主管部门发布。

民用核安全设备行业标准，由国务院核行业主管部门组织拟定，经国务院核安全监管部门认可，由国务院核行业主管部门发布，并报国务院标准化主管部门备案。

制定民用核安全设备国家标准和行业标准，应当充分听取有关部门和专家的意见。

第十一条 尚未制定相应国家标准和行业标准的，民用核安全设备设计、制造、安装和无损检验单位应当采用经国务院核安全监管部门认可的标准。

第三章 许　　可

第十二条 民用核安全设备设计、制造、安装和无损检验单位应当依照本条例规定申请领取许可证。

第十三条 申请领取民用核安全设备设计、制造、安装或者无损检验许可证的单位，应当具备下列条件：

（一）具有法人资格；

（二）有与拟从事活动相关或者相近的工作业绩，并且满 5 年以上；

（三）有与拟从事活动相适应的、经考核合格的专业技术人员，其中从事民用核安全设备焊接和无损检验活动的专业技术人员应当取得相应的资格证书；

（四）有与拟从事活动相适应的工作场所、设施和装备；

（五）有健全的管理制度和完善的质量保证体系，以及符合核安全监督管理规定的质量保证大纲。

申请领取民用核安全设备制造许可证或者安装许可证的单位，还应当制作有代表性的模拟件。

第十四条 申请领取民用核安全设备设计、制造、安装或者无损检验许可证的单位，应当向国务院核安全监管部门提出书面申请，并提交符合本条例第十三条规定条件的证明材料。

第十五条 国务院核安全监管部门应当自受理申请之日起 45 个工

作日内完成审查，并对符合条件的颁发许可证，予以公告；对不符合条件的，书面通知申请单位并说明理由。

国务院核安全监管部门在审查过程中，应当组织专家进行技术评审，并征求国务院核行业主管部门和其他有关部门的意见。技术评审所需时间不计算在前款规定的期限内。

第十六条 民用核安全设备设计、制造、安装和无损检验许可证应当载明下列内容：

（一）单位名称、地址和法定代表人；

（二）准予从事的活动种类和范围；

（三）有效期限；

（四）发证机关、发证日期和证书编号。

第十七条 民用核安全设备设计、制造、安装和无损检验单位变更单位名称、地址或者法定代表人的，应当自变更工商登记之日起 20 日内，向国务院核安全监管部门申请办理许可证变更手续。

民用核安全设备设计、制造、安装和无损检验单位变更许可证规定的活动种类或者范围的，应当按照原申请程序向国务院核安全监管部门重新申请领取许可证。

第十八条 民用核安全设备设计、制造、安装和无损检验许可证有效期为 5 年。

许可证有效期届满，民用核安全设备设计、制造、安装和无损检验单位需要继续从事相关活动的，应当于许可证有效期届满 6 个月前，向国务院核安全监管部门提出延续申请。

国务院核安全监管部门应当在许可证有效期届满前作出是否准予延续的决定；逾期未作决定的，视为准予延续。

第十九条 禁止无许可证擅自从事或者不按照许可证规定的活动种类和范围从事民用核安全设备设计、制造、安装和无损检验活动。

禁止委托未取得相应许可证的单位进行民用核安全设备设计、制造、安装和无损检验活动。

禁止伪造、变造、转让许可证。

第四章 设计、制造、安装和无损检验

第二十条 民用核安全设备设计、制造、安装和无损检验单位，应当提高核安全意识，建立完善的质量保证体系，确保民用核安全设备的质量和可靠性。

民用核设施营运单位，应当对民用核安全设备设计、制造、安装和无损检验活动进行质量管理和过程控制，做好监造和验收工作。

第二十一条 民用核安全设备设计、制造、安装和无损检验单位，应当根据其质量保证大纲和民用核设施营运单位的要求，在民用核安全设备设计、制造、安装和无损检验活动开始前编制项目质量保证分大纲，并经民用核设施营运单位审查同意。

第二十二条 民用核安全设备设计单位，应当在设计活动开始30日前，将下列文件报国务院核安全监管部门备案：

（一）项目设计质量保证分大纲和程序清单；

（二）设计内容和设计进度计划；

（三）设计遵循的标准和规范目录清单，设计中使用的计算机软件清单；

（四）设计验证活动清单。

第二十三条 民用核安全设备制造、安装单位，应当在制造、安装活动开始30日前，将下列文件报国务院核安全监管部门备案：

（一）项目制造、安装质量保证分大纲和程序清单；

（二）制造、安装技术规格书；

（三）分包项目清单；

（四）制造、安装质量计划。

第二十四条 民用核安全设备设计、制造、安装和无损检验单位，不得将国务院核安全监管部门确定的关键工艺环节分包给其他单位。

第二十五条 民用核安全设备制造、安装、无损检验单位和民用核设施营运单位，应当聘用取得民用核安全设备焊工、焊接操作工和无损检验人员资格证书的人员进行民用核安全设备焊接和无损检验活动。

民用核安全设备焊工、焊接操作工和无损检验人员由国务院核安全监管部门核准颁发资格证书。

民用核安全设备焊工、焊接操作工和无损检验人员在民用核安全设备焊接和无损检验活动中，应当严格遵守操作规程。

第二十六条 民用核安全设备无损检验单位应当客观、准确地出具无损检验结果报告。无损检验结果报告经取得相应资格证书的无损检验人员签字方为有效。

民用核安全设备无损检验单位和无损检验人员对无损检验结果报告负责。

第二十七条 民用核安全设备设计单位应当对其设计进行设计验证。设计验证由未参与原设计的专业人员进行。

设计验证可以采用设计评审、鉴定试验或者不同于设计中使用的计算方法的其他计算方法等形式。

第二十八条 民用核安全设备制造、安装单位应当对民用核安全设备的制造、安装质量进行检验。未经检验或者经检验不合格的，不得交付验收。

第二十九条 民用核设施营运单位应当对民用核安全设备质量进行验收。有下列情形之一的，不得验收通过：

（一）不能按照质量保证要求证明质量受控的；

（二）出现重大质量问题未处理完毕的。

第三十条 民用核安全设备设计、制造、安装和无损检验单位，应当对本单位所从事的民用核安全设备设计、制造、安装和无损检验活动进行年度评估，并于每年4月1日前向国务院核安全监管部门提交上一年度的评估报告。

评估报告应当包括本单位工作场所、设施、装备和人员等变动情况，质量保证体系实施情况，重大质量问题处理情况以及国务院核安全监管部门和民用核设施营运单位提出的整改要求落实情况等内容。

民用核安全设备设计、制造、安装和无损检验单位对本单位在民用核安全设备设计、制造、安装和无损检验活动中出现的重大质量问题，应当立即采取处理措施，并向国务院核安全监管部门报告。

第五章　进出口

第三十一条　为中华人民共和国境内民用核设施进行民用核安全设备设计、制造、安装和无损检验活动的境外单位，应当具备下列条件：

（一）遵守中华人民共和国的法律、行政法规和核安全监督管理规定；

（二）已取得所在国核安全监管部门规定的相应资质；

（三）使用的民用核安全设备设计、制造、安装和无损检验技术是成熟的或者经过验证的；

（四）采用中华人民共和国的民用核安全设备国家标准、行业标准或者国务院核安全监管部门认可的标准。

第三十二条　为中华人民共和国境内民用核设施进行民用核安全设备设计、制造、安装和无损检验活动的境外单位，应当事先到国务院核安全监管部门办理注册登记手续。国务院核安全监管部门应当将境外单位注册登记情况抄送国务院核行业主管部门和其他有关部门。

注册登记的具体办法由国务院核安全监管部门制定。

第三十三条　国务院核安全监管部门及其所属的检验机构应当依法对进口的民用核安全设备进行安全检验。

进口的民用核安全设备在安全检验合格后，由出入境检验机构进行商品检验。

第三十四条 国务院核安全监管部门根据需要，可以对境外单位为中华人民共和国境内民用核设施进行的民用核安全设备设计、制造、安装和无损检验活动实施核安全监督检查。

第三十五条 民用核设施营运单位应当在对外贸易合同中约定有关民用核安全设备监造、装运前检验和监装等方面的要求。

第三十六条 民用核安全设备的出口管理依照有关法律、行政法规的规定执行。

第六章 监督检查

第三十七条 国务院核安全监管部门及其派出机构，依照本条例规定对民用核安全设备设计、制造、安装和无损检验活动进行监督检查。监督检查分为例行检查和非例行检查。

第三十八条 国务院核安全监管部门及其派出机构在进行监督检查时，有权采取下列措施：

（一）向被检查单位的法定代表人和其他有关人员调查、了解情况；

（二）进入被检查单位进行现场调查或者核查；

（三）查阅、复制相关文件、记录以及其他有关资料；

（四）要求被检查单位提交有关情况说明或者后续处理报告；

（五）对有证据表明可能存在重大质量问题的民用核安全设备或者其主要部件，予以暂时封存。

被检查单位应当予以配合，如实反映情况，提供必要资料，不得拒绝和阻碍。

第三十九条 国务院核安全监管部门及其派出机构在进行监督检查时，应当对检查的内容、发现的问题以及处理情况作出记录，并由监督检查人员和被检查单位的有关负责人签字确认。被检查单位的有关负责人拒绝签字的，监督检查人员应当将有关情况记录在案。

第四十条 民用核安全设备监督检查人员在进行监督检查时，应当出示证件，并为被检查单位保守技术秘密和业务秘密。

民用核安全设备监督检查人员不得滥用职权侵犯企业的合法权益，或者利用职务上的便利索取、收受财物。

民用核安全设备监督检查人员不得从事或者参与民用核安全设备经营活动。

第四十一条 国务院核安全监管部门发现民用核安全设备设计、制造、安装和无损检验单位有不符合发证条件的情形的，应当责令其限期整改。

第四十二条 国务院核行业主管部门应当加强对本行业民用核设施营运单位的管理，督促本行业民用核设施营运单位遵守法律、行政法规和核安全监督管理规定。

第七章 法律责任

第四十三条 国务院核安全监管部门及其民用核安全设备监督检查人员有下列行为之一的，对直接负责的主管人员和其他直接责任人员，依法给予处分；直接负责的主管人员和其他直接责任人员构成犯罪的，依法追究刑事责任：

（一）不依照本条例规定颁发许可证的；

（二）发现违反本条例规定的行为不予查处，或者接到举报后不依法处理的；

（三）滥用职权侵犯企业的合法权益，或者利用职务上的便利索取、收受财物的；

（四）从事或者参与民用核安全设备经营活动的；

（五）在民用核安全设备监督管理工作中有其他违法行为的。

第四十四条 无许可证擅自从事民用核安全设备设计、制造、安装和无损检验活动的，由国务院核安全监管部门责令停止违法行为，处50万元以上100万元以下的罚款；有违法所得的，没收违法所得；对直接负责的主管人员和其他直接责任人员，处2万元以上10万元以下的罚款。

第四十五条 民用核安全设备设计、制造、安装和无损检验单位不按照许可证规定的活动种类和范围从事民用核安全设备设计、制造、安装和无损检验活动的，由国务院核安全监管部门责令停止违法行为，限期改正，处10万元以上50万元以下的罚款；有违法所得的，没收违法所得；逾期不改正的，暂扣或者吊销许可证，对直接负责的主管人员和其他直接责任人员，处2万元以上10万元以下的罚款。

第四十六条 民用核安全设备设计、制造、安装和无损检验单位变更单位名称、地址或者法定代表人，未依法办理许可证变更手续的，由国务院核安全监管部门责令限期改正；逾期不改正的，暂扣或者吊销许可证。

第四十七条 单位伪造、变造、转让许可证的，由国务院核安全监管部门收缴伪造、变造的许可证或者吊销许可证，处10万元以上50万元以下的罚款；有违法所得的，没收违法所得；对直接负责的主管人员和其他直接责任人员，处2万元以上10万元以下的罚款；构成违反治安管理行为的，由公安机关依法予以治安处罚；构成犯罪的，依法追究刑事责任。

第四十八条 民用核安全设备设计、制造、安装和无损检验单位未按照民用核安全设备标准进行民用核安全设备设计、制造、安装和无损检验活动的，由国务院核安全监管部门责令停止违法行为，限期改正，禁止使用相关设计、设备，处10万元以上50万元以下的罚款；有违法所得的，没收违法所得；逾期不改正的，暂扣或者吊销许可证，对直接负责的主管人员和其他直接责任人员，处2万元以上10万元以下的罚款。

第四十九条 民用核安全设备设计、制造、安装和无损检验单位有下列行为之一的，由国务院核安全监管部门责令停止违法行为，限期改正，处10万元以上50万元以下的罚款；逾期不改正的，暂扣或者吊销许可证，对直接负责的主管人员和其他直接责任人员，处2万元以上10万元以下的罚款：

（一）委托未取得相应许可证的单位进行民用核安全设备设计、制造、安装和无损检验活动的；

（二）聘用未取得相应资格证书的人员进行民用核安全设备焊接和无损检验活动的；

（三）将国务院核安全监管部门确定的关键工艺环节分包给其他单位的。

第五十条 民用核安全设备设计、制造、安装和无损检验单位对本单位在民用核安全设备设计、制造、安装和无损检验活动中出现的重大质量问题，未按照规定采取处理措施并向国务院核安全监管部门报告的，由国务院核安全监管部门责令停止民用核安全设备设计、制造、安装和无损检验活动，限期改正，处5万元以上20万元以下的罚款；逾期不改正的，暂扣或者吊销许可证，对直接负责的主管人员和其他直接责任人员，处2万元以上10万元以下的罚款。

第五十一条 民用核安全设备设计、制造、安装和无损检验单位有下列行为之一的，由国务院核安全监管部门责令停止民用核安全设备设计、制造、安装和无损检验活动，限期改正；逾期不改正的，处5万元以上20万元以下的罚款，暂扣或者吊销许可证：

（一）未按照规定编制项目质量保证分大纲并经民用核设施营运单位审查同意的；

（二）在民用核安全设备设计、制造和安装活动开始前，未按照规定将有关文件报国务院核安全监管部门备案的；

（三）未按照规定进行年度评估并向国务院核安全监管部门提交评估报告的。

第五十二条 民用核安全设备无损检验单位出具虚假无损检验结果报告的，由国务院核安全监管部门处10万元以上50万元以下的罚款，吊销许可证；有违法所得的，没收违法所得；对直接负责的主管人员和其他直接责任人员，处2万元以上10万元以下的罚款；构成犯罪的，依法追究刑事责任。

第五十三条 民用核安全设备焊工、焊接操作工违反操作规程导致严重焊接质量问题的，由国务院核安全监管部门吊销其资格证书。

第五十四条 民用核安全设备无损检验人员违反操作规程导致无损检验结果报告严重错误的，由国务院核安全监管部门吊销其资格证书。

第五十五条 民用核安全设备设计单位未按照规定进行设计验证，或者民用核安全设备制造、安装单位未按照规定进行质量检验以及经检验不合格即交付验收的，由国务院核安全监管部门责令限期改正，处10万元以上50万元以下的罚款；有违法所得的，没收违法所得；逾期不改正的，吊销许可证，对直接负责的主管人员和其他直接责任人员，处2万元以上10万元以下的罚款。

第五十六条 民用核设施营运单位有下列行为之一的，由国务院核安全监管部门责令限期改正，处100万元以上500万元以下的罚款；逾期不改正的，吊销其核设施建造许可证或者核设施运行许可证，对直接负责的主管人员和其他直接责任人员，处2万元以上10万元以下的罚款：

（一）委托未取得相应许可证的单位进行民用核安全设备设计、制造、安装和无损检验活动的；

（二）对不能按照质量保证要求证明质量受控，或者出现重大质量问题未处理完毕的民用核安全设备予以验收通过的。

第五十七条 民用核安全设备设计、制造、安装和无损检验单位被责令限期整改，逾期不整改或者经整改仍不符合发证条件的，由国务院核安全监管部门暂扣或者吊销许可证。

第五十八条 拒绝或者阻碍国务院核安全监管部门及其派出机构监督检查的，由国务院核安全监管部门责令限期改正；逾期不改正或者在接受监督检查时弄虚作假的，暂扣或者吊销许可证。

第五十九条 违反本条例规定，被依法吊销许可证的单位，自吊销许可证之日起 1 年内不得重新申请领取许可证。

第八章 附 则

第六十条 申请领取民用核安全设备设计、制造、安装或者无损检验许可证的单位，应当按照国家有关规定缴纳技术评审的费用。

第六十一条 本条例下列用语的含义：

（一）核安全机械设备，包括执行核安全功能的压力容器、钢制安全壳（钢衬里）、储罐、热交换器、泵、风机和压缩机、阀门、闸门、管道（含热交换器传热管）和管配件、膨胀节、波纹管、法兰、堆内构件、控制棒驱动机构、支承件、机械贯穿件以及上述设备的铸锻件等。

（二）核安全电气设备，包括执行核安全功能的传感器（包括探测器和变送器）、电缆、机柜（包括机箱和机架）、控制台屏、显示仪表、应急柴油发电机组、蓄电池（组）、电动机、阀门驱动装置、电气贯穿件等。

第六十二条 本条例自 2008 年 1 月 1 日起施行。

国家核应急预案

（2013年6月30日修订）

1 总　　则

1.1 编制目的

依法科学统一、及时有效应对处置核事故，最大程度控制、减轻或消除事故及其造成的人员伤亡和财产损失，保护环境，维护社会正常秩序。

1.2 编制依据

《中华人民共和国突发事件应对法》、《中华人民共和国放射性污染防治法》、《核电厂核事故应急管理条例》、《放射性物品运输安全管理条例》、《国家突发公共事件总体应急预案》和相关国际公约等。

1.3 适用范围

本预案适用于我国境内核设施及有关核活动已经或可能发生的核事故。境外发生的对我国大陆已经或可能造成影响的核事故应对工作参照本预案进行响应。

1.4 工作方针和原则

国家核应急工作贯彻执行常备不懈、积极兼容，统一指挥、大力协同，保护公众、保护环境的方针；坚持统一领导、分级负责、条块结合、快速反应、科学处置的工作原则。核事故发生后，核设施营运单位、地方政府及其有关部门和国家核事故应急协调委员会（以下简称国家核应急协调委）成员单位立即自动按照职责分工和相关预案开展前期处置工作。核设施营运单位是核事故场内应急工作的主体，省级人民政府是本行政区域核事故场外应急工作的主体。国家根据核应急工作需要给予必要的协调和支持。

2 组织体系

2.1 国家核应急组织

国家核应急协调委负责组织协调全国核事故应急准备和应急处置工作。国家核应急协调委主任委员由工业和信息化部部长担任。日常工作由国家核事故应急办公室（以下简称国家核应急办）承担。必要时，成立国家核事故应急指挥部，统一领导、组织、协调全国的核事故应对工作。指挥部总指挥由国务院领导同志担任。视情成立前方工作组，在国家核事故应急指挥部的领导下开展工作。

国家核应急协调委设立专家委员会，由核工程与核技术、核安全、辐射监测、辐射防护、环境保护、交通运输、医学、气象学、海洋学、应急管理、公共宣传等方面专家组成，为国家核应急工作重大决策和重要规划以及核事故应对工作提供咨询和建议。

国家核应急协调委设立联络员组，由成员单位司、处级和核设施营运单位所属集团公司（院）负责同志组成，承担国家核应急协调委交办的事项。

2.2 省（自治区、直辖市）核应急组织

省级人民政府根据有关规定和工作需要成立省（自治区、直辖市）核应急委员会（以下简称省核应急委），由有关职能部门、相关市县、核设施营运单位的负责同志组成，负责本行政区域核事故应急准备与应急处置工作，统一指挥本行政区域核事故场外应急响应行动。省核应急委设立专家组，提供决策咨询；设立省核事故应急办公室（以下称省核应急办），承担省核应急委的日常工作。

未成立核应急委的省级人民政府指定部门负责本行政区域核事故应

急准备与应急处置工作。

必要时，由省级人民政府直接领导、组织、协调本行政区域场外核应急工作，支援核事故场内核应急响应行动。

2.3 核设施营运单位核应急组织

核设施营运单位核应急指挥部负责组织场内核应急准备与应急处置工作，统一指挥本单位的核应急响应行动，配合和协助做好场外核应急准备与响应工作，及时提出进入场外应急状态和采取场外应急防护措施的建议。核设施营运单位所属集团公司（院）负责领导协调核设施营运单位核应急准备工作，事故情况下负责调配其应急资源和力量，支援核设施营运单位的响应行动。

3 核设施核事故应急响应

3.1 响应行动

核事故发生后，各级核应急组织根据事故的性质和严重程度，实施以下全部或部分响应行动。

3.1.1 事故缓解和控制

迅速组织专业力量、装备和物资等开展工程抢险，缓解并控制事故，使核设施恢复到安全状态，最大程度防止、减少放射性物质向环境释放。

3.1.2 辐射监测和后果评价

开展事故现场和周边环境（包括空中、陆地、水体、大气、农作物、食品和饮水等）放射性监测，以及应急工作人员和公众受照剂量的监测等。实时开展气象、水文、地质、地震等观（监）测预报；开展事故工况诊断和释放源项分析，研判事故发展趋势，评价辐射后果，判定受影响区域范围，为应急决策提供技术支持。

3.1.3 人员放射性照射防护

当事故已经或可能导致碘放射性同位素释放的情况下，按照辐射防护原则及管理程序，及时组织有关工作人员和公众服用稳定碘，减少甲状腺的受照剂量。根据公众可能接受的辐射剂量和保护公众的需要，组织放射性烟羽区有关人员隐蔽；组织受影响地区居民向安全地区撤离。根据受污染地区实际情况，组织居民从受污染地区临时迁出或永久迁出，异地安置，避免或减少地面放射性沉积物的长期照射。

3.1.4 去污洗消和医疗救治

去除或降低人员、设备、场所、环境等的放射性污染；组织对辐射损伤人员和非辐射损伤人员实施医学诊断及救治，包括现场救治、地方救治和专科救治。

3.1.5 出入通道和口岸控制

根据受事故影响区域具体情况，划定警戒区，设定出入通道，严格控制各类人员、车辆、设备和物资出入。对出入境人员、交通工具、集装箱、货物、行李物品、邮包快件等实施放射性污染检测与控制。

3.1.6 市场监管和调控

针对受事故影响地区市场供应及公众心理状况，及时进行重要生活必需品的市场监管和调控。禁止或限制受污染食品和饮水的生产、加工、流通和食用，避免或减少放射性物质摄入。

3.1.7 维护社会治安

严厉打击借机传播谣言制造恐慌等违法犯罪行为；在群众安置点、抢险救援物资存放点等重点地区，增设临时警务站，加强治安巡逻；强化核事故现场等重要场所警戒保卫，根据需要做好周边地区交通管制等工作。

3.1.8 信息报告和发布

按照核事故应急报告制度的有关规定，核设施营运单位及时向国家核应急办、省核应急办、核电主管部门、核安全监管部门、所属集团公司（院）报告、通报有关核事故及核应急响应情况；接到事故报告后，国家核应急协调委、核事故发生地省级人民政府要及时、持续向国务院报告有关情况。第一时间发布准确、权威信息。核事故信息发布办法由国家核应急协调委另行制订，报国务院批准后实施。

3.1.9 国际通报和援助

国家核应急协调委统筹协调核应急国际通报与国际援助工作。按照《及早通报核事故公约》的要求，当核事故造成或可能造成超越国界的辐射影响时，国家核应急协调委通过核应急国家联络点向国际原子能机构通报。向有关国家和地区的通报工作，由外交部按照双边或多边核应急合作协议办理。

必要时，国家核应急协调委提出请求国际援助的建议，报请国务院批准后，由国家原子能机构会同外交部按照《核事故或辐射紧急情况援助公约》的有关规定办理。

3.2　指挥和协调

根据核事故性质、严重程度及辐射后果影响范围，核设施核事故应急状态分为应急待命、厂房应急、场区应急、场外应急（总体应急），分别对应Ⅳ级响应、Ⅲ级响应、Ⅱ级响应、Ⅰ级响应。

3.2.1 Ⅳ级响应

3.2.1.1 启动条件

当出现可能危及核设施安全运行的工况或事件，核设施进入应急待命状态，启动Ⅳ级响应。

3.2.1.2 应急处置

（1）核设施营运单位进入戒备状态，采取预防或缓解措施，使核设施保持或恢复到安全状态，并及时向国家核应急办、省核应急办、核电主管部门、核安全监管部门、所属集团公司（院）提出相关建议；对事故的性质及后果进行评价。

（2）省核应急组织密切关注事态发展，保持核应急通信渠道畅通；做好公众沟通工作，视情组织本省部分核应急专业力量进入待命状态。

（3）国家核应急办研究决定启动Ⅳ级响应，加强与相关省核应急组织和核设施营运单位及其所属集团公司（院）的联络沟通，密切关注事态发展，及时向国家核应急协调委成员单位通报情况。各成员单位做好相关应急准备。

3.2.1.3 响应终止

核设施营运单位组织评估，确认核设施已处于安全状态后，提出终止应急响应建议报国家和省核应急办，国家核应急办研究决定终止Ⅳ级响应。

3.2.2 Ⅲ级响应

3.2.2.1 启动条件

当核设施出现或可能出现放射性物质释放，事故后果影响范围仅限于核设施场区局部区域，核设施进入厂房应急状态，启动Ⅲ级响应。

3.2.2.2 应急处置

在Ⅳ级响应的基础上，加强以下应急措施：

（1）核设施营运单位采取控制事故措施，开展应急辐射监测和气象观测，采取保护工作人员的辐射防护措施；加强信息报告工作，及时提出相关建议；做好公众沟通工作。

（2）省核应急委组织相关成员单位、专家组会商，研究核应急工作措施；视情组织本省核应急专业力量开展辐射监测和气象观测。

（3）国家核应急协调委研究决定启动Ⅲ级响应，组织国家核应急协调委有关成员单位及专家委员会开展趋势研判、公众沟通等工作；协调、指导地方和核设施营运单位做好核应急有关工作。

3.2.2.3 响应终止

核设施营运单位组织评估，确认核设施已处于安全状态后，提出终止应急响应建议报国家核应急协调委和省核应急委，国家核应急协调委研究决定终止Ⅲ级响应。

3.2.3 Ⅱ级响应

3.2.3.1 启动条件

当核设施出现或可能出现放射性物质释放，事故后果影响扩大到整个场址区域（场内），但尚未对场址区域外公众和环境造成严重影响，核设施进入场区应急状态，启动Ⅱ级响应。

3.2.3.2 应急处置

在Ⅲ级响应的基础上，加强以下应急措施：

（1）核设施营运单位组织开展工程抢险；撤离非应急人员，控制应急人员辐射照射；进行污染区标识或场区警戒，对出入场区人员、车辆等进行污染监测；做好与外部救援力量的协同准备。

（2）省核应急委组织实施气象观测预报、辐射监测，组织专家分析研判趋势；及时发布通告，视情采取交通管制、控制出入通道、心理援助等措施；根据信息发布办法的有关规定，做好信息发布工作，协调调配本行政区域核应急资源给予核设施营运单位必要的支援，做好医疗救治准备等工作。

（3）国家核应急协调委研究决定启动Ⅱ级响应，组织国家核应急协调委相关成员单位、专家委员会会商，开展综合研判；按照有关规定组织权威信息发布，稳定社会秩序；根据有关省级人民政府、省核应急委或核设施营运单位的请求，为事故缓解和救援行动提供必要的支持；视情组织国家核应急力量指导开展辐射监测、气象观测预报、医疗救治等工作。

3.2.3.3 响应终止

核设施营运单位组织评估，确认核设施已处于安全状态后，提出终止应急响应建议报国家核应急协调委和省核应急委，国家核应急协调委研究决定终止Ⅱ级响应。

3.2.4 Ⅰ级响应

3.2.4.1 启动条件

当核设施出现或可能出现向环境释放大量放射性物质，事故后果超越场区边界，可能严重危及公众健康和环境安全，进入场外应急状态，启动Ⅰ级响应。

3.2.4.2 应急处置

（1）核设施营运单位组织工程抢险，缓解、控制事故，开展事故工况诊断、应急辐射监测；采取保护场内工作人员的防护措施，撤离非应急人员，控制应急人员辐射照射，对受伤或受照人员进行医疗救治；标识污染区，实施场区警戒，对出入场区人员、车辆等进行放射性污染监测；及时提出公众防护行动建议；对事故的性质及后果进行评价；协同外部救援力量做好抢险救援等工作；配合国家核应急协调委和省核应急委做好公众沟通和信息发布等工作。

（2）省核应急委组织实施场外应急辐射监测、气象观测预报，组织专家进行趋势分析研判，协调、调配本行政区域内核应急资源，向核设施营运单位提供必要的交通、电力、水源、通信等保障条件支援；及时发布通告，视情采取交通管制、发放稳定碘、控制出入通道、控制食品和饮水、医疗救治、心理援助、去污洗消等措施，适时组织实施受影响区域公众的隐蔽、撤离、临时避迁、永久再定居；根据信息发布办法的有关规定，做好信息发布工作，组织开展公众沟通等工作；及时向事故后果影响或可能影响的邻近省（自治区、直辖市）通报事故情况，提出相应建议。

（3）国家核应急协调委向国务院提出启动Ⅰ级响应建议，国务院决定启动Ⅰ级响应。国家核应急协调委组织协调核应急处置工作。必要时，国务院成立国家核事故应急指挥部，统一领导、组织、协调全国核应急处置工作。国家核事故应急指挥部根据工作需要设立事故抢险、辐射监测、医学救援、放射性污染物处置、群众生活保障、信息发布和宣传报道、涉外事务、社会稳定、综合协调等工作组。

国家核事故应急指挥部或国家核应急协调委对以下任务进行部署，并组织协调有关地区和部门实施：

①组织国家核应急协调委相关成员单位、专家委员会会商，开展事

故工况诊断、释放源项分析、辐射后果预测评价等，科学研判趋势，决定核应急对策措施。

②派遣国家核应急专业救援队伍，调配专业核应急装备参与事故抢险工作，抑制或缓解事故、防止或控制放射性污染等。

③组织协调国家和地方辐射监测力量对已经或可能受核辐射影响区域的环境（包括空中、陆地、水体、大气、农作物、食品和饮水等）进行放射性监测。

④组织协调国家和地方医疗卫生力量和资源，指导和支援受影响地区开展辐射损伤人员医疗救治、心理援助，以及去污洗消、污染物处置等工作。

⑤统一组织核应急信息发布。

⑥跟踪重要生活必需品的市场供求信息，开展市场监管和调控。

⑦组织实施农产品出口管制，对出境人员、交通工具、集装箱、货物、行李物品、邮包快件等进行放射性沾污检测与控制。

⑧按照有关规定和国际公约的要求，做好向国际原子能机构、有关国家和地区的国际通报工作；根据需要提出国际援助请求。

⑨其他重要事项。

3. 2. 4. 3 响应终止

当核事故已得到有效控制，放射性物质的释放已经停止或者已经控制到可接受的水平，核设施基本恢复到安全状态，由国家核应急协调委提出终止Ⅰ级响应建议，报国务院批准。视情成立的国家核事故应急指挥部在应急响应终止后自动撤销。

4　核设施核事故后恢复行动

应急响应终止后，省级人民政府及其有关部门、核设施营运单位等立即按照职责分工组织开展恢复行动。

4.1 场内恢复行动

核设施营运单位负责场内恢复行动，并制订核设施恢复规划方案，按有关规定报上级有关部门审批，报国家核应急协调委和省核应急委备案。国家核应急协调委、省核应急委、有关集团公司（院）视情对场内恢复行动提供必要的指导和支持。

4.2 场外恢复行动

省核应急委负责场外恢复行动，并制订场外恢复规划方案，经国家核应急协调委核准后报国务院批准。场外恢复行动主要任务包括：全面开展环境放射性水平调查和评价，进行综合性恢复整治；解除紧急防护行动措施，尽快恢复受影响地区生产生活等社会秩序，进一步做好转移居民的安置工作；对工作人员和公众进行剂量评估，开展科普宣传，提供咨询和心理援助等。

5 其他核事故应急响应

对乏燃料运输事故、涉核航天器坠落事故等，根据其可能产生的辐射后果及影响范围，国家和受影响省（自治区、直辖市）核应急组织及营运单位进行必要的响应。

5.1 乏燃料运输事故

乏燃料运输事故发生后，营运单位应在第一时间报告所属集团公司（院）、事故发生地省级人民政府有关部门和县级以上人民政府环境保护部门、国家核应急协调委，并按照本预案和乏燃料运输事故应急预案立即组织开展应急处置工作。必要时，国家核应急协调委组织有关成员单位予以支援。

5.2 台湾地区核事故

台湾地区发生核事故可能或已经对大陆造成辐射影响时，参照本预案组织应急响应。台办会同国家核应急办向台湾有关方面了解情况和对大陆的需求，上报国务院。国务院根据情况，协调调派国家核应急专业力量协助救援。

5.3 其他国家核事故

其他国家发生核事故已经或可能对我国产生影响时，由国家核应急协调委参照本预案统一组织开展信息收集与发布、辐射监测、部门会商、分析研判、口岸控制、市场调控、国际通报及援助等工作。必要时，成立国家核事故应急指挥部，统一领导、组织、协调核应急响应工作。

5.4 涉核航天器坠落事故

涉核航天器坠落事故已经或可能对我国局部区域产生辐射影响时，由国家核应急协调委参照本预案组织开展涉核航天器污染碎片搜寻与收集、辐射监测、环境去污、分析研判、信息通报等工作。

6 应急准备和保障措施

6.1 技术准备

国家核应急协调委依托各成员单位、相关集团公司（院）和科研院所现有能力，健全完善辐射监测、航空监测、气象监测预报、地震监测、海洋监测、辐射防护、医学应急等核应急专业技术支持体系，组织开展核应急技术研究、标准制定、救援专用装备设备以及后果评价系统和决策支持系统等核应急专用软硬件研发，指导省核应急委、核设施营运单位做好相关技术准备。省核应急委、核设施营运单位按照本预案和本级核应急预案的要求，加强有关核应急技术准备工作。

6.2 队伍准备

国家核应急协调委依托各成员单位、相关集团公司（院）和科研院所现有能力，加强突击抢险、辐射监测、去污洗消、污染控制、辐射防护、医学救援等专业救援队伍建设，配备必要的专业物资装备，强化专业培训和应急演习。省核应急委、核设施营运单位及所属集团公司

(院)，按照职责分工加强相关核应急队伍建设，强化日常管理和培训，切实提高应急处置能力。国家、省、核设施运营单位核应急组织加强核应急专家队伍建设，为应急指挥辅助决策、工程抢险、辐射监测、医学救治、科普宣传等提供人才保障。

6.3　物资保障

国家、省核应急组织及核设施营运单位建立健全核应急器材装备的研发、生产和储备体系，保障核事故应对工作需要。国家核应急协调委完善辐射监测与防护、医疗救治、气象监测、事故抢险、去污洗消以及动力、通信、交通运输等方面器材物资的储备机制和生产商登记机制，做好应急物资调拨和紧急配送工作方案。省核应急委储备必要的应急物资，重点加强实施场外应急所需的辐射监测、医疗救治、人员安置和供电、供水、交通运输、通信等方面物资的储备。核设施营运单位及其所属集团公司（院）重点加强缓解事故、控制事故、工程抢险所需的移动电源、供水、管线、辐射防护器材、专用工具设备等储备。

6.4　资金保障

国家、省核应急准备所需资金分别由中央财政和地方财政安排。核电厂的核应急准备所需资金由核电厂自行筹措。其他核设施的核应急准备资金按照现有资金渠道筹措。

6.5　通信和运输保障

国家、省核应急组织、核设施营运单位及其所属集团公司（院）加强核应急通信与网络系统建设，形成可靠的通信保障能力，确保核应急期间通信联络和信息传递需要。交通运输、公安等部门健全公路、铁路、航空、水运紧急运输保障体系，完善应急联动工作机制，保障应急响应所需人员、物资、装备、器材等的运输。

6.6　培训和演习

6.6.1 培训

各级核应急组织建立培训制度，定期对核应急管理人员和专业队伍进行培训。国家核应急办负责国家核应急协调委成员单位、省核应急组织和核设施营运单位核应急组织负责人及骨干的培训。省核应急组织和核设施营运单位负责各自核应急队伍专业技术培训，国家核应急办及国家核应急协调委有关成员单位给予指导。

6.6.2 演习

各级核应急组织应当根据实际情况采取桌面推演、实战演习等方式，经常开展应急演习，以检验、保持和提高核应急响应能力。国家级核事故应急联合演习由国家核应急协调委组织实施，一般3至5年举行一次；国家核应急协调委成员单位根据需要分别组织单项演练。省级核应急联合演习，一般2至4年举行一次，由省核应急委组织，核设施营运单位参加。核设施营运单位综合演习每2年组织1次，拥有3台以上运行机组的，综合演习频度适当增加。核电厂首次装投料前，由省核应急委组织场内外联合演习，核设施营运单位参加。

7 附　　则

7.1 奖励和责任

对在核应急工作中作出突出贡献的先进集体和个人，按照国家有关规定给予表彰和奖励；对在核应急工作中玩忽职守造成损失的，虚报、瞒报核事故情况的，依据国家有关法律法规追究当事人的责任，构成犯罪的，依法追究其刑事责任。

7.2 预案管理

国家核应急协调委负责本预案的制订工作，报国务院批准后实施，并要在法律、行政法规、国际公约、组织指挥体系、重要应急资源等发生变化后，或根据实际应对、实战演习中发现的重大问题，及时修订完善本预案。预案实施后，国家核应急协调委组织预案宣传、培训和演习。

国家核应急协调委成员单位和省核应急委、核设施营运单位，结合各自职责和实际情况，制定本部门、本行政区域和本单位的核应急预案。省核应急预案要按有关规定报国家核应急协调委审查批准。国家核应急协调委成员单位和核设施营运单位预案报国家核应急协调委备案。

7.3 预案解释

本预案由国务院办公厅负责解释。

7.4 预案实施

本预案自印发之日起实施。

核安全公约

《核安全公约》已于一九九四年六月十七日由国际原子能机构一九九四年六月十四日至十七日在其总部举行的外交会议通过。该公约将自机构大会第三十八届常会期间的一九九四年九月二十日起开放供签署，中国代表团于当日签署了该公约并将在保存人（机构总干事）收到第二十二份批准书、接受书或核准书之日起第九十天生效，中国常驻国际原子能机构代表团于一九九六年四月九日正式向国际原子能机构总干事布利克斯递交了由江泽民主席签署的中国参加《核安全公约》的批准书，从而使中国成为第十八个递交批准书的国家。

序　　言

缔约各方

（i）认识到确保核能利用安全、受良好监督管理和与环境相容对国际社会的重要性；

（ii）重申继续促进世界范围内的核安全高水平的必要性；

(iii) 重申核安全的责任由对核设施有管辖权的国家承担;

(iv) 希望促进有效的核安全文化;

(v) 认识到核设施事故有超越国界影响的可能性;

(vi) 铭记《核材料实物保护公约》(一九七九年)、《及早通报核事故公约》(一九八六年) 和《核事故或辐射紧急情况援助公约》(一九八六年);

(vii) 确认通过现有的双边和多边机制和制订这一鼓励性公约开展国际合作以提高核安全的重要性;

(viii) 承认本公约仅要求承诺适用核设施的安全基本原则, 而非详细的安全标准; 并承认存在着国际编制的各种安全指导文件, 这些指导文件不时更新因而能提供实现高水平安全的最新方法方面的指导;

(ix) 确认一旦正在进行的制订放射性废物管理安全基本原则的工作达成国际广泛一致, 便立即开始制订有关放射性废物安全管理的国际公约的必要性;

(x) 承认进一步开展与核燃料循环其他部分的安全有关的技术工作十分有益, 并承认这一工作迟早会有利于当前或未来的国际文件的制订;

兹协议如下:

第 1 章　目的、定义和适用范围

第 1 条　目的

本公约的目的是:

(i) 通过加强本国措施与国际合作, 包括适当情况下与安全有关的技术合作, 以在世界范围内实现和维持高水平的核安全;

(ii) 在核设施内建立和维持防止潜在辐射危害的有效防御措施, 以保护个人、社会和环境免受来自此类设施的电离辐射的有害影响;

(iii) 防止带有放射后果的事故发生和一旦发生事故时减轻此种后果。

第 2 条　定义

就本公约而言：

(i) “核设施”：对每一缔约方而言，系指在其管辖下的任何陆基民用核动力厂，包括设在同一场址并与该核动力厂的运行直接有关的设施，如贮存、装卸和处理放射性材料的设施。当按照批准的程序永久地从堆芯卸出所有核燃料元件和安全贮存以及其退役计划经监管机构同意后，该厂即不再为核设施。

(ii) “监管机构”：对每一缔约方而言，系指由该缔约方授予法定权力，颁发许可证，并对核设施的选址、设计、建造、调试、运行或退役进行监管的任何一个或几个机构。

(iii) “许可证”系指由监管机构颁发给申请者使其对核设施的选址、设计、建造、调试、运行或退役承担责任的任何批准文件。

第 3 条　适用范围

本公约应适用于核设施的安全。

第 2 章　义　　务

(a) 一般规定

第 4 条　履约措施

每一缔约方应在其本国法律的框架内采取为履行本公约规定义务所必需的立法、监管和行政措施及其他步骤。

第 5 条　提交报告

每一缔约方应在召开第 20 条所述的每次会议之前，就它为履行本公约的每项义务已采取的措施提出报告，以供审议。

第 6 条　已有的核设施

每一缔约方应采取适当步骤，以确保本公约对该缔约方生效时已有的核设施的安全状况能尽快得到审查。就本公约而言，必要时该缔约方应确保作为紧急事项采取一切合理可行的改进措施，以提高核设施的安全性。如果此种提高无法实现，则应尽可能快地执行使这一核设施停止运行的计划。确定停止运行的日期时得考虑整个能源状况和可能的替代方案以及社会、环境和经济影响。

(b) 立法和监督管理

第 7 条 立法和监管框架

1. 每一缔约方应建立并维持一个管理核设施安全的立法和监管框架。

2. 该立法和监管框架应包括：

(i) 可适用的本国安全要求和安全法规的制订；

(ii) 对核设施实行许可证制度和禁止无许可证的核设施运行的制度；

(iii) 对核设施进行监管性检查和评价以查明是否遵守可适用的法规和许可证条款的制度；

(iv) 对可适用的法规和许可证条款的强制执行，包括中止、修改和吊销许可证。

第 8 条 监管机构

1. 每一缔约方应建立或指定一个监管机构，委托其实施第 7 条中所述的立法和监督管理框架，并给予履行其规定责任所需的适当的权力、职能和财政与人力资源。

2. 每一缔约方应采取适当步骤确保将监管机构的职能与参与促进或利用核能的任何其他机构或组织的职能有效地分开。

第 9 条 许可证持有者的责任

每一缔约方应确保核设施安全的首要责任由有关许可证的持有者承担，并应采取适当步骤确保此种许可证的每一持有者履行其责任。

（c）一般安全考虑

第 10 条　安全优先

每一缔约方应采取适当步骤确保从事与核设施直接有关活动的一切组织为核安全制定应有的优先政策。

第 11 条　财政与人力资源

1. 每一缔约方应采取适当步骤，以确保有充足的财政资源可用于支持每座核设施在其整个寿期内的安全。

2. 每一缔约方应采取适当步骤，以确保备有数量足够、受过相应教育、培训和再培训的合格人员，在每个核设施整个寿期内在该设施中或为该设施从事一切有关安全的活动。

第 12 条　人的因素

每一缔约方应采取适当步骤，以确保在核设施的整个寿期内都要考虑到人的工作能力和局限性。

第 13 条　质量保证

每一缔约方应采取适当步骤，以确保制定和执行质量保证计划，以便使人相信一切核安全重要活动的具体要求在核设施的整个寿期内都得到满足。

第 14 条　安全的评价和核实

每一缔约方应采取适当步骤以确保：

（i）在核设施建造和调试之前及在其整个寿期内进行全面而系统的安全评价。此类评价应形成文件并妥善归档，随后根据运行经验和新的重要安全资料不断更新，并在监管机构的主管下进行审查；

（ii）利用分析、监视、试验和检查进行核实，以确保核设施的实际状况和运行始终符合其设计、可适用的本国安全要求以及运行限值和条件。

第 15 条　辐射防护

每一缔约方应采取适当步骤，以确保由核设施引起的对工作人员和公众的辐射照射量在各种运行状态下保持在合理可行尽量低的水平，并确保任何个人受到的辐照剂量不超过本国规定的剂量限值。

第 16 条　应急准备

1. 每一缔约方应采取适当步骤，以确保核设施备有厂内和厂外应急计划，并定期进行演习，并且此类计划应涵盖一旦发生紧急情况将要进行的活动。

对于任何新的核设施，此类计划应在该核设施以监管机构同意的高于某个低功率水平开始运行前编制好并作过演习。

2. 每一缔约方应采取适当步骤，以确保可能受到辐射紧急情况影响的本国居民以及邻近该设施的国家的主管部门得到制订应急计划和作出应急响应所需的适当信息。

3. 在本国领土上没有核设施但很可能受到邻近核设施一旦发生的辐射紧急情况影响的缔约方，应采取适当步骤以编制和演习其领土上的、涵盖一旦发生此类紧急情况将要进行的活动的应急计划。

(d) 设施的安全

第 17 条　选址

每一缔约方应采取适当步骤，以确保制定和执行相应的程序，以便：

(i) 评价在该核设施的预定寿期内可能影响其安全的与厂址有关的一切有关因素；

(ii) 评价拟议中的核设施对个人、社会和环境的安全可能造成的影响；

(iii) 必要时重新评价 (i) 和 (ii) 分款中提及的一切有关因素，以确保该核设施在安全方面仍然是可以接受的。

(iv) 在邻近拟议中的核设施的缔约方可能受到此设施影响的情况下与其磋商，并应其要求向这些缔约方提供必要的信息，以便它们能就该核设施很可能对其自己领土的安全影响进行评价和作出自己的估计。

第 18 条　设计和建造

每一缔约方应采取适当步骤以确保：

（i）核设施的设计和建造能提供防止放射性物质释放的若干可靠的保护层次和保护方法（纵深防御），以防止事故发生和一旦事故发生时能减轻其放射后果；

（ii）设计和建造核设施时采用的工艺技术是经过实践证明可靠的，或经过试验或分析证明合格的；

（iii）核设施的设计考虑到运行可靠、稳定和容易管理，并特别注意人的因素和人机接口。

第 19 条　运行

每一缔约方应采取适当步骤以确保：

（i）初始批准核设施的运行是基于能证明所建造的该设施符合设计要求和安全要求的相应的安全分析和调试计划；

（ii）对于由安全分析、试验和运行经验导出的运行限值和条件有明确的规定并在必要时加以修订，以便确定运行的安全界限；

（iii）核设施的运行、维护、检查和试验按照经批准的程序进行；

（iv）制订对预计的运行事件和事故的响应程序；

（v）在核设施的整个寿期内，在安全有关的一切领域备有必要的工程和技术支援；

（vi）有关许可证的持有者及时向监管机构报告安全重要事件；

（vii）制定收集和分析运行经验的计划，以便根据获得的结果和得出的结论采取行动，并利用现有的机制与国际机构、其他运营单位和监管机构分享重要的经验；

（viii）就有关的过程而言，由核设施运行所导致的放射性废物的生成应在活度和数量两方面都保持在实际可行的最低水平；与运行直接有关并在核设施所在的同一厂址进行的乏燃料和废物的任何必要的处理和贮存，要顾及形态调整和处置。

第3章　缔约方会议

第20条　审议会议

1. 缔约方应举行会议（下称“审议会议”）以便按照根据第22条通过的程序审议依据第5条提交的报告。

2. 在第24条的规定之下，为审议执行所载的特定课题，在认为有必要时得设立由缔约方代表组成的分组，并在审议会议期间发挥作用。

3. 每一缔约方应有合理的机会讨论其他缔约方提交的报告和要求解释这些报告。

第21条　时间表

1. 应于不迟于本公约生效之日后六个月内举行缔约方筹备会议。

2. 在筹备会议上，缔约方应确定第一次审议会议的日期。这一审议会议应尽快举行，最晚不得迟于本公约生效之日后三十个月。

3. 缔约方在每次审议会议上应确定下次审议会议的日期。两次审议会议的间隔不得超过三年。

第22条　程序安排

1. 在依照第21条召开的筹备会议上，缔约方应起草并经协商一致通过《议事规则》和《财务规则》。缔约方应尤其和依照《议事规则》规定：

(i) 依据第5条将提交的报告的格式和结构的细则；

(ii) 提交此种报告的日期；

(iii) 审议此种报告的程序。

2. 必要时，缔约方得在审议会议上审议根据上述（i）—（iii）分款所做的安排，并且除非《议事规则》中另有规定得经协商一致通过修订。缔约方也得经协商一致修正《议事规则》和《财务规则》。

第23条　特别会议

在下列条件下，应召开缔约方特别会议：

(i) 经出席会议和参加表决的缔约方过半数同意（弃权被视为参加表决）；或

(ii) 一缔约方提出书面请求，且第 28 条中所述秘书处将这一请求分送各缔约方并收到过半数缔约方赞成这一请求的通知后六个月之内。

第 24 条　出席会议

1. 每一缔约方应出席缔约方会议，并由一名代表及由该缔约方认为必要时随带的副代表、专家和顾问出席此类会议。

2. 缔约方经协商一致得邀请在本公约所规定的事务方面有能力的政府间组织以观察员身份出席任何会议或任何会议的特定会议。应要求观察员以书面方式事先接受第 27 条的规定。

第 25 条　简要报告

缔约方应经协商一致通过并向公众提供一个文件，介绍会议期间讨论过的问题和所得出的结论。

第 26 条　语文

1. 缔约方会议的语文为阿拉伯文、中文、英文、法文、俄文和西班牙文，《议事规则》另有规定者除外。

2. 缔约方依照第 5 条提交的报告，应以提交报告的缔约方的本国语文或以将在《议事规则》中商定的一种指定语文书写。如果提交的报告系以指定语文之外的本国语文书写，则该缔约方应提供该报告的指定语文的译本。

3. 虽有第 2 款的规定，如果提供报酬，秘书处将负责把以会议的任何其他语文提交的报告译成指定语文的译本。

第 27 条　保密

1. 本公约的规定不得影响缔约方按照其本国法律防止情报泄密的权利和义务。就本条而言，“情报”尤其包括：(i) 人事资料；(ii) 受知识产权保护的或受工商保密规定保护的资料；(iii) 有关国家安全或有关核材料或核设施实物保护的资料。

2. 就本公约而言，当缔约方提供了它所确定的应受到第 1 款所述那种保护的情报时，此种情报应仅用于指定目的，其机密性应受到尊重。

3. 每次会议上审议缔约方提交的报告期间辩论的内容应予保密。

第 28 条　秘书处

1. 国际原子能机构（以下简称“机构”）应为缔约方会议提供秘书处。

2. 秘书处应：

(i) 召集和筹备缔约方会议，并为会议提供服务；

(ii) 向各缔约方发送按照本公约的规定收到或准备的情报。

机构在履行（i）和（ii）分款提及的职能时需要的费用应由机构承担，并作为其经常预算的一部分。

3. 缔约方经协商一致得请求机构提供帮助缔约方会议的其他服务。如果能够在机构计划和经常预算内承担，机构可提供此类服务。如果此事为不可能，但有其他自愿提供的资金来源，机构也可提供此类服务。

第 4 章　最后条款和其他规定

第 29 条　分歧的解决

在两个或多个缔约方之间对本公约的解释或适用发生分歧时，缔约方应在缔约方会议的范围内磋商解决此种分歧。

第 30 条　签署、批准、接受、核准和加入

1. 本公约从一九九四年九月二十日起在维也纳机构总部开放供所有国家签署，直至其生效之日为止。

2. 本公约需经签署国批准、接受或核准。

3. 本公约生效后应开放供所有国家加入。

4. (i) 本公约应开放供一体化或其他性质的区域性组织签署或加入，条件是任何此类组织系由主权国家组成并具有就本公约所涉事项谈判、缔结和适用国际协定的能力。

(ii) 对其能力范围内的事项，此类组织应能代表其本身行使和履行本公约赋予各缔约国的权利和义务。

（iii）一个组织成为本公约缔约方时，该组织应向第 34 条中所述的保存人提交一份声明，说明哪些国家是其成员国，哪些本公约条款对其适用及其在这些条款所涉事项上所具有的能力。

（iv）这一组织除其成员国以外，不得享有任何表决权。

5. 批准书、接受书、核准书或加入书应交存保存人。

第 31 条　生效

1. 本公约应在保存人收到第二十二份批准书、接受书或核准书之日起第九十天生效，其中应包括十七个每个至少有一座其一个堆芯已达到临界的核设施的国家的此类文书。

2. 对于在满足第 1 款中规定的条件所要求的最后一份文书交存之日以后批准、接受、核准或加入本公约的每一国家或每一区域性一体化或其他性质的组织，本公约在该国家或组织向保存人交存相应文书之日后第九十天生效。

第 32 条　公约的修正

1. 任一缔约方得对本公约提出修正案。提出的修正案应在审议会议或特别会议上审议。

2. 提出的任何修正条文及修正理由应提交保存人，保存人应在该提案被提交其审议的会议召开至少九十天前将该提案尽快分送各缔约方。保存人应将收到的有关该提案的任何意见通报各缔约方。

3. 缔约方应在审议所提出的修正案后决定是否以协商一致方式通过此修正案，或在不能协商一致时是否将其提交外交会议。将所提出的修正案提交外交会议的决定应需出席会议并参加表决的缔约方三分之二多数票作出，条件是表决时至少一半缔约方在场。弃权应被视为参加表决。

4. 审议和通过对本公约的修正的外交会议应由保存人召集并在不迟于按照本条第 3 款作出适当决定后一年内召开。外交会议应尽一切努力确保协商一致通过修正。如果此事为不可能，应以所有缔约方的三分之二多数通过修正。

5. 根据上述第 3 款和第 4 款通过的对本公约的修正，应经由缔约方批准、接受、核准或确认，并应在保存人收到至少四分之三缔约方的批准、接受、核准或确认文书后第九十天，对已批准、接受、核准或确认这些修正的缔约方生效。对于在其后批准、接受、核准或确认所述修正的缔约方，此种修正将在该缔约方交存其有关文书之后第九十天生效。

第 33 条　退约

1. 任何缔约方得以书面通知保存人退出本公约。

2. 退约于保存人收到此通知书之日后一年或通知书中可能标明的更晚的日期生效。

第 34 条　保存人

1. 机构总干事应为本公约保存人。

2. 保存人应向缔约方通报：

（i）根据第 30 条签署本公约和交存批准书、接受书、核准书或加入书的情况；

（ii）本公约按照第 31 条生效的日期；

（iii）根据第 33 条提出的退出本公约的通知和通知的日期；

（iv）根据第 32 条缔约方提出的对本公约的建议的修正案，有关外交会议或缔约方会议通过的修正以及所述修正的生效日期。

第 35 条　作准文本

本公约的原本交保存人保存，其阿拉伯文、中文、英文、法文、俄文和西班牙文文本具有同等效力；保存人应将经认证的副本分送各缔约方。

法国核信息透明与核安全法

第一编　总　则

第1条

Ⅰ. 广义的核安全包括核安全、辐射防护、预防和对抗恶意行为，也包括事故状况下的民事安保行动。

核安全是指所有为了预防事故或限制其后果所采取的与陆上固定式核设施的设计、建造、运行、关闭、退役和放射性物质运输有关的技术安排和组织措施。

辐射防护是预防电离辐射，换言之，是指所有为预防或减少电离辐射直接或间接对人产生有害影响和对环境产生不利影响所采取的规则、程序以及预防和监督手段。

核信息透明是指所有为保证公众获得可靠和易于理解的核安全信息的权利所采取的规定。

Ⅱ. 国家制定有关核安全的法规，并对这些法规的应用实施监督检查。这些法规保证公众能够了解与核活动的风险有关的信息，以及其对人体健康和安全及环境影响有关的信息。

第2条

Ⅰ和Ⅱ已废止。

Ⅲ. 与国防有关的核活动与核设施不适用本法，第1条和本条除外。经国家行政法院审议的法令明确了针对这类设施和活动的分类，并根据核安全和辐射防护组织原则通行的做法加上与国防有关的要求，对适用于与国防有关的核活动与核设施的信息通报和监督检查的责任进行了规定。与国防有关的核设施运行所必要的且位于该核设施边界内的设备和设施被认为是该核设施的组成部分。

与国防有关的核设施与核活动不需要满足《环境法典》第 L. 214 - 1 条至第 L. 214 - 6 条以及该法典第五卷第一编的规定，也不需要满足《公共卫生法典》第 L. 1333 - 4 条规定的批准或通报制度的要求。

位于与国防有关的核设施边界内，与该核设施运行无关的设备和设施，仍应遵守前述《环境法典》与《公共卫生法典》的规定。由与国防有关的核活动与核设施的主管部门行使上述两个法典规定的各自管理部门的职责以及根据管理要求所实施的检查。

第 3 条

在本法的应用中：

1°在采纳了核安全局的建议之后，国家行政法院的法令：

a）可以下令按第 34 条规定的条件实施一个陆上固定式核设施的最终关闭和退役；

b）可确定《公共卫生法典》第一部分第三卷第三编第三章的实施程序；

c）可确定《劳动法典》第 L. 231 - 7 - 1 条第 1 段的实施程序；

2°在采纳了核安全局的建议之后，通过的法令：

a）可按第 29 条规定的条件批准一个陆上固定式核设施的建造；

b）可按第 29 条规定的条件批准一个陆上固定式核设施的最终关闭和退役，或最终关闭和转入监督阶段；

c）可按第 29 条Ⅹ规定的条件终止一个陆上固定式核设施的授权；

3°主管核安全的部长和主管辐射防护的部长可批准第 12 条提到的核安全局内部规章；

4°主管核安全的部长：

a）可停止使用第 30 条规定的通用准则；

b）可批准第 4 条 1°提到的核安全局的技术性管理决定；

c）可批准核安全局对第 29 条Ⅷ提到的一个陆上固定式核设施最终退役的决定；

d）可按第 29 条Ⅳ规定的条件宣布一个陆上固定式核设施暂停运行；

e）可按第 29 条Ⅹ规定的条件根据核安全局建议，禁止一个陆上固定式核设施恢复运行；

f）除紧急情况外，可批准核安全局根据第 41 条Ⅳ作出的决定；

5°主管辐射防护的部长可批准第 4 条 1°提到的核安全局的技术性管理决定；

6°核安全局：

a）可制定第 4 条 1°提到的技术性管理决定；

b）可按第 29 条Ⅰ规定的条件批准一个陆上固定式核设施的启动；

c）可按第 29 条Ⅰ、Ⅲ、Ⅴ、Ⅵ、Ⅸ和Ⅹ、第 33 条规定的条件提出强制性要求；

d）可宣布第 4 条 2°提到的承压设备管理规定中所预计的个性化的决定；

e）协调第 35 条提到的与放射性物质运输有关的批准或允许；

f）宣布决定并采取第 41 条提到的措施；

g）协调《公共卫生法典》第 L. 1333 - 4 条规定的授权，包括对利用电离辐射的医学设施和设备的授权，和对持有进口放射源的授权；也可按前述法典第 L. 1333 - 5 条规定的条件撤销这些授权，并说明理由。

第二编 核安全局

第 4 条

核安全局作为一个独立的行政部门，参与核安全与辐射防护的监督检查，并向公众发布该领域的信息。

在这方面：

1°核安全局为与核安全监管有关的法令和部长命令草案提供咨询。

核安全局可以作出技术性监管决定以完成核安全或辐射防护领域通

过的法令和命令的实施程序，与职业医学有关的决定除外。有关核安全的决定应经主管核安全的部长批准，有关辐射防护的决定应经主管辐射防护的部长批准。批准命令和被批准的决定应在政府公报上发布。

核安全局根据第 29 条作出的决定应报主管核安全的部长；

2°核安全局确保监督检查有关核安全与辐射防护的通用准则和特别规定能够得到遵守：其中包括按第 28 条规定提交的陆上固定式核设施；为这些设施特别设计的承压设备的制造和使用；放射性物质运输；以及《公共卫生法典》第 L. 1333 – 1 条提到的活动和第 L. 1333 – 10 条提到的人员。

核安全局在国土范围内组织辐射防护方面的连续性监测。

核安全局在其工作人员中任命按本法第四编提到的核安全监督员，《公共卫生法典》第 L. 1333 – 17 条 1°提到的辐射防护监督员，负责监管本条 2°提到的承压设备有关规定的人员。核安全局给予参加核安全或辐射防护检查的机构必要的许可；

3°核安全局在其权限范围内参与公众信息发布；

4°核安全局参与发生在法国或影响到法国领土的可能使人体健康和环境遭受电离辐射危害的自然事件造成的放射性应急情况的管理。作为应急响应计划的一部分，核安全局在对 2004 年 8 月 13 日关于民事安全现代化的 2004 – 811 号法第 14 条、第 15 条预计的核活动造成的风险制定相应的措施方面，对主管部门提供技术支持。

在这种应急情况发生时，核安全局帮助政府处理其职权范围内的所有事情。向主管部门提供有关医学和健康水平或有关民事安全所采取的措施的建议。告知公众引起应急情况的设施的安全状态，当后者受其监督时，告知公众对环境可能的释放和对人体健康和环境的危害；

5°在发生与核活动有关的事件和事故时，核安全局可以根据 2002 年 1 月 3 日关于运输的基础设施和系统安全的 2002 – 3 号法所预计的程序进行技术调查，并对天然气、碳氢化合物与化学制品的地下储存进行技术调查。

第5条

核安全局根据第4条1°提出的建议，如果这些建议在2个月的期间内没有回复，则认为这些建议是有效的。在一个说明理由的紧急情况发生时，这一期间可以缩短，这项要求由主管部门向核安全局提出。一项行政法院的法令规定了核安全局的建议超期的时间，在该期间内根据本法的其它条款它是强制性的，在没有明确回应时，核安全局的建议仍被认为是有效的。

第6条

核安全局向公众公布经核安全高级决策委员会按照法律规定的保密条文评议的意见和决定，特别是按照《环境法典》第一卷第二编第四章和1978年7月17日78－753号关于改善行政机关与公众关系的各种措施以及行政、社会和税收指令的各种安排。

第7条

核安全局起草年度工作报告并提交国会（报送到国会科学技术评估办公室审议)，政府以及共和国总统。

应国民议会和参议院主管核与辐射安全职能的委员会或国会科学技术评估办公室要求，核安全局局长向它们报告核安全局的工作。

第8条

应政府、国民议会和参议院主管核与辐射安全职能的委员会或国会科学技术评估办公室要求，核安全局对其权限范围内的问题提出意见或者进行研究。应主管核安全或辐射防护的部长的要求，核安全局在其权限范围内进行技术调查。

第9条

核安全局在其权限范围内向政府提出建议以明确法国在国际谈判中的立场。应政府要求，核安全局代表法国参加这些领域的国际组织和欧洲共同体的活动。

为实施放射性应急情况的国际协议和欧盟法规，核安全局被授权发出警报和通知第三国当局或接受它们的警报和信息。

第 10 条

高级决策委员会初次设立时，主席任期为 6 年，由共和国总统任命的其他两名成员的任期通过抽签设置，其中 1 名为 4 年，另一名为 2 年。由议会组织的议长任命的 2 名成员的任期通过抽签设置，其中 1 名为 4 年，另一名为 6 年。

第 11 条

除非至少 3 名成员出席，核安全局高级决策委员会不能合法审议。出席的成员过半数审议通过。在票数相等的情况下，由主席作出决定。

在紧急情况下，核安全局局长或在其缺席时由其指定的成员，根据情况需要采取高级决策委员会权限范围内的措施。他应尽快召集高级决策委员会开会，向其报告所采取的措施。

第 12 条

核安全局起草高级决策委员会组织与运行的内部规章。内部规章规定高级决策委员会可以授权其主席，或者，在主席缺席的情况下授权另一名高级决策委员会成员的条件。内部规章还规定主席可以向核安全局下属部门人员授权代其签名的条件；但是，第 4 条 1°中提到的建议和管理性决定不得授权。

核安全高级决策委员会的内部规章在主管核安全和辐射防护的部长批准后由政府公报公布。

第 13 条（法文原文无此条）

第 14 条

为完成委托给核安全局的使命，核安全局局长有资格代表国家参加法庭诉讼。

第 15 条

核安全局有设置在核安全局局长职位之下的部门。由这些部门组织实施核安全和辐射防护检查。

根据 1984 年 1 月 11 日 84 - 16 号关于制定与国家公务员有关的法第 4 条的规定，核安全局可以聘用公务员担任相关岗位的工作并聘用合同制员工。在国家机关任职的公务员经协商一致，在部分时间需要时，可以根据国家行政法院的法令规定的程序被借调到核安全局。

经协商一致，核安全局可以从公共机构借调人员。

核安全局局长被授权签署任何对实现核安全局使命有利的协议。

第 16 条

核安全局局长负责代表国家分配根据 2000 年财政法第 43 条规定（1999 年 12 月 30 日 99 - 1172 号）的税金的拨付和结算。

核安全局向政府建议完成其使命所需的资金。政府就核安全局技术支持的辐射防护和核安全研究院需要的国家补贴向其征求意见。核安全局与核安全与辐射防护研究院之间达成的一项协议规定了这个技术支持的细节。

核安全局局长是核安全局收入与支出的审批者。

第 17 条

国家行政法院的一项法令详细说明本编的实施程序，特别是对核安全局决定的批准程序。

第三编　有关核安全的公共信息

第一章　核安全和辐射防护信息的知情权

第 18 条

国家负责告知公众有关核安全和辐射防护监督检查的程序和结果的有关信息。向公众提供在国土范围外进行的核活动对国土范围内影响结果的信息，特别是在发生事件或事故时。

第 19 条

Ⅰ. 任何人都有权从一个陆上固定式核设施的许可证持有者处，或者在其辐射剂量高于法令规定的限值时，从放射性物质运输负责人或放射性物质的持有者处获得已掌握的信息，包括他们已接收到的或已经过自己证实的，这些信息包括这一活动可以导致的与电离辐射有关的危害，以及按《环境法典》第 L. 124－1 条至第 L. 124－6 条的规定为了预防和减少这些危害和照射所采取的安全与辐射防护措施。

Ⅱ. 根据本条，与拒绝沟通信息有关的争议根据前述 1978 年 7 月 17 日 78－753 号法规定的程序提交行政法庭。

Ⅲ. 前述 1978 年 7 月 17 日 78－753 号法第一编第二章的条款不适用于根据本条传达的信息。

第 20 条

前述 1978 年 7 月 17 日 78－753 号法第 21 条已被完整引用为如下段落：

‘按照 2006 年 6 月 13 日 2006－686 号法《核信息透明与核安全法》第 19 条规定的条件，核安全透明和信息高级委员会有权处理从陆上固定式核设施的许可证持有者和放射性物质运输的负责人那里顺利获得他们所持有的信息的问题。’

第 21 条

陆上固定式核设施的许可证持有者每年编制一份报告，内容包括：

——在核安全和辐射防护领域内所采取的措施；

——在本陆上固定式核设施边界内发生的核安全和辐射防护事件和事故，并根据第 54 条的规定进行了事件或事故通报，以及为了限制事件或事故发展和对人身健康与环境的后果所采取的措施；

——从本陆上固定式核设施到环境的放射性和非放射性释放的种类和测量的结果；

——本陆上固定式核设施厂址内贮存的放射性废物的种类和数量，和为了限制其数量和对健康与环境，特别是对地面和水的影响所采取的措施。

这份报告被提交给陆上固定式核设施的公共卫生、安全和工作条件委员会，这个委员会可以提出意见。这些意见作为附件被添加到最终出版和分发的文件中。

这个报告被公开披露并传送到当地信息委员会和核安全透明和信息高级委员会。

一项法令规定了报告中包含的信息的种类。

第二章　当地信息委员会

第22条

Ⅰ. 如第28条规定的，在有一个或几个陆上固定式核设施的厂址，成立一个当地信息委员会，负责所在厂址的核设施在核安全、辐射防护以及核活动对人员与环境的影响领域的所有跟踪、通告和协调任务。当地信息委员会通过使用最大多数人易于理解的方式广泛地传播其工作结果。

一旦一个陆上固定式核设施根据第29条的要求被批准立项建造，就可以建立一个当地信息委员会。

对于几个相邻的陆上固定式核设施的厂址可以建立一个当地信息委员会。只有一个陆上固定式核设施的厂址也可以建立一个当地信息委员会。

Ⅱ. 当地信息委员会包括：省议会、市议会或者若干市镇议会和大区地方议会的代表；由所在省选出的国会议员；环境保护协会、经济界和具代表性的职工工会组织和医疗行业的代表；以及其他有资格的人士。

核安全局的代表和地方国土卫生部门的代表，其他有关国家机构代表以及许可证持有者的代表可以以顾问身份出席当地信息委员会的会议。并有权参与当地信息委员会的工作。

Ⅲ. 当地信息委员会由一个或几个陆上固定式核设施所在范围的省的省议会主席的一项决议建立，如果一个或几个陆上固定式核设施所在范围涉及到几个省时，由几个省的省议会主席的一项联合决议建立。

省议会主席任命当地信息委员会成员。当地信息委员会由省议会主席或者一个由他从当地信息委员会成员中任命的该省本地选举产生的代表主持。

如果陆上固定式核设施边界内包含一个废物处理或贮存设施，本条提到的当地信息委员会可以替代《环境法典》第 L. 125 - 1 条提到的本地信息和监督检查委员会。

Ⅳ. 当地信息委员会具有社团法人资格。

Ⅴ. 为完成其使命，当地信息委员会可以进行一些咨询服务，包括流行病学研究，进行有关从厂址排放或释放的任何环境测量或分析。

当地信息委员会在核设施许可证持有者请求时，根据第 19 条规定在收到请求后 8 天内将信息传送给核设施许可证持有者。在同等条件下，许可证持有者将这些要求的答复发送给当地信息委员会。

核设施许可证持有者、核安全局和其他国家机构向当地信息委员会发送它完成使命需要的所有的文件和信息。根据情况，本法第 19 条或者《环境法典》第一卷第二编第四章以及前述 1978 年 7 月 17 日 78 - 753 号法的有关规定适用于信息传递。

许可证持有者应将本法第 54 条规定的任何事件和事故尽快通知当地信息委员会。

核安全局和主管核安全或辐射防护的部长可以就陆上固定式核设施范围内的任何项目咨询当地信息委员会。当地信息委员会一旦正式成立，作为公众咨询内容的所有项目将是其不可推卸的责任。

当地信息委员会可以向核安全局和主管核安全与辐射防护的部长提出讨论与厂址内的核安全和辐射防护有关的任何问题。

省政府中有关环境、健康和技术风险的委员会，可以向当地信息委员会提出讨论其权限范围内的任何问题，从而获得它的意见。

当地信息委员会与第 23 条规定的核安全透明和信息高级委员会互相通报所有对完成他们使命有用的信息和协调信息上的共同行动。

Ⅰ中提到的包含一个或几个陆上固定式核设施的企业的卫生、安全和工作条件委员会任命的代表，在他们认为必要时，请求听取当地信息委员会对他们的要求。当地信息委员会也可以请求听取卫生、安全和工作条件委员会对当地信息委员会的要求。

Ⅵ. 当地信息委员会经费由以下主体支付：

——国家；

——地方政府及其分支机构。

除国家和地方政府及其分支机构可以给当地信息委员会的补贴之外，具有法人资格的当地信息委员会根据2000年财政法（1999年12月30日99－1172号）第43条的规定可以接受部分税收收入。

当地信息委员会的账目受地方审计署审查。

Ⅶ. 当地信息委员会可以以协会的形式成立联合会，代表主权国家和欧共体，并对它们共同感兴趣的问题提供帮助。

这个联合会的资源主要来自于国家补贴和作为联合会成员的各委员会出资。

Ⅷ. 国家行政法院的一项法令确定了本章的实施程序。规定了具有法人资格的当地信息委员会章程中的强制性条款。

第三章　核安全透明和信息高级委员会

第23条

成立一个有关核安全透明和信息的高级委员会。

根据法令，核安全透明和信息高级委员会的成员任期为6年，其中4人为国会议员，其他类别中的每一类为6人。具体分配如下：

1°国民议会任命的2名议员和参议院任命的2名参议员；

2°当地信息委员会的代表；

3°《公共卫生法典》第L. 1114－1条规定的协会和环境保护协会的代表；

4°核活动负责人的代表；

5°具代表性的职工工会组织的代表；

6°基于这些人士在科学、技术、经济、社会领域或有关信息和通信的能力作选择。其中3名由国会科学和技术评估办公室任命，1名由自然科学院任命，1名由人文科学院任命；

7°核安全局、有关国家机构、辐射防护和核安全研究院的代表。

根据法令，核安全透明和信息高级委员会的主席从国会议员、当地信息委员会代表和根据他们的能力选出的属于委员会成员的人士中任命。

第24条

核安全透明和信息高级委员会是有关核活动风险、核活动对人体健康、环境和核安全的影响的信息、协调和辩论的机构。为此，它可以对这些领域的任何问题发表意见，也包括与这些领域有关的监测和信息。它还可以处理有关核安全信息获取的任何问题，提出为确保或改善核领域透明度的任何可能的措施。

关于核安全和监督检查信息的任何问题，负责核安全的部长、国民议会和参议院相关职能委员会主席、国会科学和技术评估办公室主席、当地信息委员会主席或陆上固定式核设施许可证持有者都可以提交到核安全透明和信息高级委员会审议。

第25条

核安全透明和信息高级委员会可以组织对完成其使命所必要的研究评价，以及组织不同意见的辩论。

核安全透明和信息高级委员会可以向公众公开披露自己的意见。

核安全透明和信息高级委员会起草年度活动报告，该报告也可以向公众披露。

核活动的负责人、核安全局和其它有关国家机构向核安全透明和信息高级委员会传送对完成其使命有用的所有文件和信息。根据情况，本法第19条或《环境法典》第一卷第二编第四章的规定和前述1978年7月17日78－753号法适用于这类信息传送。

第26条

核安全透明和信息高级委员会为完成其使命所必要的资金列入国家预算。

除核活动的负责人的代表外，核安全透明和信息高级委员会的成员应对其在岗期间与其在高级委员会权限范围内的活动有关的公司或机构发生的直接或间接的联系向公众作出声明。

第27条

本章的实施程序由国家行政法院的一项法令规定。

第四编　陆上固定式核设施和放射性物质的运输

第一章　适用于陆上固定式核设施和放射性物质运输的规定

第28条

Ⅰ. 基于其对安全保障、公众健康和公共卫生或对自然生态和环境保护可能产生的风险和弊端，陆上固定式核设施和放射性物质运输应遵守本章规定。

Ⅱ. 陆上固定式核设施的许可证持有者应对其设施的安全负责。

Ⅲ. 陆上固定式核设施是指：

1°核反应堆；

2°具有国家行政法院的一项法令规定的特征，用于准备、浓缩、生产、加工或贮存核燃料的设施或处理、贮存或处置放射性废物的设施；

3°具有国家行政法院的一项法令规定的特征，包容放射性物质或易裂变物质的设施；

4°具有国家行政法院的一项法令规定的特性的粒子加速器。

Ⅳ. 陆上固定式核设施不需要满足《环境法典》第 L. 214－1 条至第 L. 214－6 条或上述法典第五卷第一编的规定。它们不需要满足《公共卫生法典》第 L. 1333 – 4 条规定的批准或报告制度。

V. 对于运行一个陆上固定式核设施必要的且位于其边界内的设备和设施按本法第 29 条第 1 款的规定，包括那些列在《环境法典》第 L. 214 – 2 条与第 L. 511 – 2 条规定的专门术语类别之一的设备和设施，被认为是上述核设施的一部分且遵守本编规定。

列在前述类别之一且位于陆上固定式核设施边界内的其它设备和设施仍应遵守《环境法典》的前述规定。核安全局行使由那些条文规定的各自有关的决定和监督检查。

第 29 条

Ⅰ. 一个陆上固定式核设施的建造应经批准。这一批准只有在满足以下条件时才可被签发：考虑到当代科学技术知识水平，许可证持有者能证明已采取的或预计在设计、建造和运行阶段将采取的技术或组织措施，以及为核设施退役或放射性废物处置设施及其根据Ⅵ规定的程序最终关闭后的维修与监督提出的一般原则，能充分预防和限制核设施应对第 28 条Ⅰ提到的公共利益的风险或弊端。陆上固定式核设施的建造批准还要考虑许可证持有者的技术和财政能力，其能力应允许其保证第 28 条Ⅰ提到的公共利益并执行该项目，特别是支付核设施退役和大修，以及设备所在地的日常监督和日常维修的费用，或支付放射性废物处置设施的费用，还要支付核设施最终关闭、维修和监督的费用。

陆上固定式核设施的建造批准是根据核安全局的建议，并根据《环境法典》第一卷第二编第三章的规定，经公众咨询后，通过的一项法令发布。这一法令确定陆上固定式核设施的特性和边界范围以及陆上固定式核设施必须投入运行的截止期限。

为了实施批准法令，核安全局在遵守第 30 条规定的通用准则的前提下，规定为保护第 28 条Ⅰ提到的公共利益所必要的有关核设施设计、建造和运行的要求。在这方面，它还特别规定了在需要时，对核设施的水取样和核设施所释放的放射性物质的相关要求。规定了经过批准的释放到环境的放射性物质排放量限值。

核安全局批准按第36条涉及的法令规定的条件运行核设施，并宣布按第4条2°所述的有关承压设备的法规规定逐个的作出决定。

核安全局在审查一项批准申请时，为保护第28条Ⅰ提到的公共利益，可以采取必要的临时措施。

Ⅱ. 在下列情况下应重新申请批准：

1°核设施许可证持有者变更；

2°核设施边界变更；

3°核设施内有重大变化。

除了针对本条Ⅱ的1°和2°的情况，属于可按国家行政法院的法令规定的简化程序提出申请外，这一新的批准将根据Ⅰ规定的程序执行。

Ⅱbis. 核设施修改或核设施运行条件变化应报核安全局批准，在没有重大修改的情况下，核安全局将关注是否会导致核设施的水取样和向环境的排放量有明显增加，这将需要根据《环境法典》第L.122－1－1条规定的模式进行公众听证。

Ⅲ. 陆上固定式核设施的许可证持有者应当采用最佳国际实践对其核设施进行定期安全评价。这一定期评价应当准许评价核设施的状况符合其适用的有关法规规定，并评价本核设施对于第28条Ⅰ提到的公共利益的风险和弊端，特别是考虑到本核设施状态、类似核设施运行过程中积累的经验和知识以及适用的法规的更新。核设施许可证持有者应向核安全局和主管核安全的部长报送包含上述评价结果的报告，在需要时，还要包括为纠正发现的异常或改进核设施安全准备采取的措施。

核安全局在对上述报告进行分析后可以提出新的技术指令。并向主管核安全的部长报送核安全局对报告的分析。

安全评价每十年进行一次。但是批准命令可以根据所涉及的核设施的特点规定一个不同的周期。

Ⅳ. 如果一个陆上固定式核设施出现会对第28条Ⅰ提到的公共利益造成重大风险，主管核安全的部长可以发布命令宣布暂停该核设施的运行并尽快采取适当措施消除这些严重风险。除在紧急情况下，核设施许可证持有者同样也可对暂停运行的问题和先前收到的核安全局的意见表达其观点。

在发生和即将发生严重风险时，如有必要，作为临时的和保守的措施，核安全局可以暂停核设施的运行。并立即通报主管核安全的部长。

Ⅴ. 一座陆上固定式核设施的最终关闭和退役应经事先批准。批准的申请应包括关闭条件、退役和废物管理程序的相关安排，还包括对核设施厂址的后续监督和维修，并考虑当代的科学与技术知识和对厂址以后用途的预计，充分预防和限制第 28 条Ⅰ涉及的公共利益的风险或弊端。

根据核安全局的建议，并根据《环境法典》第一卷第二编第三章的规定，经公众咨询后，通过发布一项法令批准一个陆上固定式核设施的最终关闭和退役。该法令规定退役特点、完成退役的时间和退役后由许可证持有者负责的运行方式。

为实施批准命令，按照第 30 条规定的通用准则，核安全局规定了为保护第 28 条Ⅰ提到的公共利益所必要的退役的有关要求。如有必要，还特别规定了核设施水取样和核设施排出的放射性物质的有关要求。还规定了经批准的从核设施排放到环境中的放射性物质数量的限值。

本条Ⅴ的规定不适用于放射性废物处置设施。

Ⅵ. 一座放射性废物储存设施的最终关闭和转为监督阶段应经批准。批准的申请应包括最终关闭、设施所在厂址维修与监督的相关安排，并考虑当代科学与技术知识，充分预防或限制第 28 条Ⅰ提到的公共利益的风险或弊端。

根据核安全局的建议，并根据《环境法典》第一卷第二编第三章的规定经公众咨询后，通过发布一项法令批准一座放射性废物储存设施的最终关闭和转为监督阶段。这项法令规定了放射性废物储存设施最终关闭后由许可证持有者负责的运行方式。

为实施批准命令，按照第 30 条规定的通用准则，核安全局规定了为保护第 28 条Ⅰ提到的公共利益所必要的退役的有关要求。如有必要，还特别规定了核设施水取样和核设施排出的放射性物质的有关要求。

Ⅶ. 所有批准应保留第三方权利。

如果核设施许可证持有者不是土地所有者，批准的申请应附上遵守第44条规定的应尽义务的承诺。任何新的土地购买者也要签署同样的承诺，违反承诺将取消土地出售。

Ⅷ. 在一个陆上固定式核设施已按Ⅴ规定的安排退役，或已按Ⅵ规定的安排进入监督阶段，且不再要求实施本编规定的要求时，核安全局呈报负责核安全的部长批准这座陆上固定式核设施最终退役的决定。

Ⅸ. 如果第28条Ⅰ提到的公共利益受到威胁，核安全局随时可以提出评价且采取必要的措施。除在紧急情况下，核设施许可证持有者同样可以提出自己的观点。

本条Ⅸ第1段的规定同样适用于核设施最终退役后还发现存在威胁的情况。

Ⅹ. 如果一个陆上固定式核设施在批准其建造的法令规定的时间内没有投入运行，根据核安全局建议，一项法令可以终止该设施的授权。核安全局可以向批准书持有人提出特殊要求以保护第28条Ⅰ提到的公共利益和保证厂址彻底检查。本编规定的监督检查和保安措施继续适用于该设施。

如果一个陆上固定式核设施连续超过2年停止运行，根据核安全局建议，主管核安全的部长可以通过一个法令，禁止该设施恢复运行并要求许可证持有者在规定的时间内提出核设施最终关闭和退役的申请。

第30条

为了保护第28条Ⅰ中提到的安全保障、公众健康和公共卫生，或自然生态和环境，陆上固定式核设施的设计、建造、运行、最终关闭和退役以及放射性废物处置设施的最终关闭、维护、监管，都要遵守适用于所有这些设施或针对其中某类装置的通用准则。同样的，通用准则也适用为这些设施特殊设计的承压设备的制造和使用。由部长令规定的通用准则对现有设施制定了特殊的实施程序。

第 31 条

陆上固定式核设施（包括现有的设施）所在地的地方行政部门可以规定公共设施的地役权，包括土地的使用和施工时要出示告示或政府批准。即使在陆上固定式核设施已经退役或彻底拆除之后，地役权还会涉及原核设施所在地及其周围的土地的使用。根据核安全局的建议，按《环境法典》第 L. 515 – 8 条至第 L. 515 – 12 条规定的条件制定了这些规定。

第 32 条

第 L. 425 – 12 条

陆上固定式核设施根据 2006 年 6 月 13 日 2006 – 686 号法《核信息透明与核安全法》第 29 条 I 提出建造申请或根据该条 II 的 3° 提出新的申请时，在没有结束批准公众听证之前不得施工。

第 33 条

根据本编第 28 条 III 中 2°、3° 和 4°，按照国家行政法院的法令所作的一项法律变更，对正在按规章运行的核设施可以继续运行，而不需要按第 29 条 I 中规定提交建造申请，只需要在法令发布的第二年给核安全局发送通知。

为保护第 28 条 I 中提到的安全保障、公众健康和公共卫生，或自然生态和环境，核安全局可以对该陆上固定式核设施提出一些特殊要求。

第 34 条

当陆上固定式核设施出现重大风险，而本编中提出的措施又不足以预防和减轻其后果，为了保护第 28 条 I 中提到的安全保障、公众健康和公共卫生，或自然生态和环境，在听取了核安全局的意见后，国家行政法院的法令可以命令陆上固定式核设施最终停堆和退役。

第 35 条

核安全局给予放射性物质运输有关的许可或批准，并接受有关通报。

第 36 条

国家行政法院的法令确定了本章的实施程序。

该法令还明确了核设施投入运行之后的实施条件。

该法令还明确了对于运行少于六个月的设施，简化的批准步骤只可更新一次。

第二章 强化陆上固定式核设施从业人员在预防风险方面的作用

第 37 条

I. 已根据《劳动法典》第 L. 230 – 2 条修改。

II. 已根据《劳动法典》第 L. 236 – 1 条修改。

III. 已根据《劳动法典》第 L. 236 – 2 条修改。

第 38 条

I. 已根据《劳动法典》第 L. 231 – 9 条修改。

II. 已根据《劳动法典》第 L. 233 – 1 – 1 条修改。

第 39 条

I. 已根据《劳动法典》第 L. 236 – 10 条修改。

II. 已根据《劳动法典》第 L. 236 – 2 条修改。

III. 已根据《劳动法典》第 L. 236 – 2 – 1 条修改。

IV. 已根据《劳动法典》第 L. 236 – 5 条修改。

V. 已根据《劳动法典》第 L. 236 – 7 条修改。

第三章 检查与执法

第 40 条

I. 为了确保遵守核安全法规，陆上固定式核设施与放射性物质运输均在监管之下。此监管由核安全局授权的人员中指定的核安全监督员执行。

核安全局授权的人员必须遵守确定其行为准则的内部规章。

在执行检查与执法任务时，核安全监督员要宣誓并强制执行专门的保密规定，一旦违反规定，要根据《刑法法典》第226－13条和第226－14条受到制裁与处罚。

核安全监督员监管的范围可以扩展到第29条中提到的正在申请建造许可证的陆上固定式核设施，以及第29条VIII或第31条提到的已经退役的陆上固定式核设施。

II. 核安全监督员可以在任何时候视察陆上固定式核设施并监控放射性物质的运输活动，以及放射性物质的仓库、装卸及其他停放设施。此条款不适用于用作住宅的部分地方，除了在早6点到晚9点之间并且经大审法院相关职能法庭的庭长或者由他所委派的法官批准之外。核安全监督员可以进入运输工具，实施监督检查。

最晚在监督检查活动开始之前，通知陆上固定式核设施许可证持有者或放射性物质运输负责人列席监督检查活动，以及由他选定的或代表他的任何人列席监督检查活动。

III. 核安全监督员在完成他们的监督检查活动期间必须获得所有有用的文件或者作为支持的证据。他们也可以复制这些文件并当场收集必要的信息和证据，或要求后续提供。

核安全监督员仅在拟定的文件清单给许可证持有者会签过后才可以把文件拿走，此清单要规定文件的性质和他们的编号。核安全局将通告许可证持有者监督检查的后续活动，许可证持有者可以把他们的建议返回给核安全局。

IV. 如果被授权允许进入陆上固定式核设施的人员不能进入或运输工具的要求不能达到，或被反对进入，或者允许进入的房屋已用作住宅，核安全监督员可以请求大审法院的相关职能法庭的庭长或经其授权的法官批准进入。大审法院的相关职能法庭拥有陆上固定式核设施和运输工具所在地的司法管辖权。法官应以紧急的方式对所要检查的包含有用证据的请求进行审议，并作出决定。法官批准核安全监督员到访需是说明理由的法令，这项法令陈述真实并合法的理由以支持到访的决定，通知地址或指定访问的运输工具以及授权人的姓名和资历保证使其能够到访。这项法令任命本地有资历的法警警官帮助实施到访以及随时通知到访的进展情况。整个到访活动要在法官的监控下，法官可随时决定推迟或停止到访活动。

V. 核安全监督员按照适合于陆上固定式核设施的法规，实施第28条V中最后一段提到的陆上固定式核设施的监督检查。他们拥有《环境法典》第L. 514-5条提到的人员的权利和特权。

第41条

I. 当陆上固定式核设施的许可证持有者或放射性物质运输的负责人不遵守核安全法规强制规定的一些条件时，核安全局除了提出可执行的刑事诉讼之外，还可以催促有关方面在限定的时间内满足这些条件。

如果过了规定的时限，仍然没有听从催促指令，核安全局可以向有关方面发出说明理由的指令并提出批评。

a）强制要求有关方面将一笔钱存于公共账户，总额是完成此项工作或要采取的措施所需的总经费；当逐一完成了工作或采取了规定的措施后，此金额会退还给许可证持有者。

b）按行政决定，着手进行催办人员费用的支付，开展施工和采取规定的措施，存款能支付各种开支和担保。暂停核设施的运行或有关的操作；一旦强制性条件全部执行，此类措施将自行撤消。

c）在有疑问时暂停核设施的运行或核活动的操作；这一暂停措施将在所有整改措施完成后才能被撤销。

II. 当陆上固定式核设施或运行应该得到批准，但未获得该项批准、同意或宣布前即开始建造、运行或操作，核安全局可以给有关方面发出催促指令，纳入管理程序；暂停陆上固定式核设施的运行或暂停操作的开展，直到布告发布或批准和同意的最终裁定。

如果有关方面不听从使其管理合法化的催促指令，或者拒绝提交批准或同意的申请，核安全局可以：

a）按条款I中的a）和b）中的陈述执行。

b）一旦需要，根据一项说明理由的决定，命令暂停陆上固定式核设施运行或执行操作。

III. 核安全局为保证第29条IV和X以及本条I和II中提到的要求的实施，可以采取必要的临时措施，包括查封。

IV. 除了在应急情况下，核安全局根据本条I和II做出的说明理由的决定要经主管核安全的部长的批准。此项批准允许15天左右的时延，或者应部长的要求，允许一个月左右的时延。这种时延要是合理的并对公众公开的。

第42条

依照第41条的安排，命令征收的存入公共账户的所有资金，就像国家债权一样，而与税收和国有财产无关。

对于征收的该项资金，国家享有《税法通则》第1920条所预计的支出的优先权。

当存款措施的执行在行政判决之前遭到拒绝时，行政法庭庭长或他委派的法官根据核安全局的要求裁定仍可不接受这种拒绝。如果没有任何手段能支持适合建造的请求，在诉讼过程中，关于此项决定的合法性的严肃质疑确定在15天内将不会中止其上诉权。

第43条

当核安全局依照第41条中I的c和II的第一段，已发布命令采取暂停措施，在采取暂停措施的这段期间，陆上固定式核设施的许可证持有者或放射性物质运输的负责人有义务保证支付他们所有员工的工资和津贴，以及直到那时有权获得的所有种类的报酬。

陆上固定式核设施的许可证持有者在与外部公司来到本核设施厂址工作的所有员工所签定的合同条件中，要保证在采取暂停措施的这段期间也同样继续支付他们工资、津贴和报酬。

第44条

如果许可证持有者违约，根据主管部门或核安全局按其各自的职权范围所作的说明理由的决定，可以采取第29条V，IX或X及第33、34、

41、42 条的措施，与核设施所在地上的土地所有者的想法相反，如果他同意土地的此种使用办法并被通知根据本条款他能够承担其所要承担的义务。对那些在许可证持有者违约后成为核设施所在土地的土地所有者也可以采取同样的措施，要求他们知道上述核设施的存在和按本条款他们所要承担的义务。

第 45 条

根据第 29、31、33、34、41、42 和 44 条所做出的行政裁决的争论要服从于整个司法权诉讼。在下述条件下，面对行政司法权所有行政裁决都可以提出诉讼：

1°对于申请人来说，陆上固定式核设施许可证持有者、放射性物质运输责任人或者在应用第 44 条时的土地所有者，从他们接到通知的日期开始计算，要在两个月的期间内；

2°对于第三方来说，由于陆上固定式核设施的运行或放射性物质运输对人员的健康和环境可能产生危险，从按第 29 条 I 和 II 颁发的陆上固定式核设施建造批准法令发布开始计算的两年期间内；从按第 29 条 V 颁发的陆上固定式核设施最终停堆和退役的，或按第 29 条 VI 颁发的陆上固定式核设施最终停堆和过渡到监督阶段的法令，以及针对本条第一段提到的其他行政决定的发布开始计算的四年期间内，在需要时可以被延长，直到陆上固定式核设施投入运行后两年期间内。

第四章　关于陆上固定式核设施与放射性物质运输的刑事条款

第一节　违法的确认

第 46 条

按照国家行政法院的法令规定的条件授权和宣誓过的核安全监督员有权查询及记录违反本编规定及其实施文本的证据。因此他们拥有第 40

条 II 和 III 所述权利，在他们的行为被阻碍的时候，可以依靠第 40 条 IV 所述程序提出上诉。

查找及记录这些违法的操作是在国家检察官的批准和监督下进行的，这些检察官在他们司法管辖区内，犯罪行为被指控或可能被指控。

这些违法行为被法警官员和核安全监督员口头问询进行查证。在有相反的证据之前这些口头问询成为证言。这些证言在五天内被送到检察官手中由他们进一步查证，违反此规定以无效论处。其副本送给核设施许可证持有者或放射性物质运输负责人。

涉及第 28 条 V 中最后一段提到的陆上固定式核设施运行必要的且位于其边界内的设备和设施，核安全监督员享有《环境法典》第 L. 216 –4、L. 216 –5、L. 514 –5 和 L. 514 –13 条授予的权利和特权。

第 47 条

依照第三章和本章的规定，核安全监督员可在陆上固定式核设施场区范围内及核设施的排放地点和放射性物质运输的设施内采取能带去允许做补充分析的样品。

第二节　刑事处罚

第 48 条

I. 被判处三年监禁和 150，000 欧元罚款的情况：

1°没有得到第 29 条的批准，就建造或运行陆上固定式核设施。

2°在规定的时限内没有得到本条规定的宣告，就运行第 33 条中所提及的陆上固定式核设施。

3°违背了停堆或暂停运行的行政裁定或司法判决，继续运行陆上固定式核设施。

II. 被判处两年监禁和 75，000 欧元罚款的情况：

1°在没有遵守主管部门催促尊重一项规定的指令下，运行陆上固定式核设施。

2°没有遵守设定厂址修复条件的规定以及依照第29条V或第44条应采取的措施。

III. 没有得到第35条规定的批准或同意，或在违背其规定的情况下运输放射性物质要处以一年的监禁和30，000欧元的罚款。

IV. 下列情况对陆上固定式核设施许可证持有者处以一年监禁及15，000欧元的罚款：

1°拒绝按照第40条规定向主管部门提交核安全信息的要求。

2°妨碍第40和46条中规定的检查监督的实施。

V. 对第54条规定的事件或事故没有做出通报的陆上固定式核设施许可证持有者或放射性物质运输责任人处以一年监禁及15，000欧元的罚款。

VI. 未能按照第21条的规定在当年年底之后六个月内撰写年度报告以至阻碍了其向公众公布，或在其报告中包含了虚假的信息，对陆上固定式核设施许可证持有者处以7，500欧元的罚款。

第49条

按照第48条的规定确认了违法行为的，自然人同样应遵守下述的补充处罚措施：

1°张贴布告宣布决定或以适当的方式传播这个决定。

2°没收用于或曾打算用于实施违法的物品，或者是违法制造的物品。

3°判处至多五年禁止在违法操作中或导致违法发生的工作中从事专业性活动。

第50条

按照第48条I中的1°、2°和II中的1°的规定，判决了违法行为的，法庭可以：

1°决定停止或暂停全部或部分设施的运行；

2°命令在规定的时间内对现场执行彻底检查或大修，此项命令还接合逾期罚款的要求（罚款的百分比和最长时限）。

法庭规定彻底检查或大修的工作按行政规定应由许可证持有者付费。在这种情况下，法庭可命令许可证持有者存款于公共账户，存款的总额需涵盖要执行的工作的总花费。

第 51 条

根据《刑法法典》第 132 – 66 条至第 132 – 70 条关于传唤的规定及命令，可用于按第 48 条和第 51 条宣布判决的情况下。

此项命令还结合逾期罚款的要求（退迟一天最多罚款 15，000 欧元）。

第 52 条　已废止。

第 53 条　已根据《环境法典》第 L. 142 – 2 条修改。

第五章　适用于事件或事故下的规定

第 54 条

在发生对陆上固定式核设施或放射性物质运输的安全性造成或可能存在重大危险的核或非核事件或事故的情况下，或对于人员、物品或环境造成重大的电离辐射损害的情况下，陆上固定式核设施许可证持有者或放射性物质运输责任人有义务立即通告核安全局和事件或事故发生地的省长，如有需要，还要立即通告海外省的省长。

第五编　其他规定

第 55 条

I. 已修改。

II. 1968 年 10 月 30 日 68 – 943 号法中有关核能领域民事责任的修订，即本条 I 的各项规定，从 2004 年 2 月 12 日在巴黎签署的巴黎公约修订文本生效之日起开始应用。

III. 从II中提到的修订协议生效起三个月，所有陆上固定式核设施许可证持有者或放射性物质运输负责人必须能够证明他们的责任涵盖按本法修订的1968年10月30日68－943号法第4、7、9、9－1和9－2条的各项规定，对于国家不担保的责任的部分依照上述法第7条第二段执行。

直到这个日期：

根据按本法修订的1968年10月30日68－943号法第7条的规定，每个陆上固定式核设施许可证持有者有义务承担的责任总额是必须取得并维持保险或其他财务担保固定在本法生效之前的草案中由68－943号法第4条规定的水平。

上述的1968年10月30日68－943号法第9条在本法生效之前的草案中继续保持其适用性。

第56条

1. 已根据《公共卫生法典》第L. 1333－14条修改。

2. 已根据《公共卫生法典》第L. 1333－17条修改。

3. 已根据《公共卫生法典》第L. 1333－20条修改。

4. 已根据《公共卫生法典》第L. 1333－3条修改。

5. 已根据《公共卫生法典》第L. 1333－4条修改。

6. 已根据《公共卫生法典》第L. 1333－5条修改。

7. 已根据《公共卫生法典》第L. 1337－1－1条修改。

8. 已根据《公共卫生法典》第L. 1337－6条修改。

第57条

1. 已根据《劳动法典》第L. 231－7－1条修改。

2. 已根据《劳动法典》第L. 611－4－1条修改。

第58条

已根据《环境法典》第L. 227－1条修改。

第59条

已根据《国防法典》第L. 1332－2条修改。

第60条

1. 已根据1975年12月31日75－1335号法第3条修改。

2. 已根据1983年7月5日83－581号法第3条修改。

3. 已根据《民用航空法典》第L.150－13条修改。

第61条

I. 1. 在2002年1月3日2002－3号法中，删除“在发生海上事件以及陆地或空中运输的事故或事件之后”这一段，该法涉及运输的地面设施和系统的安全，海上事件的技术侦查、陆地或空中运输的事故或事件以及天然气、碳氢化合物与化工产品的地下储存。

2. 在所有法律规定和管理规定中，先前提到的2002年1月3日2002－3号法进行与上述1中的修订一样的修订。

II. 已修改。

第62条

I. 1961年8月2日61－842号有关大气污染与气味的法以及1917年12月19日法的修订现已废止。

II. 已修改。

第63条

第4、8、9、56和57条的规定在核安全局高级决策委员会第一次会议召开之日开始生效，最迟生效于2007年3月31日。

第64条

分配给核安全与辐射防护总局的，或者分配给地方环保与规划和房产局的核安全与辐射防护处的官员或工作人员，以及第63条提到的日期之前借调的人员，从这个日期开始，分配到核安全局工作，或在相同的条件下由核安全局安排工作。后一种人员在通常管理条件下，从第63条提到的日期开始，可以回到他们原先的行政机构或公司。

本法作为国家法实施。

2006年6月13日完成于巴黎。

中华人民共和国核安全法解读

撰稿人（按照姓氏笔画排序）

丁　敏	孔庆军	付　莎	朱　培
刘永德	刘　璐	严　军	杜　莹
李汉玉	李　研	李静云	宋琛修
邵明昶	林　丹	赵学军	殷德健
黄　牛	鲍家斌	穆治霖	

图书在版编目（CIP）数据

中华人民共和国核安全法解读／陆浩主编．—北京：中国法制出版社，2018.2

ISBN 978－7－5093－9321－5

Ⅰ.①中…　Ⅱ.①陆…　Ⅲ.①核安全－安全法规－法律解释－中国　Ⅳ.①D922.545

中国版本图书馆 CIP 数据核字（2018）第 045179 号

策划编辑：谢雯　　责任编辑：谢雯　　封面设计：蒋怡

中华人民共和国核安全法解读

ZHONGHUA RENMIN GONGHEGUO HEANQUAN FA JIEDU

主编/陆浩

经销/新华书店

印刷/三河市国英印务有限公司

开本/880 毫米×1230 毫米　32 开　　印张／16.75　字数／323 千

版次/2018 年 2 月第 1 版　　2018 年 2 月第 1 次印刷

中国法制出版社出版

书号 ISBN 978－7－5093－9321－5　　定价：68.00 元

北京西单横二条 2 号

邮政编码 100031　　传真：66031119

网址：http：//www.zgfzs.com　　**编辑部电话：66010493**

市场营销部电话：66033393　　**邮购部电话：66033288**

（如有印装质量问题，请与本社编务印务管理部联系调换。电话：010－66032926）